Inger Lison | Jan Standke (Hrsg.)
Sich selbst schreiben

Kinder- und Jugendliteratur. Themen – Ästhetik – Didaktik

Herausgegeben von
Jan Standke

Die Bände der Reihe verstehen sich als Beiträge zur Erforschung der Kinder- und Jugendliteratur der Gegenwart in ihrer medialen, ästhetischen und thematischen Vielfalt. Dabei sollen Ansätze der Kinder- und Jugendmedienwissenschaft und ihrer Bezugsdisziplinen ebenso eine Rolle spielen wie Perspektiven der Literatur- und Mediendidaktik. Inhaltliche Schwerpunkte der Bände – Monografien oder Sammelbände – können in folgenden Bereichen liegen: literatur-, medien- und kulturtheoretisch fundierte Analysen eines breiten Spektrums kinder- und jugendliterarischer Medien (auch unter Berücksichtig literatur- und mediengeschichtlicher Fragestellungen); Untersuchung produktions-, vermittlungs- und rezeptionsbezogener Aspekte des kinder- und jugendliterarischen Feldes; literatur- und mediendidaktische Reflexionen zum (auch außerschulischen) Bildungspotenzial von Kinder- und Jugendmedien; Impulse für das literarische Lernen mit Kinder- und Jugendliteratur im Unterricht.

Inger Lison | Jan Standke (Hrsg.)

Sich selbst schreiben

Tagebücher, Briefe, Listen und andere Selbstzeugnisse in Kinder- und Jugendmedien der Gegenwart

BELTZ JUVENTA

MIX
Papier aus verantwortungsvollen Quellen
FSC® C089473
www.fsc.org

Dieses Buch ist erhältlich als:
ISBN 978-3-7799-7680-6 Print
ISBN 978-3-7799-7681-3 E-Book (PDF)
ISBN 978-3-7799-8066-7 E-Book (ePub)

1. Auflage 2024

Herstellung: Ulrike Poppel
Satz: Helmut Rohde, Euskirchen
Druck und Bindung: Beltz Grafische Betriebe, Bad Langensalza
Beltz Grafische Betriebe ist ein klimaneutrales Unternehmen (ID 15985-2104-100)
Printed in Germany

Weitere Informationen zu unseren Autor:innen und Titeln finden Sie unter: www.beltz.de

Inhalt

Multimediale Selbstzeugnisse

Listen und Erzählen in der Kinder- und Jugendliteratur

Brief(-Romane) als Selbstzeugnisse

Einleitung

Sich selbst schreiben: Tagebücher, Briefe, Listen und andere Selbstzeugnisse in Kinder- und Jugendmedien der Gegenwart

Jan Standke und Inger Lison

Faktuale Tagebücher und fiktionale Tagebucherzählungen, zum Beispiel Erna Sassens *Das hier ist kein Tagebuch* (2017) oder Luc Blanvillains *Tagebuch eines Möchtegern-Versagers* (2017), nehmen seit geraumer Zeit einen immer größeren Stellenwert im Bereich der Kinder- und Jugendliteratur ein. Das Schreiben bzw. Erzählen über sich selbst vollzieht sich dabei im Rahmen eines großen Formenspektrums – von der Tagebucherzählung über den Comic-Roman (z. B. Kinney, *Gregs Tagebuch* 2008 f.) bis zur To-Do-Liste in Romanform (z. B. Hasak-Lowy, *Dass ich ich bin, ist genauso verrückt wie die Tatsache, dass du du bist: Ein Roman in Listen*, 2018). Und auch in anderen Medien, etwa in populären Streaming-Serien wie *My Mad Fat Diary* (2013–2015) oder dem *Tagebuch einer zukünftigen Präsidentin* (2020–2021), orientiert sich das Erzählen strukturell und inhaltlich am Format des Tagebuchs.

Selbstzeugnisse in der Kinder- und Jugendliteratur, faktual oder fiktional, geben Rezipient:innen einen meist chronologischen, fragmentarischen Einblick in einen Lebensabschnitt, der größtenteils von Konflikten im familiären Umfeld, im Freundeskreis, im schulischen Kontext sowie von Identitätsfindungsprozessen geprägt ist. Zudem werden in den Tagebüchern oftmals Geheimnisse preisgegeben, die nur den Verfasser:innen und der Leserschaft bekannt sind. Dieses literarische Genre hat im Hinblick auf den intimen Moment des Schreibens den Charakter des Persönlichen und Privaten inne und geht mit der bereits aus dem Briefroman bekannten ‚Unmittelbarkeitsfiktion' einher, die als Leseanreiz fungieren kann.

Während bei den Tagebuchromanen eine reale Autorschaft mithilfe einer fiktionalen Erzählinstanz und facettenreichen artifiziellen Authentizitätssignalen fingiert wird, wird das faktuale bzw. ‚echte' Tagebuch als Zeitdokument verstanden, das einen persönlichen Einblick in eine bestimmte (historische) Epoche gibt. Als populärstes Beispiel gilt wohl das zum UNESCO-Weltkulturerbe ernannte *Tagebuch der Anne Frank*, das im Bereich der Kinder- und Jugendliteratur vielfältig medial adaptiert wurde. Dabei gilt für den Umgang mit faktualen Selbstzeugnissen, dass „Zeitzeugen in Buchform […] weniger [die] historische[n] Eckdaten und die große Geschichte in den Blick nehmen, als vielmehr in kleinen

Geschichten zeigen, welche Auswirkungen die Politik auf individuelle Personen hatte und hat".[1] Dieses gilt zum Beispiel auch für die im Jahr 2015 veröffentlichten *Kriegstagebücher* Astrid Lindgrens.

Die Beiträge des vorliegenden Sammelbandes widmen sich aus der Perspektive von Literaturwissenschaft, Jugendliteraturforschung und Literaturdidaktik Selbstzeugnissen in ihrem gesamten medialen Spektrum. Die Analysen und didaktischen Kommentierungen einzelner (Fusion-)Texte, Vlogs, Comic-Romane und weiterer Medienformate sowie konkrete Anregungen für den Deutschunterricht aller Jahrgangsstufen bieten einen vielfältigen Überblick über Formen, medienspezifische Erzählweisen und ästhetische Wirkungspotenziale von Selbstzeugnissen am Beispiel aktueller Texte und anderer Medien der Kinder- und Jugendliteratur. Zudem beschäftigen sich einige Beiträge mit intertextuellen und intermedialen Bezügen neuerer Kinder- und Jugendliteratur zu historischen Selbstzeugnissen und stellen somit das Potenzial der Gegenwartsliteratur für das historische Lernen heraus.

Birgit Dankert thematisiert in ihrem Beitrag die Kunst der Beschränkung als Weitsicht in den fiktionalen und faktualen Selbstzeugnissen der Kinder- und Jugendbücher Kirsten Boies. So vielseitig Kirsten Boies (geb. 1950) bisher erschienenes kinderliterarisches Oeuvre auch anmutet, immer wieder hat sie sich der biographischen, der autobiographischen Schilderung ihrer literarischen Figuren verpflichtet gefühlt. Denn „Kindern eine Stimme zu geben" gehört zu ihrem literarischen Programm. Die Erstlese-Texte, die phantastischen Kinder- und Jugendbücher, jahreszeiten- oder problemorientierte Kinder- und Jugendbücher, die Genres Krimi und Tierbuch klopft sie auf die Möglichkeit ab, zum Selbstzeugnis fiktiver Personen zu werden. Sei es durch den Wahrnehmungsprozess eines Vorschulkindes oder den Kunstjargon eines Jugendlichen, ihre Texte sind immer wieder auch Fingerübungen sprachlicher Selbstvergewisserung von Literaturfigur und Leser:in. Dabei spart die Autorin aus, setzt nicht auf ausschweifende Selbstzeugnisse redseliger Selbstdarsteller:innen. Medienadaptionen ihrer literarischen Zeugnisse sind mit diesen Vorlagen sehr unterschiedlich vorgegangen. Auf den ersten Blick bedient sich Kirsten Boie eines traditionellen Erzähl-Arsenals, näher betrachtet, erprobt sie diesen formalen Fundus auf seine Tauglichkeit zum kindlichen und jugendlichen Selbstzeugnis hin. Zu diesem schriftstellerischen und auch didaktischen Prozess werden Variationen, Qualitäten und Grenzen im Gesamtwerk Kirsten Boies aufgezeigt, analysiert und bewertet.

Weiteren Grandes Dames der Kinderliteratur widmet sich Anna Zamolska in ihrem Beitrag, der die (Kriegs-)Tagebücher von Astrid Lindgren und Lucy Maud Montgomery analysiert und Gemeinsamkeiten aufzeigt. Beide Autorinnen

---

1 Julia Benner, 2019, „This book contains private information". Kinder- und jugendliterarische Tagebuchliteratur, in: Time Warp und Taschenuhr. Zeit in der Kinder- und Jugendliteratur, hrsg. von Heidi Lexe, Wien: STUBE, S. 20–32, hier: S. 22.

haben berühmte Kinderbücher geschaffen und sich in die Literaturgeschichte des 20. Jahrhunderts eingeschrieben. Ihre Aufzeichnungen sind es wert, ebenso bekannt zu werden und im Kontext zueinander gelesen zu werden. Setzt man diese in Beziehung zueinander, lassen sich zahlreiche Parallelen in Stil, Privatleben und Ansichten entdecken, die eine gemeinsame Lektüre sinnvoll erscheinen lassen. Obwohl Montgomery und Lindgren eine Generation auseinander liegen, scheinen die Tagebücher geistig verwandt zu sein – so wie *Pippi Langstrumpf* mit *Anne of Green Gables*.

Auch im Sektor des Bilderbuchs, insbesondere wenn Natur- und Umweltschutz thematisiert wird, ist gegenwärtig ein Anstieg von Selbstzeugnissen zu bemerken. So zeigt Alexandra Ritter am Beispiel unterschiedlicher Bilder- und Sachbücher den Trend auf, über fiktionale und faktuale Selbstzeugnisse die Ideen des Natur- und Umweltschutzes in die Kinderliteratur zu tragen und ihnen Bedeutung zuzuweisen. Folgende Titel werden dabei berücksichtigt: *Nicht egal! Die Geschichte von Flora, der Klimapiratin* (2020), *Das ist auch meine Welt. Wie können wir sie besser machen* (2021), *Greta und die Großen. Inspiriert von Greta Thunbergs Geschichte* (2019) und *Greta. Wie ein kleines Mädchen zu einer großen Heldin wurde* (2019). Das Interesse dieses Beitrags beschränkt sich auf die visuellen Medien des Bilder- und Sachbilderbuchs und fragt danach, wie in diesen Büchern mit Selbstzeugnissen und faktualen Bezügen gearbeitet wird und welche Funktion sie übernehmen.

Den Kindern eine Stimme zu geben bzw. den kindlichen Stimmen einen Raum zu geben, das ist auch das Anliegen von Raila Karst, die sich im Rahmen ihres Beitrags mit dem „Archiv der Kindertexte“ der interdisziplinären Forschungsstelle der Martin-Luther-Universität Halle-Wittenberg beschäftigt. Texte als Quellen der Kindheitsforschung lassen sich bis an den Beginn des 20. Jahrhunderts in die Zeit der Reformpädagogik zurückverfolgen. Als weltweit einziges Archiv in dieser Form gibt es über 100.000 Texten aus über einhundert Jahren einerseits ein Zuhause und bietet andererseits als Forschungsinstanz Raum für unterschiedlichste Fragestellungen der Schreibprozess- und Erzählforschung. In den unterschiedlichsten Textformen erhalten Lesende Einblick in Themen, die Kinder und Jugendliche bewegen. Der vorliegende Beitrag richtet den Blick hauptsächlich auf die lyrischen Texte der Sammlung der Bödecker-Stiftung. Die Rekonstruktion der Texte, die jährlich im Rahmen des Schreibwettbewerbes eingereicht, ausgewählt, prämiert und schließlich veröffentlicht werden, folgt u. a. der Frage, wie sich Kindheit wandelt und von welchen Spuren und medialen Einflüssen dieser Wandel gekennzeichnet ist. Welches didaktische Potenzial bieten lyrische Texte vor allem auch im Hinblick auf das Erkunden der eigenen (Innen-)Welt?

Spätestens seit Jeff Kinneys Comic-Roman-Reihe *Gregs Tagebuch* und ihrem enormen kommerziellen Erfolg boomen Text-Bild-Hybride als fiktionale autobiografische Texte aus Sicht einer zumeist fiktiven Erzählinstanz. Michael Stierstorfers Beitrag fokussiert diese Hochphase und geht dabei der zentralen Frage nach, ob es sich bei aktuellen Vertretern dieses Subgenres um anspruchsvolle künstlerische Werke mit einem hohen sprachlichen Niveau handelt oder lediglich um kommerzielles und triviales ‚Lesefutter', das für eine eher weniger anspruchsvolle Rezeption konzipiert wurde. Um dies adäquat zu beurteilen, finden zentrale Kriterien für innovative Literatur Anwendung, die auch den Auswahlentscheidungen im Rahmen der Vergabe des Deutschen Jugendliteraturpreises zugrunde liegen. Als Untersuchungsgegenstände zieht der Verfasser drei einschlägige Werke bzw. Reihen heran, *Das Papierklavier*, *Fanny Cloutier* und die *Lotta Leben*-Reihe, und lotet auch deren Potenziale für das literarische Lernen mit Blick auf die Text-Bild-Konnexe aus. In diesem Kontext wird auch auf intertextuelle Anspielungen und prätextuelle Vorbilder aus Literatur und Kunst eingegangen. Hierbei werden implizite Bezüge zum weltberühmten *Tagebuch der Anne Frank* evident.

Bereits auf der ersten Doppelseite von *Papierklavier* wird das facettenreiche Zusammenspiel von Form und Inhalt des multimodalen Tagebuchromans deutlich. Im Mittelpunkt der Abhandlung von Kathrin Heintz steht daher der erzählerische Anteil der Bilder sowie der typografischen Gestaltungsmittel. Beide Modi erweitern die Deutungsräume von *Papierklavier* erkennbar. Das didaktische Potenzial des Comic-Romans besteht dementsprechend im Erwerb von *visual literacy* und *multimodaler literacy*. Dass der Tagebuchroman nicht nur eine gelungene Gestaltung aufweist, sondern in authentischer und packender Weise gesellschaftlich relevante Themen und Diskurse aufgreift, erhöht seine Eignung für den Unterricht.

Im Fokus des Beitrages von Jana Mikota stehen ausgewählte Tagebücher von Kindern und Jugendlichen, die in Ghettos oder als Zwangsarbeiter:innen unvorstellbares Leid erleben mussten, mit Traumata überlebt haben oder in den Konzentrationslagern ermordet wurden. Es handelt sich um faktuale Tagebücher, die zum kulturellen Gedächtnis gezählt werden und Einblicke in die Zeit geben. Gerade diese Zeugnisse bekommen fast 80 Jahre nach Beendigung des Zweiten Weltkrieges und Befreiung der Konzentrationslager eine hohe Bedeutung zugeschrieben, um mit Schüler:innen zu arbeiten.

Hinsichtlich eines interkulturell und geschlechtersensibel ausgerichteten Literaturunterrichts bietet sich für die Sekundarstufe II die Behandlung des Romans *Poet X* (2019) an, der von der amerikanischen Poetry-Slammerin Elizabeth Acevedo verfasst wurde. Erzählt wird die Geschichte von Xiomara, die auf der Suche nach ihrer eigenen Sprache, ihrem eigenen Ausdruck ist, und zwar als Frau und als *PoC*. Nicole Masanek zeichnet dabei einer intersektionalen Lesart folgend die Entwicklung Xiomaras von einer introvertierten, weitgehend sprachlosen Protagonistin hin zu einer erfolgreichen Poetry-Slammerin analytisch nach.

Im Fokus stehen dabei die drei Ebenen der erzählten Welt, der Darstellung derselben sowie die Rahmung des Geschehens durch den Paratext. Auf Basis der gewonnenen Erkenntnisse werden abschließend fachdidaktische Überlegungen zum Einsatz dieses Romans besonders hinsichtlich eines interkulturellen sowie geschlechtersensiblen Literaturunterrichts vorgenommen.

Mit einer innovativen interaktiven Form der Auseinandersetzung mit dem *Tagebuch der Anne Frank*, dem sogenannten Chatbot, beschäftigt sich FLORIAN DUDA in seinem Beitrag. Nutzer:innen können hierbei virtuell in Form von Fragen mit dem Text der jungen, jüdischen Autorin interagieren. Die gestellten Fragen werden mithilfe von verbalen und bildlichen Fragmenten aus dem Tagebuch beantwortet, die von Studierenden aufbereitet worden sind. Bei der Konzeption dieses Medienformates galt es, die besonderen sprachlichen Merkmale der Chatsprache als eine Form der schriftlichen Mündlichkeit ebenso zu berücksichtigen wie die aus diesem Vorhaben resultierenden didaktischen und ethischen Herausforderungen. Die Begegnung mit noch lebenden Zeitzeug:innen sowie das Gespräch mit ihnen wird als eines der Schlüsselelemente für die Vermittlung im Bereich der Holocaust Education angesehen. Mit dem immer größer werdenden zeitlichen Abstand zum Holocaust schwinden die Möglichkeiten, im Austausch mit Zeitzeug:innen zu lernen. Es gilt, nach neuen Wegen zu suchen, wie Erinnerung an diese Zeit aufrechterhalten werden kann. Aktuell wird daran gearbeitet, sowohl Zeug:innen zu befragen als auch die überlieferten autobiographischen Dokumente in einer zukunftsfähigen Form zu speichern und zu erschließen. Der Beitrag gibt einen Einblick in die Entwicklung des Chatbots, um daran anschließend das didaktische Potenzial wie auch Grenzen dieser interaktiven Form des Zugangs zum *Tagebuch der Anne Frank* auszuloten.

Aufgrund der zunehmenden Digitalisierung und den damit veränderten Rezeptionsgewohnheiten von Kindern und Jugendlichen wird seit geraumer Zeit versucht, erinnerungskulturelle Aspekte mithilfe der hochfrequentierten *Social Media*-Kanäle zu vermitteln. Um Erinnerungen an das NS-Regime aufrechtzuerhalten, erfordert ein digitales Zeitalter mit sinkender Aufmerksamkeitsspanne und steigender Erregungsschwelle Gedächtnismedien, die an die Lebenswelt von Jugendlichen anknüpfen und eine Erzählgestalt entwickeln, die das Interesse und die kritische sowie reflexive Teilhabe an historischen Ereignissen wecken. Diese Formen des Erinnerns werden in der Gedächtnisforschung unter dem Begriff des ‚postmemory' gefasst. In der Kinder- und Jugendliteratur gehört das *Tagebuch der Anne Frank* (1950) zu den bekanntesten Tagebüchern über den Holocaust. In den letzten Jahren zeichnen sich aber neuere Tagebuchformate ab, die das jugendliche Publikum emotional erreichen und zugleich historisches Wissen vermitteln wollen: die Instagram-Profile *eva.stories* und *ichbinsophiescholl*. Beide Projekte greifen die Zeit des Nationalsozialismus mit einer jeweils unterschiedlichen Repräsentantin (Jüdin und Widerstandskämpferin) auf und erstellen in kreativen Stories aus Tagebucheinträgen, nachgestellten Bildern und historischen Archivbildern eine Geschichte, die sich auf die Ausgrenzung und Deportation von Juden (*eva.stories*) und die Widerstandsbewegung der Geschwister Scholl (*ichbinsophiescholl*) bezieht. LARISSA CAROLIN JAGDSCHIAN nimmt in ihrem Beitrag die beiden erwähnten Instagram-Profile in den Blick und arbeitet heraus, wie die Verfolgung der Juden und die Widerstandsbewegung der Geschwister Scholl in der digitalen Geschichte inszeniert werden; das heißt in einem „Narrationsformat, in dem mittels eines Computers oder Smartphones digitale Fotografien (Einstellungen) durch den Einsatz eines Schnittprogramms chronologisch und kausal zu einer Geschichte verknüpft“[2] werden. Im Fokus der Untersuchung stehen Text-Bild-Interdependenzen und filmische Sequenzen, die zu einer kohärenten Tagebuch-Geschichte verbunden werden. Abschließend wird aus literatur- und mediendidaktischer Perspektive beurteilt, inwieweit die Instagram Stories mit ihrer Kommentarfunktion die literarische Urteilskompetenz fördern und, basierend auf den ‚postmemory‘-Begriff, welche Funktionen Tagebuchformate auf Instagram als Gedächtnismedien[3] für Kinder und insbesondere für Jugendliche haben.

Dem Vlogging als autorfiktionales Phänomen widmet sich STEFANIE JAKOBIS Beitrag. Am 17.09.2020 veröffentlicht die ehemalige Filmstudentin und Social Media-Influencerin Ashley Rous, besser bekannt als *bestdressed*, ein sechs Minuten und 32 Sekunden langes Vlog unter dem Titel *how 2020 has me feeling*,[4] das bis heute (Stand April 2023) über zwei Millionen Mal aufgerufen und rege – sowohl kritisch als auch positiv – kommentiert wurde und wird. Der vorliegende Beitrag sucht dieses Vlog als audiovisuelles Selbstzeugnis zu diskutieren und zu zeigen, inwiefern *bestdressed* in ihrem Pandemie-Vlog mit den Grenzen von Fiktionalität und Faktualität spielt, sie klassische Formen metanarrativer Autofiktion aufgreift, wie sich das Vlog Anleihen von Tagebuch und Tagebuchroman sowie Autobiografie bedient und wie diese jeweils medienspezifisch umgesetzt werden.

Dass faktuale oder fiktionale Selbstzeugnisse nicht nur über (literarische) Tagebücher im konventionellen Sinn oder mittels der erwähnten digitalen Errungenschaften gegeben werden, sondern auch in Listenform erfolgen können, stellt kein neues Phänomen innerhalb der Kinder- und Jugendmedien dar. SUSAN KRELLER bietet in ihrem in diesem Sammelband wiederabgeduckten Aufsatz *Zählen bitte* aus der Zeitschrift *1000 und 1 Buch* einen umfassenden Überblick

---

2 Andre Kagelmann, 2021, Kinder- und jugendmediale Perspektiven ‚Digitalen Geschichtserzählens, in: Handbuch Kinder- und Jugendliteratur, hrsg. von Tobias Kurwinkel und Philipp Schmerheim, Stuttgart: Metzler, S. 415–418, hier: S. 415.

3 Vgl. Astrid Erll, 2017, Kollektives Gedächtnis und Erinnerungskulturen. Eine Einführung, 3., aktual. u. erw. Aufl., Stuttgart: J. B. Metzler.

4 Siehe: bestdressed, how 2020 has me feeling, in: www.youtube.com/watch?v=GKRgMvfEmSE (01.04.2023).

über die bis 2008 erschienenen internationalen Jugendbücher, die sich dem facettenreichen Motiv der Liste annehmen. Zudem wird herausgestellt, welche Funktionen die verschiedenen Listen für die Struktur des Romans, aber auch für die Protagonist:innen übernehmen. An dieser Stelle möchten wir uns sehr herzlich bei Susan Kreller und dem Chefredakteur Franz Lettner für die freundliche Genehmigung zum erneuten Abdruck bedanken.

Tagebücher in Kombination mit Listen im Comic-Roman-Format sind seit einigen Jahren in Mode gekommen. Besonderen Anteil daran hatte u. a. die kontrovers diskutierte Nicht-Auszeichnung des von der Jury vorgeschlagenen Comic-Romans *Papierklavier* von Elisabeth Steinkellner und Anna Gusella mit dem Katholischen Jugendbuchpreis 2021. Mit unterschiedlicher Schwerpunktsetzung widmen sich in diesem Sammelband vier Beiträge diesem mit zahlreichen anderen Preisen (u. a. Nominierungsliste für den Deutschen Jugendliteraturpreis, Jugendbuch des Monats [Deutsche Akademie für Kinder- und Jugendliteratur], KIMI-Siegel für Vielfalt in der Kinder- und Jugendliteratur, LesePeter [AJUM], Österreichischer Kinder- und Jugendbuchpreis) ausgezeichneten Roman.

Susanne Schul fokussiert sich aus intersektionaler Perspektive auf den Aspekt der Diversität. In dem illustrierten Tagebuchroman *Papierklavier* verleihen die Autorin Elisabeth Steinkellner und die Illustratorin Anna Gusella der jungen Protagonistin Maia eine diversitätsbewusste Stimme. Die Ich-Erzählerin hinterfragt in ihrem erinnernden Erzählen schwierige Erlebnisse und Gefühle und entzieht sich dabei wiederholt gesellschaftlichen Rollenvorstellungen. *Papierklavier* erzählt von weiblicher Adoleszenz in all ihren Widersprüchlichkeiten, sodass Armut, Mobbing, Verlusterfahrung, Verantwortlichkeit, Gendergerechtigkeit, Transgender und Body Positivity die täglichen Erzählepisoden der Jugendlichen ganz selbstverständlich prägen – und zwar im Format von schwarz-weiß-mintgrünen Text-Bild-Kombinationen. Die wie in Handschrift gesetzten Worte kommen auf den variabel gestalteten Seiten besonders in ihrem jeweiligen Zusammenspiel mit den vielgestaltigen Zeichnungen zur Geltung. Ihrem Tagebuch, das Maia von ihrer Ersatzoma kurz vor deren Tod geschenkt bekommen hat, vertraut die Jugendliche ihre Sorgen und Träume an. Es wird zu einem Ort der Selbstprüfung im positivsten Sinn, denn die Ich-Erzählerin begibt sich darin auf eine eigenwillige Suche nach den „kleinen Dosen Alltagsglück, die oft nicht mehr als einen Fingerhut füllen“. Wie dieses Erzählformat einer multiplen Selbstpositionierung dazu beitragen kann, dass Schüler:innen ein Bewusstsein dafür entwickeln können, dass Markierungen von Differenz kulturell bedingt und somit auch veränderbar sind, zeigt der Beitrag aus einer intersektionalen Perspektive auf. Der Ansatz kann als Reflexionsinstrument im Literaturunterricht die Überwindung eindimensionaler Positionen befördern, da er auf eine multiperspektivische Auseinandersetzung mit mehrfachen Formen sozialer Ungleichheit zielt.

Henriette Hoppe zeigt Parallelen zwischen *Papierklavier* und Dita Zipfels *Wie der Wahnsinn mir die Welt erklärte* (2019) auf. Beide Werke zeichnen sich durch eine optisch aufwändige und ästhetisch anspruchsvolle Gestaltung aus, die die Erzählinhalte auf Text- und Bildebene verlagern. Im Beitrag werden der Ausdruck und das Zusammenspiel von Bild und Text als visualisierte Konkretisation von Selbstzeugnissen fiktiver Protagonistinnen, die sich mit sich und ihrer Umwelt auseinandersetzen, untersucht. Des Weiteren wird die Funktion von Listen, die ebenfalls den Erzählfluss unterbrechen, geklärt. Auch Aufzählungen und Listen unterstützen die Protagonistinnen bei der Auseinandersetzung mit der Außen- und Innenwelt. Im Beitrag wird abschließend ein Einsatz im Unterricht diskutiert und u. a. über Formen produktiven Schreibens Möglichkeiten der schulischen Auseinandersetzung mit den beiden Jugendromanen aufgezeigt.

Kirsten Kumschlies nimmt in ihrem Beitrag eine Bestandsaufnahme vor. Seit dem Mauerfall und der deutsch-deutschen Wiedervereinigung ist es vielen Texten der zeitgeschichtlichen Kinder- und Jugendliteratur ein Anliegen, jungen Leser:innen historisches Wissen zu den Ereignissen von 1989 und 1990 zu vermitteln und ihnen vom Leben in der DDR bzw. im geteilten Deutschland zu erzählen. Darunter sind auch einige Texte, die als Brief- oder Tagebuchromane gestaltet sind. Ebendiese fiktionalen Selbstzeugnisse stehen im Zentrum des Beitrags. Leitende These ist, dass Romane durch die Anlage als Briefwechsel oder Tagebuch in besonderer Weise Strategien der Authentizitätserzeugung nutzen und durch den Darstellungsmodus einen Zeitzeugen-Charakter zu evozieren versuchen. Aber gelingt das auch? Wirken die Romane authentisch im Umgang mit dem historischen Wirklichkeitsmaterial? Da sich die Beurteilung des authentischen Charakters eines Werks unmittelbar an den Umgang mit der historischen Faktizität bindet, geht es bei der Analyse der jugendliterarischen Texte auch um die Fragen zum Verhältnis von Faktizität und Fiktionalisierung in zeithistorischen Umbruchserzählungen zu Mauerfall und ‚Wende'. Analysiert werden die Briefromane *Köln, Leipzig und zurück* von Nina Rauprich (2000), *Zwischen uns die Mauer* (2006) von Katja Hildebrand und *Mauerpost* von Maike Dugaro und Anne-Ev Ustorf (2019) sowie die Tagebuchromane *Der Klassenfeind und ich* (2007) von Barbara Bollwahn und *In einem Land vor meiner Zeit* (2012), 2021 neu aufgelegt unter dem Titel *Wir sehen uns im Gestern* von Ina Raki im Hinblick auf ihre Motivik und die damit einhergehenden Authentizitätserzeugungsstrategien. Kurze didaktisch-methodische Überlegungen zum Umgang mit den Romanen im Literaturunterricht der Sekundarstufe I runden den Beitrag ab.

Andrea Hübener untersucht Briefe und Briefautographen vor dem Hintergrund eines gewachsenen Forschungsinteresses an Fragen der Materialität von Literatur und ihres Zusammenhangs mit der Geschichte der Post. Gegenüber einer traditionellen Perspektive auf Briefe als Texte werden sie hier an exemplarischen Beispielen als materielle Dinge und Artefakte betrachtet, die das Resultat verschiedener Bearbeitungsprozesse sind, die in ihnen ausgestellt und reflektiert werden. Der Brief ist damit im Deutschunterricht in mehrfacher Hinsicht als *Selbst*zeugnis zu entdecken: nicht nur als eines, das das Selbst der Schreiber:innen zum Ausdruck bringt, sondern als eines, in dem der Brief als Medium die ihm zur Verfügung stehenden Darstellungsmöglichkeiten spielerisch erprobt und selbstreflexiv ausstellt. Ein solches Spiel ganz praktisch zu entdecken und auszuprobieren ist an keine Altersbeschränkung gebunden und in jeder Klassenstufe umzusetzen, wie einige Vorschläge zeigen möchten, die den bereits genannten Zusammenhang von Briefen und Literatur, Materialität und Literatur, Literatur- und Postgeschichte konkretisieren und zugleich Anknüpfungsmöglichkeiten für aktuelle Fragestellungen in Hinblick auf heutige Medienformate und deren Funktionen bieten.

Wir danken allen Autor:innen herzlich für ihre Mitarbeit an diesem Band. Über die Form der Versprachlichung von Geschlecht haben die Autor:innen jeweils selbst entschieden.

Der vorliegende Band setzt die von Jan Standke herausgegebene Schriftenreihe *Kinder- und Jugendliteratur. Themen – Ästhetik – Didaktik* fort, die zuvor im Schneider Verlag Hohenhgehren begonnen wurde. Dort ist 2021 bereits der Band *„Ausreißen" in der aktuellen Kinder- und Jugendliteratur. Analysen und didaktische Perspektiven*, herausgegeben von Sebastian Bernhardt, erschienen. Auch wenn die Schriftenreihe am anderen Ort mit der Bandnummerierung neu ansetzt, ist der von Sebastian Bernhardt verantwortete Sammelband inhaltlich und konzeptionell weiterhin ausdrücklich als Teil von *Kinder- und Jugendliteratur. Themen – Ästhetik – Didaktik* zu betrachten.

Frank Engelhardt danken wir für die freundliche Aufnahme ins Programm des Beltz Verlags sehr herzlich. Bei Svenja Dilger bedanken wir uns für das sorgfältige Lektorat dieses Bandes.

Autor:innen und ihre Selbstzeugnisse

Mehr oder weniger

Weitsicht und Einsicht Kirsten Boies in fiktionalen Selbstzeugnissen ihrer Kinder- und Jugendbücher 1985 bis 2022

Birgit Dankert

1. Einleitung

1985 erschien Kirsten Boies erstes Kinderbuch. Da waren die kulturpolitischen und literaturästhetischen Schlachten der siebziger Jahre um das neue bundesrepublikanische Kinderbuch, um problemorientierten Realismus kontra Eskapismusverdächtiger Phantastik, um den zukunftsorientierten Blick in die Vergangenheit weitgehend zugunsten programmatischer und formaler Vielfalt geschlagen. Das Tor stand weit offen für einen variationsreichen Gebrauch neu erprobter und der allgemeinen Belletristik entnommener Erzähltechniken wie der erlebten Rede und den Variationen von Ich-Bericht, Brief-Roman und innerem Monolog. Als Einzelerscheinungen waren die Erzählformen in europäischer und US-Kinder- und Jugendliteratur nicht unbekannt. Nun aber herrschte weitgehend Einigkeit darüber, dass die den kindlichen und jugendlichen Protagonisten zugeschriebenen direkten Äußerungen dem Identifikationsprozess der intendierten Leser- und Rezipienten-Gruppe und damit einem demokratischen Kindheitsmodell zuarbeiteten. Die Faszination dieser Kombination von Form, Inhalt, Botschaft, Rezeption und Wirkung ist allgegenwärtig. Fast unabsichtlich hinterfragt wird sie seit einigen Jahren mit literaturwissenschaftlichen Untersuchungen (auto-)biographischer Erzählformen[1], auch in Kinder- und Jugendbüchern.

Boies 37 Jahre andauernder Schreibprozess öffnet ein in Umfang und Variationen reiches Untersuchungsmaterial.[2] Welche (auto-)biographischen Erzählformen Boie mit den Positionen Autorin, Erzählerin, Protagonist verwendet, welchen Platz sie in ihrem Gesamtwerk einnehmen, ob sie tool, eine Technik

---

1 Vgl. Jochen Vogt, 2008, Aspekte erzählender Prosa. Eine Einführung in Erzähltechnik und Romantheorie, 10. Aufl., Paderborn. Fink.

2 Siehe hierzu die Zotero-Datenbanken zur Primärliteratur und Medien sowie zur Fachliteratur: www.zotero.org/groups/2220778/kirsten_boie_primrliteratur_und_medien und www.zotero.org/groups/2216512/kirsten_boie_fachliteratur (01.03.2023).

unter anderen oder stilistisches Hauptmerkmal in unterschiedlichen Qualitäten bedeuten – Antworten auf diese Fragen sollen zur Erschließung ihres bisher eher abschnittweise und unter literaturpädagogischen Aspekten analysierten Gesamtwerks beitragen.[3]

Vor die Entscheidung gestellt, Textanalysen nach Zugehörigkeit zu Genres oder in chronologischer Abfolge der Manuskripte zu behandeln, erscheint eine Kombination beider Zugänge aussagekräftig. Sie berücksichtigt sowohl Boies erzähltechnische Experimentier-, Entwicklungs- und Routine-Phasen als auch die Besonderheiten (auto-)biographischen Erzählens in ihren Erstlese-Reihen, in phantastischen, historischen, problemorientierten Texten. Wie Boie Kinder und Jugendliche über sich erzählen lässt, was sie damit bezweckt, was sie erreicht, wo sie sucht, wie sie experimentiert, wo sie – gemessen an ihrem eigenen Anspruch – erfolgreich arbeitet oder abbricht: Antworten auf diese Fragen zum Verständnis ihres poetologischen Ansatzes sucht der Durchgang des fiktiven (auto-)biographischen Teilwerks.

Die Untersuchung berücksichtigt die 1985 bis 2022 publizierten Texte. Einige erschienen in immer neuen sowohl sprachlichen wie buchtechnischen Varianten und Medienadaptionen, andere zunächst in audiovisuellen Fassungen oder direkt im Medienverbund. Der Buchtext bedeutet nicht selten eine nachfolgende Variante. In den unterschiedlichen Druck-Auflagen einzelner Titel, die sich zum Teil über Jahrzehnte erstrecken, wurden vom Verlag auf Veranlassung oder mit Zustimmung der Autorin geringfügige Textänderungen vorgenommen, die allerdings für die Fragestellung dieser Untersuchung irrelevant erscheinen. Die vorliegende Untersuchung geht von der Textversion der gedruckten Originalausgabe aus.[4]

Von den 122 untersuchten Kinder- und Jugendbüchern sind 63 in erlebter Rede von einem personalen Erzähler mit Reflektorfiguren verfasst. Zu Ich-Berichten[5] eines Protagonisten greift die Autorin in 30 Texten. Spielarten des inneren Monologes finden sich in vier Büchern. Ein auktorialer Erzähler von außerhalb der erzählten Biographien lässt sich in 25 ihrer Bücher nachweisen. Biographisches Erzählen von oder über kindliche(n) und jugendliche(n) Protagonisten gehört zur bevorzugten Erzählform jeder intendierten Altersgruppe, Schreibphase und

3 Siehe hierzu Petra Josting (Hg.), 2014, Kirsten Boie. Bielefelder Poet in Residence 2013, München: kopaed und Birgit Dankert (Hg.), Leidenschaft und Disziplin. Kirsten Boies Kinder- und Jugendbücher 1985–2010, Berlin: BibSpider.

4 Zu der vorliegenden Untersuchung wurden die Erstausgaben aller 1985 bis 2022 selbstständig erschienener Boie-Texte untersucht. Die Staats- und Universitätsbibliothek Hamburg, die Leihverkehrs- und Ergänzungsbibliothek Schleswig-Holstein und die Stadtbibliothek Flensburg sowie die Verlage Oetinger und Beltz machten dieses Vorgehen auch in CORONA-Zeiten 2021/2022 möglich. Ich danke für die große Hilfe.

5 Vgl. Regina Hofmann, 2010, Der kindliche Ich-Erzähler in der modernen Kinderliteratur, Frankfurt a. M. u. a.: Lang.

Literaturgenres. Für Boies Anliegen erscheint nicht unwichtig, dass männliche und weibliche Hauptpersonen – auch in den einzelnen Spielarten (auto-)biographischen Erzählens – zumindest numerisch gleichberechtigt zum Zuge kommen.

2. Sprachexperimente

In *Paule ist ein Glücksfall* (1985), dem viel beachteten ersten Buch Boies, vermittelt eine personale Erzählerin in erlebter Rede Geschehnisse, Bewusstsein, Urteile und Gefühle eines dunkelhäutigen Adoptivkindes in einer bürgerlicher Drei-Generationen-Familie. Als Reflektorfigur durchlebt das männliche Grundschulkind – gleichzeitig Ausnahme und Regel – Episoden, Freuden und Konflikte. Die Autorin wählt sie aus und legt sie „ein für alle Mal" als Identifikations-Rahmen angesprochener Rezipienten fest.

Mag das Alter und Geschlecht der Figuren wechseln, ihr Konfliktpotenzial variieren, ihre Einsicht sich erweitern, vertiefen oder verschließen, Boie besteht auf dem Zusammenhang zwischen Sprachverhalten und Identität. Zunächst genügen ihr die vertrauten, in den Jahren von Studium und Lehrerinnen-Tätigkeit im deutschen Sprachraum entwickelten Techniken der Ich-Erzählung, des Tagebuch/Brief-Romans und der facettenreichen erlebten Rede. Sie wendet sie variationsreich an, um gesellschaftliche Themen anzusprechen, sie ‚kinder- und jugendliteraturfähig' zu machen. Die den Protagonisten Identität und Stimme verleihenden fiktiven (auto-)biographischen Erzähltechniken sind gleichzeitig tool und message. Boie sucht Wege für diese Kombination.

Die Modifikation von Männer- und Frauenrolle in der Familie (*Mit Jakob wurde alles anders*, 1986), veränderte Lebensmodelle im Alter (*Opa steht auf rosa Shorts*, 1988), politische Konflikte in unterschiedlichen Erfahrungsräumen (*Lisas Geschichte, Jasims Geschichte*, 1989), familiäre Psychosen (*Das Ausgleichskind*, 1990), mütterliche Depression (*Mit Kindern redet ja keiner*, 1990), männliche Adoleszenz-Probleme (*Moppel wär' gern Romeo*, 1991), Leistungsdruck und Einsamkeit in bürgerlicher Umgebung (*Mittwochs darf ich spielen*, 1993), Protest gegen einen Dioxin-vergifteten Spielplatz (*Jeder Tag ein Happening*, 1993) – in acht Jahren und Jugendbüchern trainiert Boie die von ihren literaturästhetischen und -pädagogischen Überzeugungen gesteuerte Erzähltechnik realistisch erzählter Ich-Zeugnisse.[6] Gleichzeitig erprobt sie deren Varianten in Reihen von Erstlese-Texten, in Bilderbüchern und zögernden Versuchen phantastischer Geschichten.

In welche Erzählsituation sie gerät, wenn eine Berichterstatterin gesellschaftlich relevante Änderungen der Familienkonstellationen zum Fokus ihrer Ausführungen macht, zeigt der Ich-Bericht der 11/12-Jährigen in Boies Jugendroman

6 Vgl. Elvira Armbröster-Groh 1997, Der moderne realistische Kinderroman, Frankfurt a. M. u. a.: Lang.

Mit Jakob wurde alle anders. Die fiktive Autobiographie erhält eine zusätzliche Zeitdimension, weil sie – für den Leser nachvollziehbar – rückblickend etwa eineinhalb Jahre vor dem Einsetzen des erinnernden Erzählens beginnt.

Boie verbindet zwei Narrative bzw. zwei Erfahrungsbereiche mit personellem wie gesellschaftlichem Bezug: der Entschluss des Vaters, temporär Hausmann zu werden und die erste Liebe der Ich-Erzählerin. Kombinationen dieser Art wird Boie immer wieder benutzen. Verschränkt werden dabei unterschiedliche Grundtöne des Berichtes, aber auch wechselnde Einflussnahmen der Instanzen Erzählerin und Autorin. Das ist nachzuvollziehen an zwei Humor-Lagen: der den richtigen Ton noch suchende, etwas bemühte Humor der pubertären Ich-Erzählerin und der satirische Blick der Autorin auf die Gesamtsituation der Familie. In der Fachliteratur ist dieses auch bei anderen Autoren auffindbare Phänomen als Doppel- bzw. Mehrfachadressiertheit identifiziert worden. In Boies Experimentierphase der frühen neunziger Jahre erscheint es als Schwanken zwischen unterschiedlich sprachlichen Ebenen und Erzähl-Instanzen. Der Ich-Bericht erfüllt zwei verschränkte Aufgaben: er offeriert eine zur Identifikation einladende Sicht auf die Geschehnisse, um jungen Lesern ein bestimmtes gesellschaftliches Phänomen vorzuführen. Gleichzeitig verankert er die individuelle Situation der Ich-Erzählerin in einer für den Leser erkennbaren Lebens-Situation: Familie, Schule, Geschwister, Freunde, erste Liebe. Diese changierende Rolle macht sich in der Sprachgestaltung bemerkbar. In kindlicher Empörtheit kommentiert Cornelia die Schwangerschaft der Mutter, um dann ihre inzwischen erreichte Einsicht als Spannungselement einzubauen:

> Denn da gab es wohl kein Mißverständnis: Mama war schwanger. Mama kriegte ein Baby. Mama! In ihrem Alter! Natürlich wußte ich, daß Frauen da noch Kinder kriegen können und eine ganze Weile später auch noch – aber man tat das einfach nicht. Das war irgendwie peinlich. Ich durfte gar nicht daran denken, wie es dazu gekommen war …[7]

Daneben finden sich Einsichten und abgeklärte Urteile in veränderter Sprachebene einer inzwischen höheren Erkenntnis. Sie kommentiert den elterlichen Dialog: „‚Dann laß mich doch meine eigenen Erfahrungen machen, Liebes', sagte Papa. Man sah ihm richtig an, daß er Mamas Bedenken albern fand. Vermutlich war er der Meinung, daß er das bißchen Kochen und Saubermachen mit links erledigen würde."[8]

Die Narrative Genderrollentausch und erste Liebe treffen sich nur einmal, als die Eltern sich streiten und Nele feststellt: „Bei Oliver und mir würde alles

7 Kirsten Boie, 1986, Mit Jakob wurde alles anders, Hamburg: Oetinger, S. 12.
8 Ebd., S. 14.

anders werden, das wußte ich. Wir würden uns überhaupt nie richtig streiten müssen. Wir liebten uns ja."[9]

Neben diesen eher unabsichtlichen Sprachwechseln führt Boie gezielt sprachliche Differenzierungen für Alter, Herkunft, Temperament der Protagonisten ein. Das geschieht während Boies früher Schreibphase vornehmlich in realistisch angelegten Handlungsabläufen, um Authentizität und Identifikation zu unterstützen. Fast paradoxerweise wachsen in der komplexen Erzählhaltung der Einfluss, die Lenkung durch Autorin und Erzählerin. Boie gerät in eine Spirale von Anspruch und Möglichkeit, die an vier Titeln abzulesen ist.

1992 wagte sie mit dem inneren Monolog im artifiziellen Unterschichten-Jargon *Ich, ganz cool* einen sowohl für ihre erzähltechnische Entwicklung als auch für das Genre des fiktiv-autobiographischen Kinder- und Jugendbuches im deutschsprachigen Raum einen Stilbruch. Der 14-jährige Steffen aus dem Hamburger Proletariat berichtet in selbstvergewissernder Weise großmäulig und außerhalb des bürgerlichen Werte-Systems der bisherigen Boie-Texte von seinem Alltag, seinen Träumen und Beurteilungsrastern. Sein Jargon besteht aus nicht vollendeten Sätzen in unkontrollierter Grammatik, aus Comic und anderen Medien entnommenen Lauten und Wortfolgen, aus unflätigen, respektlosen und immer wieder von Gewalt geprägten Bildern und Ausdrücken. Der restringierte Code des Jungen zeitigt keine ‚einfache' Sprache. Lautmalerisch und bildreich macht er klar, dass die Mutter ihre kleine Tochter gewohnheitsmäßig schlägt und offenbart damit den Grund der gehemmten Entwicklung des Kindes:

> Aber Mama immer gejammert ... ganz schön schlimm, jammer jammer, und Süße immer auf die Glocke. Und ich gleich, „was ist denn jetzt los?" dabei hab ich ja gewußt, aber Mama. „Glaubst du, die sagt da mal einen Ton? Sagt da mal". doing! Auf die Glocke, „ihren Namen ...?"[10]

Als der Halbbruder den tödlichen Unfall seines Freundes gesteht, gibt Steffen seine Eindrücke an den Leser weiter. Hier ist zu erkennen, wo Boie zu dieser Zeit poetologisch stand, wohin sie wollte.

> Ich denke, Scheiße, gleicht heult der wieder, also die Stimme schon wieder, aber Kai denn: „Also will er sein t a g, nä, bei dem Pfeiler da, und denn plötzlich", ich denk, Kack, jetzt heult der doch noch, aber nee, und Kai, „war doch so'n Wind gestern, weißt du doch, also Sturm", er jetzt „ne Pause, also Sturm, und plötzlich so'n Stoß, nä, Windstoß ..." schmeißt er sich wieder aufs Bett.[11]

---

9 Ebd., S. 87.
10 Kirsten Boie, 1992, Ich, ganz cool, Hamburg: Oetinger, S. 54.
11 Ebd., S. 93.

Das vielstimmige Echo auf einen jugendlichen neonazistischen Brandanschlag *Erwachsene reden. Marco hat etwas getan* bedeutete einen weiteren Versuch, mit 13 Stellungnahmen von ‚Originalstimmen', Authentizität durch Sprache zu erreichen. Die fünf jugendlichen Stimmen – Freunde, Schulkameraden, Nachbarn zwischen 15 und 17 Jahren – reihen sich ein in die der erwachsenen Funktionsträger: Kommunalpolitiker, Lehrer, Arbeitgeber, Pfarrer, Sozialarbeiter. Dabei werden unterschiedliche politische, moralische und persönliche Positionen eingenommen. Boie verbindet kurze Statements unterschiedlicher Sozialmilieus mit interessengelenkten Argumentationsweisen und Sprachverhalten. Die Zeugnisse der Jugendlichen teilen das Gesamtbild, das Boie ihnen hier nicht überlassen kann. Die Autorin montiert die unterschiedlichen Positionen und deren Zwänge fast zu einer Sozialsatire.

Soziale Unterschiede offenbarendes Sprachverhalten, das Boie in Hamburger Milieus seit ihrer Kindheit erfuhr, stellen ein herausforderndes Faszinosum dar. Sie folgt ihm in der lockeren Mark Twain-Adaption *Der Prinz und der Bottelknabe*. Einleitung und Schluss lässt die Autorin von einer beobachtenden auktorialen Erzählerin vermitteln. Die 14-jährigen Doppelgänger, Calvin aus hanseatischer Geld-Aristokratie und Kevin aus unterprivilegierter Lebenswirklichkeit, wechseln die gesellschaftliche Identität – und geraten zwischen Elbchaussee und sozialem Brennpunkt auch sprachlich an ihre Grenzen. In den abwechselnden Ich-Berichten finden sich die Unterschiede der Herkunft – verbunden mit charakterlichen Unterschieden – vornehmlich in der Schilderung unbekannter Armut, unbekannten Reichtums und der Haltung auf unbekanntem Terrain: Calvin vorausplanend, reflektierend, Kevin spontan, aggressiv, emotional. Nicht durchgehend, wohl aber in signifikanten Situationen, werden die Halbwüchsigen sprachlich charakterisiert. Auch hier entwickelt Boie eine artifizielle Sprache, die für etwas steht, nicht dokumentiert. Beim Aufeinandertreffen der Doppelgänger heißt es: [Calvin]: „Vor mir stand ich selber."[12] [Kevin]: „Und ehrlich jetzt und kein Scheiß: Vor mir stand ich selber."[13]

Calvin berichtet, wie beide das Zusammentreffen kommentieren, Kevin mit emotionellem Ausruf, Calvin mit einem Bildungs-Zitat: „‚Wow!', sagte mein Doppel und starrte mich an, als hätte ihm niemand beigebracht, dass man in so einer Situation ‚Mr. Livingstone, wie ich vermute?' zu sagen hat. ‚Das ist ja das Schrägste, was ich je erlebt hab'."[14]

Den erwarteten Slang des Prekariats gebraucht Kevin oder berichtet Calvin nur in besonderen Situationen, wenn Kevin sich die Anmache einer Mitschülerin Calvins vorstellt oder Calvin erzählt, wie Kevin sprachlich „daneben trifft":

12 Ebd., S. 46.
13 Ebd., S. 53.
14 Ebd., S. 54.

Nach der Schule hatte ich versucht, 9,2 anzubaggern, auf die einfache Art, also zum Beispiel „Ej Mensch, Gunni, das war ja total geil vorhin, wie du den Mathetyp angemacht hast, ej! Ich hatte gedacht, wir beiden sollten vielleicht mal zusammen abtanzen oder was oder ins Kino …"[15]

Bottel nickte. „Die Kacke ist am Dampfen", sagte er. „Sie glauben, ich hab völlig abgedreht, weil ich dem Psycho-Daddy, zu dem sie mich geschleift haben, die Wahrheit erzählt habe, und das Schwein hat gepetzt." „Du redest nicht wie ein Prinz, Bottel", sagte ich.[16]

Boie mischt die Sozialkritik mit humoristischen, parodistischen Elementen wie sie schon in der Ich-Erzählung *Opa steht auf rosa Shorts* (1988) anklangen.

Der Jugendroman *Nicht Chicago, nicht hier*, Boies nächste fiktive Autobiographie, experimentiert mit einer Montage auktorial erzählter Tagesabläufe und dagegen gesetzter innerer Monologe eines Jungen. Ihm geschieht, was der objektive Bericht nicht enthält: ein verzweifelter sprachlicher Kampf um Glaubwürdigkeit, die eigene Identität. Die kommt dem 13-jährigen Niklas, Opfer scheinbar unbeweisbarer Mobbing-Attacken eines ihn manipulierenden Mitschülers, abhanden. Schließlich gelangt sein Racheschwur aus dem Bereich des subjektiven Empfindens in den „normalen" Ablauf: „Ich mach ihn tot. Ich bring ihn um, ich schwör, ich mach ihn tot, ich tret' ihm so die Fresse ein, dass er niemals mehr … Ich mach ihn tot. Ich bring ihn um, ich schwör."[17]

Zu Boies späteren Ansätzen, unterschiedliche Sprachformen neben- oder gegeneinander zu setzen und so eine differenzierte Wahrnehmung der Wirklichkeit zu gewährleisten, gehört das übersehene, missverstandene Buch *Kerle mieten oder Das Leben ändert sich stündlich* (2001), in dem sich drei Tagebuch-Versionen mischen. Die 14-jährigen Lulu schreibt „das Original", vordergründig als Briefe an die Bluessängerin Janis Joplin (1943–1970). Ihr „offizielles" Tagebuch formuliert sie erwartungskonform für die heimliche Lektüre der Mutter. Als drittes Tagebuch findet sie deren Aufzeichnungen. Die drei unzuverlässigen Selbstzeugnisse junger Mädchen spiegeln die verborgenen Facetten einer deutschen bürgerlichen Familie Anfang des 21. Jahrhunderts wider. Im Tagebuch der Mutter wird der Nationalsozialismus thematisiert – eine Vorübung für die beiden in erlebter Rede verfassten Bücher *Monis Jahr* (2003) und *Ringel, Rangel, Rosen* (2010). Lulu weiß, warum ein gut erzogenes junges Mädchen zwei Tagebücher schreiben muss:

---

15 Ebd., S. 117.
16 Ebd., S. 213.
17 Kirsten Boie, Nicht Chicago, nicht hier, Hamburg: Oetinger, S. 5 und S. 120.

> Es ist nämlich so, Janis. Als ich mit dem Schummeltagebuch angefangen habe, in meiner frühen, fast noch kindlichen Jugend sozusagen, habe ich zuerst ja einfach nur geschrieben, was ich witzig fand, aber inzwischen bin ich natürlich klüger. Mama muss schließlich für echt halten, was sie liest, sonst sucht sie irgendwann vielleicht doch noch nach meinem richtigen Tagebuch, und dann sind wir beide dran, Janis.[18]

Das Tagebuch ihrer Mutter hingegen ist ein Unikat – besitzt aber als gesellschaftlich gelenktes Ich-Zeugnis der 1960iger Jahre ebenfalls einen doppelten Boden

> ... heute hatten wir schon wieder Streit. Ich glaube, Mutti ist nicht glücklich, wenn sie sich nicht mit mir streiten kann. Und dabei ist alles, was sie sagt, so dumm! Aber wenn ich es ihr erklären will, wird sie böse und sagt, woher ich wohl die Frechheit nehme, alles besser wissen zu wollen. Nur weil ich eine bessere Bildung genießen darf als sie damals, und das habe ich schließlich ihr und Vati zu verdanken.[19]

In den Erzählvariationen zwischen 1986 und 2001 war die Schriftstellerin ihren eigenen frühen Ansprüchen am nächsten. Boie wandte sich danach weniger experimentellen Erzählweisen zu, verließ sich auf die Wirkung von Lokalkolorit, historische Exaktheit und kleinen Einsprengseln sprachlicher Besonderheiten, um in erlebter Rede und Ich-Erzählung (auto-)biographische Identität herzustellen. Das geschah auch in durchaus kritisch angelegten Zeitbildern (*Monis Jahr* [2003]; *Ringel, Rangel, Rosen* [2010]; *Entführung mit Jagdleopard* [2015]).

3. Phantastische Kinder- und Jugendbücher

Es liegt im Ermessen der Autorin, wie Reflektorfiguren oder Ich-Erzähler gelenkt werden. Zumindest in der Kinder- und Jugendliteratur scheinen beide Techniken als Stilmittel vornehmlich realistischen Erzählens und Berichtens zu agieren. Boie verwendet sie bereits in ihrem zweiten Buch *Heinzler mögen saure Gurken* (1986)[20] in einer phantastischen Geschichte für das Erstlese-Alter. Sie eröffnet damit einen lange Jahre benutzten Erzählweg. Auch in phantastischen Welten bedeutet ihr Gebrauch von Ich-Bericht und erzählter Rede keine grundsätzliche, stilbildende Entscheidung. Vielmehr erprobt Boie, welcher verfügbare Typ des Erzählens ihre Absichten angemessen transportiert. In vielen ihrer phantastischen (Bilderbuch-)Geschichten tritt sie über drei Jahrzehnte als auktoriale

18 Kirsten Boie, 2001, Kerle mieten. Oder das Leben ändert sich stündlich, Hamburg: Oetinger, S. 73.

19 Ebd., S. 215.

20 Spätere Ausgaben wurden unter den Titeln Sehr gefräßig, aber nett (1995); Jannis und der ziemlich kleine Einbrecher (2010) veröffentlicht.

Erzählerin auf. Nach einer Experimentierphase zwischen 1986 und 2010 wendet sie sich endgültig dieser Erzählform des Phantastischen zu. Umso interessanter sind die frühen phantastischen Texte. Ein sich vernachlässigt fühlender Junge trifft im Kinderbuch *Heinzler mögen saure Gurken* (1986) eine phantastische Trostfigur. Der aufgeklärte Großstadtjunge aus dem Hochhaus imaginiert das Wesen als Einbrecher, der ihm als Schrecken wahrscheinlicher vorkommt als ein Riese, Geist oder Zwerg.

> „Hallo", sagt da plötzlich eine Stimme. Die kommt nicht aus dem Radio, und die kommt auch nicht aus dem Fernseher. Die Stimme kommt aus dem Flur. Gleich fällt Svenni tot um, das weiß er. Gleich wird er ohnmächtig. Oder tot oder ohnmächtig. Nur weg will er sein. Nicht hier. Nicht bei dieser Stimme.[21]

Ein Achtjähriger benutzt harte, aus Lern- und Erfahrungsprozessen rekrutierte Worte der Angst – ein realistischer Einstieg des Phantastischen in den Alltag.

Auch der Bilderbuch-Saurier in *Abschiedskuß für Saurus* (1994) spiegelt die Angst der Reflektorfigur Malte. Ich-Berichte in phantastischer Erzählumgebung tauchen zunächst in dem Erstlese-Text *Ein Hund spricht doch nicht mit jedem* (1996) auf, der als groteske Weihnachtsgeschichte *Krippenspiel mit Hund* (1997) seine Fortsetzung findet. Das Reservoir erzählerischer Mittel phantastischer Kinderliteratur nutzt Boie durch die humorvolle Auseinandersetzung mit mentalen kindlichen Erfahrungen in der Trilogie vom Wasserwesen *Nix*.[22] Als Reflektorfigur des personellen Erzählers führt ein Junge solange seine skurrilen, von Situationskomik bestimmten Geschichten vor, bis er den Nix nicht mehr braucht.

Als auktoriale Erzählerin des Kinderromans *Mellin, die dem Drachen befiehlt* (1987) führt Boie Fantasy-Elemente für ein jüngeres Lese-Alter ein, um sie gleichzeitig mit Ironie zu konterkarieren. Mit konsequenten Ich-Erzählungen realisiert sie diese Brechung in den beiden Fantasy-Romanen *Prinzessin Rosenblüte* (1995) und *Prinzessin Rosenblüte – wachgeküsst* (2007). Fiktive autobiographische Texte als Stil-Element phantastischer Geschichten einzuführen, gelingt danach in dem Kinderroman *Der durch den Spiegel kommt* (2001).[23] Eine Zehnjährige berichtet, wie sie durch den Spiegel und in Begleitung eines Kaninchens (!) in ein phantastisches Land kommt, das sie irrtümlich als Heilsbringerin erwartet. Ein befreundeter Junge befreit mit ihrer Unterstützung die vorindustriell lebenden Menschen vom Fluch eines Bösen (Evil). Die Ich-Erzählerin kehrt gestärkt in ihre gegenwärtige Welt zurück. Boie ruft traditionelle Motive und Erzählstrukturen auf und verwirft sie in kontinuierlichem Bemühen, Kinder teilnehmen zu lassen,

21 Kirsten Boie, 2021, Heinzler mögen saure Gurken, Hamburg: Oetinger, S. 10.

22 Kirsten Boie, 2003, Verflixt – ein Nix, Hamburg: Oetinger. Weitere Ausgaben unter den Titeln Wieder nix (2007) und Nix wie weg (2013).

23 Kirsten Boie, 2001, Der durch den Spiegel kommt, Hamburg: Oetinger.

sie auf neue erzählerische Weise ins Spiel zu bringen. Die wenig heldenhafte Ich-Erzählerin erklärt sich phantastische Welten aus der aufgeklärten Sicht eines norddeutschen Schulmädchens. Heilsgeschichte und Allmachtphantasie werden im autobiographischen Ich-Bericht sozusagen auf Augenhöhe von Heldin und Leser kombiniert. Als Initiator kommt ein göttliches Wesen, „Der-über-den-Wolken-wohnt", zu Wort, das dem Kaninchen den Auftrag zur Anwerbung eines Retters erteilt und zum Schluss mit Wohlgefallen das Resultat betrachtet. Religion und Fantasy – in den letzten 200 Jahren keine verlässlichen Verbündeten – gehen hier eine sprach-gestützte Liaison ein:

> [...] der Abend kommt und hoch über den Hügeln steht Der-über-den-Wolken wohnt und sieht die Sterne am Himmel und sieht, wie auf der Erde die Lichter angehen, eins nach dem anderen ...[24]

> „jetzt lauf", sagt Der-über-den-Wolken-wohnt. „Dich habe ich ausgewählt. Lauf!" ...[25]

> Eine Sekunde lang habe ich eine so große Panik gekriegt, dass ich dachte, gleich muss ich spucken. Hier stand ich auf einer weiten Wiese in der Abenddämmerung, und wo gerade noch unsere Hochhäuser gestanden hatten, war jetzt nichts als freies Feld ... Hilfe, was war mir passiert? ... Zuerst hab ich gedacht, dass ich krank geworden bin. Es gibt so eine Krankheit, die sitzt im Kopf, da glauben Menschen plötzlich, dass sie eine alte Königin sind, die längst tot ist, oder dass gefährliche Gangster sie ... in der U-Bahn beschatten ...[26]

In Boies Werkgeschichte endet hier das Experiment mit vorpubertären Ich-Erzählern der Phantastik. Die folgenden phantastischen Romane, egal ob Utopien, Dystopien oder Zeitreisen, folgen der auktorialen Erzählpraxis der Gattung. Man wüsste gern die Gründe dafür.

4. Reihen / Serien

Der Fundus von Boies Kinderbüchern besteht zum großen Teil aus Serien bzw. Reihen[27], in denen eine wiederkehrende, wiedererkennbare Konstellation von Personen und Schauplätzen Episoden des Alltags von Vor- und Grundschulkindern

---

24 Ebd., S. 8.

25 Ebd., S. 25.

26 Ebd., S. 26.

27 Vgl. Ina Brendel-Perpina und Anna Kretzschmar (Hg.), 2021, Serialität in der Kinder- und Jugendliteratur, Baltmannsweiler: Schneider.

spiegeln. Berichtet wird ausnahmslos in erlebter Rede mit Reflektorfigur und in Ich-Berichten der bevorzugten Tempi Präsenz und Perfekt.

Einige Serien gehören zu den Verlagsprogrammen mit Erstlesereihen vornehmlich deutschsprachiger Autorinnen, die mit Sujets, Syntax und Wortwahl dem Alphabetisierungs- und Leselern-Prozess zuarbeiten. Zweifellos trägt diese lange Zeit als aliterarisches Übungsgelände bewertete Prosa zur Eroberung bestimmter Lebens- und Erfahrungsräume in der Kinderliteratur bei. Im besten Falle üben sich Autorinnen in der Literarisierung kindlicher Erfahrungsräume und die Rezipienten finden Alltag, Träume, Gedanken in Geschichten zum Vorlesen und Selbstlesen beschrieben, Wert geschätzt. Boie stieg in diesen Literarisierungs-Prozess ein und fand auch hier eine eigene Schreibart, bei der die fiktiven autobiographischen Äußerungen über sporadische Experimente hinaus immer weiterentwickelt und variiert wurden.

Als Reihen/Serien für Vor- und Grundschulkinder können die neun *King-Kong*-Bände (1989–2016); die sechs *Juli*-Bände (1990–1999), die sechs *Lena*-Bände (1993–2000) mit der Kinderbuch-Ergänzung *Lena fährt auf Klassenreise* (2004) und die sechs *Linnea*-Bände (1999–2003) gelten. Auch zu *Linnea* gibt es Titel außerhalb der Reihe: *Linnea geht nur ein bißchen verloren* (1999), *Linnea macht Sachen* (2002) und ein der Serie vorausgehendes Kinderbuch *Man darf mit dem Glück nicht drängelig sein* (1997). Die Laufdauer der Reihen überschneiden sich. So zeigt das Erscheinungsjahr 1993 neue Bände aus drei Reihen *(Juli, der Finder; King-Kong, das Liebesschwein; Lena hat nur Fußball im Kopf)*. Die Zusammenschau mit Neuauflagen, Medienadaptionen und Vermittlungsmodellen markiert den Einfluss der Reihen/Serien von Episoden fiktiver Kinder-(Auto-)Biographien.

In der 1989 begonnen Reihe um Jan-Arne und sein Meerschwein-Weibchen King-Kong bringt die Erzählerin in erlebter Rede noch Fetzen von Wahrnehmung und Handlungsverlauf außerhalb der Reflektor-Figur ein: „Wo die Siedlung aufhört und es keine Hochhäuser mehr gibt, sind die Gärten. Viele kleine Häuser stehen zwischen ordentlichen Beeten, und es gibt Hollywoodschaukeln und Blumenkästen."[28]

Der Leser nimmt Jan-Arnes Erlebnisse bald selbst dort aus seinem Blickwinkel wahr, wo er nachvollziehbar irrt: „Wenn Mama zur Telefon-Zelle geht, kann er in der Zeit King-Kong einfangen. Und ihn verstecken. Dann können sie Gift streuen und Fallen aufstellen, soviel sie wollen. King-Kong schnappen sie damit nicht."[29] Boie tariert aus, was Jan-Arne intellektuell, erfahrungsgemäß und emotional äußern kann und wie es sich mit der adressierten, potenziellen Zielgruppe verhält. Ein kleines Stückchen soll der Leser dem Helden offensichtlich voraus sein, sich ihm aber auch gleichstellen und mit ihm identifizieren können.

28 Kirsten Boie, 1989, King-Kong, das Geheimschwein, Hamburg: Oetinger, S. 2.
29 Ebd., S. 82.

In einigen Folgebänden benutzt Boie passagenweise die Ich-Form, etwa in *King-Kong, das Zirkusschwein*, als sich der Junge so sehr wünscht, mit King-Kong in der Manege aufzutreten. Nicht zufällig ist die Ich-Form für einen emotionalen, willensstarken Moment ohne Distanz zum Geschehen gewählt:

> Ich kann es ihm ja erklären, denkt Jan-Arne. Er sitzt neben Michi in der ersten Reihe auf der Bank und guckt in die Manege. Daß ich eine Meerschweinchen-Nummer will. Keine Ziegen-Nummer. Daß ich schon alles eingeübt habe. Dann läßt er es mich vielleicht machen. Ich muß mich nur einfach trauen, mit ihm zu reden.[30]

Jan-Arnes von Autorin und Erzählerin offenbartes und gelenktes Bewusstsein ist nicht einfältig. Zu Boies (auto-)biographischen Kindheitsepisoden gehört das doppelte Spiel, in dem die Protagonisten sehr wohl wissen, dass sie eigenes Interesse, nicht vorgegebenes Wohlverhalten verfolgen. So liebt es Jan-Arne, die bekannten familiären, gesellschaftlichen Verhaltensregeln wissentlich und mit Bedauern („eigentlich", „leider") zu überschreiten. Das ist seine Weise, „unartig" zu sein, also Individualität einzuüben: „Mama und Papa schnarchen noch im Schlafzimmer. Da kann Jan-Arne ja vielleicht King-Kong schon fürs Stadion fertig machen. Leider muss er das nämlich heimlich tun."[31]

Eine ähnliche Erzähltechnik verwendet Boie in den *Juli*-Bänden, die ebenfalls als erlebte Rede mit Reflektorperson erzählt werden. In *Juli tut Gutes* (1994) wird der Junge zunächst vorgestellt, um danach in seine Sichtweise zu wechseln:

> Als Juli vom Kindergarten nach Hause kommt, hat er ganz schlechte Laune.[32]

> „Ich mach das nicht, pööööh, sollst du mal sehen!", sagt er böse zu Mama und schleudert seinen Schuh in die Ecke. „Das wird die schon merken, pöö, ich mach das nicht." „Was machst du nicht, Juli?" fragt Mama erstaunt. Mama füttert gerade das Baby, da ist es ja ein Wunder, dass sie überhaupt zuhört, wenn Juli ihr was erzählt. „Martinstag!" sagt Juli wütend und schleudert den anderen Schuh auch noch weg. „Pööh, ich mach das nicht!"[33]

Die schwebende Situation des kindlichen Ichs wird deutlich, wenn man die Formulierungen beider Serien mit wenigen Strichen in eine stringente Ich-Erzählung verändert: die Figur rücken näher, die Erzählerin gerät in Distanz. Es entsteht eine Direktheit, die Boie für das Vor- und Erstlesealter als nicht angemessen vermeidet.

30 Kirsten Boie, 1992, King-Kong, das Zirkusschwein, Hamburg: Oetinger, S. 27.
31 Kirsten Boie, 2016, King-Kong, das Fußballschwein, Hamburg: Oetinger, S. 14.
32 Kirsten Boie, 1994, Juli tut Gutes, Weinheim: Beltz, S. 1 (ungez.).
33 Ebd., S. 3 (ungez.).

Etwas anders wird in der *Lena*-Reihe eine Episode um eine Neunjährige erzählt. Diese besitzt größere Individualität, reflektiert differenzierter, wird gleichzeitig aber deutlicher in das Raster der erzählten Rede gesetzt. Sie kommt also nachdrücklicher, aber mit größerer Distanz zu Worte, etwa wenn es sich um ihre Leidenschaft, das Fußballspielen, handelt:

> Lena hat immer schon ordentlich Fußball gespielt ... aber als sie dann fünf war und die Jungs in den Verein gekommen sind, da sollte Lena plötzlich nicht mehr ... der Trainer im Fußballverein wollte, daß sie es erst einmal versucht. „Vielleicht wird es ihr sowieso schnell langweilig", hat er gesagt ... Es ist Lena aber nicht langweilig geworden, kein bißchen. Weil sie nämlich Fußball spielen u n d schöne Kleider tragen und mit ihren Freundinnen spielen kann. Und gegen Jungs hat sie auch nicht so viel.[34]

Im Zusammenspiel von Autorin, Erzählerin und Protagonistin gibt die Autorin in der *Lena*-Reihe einer Erzählerin die Möglichkeit, Lena leicht ironisiert darzustellen. Die Individualität des vorpubertären Mädchens entfaltet sich innerhalb von deutlich gesetzten Koordinaten. Als Lena in dem Band *Lena findet Fan-Sein gut* (1997) ein *Bravo*-Heft ansieht, schwankt ihre als innerer Monolog konstruierte Stellungnahme zwischen offizieller Bedenklichkeit und natürlicher Neugier:

> ... die Doppelseite mit dem Mädchenbody und dem Jungsbody, die findet Lena immer so peinlich. Weil die Jungs da auf den Fotos wirklich überhaupt gar nichts anhaben, und Mama sagt, eine Zeitschrift ... darf Lena nicht kaufen. Aber Lena tun die Jungs und Mädchen eigentlich nur Leid. Die haben sich wohl gar nicht richtig überlegt, was sie da machen! Wenn die nun am nächsten Morgen in die Schule kommen und alle haben sie da in der Zeitschrift gesehen, dann lachen doch alle! Und die Lehrer sagen vielleicht noch so blöde Sachen. Die Seiten ... guckt Lena sich immer gar nicht so gerne an. Die machen sie immer nur traurig.[35]

Das Vorschulkind Linnea nimmt sowohl in den Einzelbänden als auch in der Reihe eine Sonderstellung ein. Ihren familiären Rahmen – sie lebt mit zwei Geschwistern bei der geschiedenen Mutter und trifft den Vater mit neuer Verbindung nur selten – kennzeichnen unsichere Verhaltens-Koordinaten. Sie ist ein kreatives, schwieriges Kind – eine Ausnahme in der langen Reihe kleiner angepasster Mädchen, von denen Boie erzählen lässt. Eingeführt wurde sie in den Einzelbänden *Man darf mit dem Glück nicht drängelig sein* (1997) und *Linnea geht nur ein bißchen verloren* (1999), in denen ihr Verhalten nachvollziehbar begründet erschien. In den kurzen Episoden der Reihe müssen die Erzähl-Instanzen die Individualität des phantasievollen Kindes vornehmlich mit ihren den

---

34 Kirsten Boie, 1993, Lena hat nur Fußball im Kopf, Hamburg: Oetinger, S. 14.

35 Kirsten Boie, 1997, Lena findet Fan-Sein gut, Hamburg: Oetinger, S. 9.

Erwartungen zuwiderlaufenden Gedanken und Argumentationen transportieren. Das geschieht durchgehend in der Auseinandersetzung und Abstimmung mit dem wenig älteren Bruder. Durch die Dialoge erweitert Boie die Äußerungsmöglichkeiten von Reflektorpersonen und relativiert die Ich-bezogene Handlungsweise Linneas.

In dem ebenfalls außerhalb der Reihe erschienenen Sammelband *Linnea macht Sachen* (2002) geschieht das auf vornehmlich heitere Weise, auch in Slapstick-Manier. In den Serientiteln aber tritt das Vorschulkind als Manipulatorin ihrer Umgebung auf, wenn sie ein Kaninchen vor dem Schlachten, einen vor dem Laden angebundenen Hund als Waisenhund, und das große Stofftier „Milchmieken" vor dem Sperrmüll „rettet" (*Linnea rettet schwarzer Wuschel* [2000]; *Linnea macht Sperrmüll* [2001]; *Linnea findet einen Waisenhund* [2010]). Mit trickreichem und wirkungsvollem Protest gegen Autoritäten und vermeintliche Kausalketten in Familie und Umgebung erweitert Boie den Erfahrungsraum von Literaturfigur und Rezipienten.

In der achtbändigen Reihe *Wir Kinder aus dem Möwenweg* (2000–2015) folgen die Einzelbände einer zuvor nicht beachteten chronologischen Reihenfolge. Sie vollziehen nicht nur Jahreszeiten, Festfolgen und offizielle Ereignisse, sondern auch persönliche Entwicklungen der Protagonisten nach – eine neue Aufgabe im Gebrauch fiktiver Autobiographien, die über die unverbundenen Episoden der Erstlese-Reihen hinausgehen.

Die neun-/zehnjährige Tara erzählt in Ich-Berichten von den Erlebnissen der acht Kinder zwischen vier und elf Jahren in einer neu bezogenen Reihenhaus-Siedlung am Rande einer norddeutschen Kleinstadt. Es handelt sich um sechs Familien, zwei davon sind kinderlos. Die Autorin übergibt dem Mädchen mit seiner fiktiven Autobiographie die Rolle des Guide für Geschehnisse und Befindlichkeiten der Kindergruppe. Deren Eltern und kinderlose Nachbarn gehören nachvollziehbar nur wenig unterschiedenen Altersgruppen, sozialen Hintergründen und Lebensmodellen an. Tara ist – abgesehen von der Schilderung sozial interpretierbarer Wohn-Attribute und Angewohnheiten – der Aufgabe enthoben, unterschiedliche Sprachebenen nachzuvollziehen. Für die Kinder liegen die Unterschiede in Zuordnungen wie mit oder ohne Kinder, alt oder jung, lieb oder unnahbar, Kumpel oder mit Vorsicht zu behandeln. Auch hier teilen Autorin und Erzählerin dem berichtenden Kind zu, was die Leserinnen – in wechselnden Tempi von Erinnerung zu zeitgleicher Berichterstattung springend – erfahren sollen. Der Schritt aus den in jeder Hinsicht engen fiktiven Lebenswirklichkeiten der Episodenhandlungen früherer Serien bedeutet ein erzähltechnisches Risiko. Die autobiographische Perspektive eines einzelnen Kindes bleibt erhalten. Aber mit dem höheren Alter, dem größeren Aktionsradius und der in das Geschehen integrierten vielköpfigen Personengruppe (Freunde, Eltern, Nachbarn, Kontakt-Personen) unterschiedlicher Einsichten, Gefühlen, Plänen und Argumentationen reicht das bisherige Erzähl-Reservoir nicht mehr aus. Ist Tara nach dem Willen der Autorin und den Entscheidungen der Erzählerin in der Lage, ihr Selbstbild durch die Auswahl dessen, was sie preisgibt, zu bestimmen? Besitzt Tara einen ‚Charakter'? Wenn ja, ist die Ich-Erzählerin eine kleine Moralistin der liberalen Art. Sie gehört zu den gut Erzogenen, deren Ehrgeiz in der Befolgung der Regeln besteht und die das Überschreiten der roten Linie zwar genießt, gleichzeitig aber immer die Notbremse zieht, Erklärungen für ihren vermeintlichen Ungehorsam sucht: „[...] und Petja hat gesagt, es wird Zeit, dass wir uns eine Hütte bauen. [...] Darum haben wir Zweige von den Büschen gerissen (das soll man ja sonst nicht, weil Büsche auch ein Leben haben, aber jetzt war leider ein Notfall) ...“[36] In diesem immer noch begrenzten Erfahrungsrahmen sind es die Alters- und Geschlechtsunterschiede, die ein Sprachgefälle herstellen, wenn es zum Beispiel um das Eierausblasen und den Wettbewerb verschiedener Kindergruppen um den schönsten Osterbaum geht. Auf die Frage, ob die Kindergartengruppe und Schulklasse der beiden Brüder dabei mitmachen, gibt Tara folgende Aussagen wieder:

> „Und spendet ihr den Preis dann auch für Afrika?“, hab ich Maus gefragt. ... Aber Maus hat gesagt, piep, piep, piep, das tun sie in der Nilpferdgruppe wohl nicht ... „Und ihr, Petja?“, hab ich gefragt. „Macht deine Klasse gar nicht mit bei dem Osterwettbewerb?“ „Sind wir Babys oder was?“, hat Petja gesagt. „Nee du, aber logisch nicht!“ Da hat Mama gesagt, Gott sei Dank. Sie hätte sich gerade vorgestellt, wie wir bis Weihnachten nichts anderes mehr essen als Omelette.[37]

Adventszeit und Weihnachtsfest gehören zu den festen Größen kindlicher Erfahrung in Boies Kinderbuch-Biotop für Vor- und Grundschulalter. Dabei geht es ausnahmslos um die aus kindlicher Sicht wahrnehmbaren, von den Erwachsenen vermittelten Ingredienzen norddeutschen Brauchtums. Erst der IT-geladene Ich-Bericht des Grundschulkindes in der Weihnachtsgeschichte *O du fröhliche Entführung* (2020) macht damit ein Ende. Am weihnachtlichen Geschehen lässt sich die Zeitbezogenheit der *Möwenweg*-Reihe nachvollziehen. Taras Vorfreude ist in der 2005 erschienenen ersten Textfassung *Weihnachten im Möwenweg* noch geprägt vom dominanten Ablauf des christlichen Kirchenjahres:

> Vor der schönen Vorweihnachtszeit muss erst mal die graue V o r-Weihnachtszeit kommen, finde ich. Damit man immer aufgeregter wird und es gar nicht mehr abwarten kann, bis es endlich Totensonntag ist. Das ist ja der Sonntag vor dem Ersten Advent. Vorher darf man es sich nicht weihnachtlich machen.[38]

36 Kirsten Boie, 2002, Sommer im Möwenweg, Hamburg: Oetinger, S. 45.
37 Kirsten Boie, 2011, Ostern im Möwenweg, Hamburg: Oetinger, S. 28.
38 Kirsten Boie, 2005, Weihnachten im Möwenweg, Hamburg: Oetinger, S. 12f.

Mit Jahreszeiten, Kita- und Schulabläufen, Ausflügen, Tier- und Freundesepisoden bieten die *Möwenweg*-Bände erstaunlicherweise einen nicht wesentlich erweiterten Korpus von Motiven, Erlebnissen, Personenkonstellationen und individuellen Befindlichkeiten wie die Episoden-Serien. Einzig die schwere Krankheit des alten Nachbarn fällt aus der Folge vornehmlich lebensfroher, wenn auch nicht konfliktloser Situationen heraus.

Seit 1989 ist bei Boie kontinuierlich ein Schreibprozess zu beobachten, der von Autorin und Erzählerin gelenktes kindliches Bewusstsein in Ich-Erzählung und erlebter Rede als fiktive (Auto-)Biographien von Kindergarten- und Grundschulkindern realisiert. Die bis heute etwa 40 diesem Prozess zugehörigen Bände bilden einen dominanten Kern ihres Gesamtwerkes. Mögen bei der Arbeit an den Reihen auch kleine Variationen bemerkbar sein, die lange Laufzeit einer unveränderten Figuren- und Situations-Konstellation bedeutete ein nur schubweises Voranschreiten. Nicht übersehen werden kann das „Mitschleppen“ oft benutzter Muster, das Bedienen kontinuierlicher Nachfrage nach Gewohntem und Bekanntem. In den Genres, in denen Boie irgendwann auf die (auto-)biographischen Erzähltechniken verzichtete, wie in (zeit-)historischen Sujets und bei phantastischen Erzählungen, ist eine Veränderung und Entwicklung deutlicher nachweisbar.

5. Kriminalgeschichten und Detektivromane

Die Gattung Kriminalroman mit der Variation Detektivroman taucht in Boies Gesamtwerk auch in Texten auf, die Teil-Biographien eines kindlichen oder jugendlichen Protagonisten widerspiegeln sollen. Als zum Agenten idealisierte Vaterfigur (*Alles total geheim*, 1990), als verleugneter Rache-Akt (*Geburtstagsrad mit Batman-Klingel*, 1991), als Aufklärung eines vermeintlichen Einbruchs (*King-Kong, das Krimischwein*, 1998) wird das kriminalistische Element in Bilderbuch und Erstlese-Serie eingeführt. Als Milieuschilderung mit Personen aus dem kriminellen Bereich (*Ich ganz cool*, 1992), politisch motivierter Brandanschlag (*Erwachsene reden, Marco hat was getan*, 1994), Juwelenraub in einer Friedhofsgroteske (*Der Junge, der Gedanken lesen konnte*, 2012), Armutsdelikte in Swasiland (*Es gibt Dinge, die kann man nicht erzählen*, 2013), Bankraub und Betrug in Sozialsatiren zwischen Arm und Reich (*Schwarze Lügen*, 2014; *Entführung mit Jagdleopard*, 2015) verwendet sie Motive, Erzählstrukturen, Personen- wie Handlungskonstellationen der Kriminalliteratur. Auch hier ist keine Entwicklungslinie erkennbar, weil Boie ihre Entscheidungen über den Einsatz von Erzähl-Elementen des Kriminalromans nicht ins Zentrum ihres schriftstellerischen Programms stellt, sondern immer wieder neu und anders einsetzt.

Das ändert sich 2016 mit dem Auftakt der inzwischen drei Bände umfassenden *Thabo*-Serie, zu der drei Episoden-Bände *Thabo und Emma* für ein jüngeres Lesealter und mediale Fassungen unterschiedlicher Formate erschienen.

Thabo, ein einheimischer Junge unbestimmten Alters aus Swasiland, arbeitet für seinen Onkel, den Wildhüter in einem Safari-Park. Der Park gehört einer Engländerin. Befreundet ist Thabo mit deren Nichte, die ihn in den langen Ferienzeiten ihres britischen Internats bei der Lösung der Kriminalfälle begleitet. Thabo löst in der Manier klassischer Detektivromane Fälle, wie sie in dieser Umgebung vorkommen können: Wildfrevel, Rinderdiebstahl, Kinderhandel mit den sie begleitenden Bagatell-Delikten. Ihre Aufklärung folgt literarischen, nicht faktischen Methoden des Milieus.

Spürt Boie in den sozialen Anklagen ihres ersten Afrika-Buches mit erlebter Rede die Hintergründe der Not in Swasi-Land auf, wählt sie in den *Thabo*-Bänden die Ich-Erzählung, die episodische Autobiographie eines afrikanischen Jungen, der gern Detektiv wäre. Er stellt sich in der vermeintlichen Pose eines britischen Gentlemen-Detektivs, eher aber wie ein Komödiant vor: „Aber ich habe mich ja noch gar nicht vorgestellt! Miss Agatha sagt, der wahre Gentleman stellt sich immer zuerst vor. Ich heiße Thabo. Thabo Sonnyboy Shongwe.“[39] Es folgen lange Ausführungen über das Wesen eines Gentlemans und eines Detektivs „alter Schule“. Realistik zieht wieder ein, als von seinem Freund die Rede ist, wobei der Höflichkeitshabitus eines imaginierten Gesellschaftsbildes beibehalten wird: „Sifiso Lovejoy Madlopha ist mein bester Freund (Jetzt habe ich ihn auch höflich vorgestellt).“[40]

„Meine Damen und Herren“, so wendet sich Thabo immer wieder an ein erwachsenes (?) Publikum, dem er von Kriminalfällen berichtet. Im Verlauf seines Ich-Berichtes wird klar, dass es sich dabei nicht um Einheimische handeln kann, sondern um Ignoranten lokaler Umstände, die er mit Überlegenheitsgesten lustvoll aufklärt. In dieser Sprachhaltung entwirft er speziell für dieses Publikum ein Bild von sich selbst. Denn wer er ist: eine Aidswaise mit wenig Zukunft in einem von Angehörigen der ehemaligen Kolonialmacht Großbritannien bestimmten Arbeitsverhältnis – das sagt er nicht, genau das verbergen seine wortreichen Reden. Verbergen sie es auch seinen Lesern und Leserinnen?

Die vor allem im zweiten Band der *Thabo*-Reihe angeprangerten lokalen Missstände werden in der Erzähl-Haltung des Detektivromans zur lebendigen Kulisse spannender Aufklärungsarbeit. Anders als die Dominanz des berichtenden Ichs vermuten lassen könnte, treten in dieser Erzähl-Konstellation die den Ich-Bericht lenkende Erzählerin und die für die gesamte Erzählkonstellation verantwortliche

39 Kirsten Boie, 2016, Thabo. Detektiv und Gentleman. Der Nashorn-Fall, Hamburg: Oetinger, S. 6.

40 Ebd., S. 7.

Autorin deutlich in Erscheinung. Der junge afrikanische Ich-Erzähler klinkt sich in einen suggerierten Dialog ein:

> Verzeihen Sie, meine Damen und Herren – dass ‚buya lana' ‚komm her' heißt, werden Sie sicher gewußt haben. Ich möchte Ihnen unsere Sprache nicht aufdrängen. Sie können Englisch und Spanisch und Französisch, dafür bewundere ich Sie. Noch eine Sprache brauchen Sie nicht.[41]

Aus diesem Zitat schimmert deutlich die Kluft zwischen Ich-Erzähler und Autorin/Erzählerin auf. Denn die Position, aus der heraus der Satz „Noch eine Sprache brauchen Sie nicht" gesagt wird, changiert durch das Arrangement der Erzählerin zwischen Bewunderung des Jungen und Resignation der Autorin.

Man mag sich fragen, was Boie bewogen hat, nach den problemorientierten Kurzgeschichten afrikanischen Elends im Swasiland eine heiter-unverbindliche Who-has-done-it-Variante als literarische Verarbeitung afrikanischer Erfahrungen einer europäischen Besucherin aufzunehmen. Die gemeinsame Wurzel beider auf den ersten Blick sehr unterschiedlicher Sujets schildert Boie im Nachwort des ersten Bandes der *Thabo*-Reihe. Es sind ihre Erfahrungen mit dem Zusammenhang der Möwenweg-Stiftung zur Förderung von Aidswaisen in Swasiland. Man darf die Autorin also beim Wort nehmen, wenn es um von ihr aufgerufene pseudo-(auto-)biographische Stimmen aus Afrika geht. Gleichzeitig irritiert die enge Verbindung vom persönlichen karitativen Einsatz und schriftstellerischer Entscheidung für eine diesem Engagement zuarbeitende Erzählform. Hier werden Grundfragen der Ästhetik, besonders der Ästhetik der Kinder- und Jugendliteratur angerührt und die Betrachtung von Ich-Erzählung und erlebter Rede in der Kinder- und Jugendliteratur erhält unversehens eine kulturpolitische Dimension.

6. Zusammenfassung

Kirsten Boie übernimmt die während der späten sechziger und siebziger Jahre in der westdeutschen Kinder- und Jugendliteratur vermehrt als Stilmerkmal eingeführten und akzeptierten Erzählformen der erlebten Rede, der Personenrede, des Ich-Berichtes eines Kindes oder Jugendlichen und spezifischen Formen von Briefroman und Tagebuch. Verbunden ist die Wahl dieser Erzählformen bei Boie mit der programmatischen Forderung nach Kindern und Jugendlichen zugewandten, ‚kindgemäßen' Erzählstrukturen, aber auch nach dem Wunsch, das Reservoir literarischer Formen in der allgemeinen Belletristik für die Kinder- und Jugendliteratur zu erweitern.

41 Ebd., S. 100.

Wo in der literaturwissenschaftlichen Fachliteratur zwischen Autor, Erzähler und erzählenden Personen unterschieden wird, dort sind Boies kinderliterarische fiktive (Auto-)Biographien gleichzeitig ein Entwurf ihres schriftstellerischen Selbstbildes und Zeugnis ihrer Person. In den Kinderbuch-Serien für das Erst-Lesealter benutzt Boie erlebte Rede als ausschließliche Erzählform und zieht sie – je nach Erscheinungsdauer, ‚Laufzeit' der Serie – durch Jahrzehnte. In Texten für das jugendliche Lese-Alter experimentiert Boie mit differenziertem Sprachverhalten und -idiom der Protagonisten. Sie greift dabei individuelle, emotionale oder/und soziale Befindlichkeit auf. Boie erprobt die Tauglichkeit von erlebter Rede, Personenrede und Ich-Bericht in unterschiedlichen Literaturformen (problemorientierte Fall-Studien; Fantasy; Groteske; Kriminal-Geschichte, Episodenhandlung) und Formaten der Veröffentlichung (Bilderbuch-Text, Serien-Titel, Erzählungen, Romane, multimediale Adaptionen) auf. Die Aufgabe und das Verhältnis von Autorin, Erzählerin, Ich-Erzählerin untereinander mischen sich in jedem Text, jeder Serie neu. Die Entscheidung für den Grad der Identität von (Ich-)Erzählerin und Protagonistin fällt nicht nach primär formalen Gesichtspunkten, sondern nach intendierter Anlage von Plot, Botschaft, Charakteren, Gattung und Leseransprache. Fortlaufende Experimente mit (Ich-)Erzähler-Status und Sprachverhalten der Protagonistinnen sind vor allem in den ersten zwei Jahrzehnten von Boies bisherigem Gesamtwerk spürbar. Eine auf diesen Experimenten aufbauende Entwicklung liegt nicht in der sichtbaren Absicht der Autorin.

Konstant bleibt eine starke Rolle der Autorin Boie gerade in den Texten, die auf jede auktoriale Erzählform zu verzichten scheinen. Boie arbeitet nicht der Illusion zu, eine Autorin könne die Regie der Textgestaltung an eine kindliche oder jugendliche Protagonistin und gleichzeitig an die Rezipienten abgeben. Alles in Ich-Form ‚autobiographisch' von fiktiven Kindern und Jugendlichen Erzählte oder in adressierten Briefen Mitgeteilte unterliegt der planvollen Kontrolle einer Erzählhaltung oder Erzählerin. Das Von-sich-selbst-Erzählen unterstützt dabei eher die Form der Wahrnehmung als die Individualität der Figur.

Die Verantwortungsebenen des (Auto-)biographischen im Kinder- und Jugendbuch vertragen sich bei Boie am besten dort, wo dem erzählenden, berichtenden Kind als Literaturfigur ein individuelles Gesicht gegeben wird, wo neben den wiederholt auftretenden Situationen des Alltagslebens nicht nur ein erzieherisches Programm oder Szenen der Situationskomik beigegeben werden, sondern wo Situationen, Komik und Bericht aus dem gewählten und konstant verfolgten Charakterbild des berichtenden fiktiven Kindes und Jugendlichen entstehen.

„Eli, Eli, lama asabtani! Man würde am liebsten nicht mehr leben!“[1]

Die Tagebücher von Astrid Lindgren und Lucy Maud Montgomery

Anna Zamolska

Als Astrid Lindgren (1907–2002) im Jahr 1939 zum Tagebuch greift und bis Kriegsende 1945 auf mehreren hundert Seiten das Kriegsgeschehen aus der schwedischen Sicht auf Papier bannt, ist sie noch keine Schriftstellerin – eine unbekannte Frau, die neben ihrer Familie mit zwei Kindern verschiedene Halbtagsjobs meist als Sekretärin ausführt. Ganz anders ist es um Lucy Maud Montgomery (1874–1942) bestellt, die bereits als Jugendliche anfängt, Tagebuch zu führen und dies in unregelmäßigen Abständen 55 Jahre lang bis an ihr Lebensende durchhält. Aber auch sie führt ein dichteres Tagebuch und sammelt Informationen und Zeitungsausschnitte, als der Erste Weltkrieg ausbricht. Den Zweiten Weltkrieg erlebt sie nur bis zur Hälfte und verfolgt hier resigniert nur noch sporadisch das Weltgeschehen bis zu ihrem Tod 1942.

Die Kriegstagebücher beider Frauen verschaffen dem heutigen Rezipienten ein eindringliches Bild des Verlaufs beider Weltkriege – Tag für Tag verfolgten sie mit dem Finger auf der Weltkarte die Wege der Armeen, kommentieren das Verhalten der Staatsoberhäupter und halten Gräueltaten und persönliche Ansichten zu den Ereignissen des Schreckens mit einer Direktheit fest, die nur aus der Natur des Tagebuchs entspringen kann. Dieses direkte Miterleben im Stil der jeweiligen Autorin und mit ihren persönlichen Kommentaren lässt die Kriegstagebücher Lindgrens und Montgomerys zu einer faszinierenden Lektüre werden, die als Erinnerungsliteratur jeden trockenen Geschichtsunterricht bereichern müssten.

Was Lindgren veranlasste, bei Ausbruch des Krieges ein Tagebuch anzulegen, ist aus den Aufzeichnungen nicht zu erfahren. In einem Interview gab sie später folgende Erklärung: „Zum ersten Mal hatte ich eine tiefe politische Überzeugung.“ Die ganze Familie wurde in die Diskussion über das Kriegsgeschehen einbezogen, auch die Kinder sammelten Informationen, manchmal las Lindgren ihnen aus dem Tagebuch

1 Astrid Lindgren, 2015, Die Menschheit hat den Verstand verloren. Tagebücher 1939–1945, Berlin: Ullstein, S. 28.

> vor. Aus Zeitungen, dem Radio, mithilfe von Kartenmaterial und den Berichten von Flüchtlingen verschaffte sie sich ein Bild von Frontverläufen, scheiternden Friedensverhandlungen, Bombenangriffen.[2]

Besonders wertvoll und originell sind sie für mitteleuropäische Länder, die einen eurozentrischen Geschichtsunterricht gewohnt sind: Beide verkörpern eine neue Sichtweise auf die Geschehnisse aus dem Blickwinkel Skandinaviens und Kanadas. Die Genauigkeit und das persönliche Mitfiebern sind charakteristisch für beide Aufzeichnungen, sodass sich die Tagebücher der beiden Schriftstellerinnen nicht nur gut vergleichen lassen, sondern sich fast nahtlos ineinanderfügen und so eine gemeinsame Betrachtung geradezu herausfordern. Zumal Astrid Lindgren sich selbst im Alter noch der Ergriffenheit erinnerte, mit der sie Montgomerys erstes und erfolgreichstes Buch gelesen hatte: Montgomerys erstes Buch wurde – wie Lindgrens *Pippi Langstrumpf* – bei zahlreichen Verlagen abgelehnt, bevor es – ebenso wie bei Lindgrens *Pippi* – in abgewandelter Fassung 1908 erschien. *Anne of Green Gables* wurde binnen weniger Monate zum Bestseller und wurde interessanterweise zuerst ins Schwedische übersetzt: 1909 erschien bereits die schwedische Ausgabe mit dem Titel *Anne på Grönkulla*. Ein paar Jahre später las Astrid Lindgren als Kind das Buch und beschreibt ihre Leseerfahrung in *Das entschwundene Land*:

> Und dann natürlich Anne auf Avonlea, o du Unvergeßliche, auf ewig fährst du im Einspänner neben Matthew Cuthbert unter Avonleas blühenden Apfelbäumen! Wie ich mit diesem Mädchen gelebt habe! Einen ganzen Sommer lang spielte ich mit meiner Schwester in dem großen Sägemehlhaufen oben bei der Sägemühle Anne auf Avonlea: ich war Diana Barry.[3]

Anne of Green Gables wurde nach Schweden ein großer Erfolg in Polen (dort erschien sie 1912 und ist bis heute so bekannt wie beispielsweise die *Moomins*, außerdem gehört sie zum Kanon der Schullektüre) und in Japan. Erst 1986 wurde sie ins Deutsche übersetzt, allerdings gekürzt und verändert und darin liegt auch die relative Unbekanntheit der Bücher von Lucy Maud Montgomery in Deutschland begründet. Erst mit der Filmadaption der *Anne*-Bücher von *Sullivan Films* wurde das rothaarige Mädchen und seine geliebte kanadische Insel auch hier bekannter – erlangte aber nie den Klassiker-Status, den sie in Japan oder Polen genießt. Aufgrund des späten Erscheinungsdatums von *Anne* in Deutschland fällt es dem hiesigen Publikum auch schwer nachzuvollziehen, warum *Anne* als eines der Vorbilder für *Pippi* gilt. Die zeitgenössische Originalität und stellenweise

2 Antje Rávic Strubel, 2015, Vorwort, in: Lindgren, Die Menschheit hat den Verstand verloren [Anm. 1], S. 5–16, hier: S. 6.

3 Astrid Lindgren, 1994, Das entschwundene Land, Hamburg: Oetinger, S. 71.

offene Kritik an festen Konstrukten des kanadischen Klassikers sind mit den Jahren immer schwieriger herauszulesen. Dennoch gilt aus literaturwissenschaftlicher Perspektive:

> [D]ie Inspiration zur Pippi-Figur [...] speiste sich auch aus Märchen, Mythen und Legenden der Literaturgeschichte und der Populärliteratur in der Zeit zwischen den Weltkriegen. Sie kam aus literarischen Klassikern wie E. T. A. Hoffmanns *Das fremde Kind* und Lewis Carrolls *Alice im Wunderland,* Jean Websters *Daddy Langbein* und L. M. Montgomerys *Anne auf Green Gables.*[4]

Die Tagebücher von L. M. Montgomery von 1889 bis 1942 umfassen mehrere tausend Seiten und wurden seit 1985 in leicht gekürzter Form unter dem Titel *The Selected Journals of L. M. Montgomery* in Kanada veröffentlicht. Sie stellen eine teilweise schwere Lektüre dar, da Montgomery sie als „grumble books" ansah – also als Beschwerde- oder Klagebuch für all ihre Sorgen. „Maud admitted herself, the journals served as repository for her discontents and grumps; she called it her ‚grumble book'."[5]

Ebenso schreibt Lindgren ihre persönlichen Sorgen in ihr Kriegstagebuch, wenn diese überhandnehmen und versucht so, ihren Schmerz zu überwinden. Die Tagebücher bekommen somit bald einen melancholischen Charakter, wenn die beiden Frauen angesichts der Gräuel an der Menschheit zweifeln. Die Melancholie und Verzweiflung, die sich aus den Aufzeichnungen bei beiden deutlich zeigen, lassen die Kenner ihrer Bücher erstaunen: „Readers of Maud's journals may well be surprised by a dramatic change of tone as the author reaches her mid-twenties. The number of light playful episodes declines sharply, and there is a marked increase in complaint, criticism, regret, and desillusion."[6]

Sowohl Lindgren als auch Montgomery sind bekannt für den Optimismus und die Lebensfreude, die ihre Bücher ausstrahlen – umso größer muss man ihre Kraftquellen schätzen, die sie diese Traurigkeit überwinden ließen. Parallel zur Melancholie kommt bei beiden Ironie auf, die ihnen hilft, mit den Katastrophen fertig zu werden – den Sinn für schwarzen Humor und Sadonismus besitzen beide in starkem Maße. Beide literarische Qualitäten lassen sich damit parallel in den Tagebüchern erspüren – so zum Beispiel Lindgrens ironischer Humor in Beschreibungen wie „Der kleine süße Hitler ist nun einige Zeit wie ein geölter Blitz von einem Land ins andere gerast"[7] oder „Samstagabend hat Mutter Svea

4 Jens Andersen, 2018, Astrid Lindgren. Ihr Leben, 4. Aufl., München: Pantheon, S. 183.

5 Kevin McCabe, 1999, A Life Less Happy. The Dilemma Of Being Maud, in: The Lucy Maud Montgomery Album, hrsg. von Alexandra Heilbron, Toronto: Fitzhenry & Whiteside, S. 188–190.

6 Ebd.

7 Lindgren, Die Menschheit hat den Verstand verloren [Anm. 1], S. 75.

ganz plötzlich und fröhlich viele ihrer Söhne einberufen – und jetzt wird lustig über die Ursache spekuliert".[8] In Schweden herrschte den ganzen Krieg über Angst, ins Weltkriegsgeschehen mit hineingezogen zu werden, besonders wenn Schweden (Mutter Svea) ab und zu die Mobilmachung übte. „[S]chon damals, vor Beginn ihrer Karriere, hatte Lindgren die Begabung, auf scheinbar einfache Weise an Wesentliches zu rühren."[9] Ihre Beschreibung vom Tod Chamberlains liest sich auf Deutsch doppelt lustig, weil das Bild an Herrn Ärmel aus *Jim Knopf* erinnert: „Vielleicht gibt Gott ihm einen guten Platz im Himmel – ‚selig sind die Sanftmütigen' – wo er in Frieden unter seinem Regenschirm sitzen kann."[10] Montgomery kann nicht weniger ironisch sein:

> Sunday, Apr. 15, 1917 […] The U.S. has formally declared war at last. I wonder if future historians will acclaim Wilson as a great statesman or a man of straw. It seems impossible to decide just now. I incline to the straw theory. He is too fine a phrasemaker to be anything else.[11]

Beide Autorinnen finden in ihren Tagebüchern ihren unverkennbaren Stil, üben sich im Zusammenfassen und das Schreiben wird bei beiden zur morgendlichen und abendlichen Routine – im Laufe ihres erfüllten Alltags später immer mehr zum morgendlichen Vergnügen: „Maud began to rise early every morning to do some writing. This was the beginning of her daily ‚stint', something she would continue for the rest of her life."[12] Ebenso stand Lindgren um fünf Uhr morgens auf und schrieb ihre Bücher, bevor der Rest der Familie aufstand.

> In den Kriegstagebüchern lässt sich die Entwicklung zur Schriftstellerin gut beobachten. Ein starker Gestaltungswille ist erkennbar. Auch die für Lindgren später so typische direkte Sprache mit der ihr eigenen Komik und Melancholie und ihrer Art, Wut und Angst in Ironie aufzulösen, findet sich.[13]

Dieser Gestaltungswille findet sich auch bei Montgomery, die ihre Tagebücher im Laufe ihres Lebens mehrmals neu abschrieb, in Ausnahmefällen nach Jahren ihre alten Aufzeichnungen kommentierte und mit passenden Fotografien versah. Anhand ihrer Tagebucheintragungen zum Ausbruch des Ersten und Zweiten

---

8 Ebd., S. 106.

9 Rávic Strubel, Vorwort [Anm. 2], S. 7.

10 Lindgren, Die Menschheit hat den Verstand verloren [Anm. 1], S. 78.

11 L. M. Montgomery zit. n. Mary Rubio und Elizabeth Waterston (Hg.), 2003, The selected Journals of L. M. Montgomery, Volume II: 1910–1921, Oxford: Oxford University Press, S. 214.

12 McCabe, A Life Less Happy [Anm. 5], S. 188.

13 Rávic Strubel, Vorwort [Anm. 2], S. 11.

Weltkriegs lässt sich die Nähe der Weltanschauungen der beiden Frauen verdeutlichen. Hier schreibt Montgomery 1914:

> August 5, 1914
> The Manse, Leaskdale, Ont.
> England has declared war on Germany!
> Good God, I cannot believe it! It must be a horrible dream! It has come up like a thundercloud.
> Sometime in June I picked up a Globe and read that a Serbian had shot the Archduke of Austria and his duchess. The news was of little interest to me – as to most people on this continent. We dreamed not what was to come of it. But verily that was ‚the shot heard round the world' – to be echoed and re-echoed by the death shriek of millions and the wails of heart-broken women.[14]

Astrid Lindgren notiert am 01. September 1939:

> Oh! Heute hat der Krieg begonnen. Niemand wollte es glauben. Gestern Nachmittag saßen Elsa Gullander und ich im Vasapark, die Kinder liefen und spielten um uns herum, und wir schimpften ganz gemütlich auf Hitler und waren uns einig, dass es wohl keinen Krieg geben würde – und dann das! Die Deutschen haben heute früh mehrere polnische Städte bombardiert und dringen von allen Seiten in Polen ein.[15]

Und ein ähnliches Resümee wie Montgomery über den Ursprung des Weltkriegs lautet: „Gegenwärtig wird in den russischen Wäldern, in der libyschen Wüste und auf dem sonnigen Hawaii gekämpft. Und angefangen hat alles damit, dass die Deutschen Danzig haben wollten. Bei dem Gedanken wird einem leicht schwindlig."[16] Die Tagebücher der beiden bekannten Schriftstellerinnen lassen uns die Frauen, die hinter den Aufzeichnungen stehen, so gut kennenlernen, dass man sich eine eigene Wahrheit über sie formen kann, an die kein Biograf und Geschichtsschreiber je herankommen kann. Da außerdem für beide eine Veröffentlichung erst in sehr später Zukunft infrage kam, ließen sie dort ihre Ansichten über historische Ereignisse, Mitmenschen und Sorgen privater Natur einfließen – letztere jedoch erst, wenn sie unerträglich wurden und auch dann eher in knapper Form. Beide verabscheuten, in Selbstmitleid zu zerfließen. Die Ähnlichkeit der Sorgen ist verblüffend: Sowohl Montgomery wie Lindgren mussten tiefgehende Enttäuschungen vonseiten ihrer Ehemänner hinnehmen, ihre Söhne waren Sorgenkinder und nicht zuletzt kämpften beide mit schweren

---

14 L. M. Montgomery zit. n. Rubio/Waterston, The selected Journals of L. M. Montgomery [Anm. 11], S. 150.
15 Lindgren, Die Menschheit hat den Verstand verloren [Anm. 1], S. 21.
16 Ebd., S. 125.

Melancholie-Zuständen und Depressionen. Und sowohl die kanadische als auch die schwedische Autorin fand zeit ihres Lebens Trost in ihren Kindheitserinnerungen und der Liebe zur Natur, in der sie aufgewachsen waren: Montgomery feierte in all ihren Büchern und immer wieder in ihren Tagebüchern die Einzigartigkeit der kanadischen Insel *Prince Edward Island*, Lindgren das südschwedische *Småland*. Beide absolvierten nach der Schule ein Volontariat bei einer Zeitung, beide führten ein Kriegstagebuch, beide sind mit der Romanfigur eines rothaarigen Mädchens in die Geschichte der Kinderliteratur eingegangen.

Montgomery und Lindgren ziehen einen Schlussstrich während der schlimmsten Kriegsgeschehnisse, der sich auffallend ähnlich liest: „'Nothing can ever be quite the same again for any of us'. I read the other day in a London paper. Oh, horribly true! The old order has passed away forever. Life can never again be for us what it was before that fatal day in August."[17] Und Lindgren bemerkt Folgendes:

> Heute Abend habe ich im Radio ein Historienschauspiel (von Gierow) gehört, ‚1918 in memorandum'. Mir wurde so wehmütig; 1918 hätte das aller-, allerletzte Jahr des Unfriedens in der Geschichte der Menschheit sein sollen, aber daraus wurde nichts. Es war so traurig von all jenen zu hören, die an Somme und Marne gefallen sind; sie sind so entsetzlich sinnlos gefallen, vollkommen vergeblich sinnlos, wenn sich doch in 25 Jahren alles wiederholen würde.[18]

Und 1940 lautete ein Eintrag: „Ich glaube, Gottes Strafgericht ist über die Welt gekommen."[19] Astrid Lindgren nahm 1940 eine Stelle bei der Abteilung für Briefzensur des schwedischen Nachrichtendienstes an, die sie nachts ausübte. Durch die Lektüre unzähliger Briefe aus aller Welt war sie noch genauer informiert und erlebte durch die privaten Nachrichten das Unglück vieler Menschen noch direkter als durch die Zeitungsartikel und zeitgenössischen Prosawerke, die sie zum Thema Krieg und Verfolgung der Juden las:

> Es ist übrigens seltsam, Briefe von fremden Menschen zu lesen, die berichten, wie Frauen und Kinder, die sie *persönlich* kennen, bei Bombenangriffen ihr Leben verloren haben. Solange man darüber nur in den Zeitungen liest, ist es fast so, als müsste man es nicht glauben, aber wenn man in einem Brief liest, dass ‚Jaques' beide Kinder bei der Besetzung von Luxemburg getötet worden sind' oder etwas Ähnliches,

17 L. M. Montgomery zit. n. Rubio/Waterston, The selected Journals of L. M. Montgomery [Anm. 11], S. 160.

18 Lindgren, Die Menschheit hat den Verstand verloren [Anm. 1], S. 253 f.

19 Ebd., S. 47.

> wird es plötzlich entsetzliche Realität. Arme Menschheit; wenn ich ihre Briefe lese, staune ich darüber, wie viel Krankheit und Not, Trauer und Arbeitslosigkeit, Armut und Verzweiflung auf diesem jammervollen Erdball Platz haben.[20]

Viele der aufgeschriebenen und erlebten Geschehnisse werden die beiden Schriftstellerinnen in ihre späteren Bücher einfließen lassen: Astrid Lindgren beschreibt in *Britt-Mari erleichtert ihr Herz* (1944) wie die schwedische Familie der Protagonistin jüdische Flüchtlinge bei sich aufnimmt und versorgt. Der innere Monolog Britt-Maris sind Lindgrens Worte über Gräueltaten und das Gefühl, machtlos gegen so viel Gewalt und Krieg zu sein:

> Vier fremde Vögel haben sich in unserem Nest niedergelassen, um sich ein Weilchen bei uns zu erholen, vier jüdische Flüchtlinge [...] eine Mutter mit ihren drei Kindern. Mein Kissen ist, glaube ich, noch immer feucht von all den vielen Tränen, die ich über ihr Schicksal vergossen habe. Darf ein Mensch auf dieser Welt überhaupt so todtraurige Augen haben wie diese Mutter? Und die Kinder – so blasse und frühreife Gesichtchen wie diese drei dürften Kinder nicht haben! Die beiden Mädchen schlafen bei mir im Zimmer und nicht mal im Schlaf finden sie Ruhe. Ich bin ganz verzweifelt, wenn ich sehe, wie sie immer gleichsam auf dem Sprung liegen, bereit, bei dem geringsten Geräusch aus dem Bett zu stürzen. Ihre Mutter ist eine tapfere Frau. Sei bemüht sich nicht zu verzweifeln, obwohl sie nicht weiß, wo ihr Mann ist und ob sie ihn je wieder sehen wird. Manchmal versucht sie sogar zu lächeln, aber ihre Augen – die können wohl nie mehr lachen. Ich glaube, sie haben zu viel Schreckliches gesehen. [...] Kajsa, glaubst du daran, dass unsere Welt einmal allen Kindern Sicherheit und Geborgenheit bieten kann? Wir müssen daran glauben, wir alle müssen versuchen, daran mitzuarbeiten – wie soll man sonst das Leben ertragen?[21]

Hier spricht eindeutig die spätere Verfechterin der Kinderrechte und Trägerin des Friedenspreises des Deutschen Buchhandels 1978.

Auch die beiden Ungeheuer in *Die Brüder Löwenherz* (1973) wurden von literaturwissenschaftlicher Seite oft mit einer Tagebucheintragung von 1941 in Verbindung gebracht: „‚Der Nationalsozialismus und der Bolschewismus – das ist ungefähr wie zwei Riesenechsen im Kampf gegeneinander'. Die beiden Monster, der Lindwurm und der Drache, in *Die Brüder Löwenherz* haben wahrscheinlich ihren Ursprung in diesen Vorstellungen. In der Erzählung über die Brüder haben sie ihren mythischen, symbolhaltigen Gehalt bekommen, wie Archetypen des Bösen."[22]

---

20 Ebd., S. 73 f.

21 Astrid Lindgren, 1997, Britt-Mari erleichtert ihr Herz, Hamburg: Oetinger, S. 130 f.

22 Vivi Edström, 1997, Astrid Lindgren. Im Land der Märchen und Abenteuer, Hamburg: Oetinger, S. 283.

L. M. Montgomery hat nicht nur eine Episode zum Krieg in eines ihrer Bücher eingebracht, sondern den achten Band ihrer *Anne*-Reihe *Rilla of Ingleside* (1921) dem Ersten Weltkrieg gewidmet. Hier verfolgt eine kanadische Familie das Geschehen des Weltkrieges, die beiden erwachsenen Söhne Annes werden in den militärischen Dienst einberufen, nur einer kommt wieder zurück. *Rilla* spiegelt die inneren Emotionen Montgomerys wider, die die Geschehnisse in Europa minutiös verfolgt hat und die Arbeit beim Roten Kreuz und an der Heimatfront aus eigener Erfahrung schildern konnte. Beide Autorinnen haben das Genre der Tagebucheintragung auch in ihre literarischen Werke einfließen lassen: Montgomery beispielsweise in *Rilla*, sodass die Vermutung nahe liegt, dass sie aus ihren eigenen Kriegs-Aufzeichnungen geschöpft hat. In Lindgrens *Michel aus Lönneberga* notiert und kommentiert Michels Mama die Streiche von ihrem Sohn in ihre Schreibhefte.

Lindgren und Montgomery waren so stilsicher in ihren Tagebucheintragungen und lesen sich heute so einleuchtend, spannend und pointiert, weil sie nicht nur zusammentrugen und beschrieben – selbst die Auswahl ist auch schon lenkend –, sondern weil sie sehr gut analysieren konnten, belesen waren und die geschichtlichen Ereignisse interpretierten, kommentierten und zu ihrem Lebensinhalt machten. Ihr erstes Ziel war es, zu verstehen, was da vor sich ging. So konnten sie vieles in wenigen Sätzen zusammenfassen und, um bei der Masse an schrecklichen Informationen nicht den Verstand zu verlieren, zur Waffe der Ironie greifen: „An diesem Tag des Waffenstillstandes steht in der Zeitung etwas über Pogrome gegen die italienischen Juden und mehr so aufmunternde Sachen.“[23] Sie erkennen zudem, dass es neben dem Nationalsozialismus noch eine weitere Gefahr gibt, die des Bolschewismus. Die Geburt der Roten Revolution beschreibt Montgomery folgendermaßen:

> *Friday, Mar. 16, 1917* […] I did not think any development of the war could surprise me. But one has come. Today word came of a Revolution in Russia and the abdiction of the Czar. The whole thing is so stupendous that I feel dazed. Internal conditions in Russia have been disquieting for some time but no hint of this was ever foreboded. What the outcome will be God knows.[24]

Immer wieder resümiert Lindgren für sich, dass sie jede andere Diktatur der bolschewistischen vorzieht: „Nein, lieber Gott, lass die Russen nicht hierherkommen!“[25] ruft sie bereits 1940, als sie den russisch-finnischen Krieg verfolgt. Am 18. Juni 1940, als die Russen die baltischen Staaten besetzen: „Und

23 Lindgren, Die Menschheit hat den Verstand verloren [Anm. 1], S. 254.

24 L. M. Montgomery zit. n. Rubio/Waterston, The selected Journals of L. M. Montgomery [Anm. 11], S. 212.

25 Lindgren, Die Menschheit hat den Verstand verloren [Anm. 1], S. 63.

dann, glaube ich, sage ich lieber den Rest meines Lebens ‚*Heil Hitler*', als den Rest meines Lebens die Russen bei uns zu haben. Etwas Entsetzlicheres kann man sich gar nicht vorstellen."[26] Dann 1943: „[...] es waren Fotos von wahren Abschlachtungen, derer sich die Russen schuldig gemacht haben, bevor sie sich zurückzogen. Nein, möge *niemals* der Russe hierherkommen!"[27] Bei dieser Eintragung wird Lindgren sich später sicher überlegt haben, dass unter den estnischen Flüchtlingen die 14-jährige Estin Ilon Wikland war, die später ihre Haupt-Illustratorin werden sollte: „6. Februar 1944 [...] Die Russen sind nun beinahe bis zur estnischen Grenze vorgedrungen, und die Esten fliehen in Scharen. Nach Finnland und Schweden. Viele kommen in kleinen Booten auf Gotland an. Alles lieber, als den Russen in die Hände zu fallen."[28]

Wie früh die beiden Frauen den Bolschewismus entlarvt haben, geht ebenfalls aus kurzen Kommentaren hervor, wie bei Montgomery „*Saturday, July 21, 1917* [...] Verily I say unto you put not your trust in the Russians."[29] Und „*Friday, Nov. 9, 1917* [...] To-day [sic!] came the worst news from Russia yet – that Kerensky's government is overthrown and that the Bolsheviki is in power led by two notorious pro-Germans. This means that worse things are to follow".[30] Und bei Lindgren finden wir folgende Schlussfolgerungen:

> Eine Kleinigkeit wie die, dass Stalin die Komintern aufgelöst hat, ist vielleicht wert, festgehalten zu werden. Es stand gestern in den Zeitungen und hat verständlicherweise kolossale Aufmerksamkeit auf der ganzen Welt erregt. Das würde bedeuten, dass der Bolschewismus Abstand nimmt vom Gedanken einer Weltrevolution. Dem ist bestimmt nicht so; Komintern wird sicher weiter bestehen, nur unter einem Deckmantel, und die Idee, die dahintersteckt, ist vermutlich, dass man sich in England und Amerika einschmeicheln will.[31]

Und sie spekuliert auch über die Zukunft anderer Länder, wenn die Sowjetunion als alliierter Sieger aus dem Krieg hervorgeht: „Und dennoch – wie soll der Frieden aussehen? Was soll aus dem armen Finnland werden? Und wird der Bolschewismus mit allem, was er an Terror und Unterdrückung beinhaltet, freien Spielraum in Europa bekommen?"[32] „Der Friede, wenn er kommt, gibt womöglich keinen Anlass zur Freude, sondern im Gegenteil. Zuvor müssen vielleicht viele

26 Ebd., S. 62.
27 Ebd., S. 225.
28 Ebd., S. 367.
29 L. M. Montgomery zit. n. Rubio/Waterston, The selected Journals of L. M. Montgomery [Anm. 11], S. 222.
30 Ebd., S. 229.
31 Lindgren, Die Menschheit hat den Verstand verloren [Anm. 1], S. 232.
32 Ebd., S. 242.

kleine arme Länder ihre Freiheit aufgeben, um in ewiger Sklaverei zu leben."[33] Diese weisen und vorausschauenden Worte schreibt Lindgren bereits 1944, ein Jahr bevor die Alliierten siegten und Europa bis Berlin der Sowjetunion überließen. Auch Montgomery ist desillusioniert, was den Frieden betrifft: „*Wednesday, Oct.6, 1915* [...] Will peace *ever* come? Yes, yes, it will – but peace will not mean a return to ‚that ancient world of 1914'. We can never go back to that. Nothing will ever be the same again."[34]

Nicht zuletzt sind die Tagebücher beider Schriftstellerinnen eine Geschichte der Entwicklung des Frauenstatus in der Gesellschaft: Montgomery feiert das Wahlrecht der Frau, das in Kanada während des Ersten Weltkriegs eingeführt wurde, sie und Lindgren schreiben sich mit ihren Büchern frei und unabhängig. Beide werden bis an ihr Lebensende die politischen Vorgänge ihrer Länder beobachten und danach mit ihrem Stimmrecht handeln. Außerdem lernen wir ihre Vorlieben bei Büchern, Filmen und mehr kennen, denn beide berichten über ihre Lektüre, Kinobesuche und Filme, die wir heute noch kennen, und – für die heutige Leserschaft am spannendsten – über ihre literarischen Veröffentlichungen und erste, zeitgenössische Kritiken, Publikumsreaktionen und Leserbriefe. Es wäre interessant zu wissen, ob Astrid Lindgren die Tagebücher der Lucy Maud Montgomery je zu Gesicht bekommen hat.

Die Tagebücher von Astrid Lindgren und Lucy Maud Montgomery stellen somit nicht nur eine fesselnde Lektüre dar, sondern eine Fundgrube an Wissen über die beiden Weltkriege des 20. Jahrhunderts. Die vielen Informationen aus dem künstlerischen und alltäglichen Leben der beiden Schriftstellerinnen lassen zahlreiche Parallelen entdecken. Dank ihrer literarischen Qualität fügen sich die Aufzeichnungen nahtlos in das jeweilige Gesamtwerk ein. Damit sind sie prädestiniert für den deutschen Geschichts- und Literaturunterricht, der sich mehr an Einzelschicksalen als an Zahlen und Statistiken orientieren sollte.

---

33 Ebd., S. 369.

34 L. M. Montgomery zit. n. Rubio/Waterston, The selected Journals of L. M. Montgomery [Anm. 11], S. 172.

Selbstzeugnisse in der Kinder- und Jugendliteratur

Ich – du – wir

Selbstzeugnisse zu Natur- und Umweltschutz im Bilder- und Sachbilderbuch

Alexandra Ritter

> „Was wünschst du dir für die Welt der Zukunft?"[1]
>
> „Ich wünsche mir Bienen und Wälder, in denen Vögel singen, Meere mit Fischen und Walen und Korallen und Schildkröten."[2]
>
> „Wir sind jung, wir brauchen den Wald!"[3]
>
> „Was kann ich tun?"[4]

Solche Aussagen sind keine Seltenheit in Kinderbüchern zum Thema Natur- und Umweltschutz. Es handelt sich um Wünsche für die Zukunft, Fragen an die Lesenden oder Appelle, die – so verschieden die Bücher das Thema literarästhetisch und gestalterisch aufgreifen – doch gewisse Ähnlichkeiten aufweisen. Die direkte (z. T. fragende) Ansprache der Lesenden durch die Verwendung der Personalpronomen „ich", „du" und „wir" ist auffällig. Doch welche Funktion übernimmt eine solche Sprachgestaltung?

Aktuell finden sich auf dem Kinder- und Jugendbuchmarkt zahlreiche Neuerscheinungen zum Thema Natur- und Umweltschutz. Es ist dabei zu beobachten, dass viele Autorinnen und Autoren über fiktionale Selbstzeugnisse und intermediale Verweise auf reale Personen der Umweltbewegung versuchen, die Ideen der Klimabewegung in die Kinderliteratur zu tragen und dem Klimaschutz hier Bedeutung zuzuweisen. Selbstzeugnisse werden in diesem Kontext verstanden als Bekenntnisse und explizit geäußerte Überzeugungen von literarischen Figuren,

---

1 Gerda Raidt, 2021, Das ist auch meine Welt. Wie können wir sie besser machen, Weinheim/Basel: Beltz, S. 104.

2 Michael Roher, 2020, Nicht egal! Die Geschichte von Flora, der Klimapiratin, Wien: Luftschacht, S. 11.

3 Zoë Tucker und Zoe Persico, 2019, Greta und die Großen. Inspiriert von Greta Thunbergs Geschichte, München: arsedition, S. 23.

4 Jeanette Winter, 2019, Greta. Wie ein kleines Mädchen zu einer großen Heldin wurde, München: Knesebeck, S. 21.

die durch ein Initiationserlebnis entstehen und Einfluss auf die Handlungen der Figuren haben.

Wie aber gerade in Bilder- und Sachbilderbüchern mit Selbstzeugnissen und faktualen Bezügen gearbeitet wird, soll in diesem Beitrag anhand von vier Beispielen erörtert werden. Dabei sind die folgenden Fragen analyseleitend: Wie äußern sich Kinderfiguren im Bilderbuch zum Thema Klima und Umweltschutz (verbal und visuell)? Wie werden faktuale und intermediale Bezüge bzw. Authentizitätssignale eingesetzt? Welche Funktion haben diese fingierten Selbstaussagen von Kindern und von Erwachsenen zu diesem Thema? In welchem Zusammenhang stehen sie mit dem Kindbild unserer Zeit?

Zunächst soll aber das Verhältnis von Kind und Natur in der Kinder- und Jugendliteratur im Allgemeinen und im Bilderbuch bzw. Sachbilderbuch im Speziellen beleuchtet werden, um die Funktionsweise und das Anliegen einer solchen Literatur besser nachvollziehen und die Rolle des Kindes herausarbeiten zu können.

1. Zum Verhältnis von Kind und Natur in der Kinder- und Jugendliteratur

Blickt man in die Geschichte der Kinder- und Jugendliteratur, dann ist das Verhältnis von Kind und Natur schon von Beginn an ein häufiges Thema. Naturschauplätze spielen insbesondere in der Kinderliteratur des ausgehenden 18. und 19. Jahrhunderts eine besondere Rolle. Das Verhältnis von Kindern zur Natur sei laut Ewers ein wesentlicher Aspekt der Kindheitskonzepte in dieser Zeit.[5] Ewers arbeitet verschiedene Modi der Verhältnisbestimmung zwischen Kind und Natur heraus. Ein Modus zeigt das Kind als „geborenen Naturwissenschaftler", mit einer vorurteilsfreien, aber genauen Beobachtungsgabe. Darin spiegelt sich ein aufklärerischer Kindheitsmythos wider.[6] Auch romantische Naturmythisierungen finden sich bis heute in der Literatur. Die Natur wird insbesondere im 19. Jahrhundert als beseeltes und in Interaktion mit dem Kind befindliches Phänomen dargestellt. Dieses historische Verhältnis von Kind und Natur hat laut Ewers einen starken Einfluss auf die aktuelle KJL: „Für die gegenwärtige, ökologische Bewegung hält die romantisch-idealistische Naturphilosophie den Gedanken als Erbschaft bereit, dass allen Naturphänomenen mit Achtung und

---

5 Vgl. Hans-Heino Ewers, 2013, Kinder und Natur, Kinder der Natur. Ansichten zum kindlichen Naturverhältnis vom ausgehen 18. Jahrhundert bis zur Gegenwart – ein Streifzug, in: Lesen für die Umwelt. Natur, Umwelt und Umweltschutz in der Kinder- und Jugendliteratur, hrsg. von Hans-Heino Ewers, Gabriele von Glasenapp und Claudia Maria Pecher, Baltmannsweiler: Schneider, S. 1–12, hier: S. 1.

6 Vgl. ebd., S. 1.

Respekt zu begegnen sei."[7] Als Steigerung werden in zahlreichen Texten Anthropomorphisierungen von Tieren eingesetzt. Sie zeigen Tiere, die wie Menschen denken und fühlen, aber werfen auch ein verzerrtes Bild auf die Lebewesen. Sie übernehmen vielmehr die Funktion von Projektionsfiguren, die die Befindlichkeiten kindlicher Adressaten und Adressatinnen widerspiegeln.[8] Insgesamt steht nach Ewers gerade die Kindersachliteratur in der Tradition der aufgeklärten, naturkundlichen KJL des späten 18. Jahrhunderts. Kinder werden darin zu Umweltschützerinnen oder ökologischen Weltaufklärern oder Retterinnen, die optimistisch in die Zukunft blicken. Auch die romantische Naturphilosophie geht in die aktuelle KJL ein.[9] Goga et al. beschränken sich hingegen nicht allein auf Sachliteratur, sondern analysieren auch Narrative in der KJL. Sie stellen fest, dass insbesondere der Wald, Pflanzen, Tiere, Gärten und Berge häufig als Narrative genutzt werden. „Many have become iconic images and ideas of what an ideal or idyllic world should look like, or of how a threatening environment could be changed or restored."[10]

In der Kinder- und Jugendliteratur ist es die in den 1970er und 1980er Jahren aufkommende problemorientierte KJL, die auch gesellschaftsbedingte Veränderungen der Natur aufgreift und problematisiert, sei es in realfiktiven Werken oder auch dystopischen Romanen über Umwelt- und Atomkatastrophen wie zum Beispiel *Die Wolke* von Gudrun Pausewang.[11] Immer wieder wird in der erzählenden Literatur für Kinder und Jugendliche die Frage nach einem Umweltbewusstsein oder ökologischen Bewusstsein gestellt. Zunächst spielen dabei die bereits erwähnten aufklärerischen Ansätze im Zusammenhang mit ökologischer Bildung in dieser Zeit eine große Rolle. Als Beispiel wäre in diesem Zusammenhang *Der Lorax* von Dr. Seuss (1971) zu nennen. In diesem Bilderbuch kommt dem Kind die Rolle des Weltretters zu. Es soll die Fehler der älteren Generation wieder gutmachen und erhält dafür einen Samen, mit dem die Natur wieder blühen und gedeihen kann. Allerdings – so führt Hollerweger an – kommt das Kind selbst im Buch nicht zu Wort.[12]

---

7 Ebd., S. 3.

8 Vgl. ebd., S. 4–5.

9 Vgl. ebd., S. 7.

10 Nina Goga, Lykke Guanio-Uluru, Bjørg Oddrun Hallås and Aslang Nyrnes, 2018, Introduction, in: Ecocritical Perspectives on Children's Texts and Cultures. Nordic Dialogs, hrsg. von dens., London: Palgrave Macmillam, S. 1–26, hier: S. 1, doi.org/10.1007/978-3-319-90497-9_1 (01.03.2023).

11 Vgl. Jana Mikota und Claudia Maria Pecher, 2020, Klima-, Umwelt- und Naturschutz in der aktuellen Kinder- und Jugendliteratur, in: kjl&m 72, S. 8–18, hier: S. 9.

12 Vgl. Elisabeth Hollerweger, 2019, Vom Kind zum Weltretter: Aktuelle Proteste für mehr Klimaschutz wurden im Kinder- und Jugendbuch vielfältig antizipiert, in: JuLit 45, S. 37–45, hier: S. 37.

Im Laufe der 1980er und 1990er Jahre sind verstärkt gesellschaftskritische Ansätze zu finden, die vor allem durch Abschreckung und drastische Modellierung möglicher Konsequenzen menschlichen Naturraubbaus zu einem bewussteren Umgang mit Ressourcen führen sollte.[13] Mikota sieht das größte Anliegen der KJL der 1980er Jahre darin, dass Kindern Wissen über die Natur in einem aufklärerischen Sinne unter dem Stichwort Umweltbildung vermittelt wird. „Charakteristisch für die ökologische Kinder- und Jugendliteratur der 1980er Jahre ist, dass der Gedanke einer Aufklärung hinsichtlich Umweltfragen aufgenommen wird und damit auch gesellschaftskritische Aspekte explizit benannt werden."[14] Dabei konstatiert Mikota, dass ein Großteil der KJL in dieser Zeit es nicht schafft, literarische Mittel (z. B. mehrdimensionale Figurenkonstruktion, Aktivierung der Leserinnen und Leser zum Mitdenken) so einzusetzen, dass zum Beispiel unterschiedliche Haltungen präsentiert werden und ein gewisser Deutungsspielraum offen gehalten wird.[15] Doch bezüglich der Themen hat die KJL ihr Spektrum deutlich erweitert (von Atomkatastrophen zu Gentechnologie und Globalisierung).

In den 1990er Jahren ebbt der Boom der ökologischen KJL ab und nach 2000 hält Mikota fest: „Die ökologische Kinder- und Jugendliteratur nach 2000 verändert sich, setzt stärker auf aktive kindliche und jugendliche Umweltschützer und nutzt literarische Mittel, um ein nachhaltiges Denken herauszufordern."[16] Seit dieser Zeit hätten die Leser und Leserinnen mehr Raum, eigene Gedanken zu äußern und es würden neue Perspektiven eröffnet.[17] Hollerweger hingegen sieht die Verbindung mit Detektivgeschichten oder Krimireihen, die auf Missstände in der Natur aufmerksam machen, die aber gleichzeitig eine klare Gut-Böse-Dichotomie prägen.[18]

Ein wichtiger Einflussfaktor für die Entwicklung des Buchmarktes ist sicher auch die Jugendbewegung Fridays for Future (FFF), die mit ihrer Frontfigur, der Klimaaktivistin Greta Thunberg besonders im Sommer 2018 viel Aufmerksamkeit erregte und seither weltweit bei Jugendlichen zu vielfältigen Protestaktivitäten geführt hat. Milbradt schränkt allerdings ein, dass hier nur ein (kleiner) Teil

---

13 Vgl. Karlheinz Köhler, 2013, Natur erleben – Natur erlesen. Wie Kinder ihre Umwelt begreifen, in: Lesen für die Umwelt [Anm. 5], S. 19–30, hier: S. 28.

14 Jana Mikota, 2015, Von geretteten Robben, ausgesetzten Bibern und Umgehungsstraßen: Der Umweltschutz in der Kinderliteratur der 1980er Jahre, in: kjl&m 67, S. 29–38, hier: S. 29.

15 Vgl. ebd., S. 30.

16 Ebd., S. 31.

17 Vgl. ebd, S. 37.

18 Vgl. Hollerweger, Vom Kind zum Weltretter [Anm. 12], S. 39.

der Jugendlichen, und zwar insbesondere aus der oberen Mittelschicht, erreicht und angesprochen werden kann.[19]

Dementsprechend werden Probleme und Herausforderungen thematisiert, die für Menschen aus anderen Milieus weniger relevant sind oder sogar abgelehnt werden. Dennoch kann man sagen, dass Jugendliche insbesondere durch die Bewegung zu sichtbaren politischen Akteurinnen und Akteuren geworden sind, die ihre Positionen über Proteste deutlich an das politische System herantragen und sich „verstärkt mit der Demokratie, ihren Stärken und Unzulänglichkeiten auseinandersetzen".[20] Die im Zusammenhang mit FFF oft angeführten Katastrophen- und Weltuntergangsszenarien in einer nahen oder fernen Zukunft finden auch auf literarischer Ebenen in den bereits erwähnten Future-Fiction-Romanen oder Dystopien ihren Widerhall.[21] Es werden nicht allein erschreckende, entfernte Zukunftsvisionen dargestellt, „sondern mittlerweile häufig die Handlung in einer fiktionalen Parallel-Realität an[gesiedelt], wobei der von Menschen verschuldete Klimawandel und dessen Auswirkungen im Fokus stehen".[22] Der Ansatzpunkt dieser Romane insbesondere für Jugendliche liegt vor allen Dingen bei der Empathiebildung, wobei der realpolitische Diskurs um teils unkonventionelle Perspektiven ergänzt wird, wie *Am Ende des Regenwaldes* von Marion Achard (2019) zeigt.[23] Für die Jugendliteratur werden bestimmte erzählerische Mittel miteinander kombiniert, wie Metafiktion und Metanarration, die Implementierung kinderliterarischer Klassikermotive und die Demonstration literarischer Dignität und Genrehybridität.[24]

2. Umwelt- und Klimaschutz im Bilder- und Sachbilderbuch

Aber auch in aktuelleren bildbasierten Werken der KJL zum Thema Natur und Umwelt werden hybride Erzählmodi genutzt und narrative Grenzen aufgelöst, wie Stemmann in Bezug auf Graphic Novels feststellt.[25] Dabei bezieht sich die Hybridisierung insbesondere auf die Vermischung von faktualen und fiktionalen Erzählstrategien, wie die Autorin an ausgewählten Comics zeigen kann. „Gerade

19 Vgl. Björn Milbradt, 2020, Jugend, Politik und Engagement. Blinde Flecken und Herausforderungen am Beispiel Fridays for Future, in: kjl&m 72, S. 3–7, hier: S. 3–4.

20 Ebd., S. 7.

21 Vgl. Inger Lison, 2020, „The environment strikes back" (Umwelt-)Katastrophen und Weltuntergangsszenarien in aktuellen Dystopien bzw. Future-Ficition, in: kjl&m 72, S. 43–49, hier: S. 44.

22 Ebd., S. 49.

23 Vgl. Hollerweger, Vom Kind zum Weltretter [Anm. 12], S. 45.

24 Vgl. Lison, „The environment strikes back" [Anm. 21], S. 48–49.

25 Vgl. Anna Stemmann, 2015, Gezeichnete Umwelt: Übergänge von faktualem und fiktionalem Erzählen in der Graphic Novel, in: kjl&m 67, S. 69–77, hier: S. 69.

die Verbindung aus gezeichneter und textueller Ebene eröffnet das Spielfeld für komplexe Darstellungsmodi, Symbolverstehen und Perspektivenübernahme, die im Kontext der Hybridisierung von Fakten und Fiktion reflektiert werden können."[26]

Zu einem ähnlichen Ergebnis kommt auch Zöhrer bei der Analyse von aktuellen Sachbilderbüchern bzw. Bilderbüchern mit Sachbezug. Beispielsweise werden in den Bilderbüchern von Torben Kuhlmann (z. B. *Lindbergh; Armstrong*) Fiktionalität und Faktualität durch den Erzähltext und die realistisch gemalten Bilder mit referenzierbaren Fakten miteinander verbunden.[27] Inwiefern diese Erzählweise auch in den hier ausgewählten Beispielen zum Tragen kommt, wird noch zu zeigen sein. Hinzu kommt die thematische Breite der (Sach-)Bilderbücher, die sich mit Umweltschutz, Nachhaltigkeit, Klimawandel, Artensterben und vielem mehr befassen.[28]

Narrative Bilderbücher zu diesem Thema lassen sich in Parabel- und Globalbilderbücher, Bilderbücher über Einzelschicksale und Bilderbücher, die von Phänomenen der Veränderung erzählen, kategorisieren.[29] In Parabel- und Globalbilderbüchern wird häufig fabelähnlich das menschliche Verhalten auf eine anthropomorphisierte Tierwelt übertragen. „Die Übernahme von Verantwortung durch Kinder oder ihre anthropomorphisierten Repräsentanten innerhalb der Geschichte geht also teilweise auch mit einer Übergabe von Verantwortung an die Kinder außerhalb der Geschichte einher."[30] Anhand der parabelhaften oder globalen Darstellung von Missständen in Bezug auf den Umgang mit der Natur, werden grundlegende Einstellungen zur Frage des Umgangs des Menschen mit der Natur verhandelt. Es soll Empörung oder Betroffenheit erzeugt werden, die aber in der Regel recht allgemein bleibt. Als exemplarisches Beispiel soll das Buch *Die Klimaschweine*[31]etwas ausführlicher vorgestellt werden. Hier wird die Gesellschaft in zwei tierische Gruppen unterteilt, die sich anthropomorph verhalten und bestimmte Lebensweisen in übertriebener Form verdeutlichen. Die Schweine sind stark an Konsum orientiert und machen sich wenig Gedanken um die Umwelt, während die Pinguine als komplementäre Gegengesellschaft für eine aufgeklärte, umweltbewusst lebende Gesellschaft stehen, die aber zunehmend

26 Ebd., S. 76.

27 Vgl. Marlene Zöhrer, 2020, Wissensbilder – Erzählen im Sachbilderbuch, in: Die Welt im Bild erfassen. Multidisziplinäre Perspektiven auf das Bilderbuch, hrsg. von Tobias Kurwinkel, Corinne Norrick-Rühl und Philipp Schmerheim, Würzburg: Könighausen & Neumann, S. 129–145, hier: S. 130 f.

28 Vgl. Anke Harms, 2013, Natur und Umwelt in aktuellen Bilderbüchern, in: Lesen für die Umwelt [Anm. 13], S. 175–186, hier: S. 184.

29 Vgl. Alexandra Ritter, 2020, Angerührt sein und aufgerüttelt werden. Natur- und Umweltschutz im Bilderbuch, in: kjl&m 72, S. 57–63, hier: S. 58 ff.

30 Vgl. Hollerweger, Vom Kind zum Weltretter [Anm. 12], S. 38.

31 Till Penzek und Julia Neuhaus, 2020, Die Klimaschweine, Mannheim: Kunstanstifter.

von den Folgen des Lebenswandels der Schweine bedroht werden. Die Pinguine versuchen nun ihr Wissen über die Erderwärmung und den Klimaschutz an die Schweine zu vermitteln, die aber dafür wenig Sinn haben. Einzig die jungen Schweine fangen an, ihre Welt zu hinterfragen und für mehr Umweltschutz zu demonstrieren. Auch wenn in diesem Buch keine expliziten Selbstzeugnisse zu finden sind, werden doch in der überspitzten Form Fragen aufgeworfen, die auf die wirkliche Gesellschaft übertragen werden können. An dieser Stelle ist es die junge Generation, die als Hoffnungsträger für eine bessere Zukunft dargestellt wird. Neben der allgemein gehaltenen Geschichte werden aber auch ganz konkrete Möglichkeiten für eine klimafreundlichere Lebensweise (Fahrrad fahren, regenerative Energien nutzen, Müll reduzieren etc.) aufgezeigt. Sie geben Antworten auf die Frage der jungen Schweine: „Was können wir gegen die Erderwärmung tun?“[32] Es ist in diesem, wie auch in vielen anderen Beispielen die junge Generation, die Fragen stellt, sich Gedanken um die Veränderungen des Klimas macht und schlussendlich auch aktiv wird.

Bei Bilderbüchern über Einzelschicksale soll die Betroffenheit und Empathie in der Regel am Beispiel konkret gemacht werden (z. B. im Buch *Martha* [2016] von Atak). Anders hingegen sind die Bilderbücher, die über Phänomene der Veränderung des Verhältnisses von Mensch und Natur erzählen. Hier wird zum Beispiel die urbane Gartenkultur im Buch *Im Garten von Oma Apo* (Wei 2020) gezeigt. Diese Bücher sind oft humorvoll und weniger emotionalisiert, dennoch ermöglichen sie ein Nachdenken über dieses veränderte Verhältnis.[33] In vielen Büchern wird eine pädagogische Intention deutlich herausgestellt. Sie sind klar themenorientiert auf Umwelt- und Naturschutz bzw. ökologische Bildung ausgerichtet, die auch mit modernen literarischen Darstellungsmitteln wie Mehrperspektivität und komplexen Figurenkonzepten umgesetzt werden.[34]

3. Selbstzeugnisse zum Thema Klima- und Umweltschutz in Bilder- und Sachbilderbüchern

Fokus dieses Beitrags sind insbesondere die fiktiven und zum Teil fingierten Selbstzeugnisse von kindlichen und auch erwachsenen Protagonisten und Protagonistinnen, die bezüglich ihrer Darstellung in Bild und Text und ihrer Funktion mithilfe von exemplarischen Beispielen charakterisiert werden sollen. Durch die fiktionale Inszenierung vermeintlicher Selbstzeugnisse wird die Grenze zwischen literarischer Fiktion und außerliterarischer Realität durchscheinend

32 Ebd., S. 25.

33 Vgl. Ritter, Angerührt sein und aufgerüttelt werden [Anm. 29], S. 60.

34 Vgl. Mikota, Von geretteten Robben, ausgesetzten Bibern und Umgehungsstraßen [Anm. 14], S. 30.

und vermeintlich aufgelöst, gerade wenn Figuren des realen Lebens, wie Greta Thunberg, im Bilderbuch bzw. Sachbilderbuch eingebunden und Geschichten mit referenzierbaren Fakten angereichert werden und dementsprechend häufig inter- und transmediale Bezüge aufweisen. Dabei muss bedacht werden, dass sowohl Bild als auch Text eigene Symbol- und Bedeutungsebenen aufweisen und in ihrem Zusammenspiel als Ikonotext zur Fiktionalitätskonstruktion beitragen.[35] Gleichzeitig können sie auch Authentizitätssignale enthalten, die das Verhältnis von Fiktion und Realität neu bestimmen lassen. Von daher sollen die eingangs benannten Fragen an dieser Stelle analyseleitend sein:

(1) Wie äußern sich Figuren, insbesondere Kinderfiguren im Bilderbuch zum Thema Klima und Umweltschutz (verbal und visuell)?
(2) Wie werden faktuale und inter- und transmediale Bezüge bzw. Authentizitätssignale eingesetzt?
(3) Welche Funktion haben die Selbstaussagen von Kindern und von Erwachsenen zu diesem Thema?

4. Ein fiktives Selbstzeugnis: *Nicht egal! Die Geschichte von Flora, der Klimapiratin*

Wie der Titel bereits ankündigt, geht es in diesem Bilderbuch um das Mädchen Flora, die zur Klimapiratin wird. Im Fernsehen hört sie von Regenwaldbränden, Stürmen, Flutkatastrophen und dem Klimakollaps. Diese Nachrichten machen das Mädchen betroffen und lassen sie gleichzeitig aktiv werden. Nachdem ihr Vater meint: „Das wird schon nicht so schlimm werden", fragt sie sich: „Ist den Erwachsenen egal, was mit der Welt passiert?"[36] Ihr ist es nicht egal und deshalb beschließt sie Klimapiratin zu werden und entwickelt einen Plan. Sie entwirft eine besondere Geburtstagswunschliste (Abb. 1) und in der Schule und darüber hinaus sucht sie andere Verbündete, die das Klima und die Klimaprobleme immer wieder in ins Gespräch bringen. Schon mit kleinen Veränderungen des Alltags gelingt es den Klimapiratinnen und -piraten, auch die Erwachsenen für ihre Initiative zu gewinnen.

35 Vgl. Lukas Doleschal, 2021, Fiktionsverstehen im Literaturunterricht der Primarstufe, in: Vom Bilderbuch aus – zum Bilderbuch hin. Perspektiven auf Gegenstände, Akteur*innen und Unterricht, hrsg. von Christina Bär, Christoph Jantzen und Sascha Wittmer, Baltmannsweilter: Schneider, S. 75–92, hier: S. 79.

36 Roher, Nicht egal! [Anm. 2], S. 7 f.

Abb. 1: Geburtstagswunschliste der Klimapiratin und Paratext am Ende des Buches[37]

Bereits das Buchcover und der Titel sind appellativ. „Nicht egal!“ Die Ellipse als Interjektion lässt die genauere Bestimmung offen. Ist es mir, dir, uns oder euch nicht egal? Außerdem stellt sich die Frage, was denn der Gegenstand der verneinenden Aussage ist. Der Untertitel „Die Geschichte von Flora, der Klimapiratin“ verweist bereits auf den narrativen Charakter des Buches, stellt eine – wie dem Bild zu entnehmen ist – kindliche Figur in den Mittelpunkt und setzt sie mit der Bezeichnung „Klimapiratin“ in einen ungewöhnlichen Kontext. Das Kompositum ist ein Neologismus, der eindeutig auf das Thema des Buches hinweist, dieses Thema aber in den Zusammenhang mit einer heute eher aus Geschichten und historischen Erzählungen bekannten Figur, der Piratin, stellt. Die Augenklappe und das Kopftuch, das Flora auf dem Cover trägt, unterstützen die Identifikation der Hauptfigur. Die floralen Motive und großen Grünflächen, ergänzt von grünen Wolken, machen eine Naturverbundenheit deutlich.

Die Hauptfigur Flora wird im Buch als kindliche Heldin inszeniert, was ein wenig im Widerspruch zum Kontext der Piraten steht, die ja auch als gesetzlose und mitunter gewalttätige Eroberer bekannt sind. Das Mädchen ist acht Jahre alt und hat bald Geburtstag. Sie wird zuerst in einer gekrümmten Haltung allein vor den Fernseher sitzend im Buch eingeführt. Die Nachrichten aus dem Fernsehen werden für das Kind zum Initiationserlebnis. Besonders prägnant wird dies auf zwei Doppelseiten im Bild dargestellt. Zunächst sieht man Flora allein in einem dunklen Zimmer und sie sitzt im Lichtschein des Fernsehers. Nur der Goldfisch und ihre blonden Haare werden als Komplementärkontrast zum blauen Licht genutzt. Durch das Licht des Fernsehers erscheint hinter dem Mädchen ein sehr langer Schatten. Interpretativ könnte man das Bild so deuten, dass die Nachrichten ihre Schatten werfen. Auf der nächsten Seite werden Sprechblasen mit Schlagzeichen aus Nachrichten abgebildet, die auf die Veränderungen das

37 Ebd., S. 10 f. und S. 24.

Klimas und die Katastrophen, die in diesem Zusammenhang auf der Welt entstehen, berichten. Unterbrochen werden die Schlagzeilen von Werbeanzeigen, die Flugreisen oder ein neues Smartphone verkaufen möchten. Sie machen auf den Konsum und erhöhten Energieverbrauch als Ursachen für den Klimawandel aufmerksam. Optisch werden die Aussagen nicht unterschieden, sie sind aber typografisch so gesetzt, dass bestimmte Begriffe durch die Schriftgröße oder Fettung hervorgehoben werden. Außerdem heben sie sich durch Handlettering-Technik vom übrigen Text ab.[38]

Als der Vater die Betroffenheit des Kindes herunterspielt, wird das Mädchen aktiv und schmiedet einen Plan, der allein auf einem abgebildeten Zettel zu lesen ist. Sie möchte Verbündete finden, Informationen verbreiten und etwas tun. Mit der Frage „Ist den Erwachsenen egal, was mit der Welt passiert?“[39] klagt sie deutlich an. Sie beschränkt dabei ihre Anklage nicht auf ihre Eltern, sondern allgemein auf die Erwachsenen. Damit wird sehr deutlich eine Unterscheidung zwischen der Gruppe der Kinder und der Gruppe der Erwachsenen vorgenommen, die sich mit der Dichotomie „nicht egal – egal“ charakterisieren lassen. Diese Zuordnung ist durchaus schwierig und führt zu einer Verallgemeinerung, die der Geschichte einen Exempelcharakter verleiht. Neben der Aussage der fiktiven Klimaaktivistin ist besonders der Geburtstagswunschzettel von Flora als Selbstzeugnis anzusehen (vgl. Abb. 1). Er nimmt eine ganze Seite ein und wird schon auf der vorangegangenen Doppelseite eingeführt, auf der man aus der Vogelperspektive beobachten kann, wie die Geburtstagswünsche von Flora verfasst werden. Der Titel auf ihrem Zettel ist lesbar. So kann man die einseitig abgedruckte Liste gut in den Kontext der Geschichte einordnen. Durch die vergrößerte Abbildung wird ihr eine zentrale Bedeutung im Buch zugewiesen. Die Liste selbst ist eine fiktive Liste, die mit vielen faktualen Merkmalen ausgestattet ist. Zum einen handelt es sich um eine (vermeintlich von einem Kind) handgeschriebene Schrift mit teils verbundenen, teils nicht verbundenen Buchstaben. Dazu findet man auch Korrekturen oder Streichungen im Text und man sieht, wie die Liste verfasst wird. Hier soll ein hohes Maß an Authentizität erzeugt werden, mit der Liste liegt ein unmittelbarer Zugriff der Protagonistin auf die schriftliche Gestaltungsebene des Buches vor. Handlungsebene und Discourse überlagern sich. Inhaltlich wünscht sich das Kind die Artenvielfalt der Tiere, eine fruchtbare Natur, sauberes Wasser, ein geregeltes Klima und den Erhalt von Flora und Fauna. Der letzte Satz lautet: „Das alles wünsche ich mir bitte sehr gern, wenn ich 100 Jahre bin dann zum Geburtstag.“[40] Flora begeht narrativ einen Erwartungsbruch, indem sie keine materiellen Wünsche äußert, sondern idealisierte Wünsche nach einer von der Vielfalt der Natur geprägten Zukunft. Die Liste kann man als direkte Antwort

38 Vgl. ebd., S. 3–5.
39 Ebd., S. 10.
40 Ebd.

auf die Schlagzeilen lesen. Sie gehören zu einer Zukunftsvision, die gleichzeitig die Zieldimension für das Mädchen als Klimapiratin darstellt. Im Verlauf des Buches wird Flora zur Initiatorin und idealisierten Heldin einer ganzen Klimabewegung, die auch mit Veränderungen im Alltag versucht, Einfluss auf das Klima zu nehmen. Die Geschichte findet ihren Höhepunkt, als die Eltern sich ebenfalls an der Bewegung beteiligen.

Die Geschichte arbeitet zum einen mit fiktionalen Mitteln der Narration, was sich insbesondere in der erzählerischen Vereinfachung der Charaktere und der idealisierten Umsetzung der Bewegung zeigt. Der kindlichen Hauptfigur kommt die Funktion der Heldin und Initiatorin zu, die sich aktiv an der Gestaltung des Lebens beteiligt und sich für ihre Ideale (oder Wünsche) einsetzt. Sie wird zur Vorbildfigur. Der Kontext der Geschichte insgesamt ist realfiktiv mit direkten Anregungen für die Lesenden zur Veränderung des Alltags. So wird beispielswiese gesagt, dass ein Kind sich vegetarisch ernährt und andere ihre Sachen in Second-Hand-Läden kaufen.

Interessant ist der auch Paratext am Ende des Buches, der die Lesenden mit „Willkommen an Bord!“ direkt anspricht und im Duktus beim Piratenbild bleibt (Abb. 1). Hier gibt es einen Verweis auf eine Website,[41] auf der man sich der Bewegung anschließen kann. Die Website informiert über die Initiative „Klimapiratin“, die von einer Nahrungsmittelfirma (Instantina) über den DIXI Kinderliteraturpreis ins Leben gerufen wurde. Hier engagieren sich insbesondere die mit dem DIXI Kinderliteraturpreis ausgezeichneten Illustratorinnen und Illustratoren, die weitere Geschichten zum Thema Klima- und Umweltschutz für die Seite beigesteuert haben. Das Buch *Nicht egal!* gibt es als leicht animierten, vorgelesenen Bilderbuchfilm auf der Seite, auf der Flora als Leitfigur ebenfalls in anderen Kontexten zu sehen ist. Es handelt sich hier um ein intermediales Phänomen. Die Webseite und auch die letzte Seite im Buch lassen die Grenzen zwischen Realität und Fiktion verschwimmen, das Buch erzählt von einer Bewegung, der man sich tatsächlich auch anschließen kann. Das hat einen hohen Aufforderungscharakter. Die pädagogische Intention wird deutlich vorgebracht, es geht um den Umwelt- und Klimaschutz, der an oberste Stelle von den Kindern gesetzt wird. Andere Interessen oder komplexere Zusammenhänge, gerade was die Folgen eines veränderten Konsumverhaltens angehen, haben in diesem Buch keinen Platz und sind sicher auch für die Zielgruppe nicht adäquat. Trotzdem lässt das Buch in der Darstellung kein eigenes Nachdenken zu. Die Protagonistin kommt zu einem Schluss, dem sich die Lesenden mehr oder weniger anschließen müssen. Hier gibt es eine klare Wertung von positivem und negativem Verhalten und auch richtigen und falschen Einstellungen.

41 www.klimapiratinnen.at (01.03.2023).

5. Literarische Selbstzeugnisse von Greta Thunberg

Im Zusammenhang mit der Klimabewegung von Fridays for Future nimmt Greta Thunberg eine besondere Rolle ein. Mit ihren Demonstrationen für das Klima vor dem Schwedischen Parlament (und die entsprechende Berichterstattung in den Medien) hat sie weltweit Jugendliche beeinflusst und aktiviert, für eine klimafreundlichere Politik einzutreten. So ist es nicht verwunderlich, dass auch die Kinder- und Jugendliteratur Greta Thunberg als Vorbildfigur literarisch in Szene setzt und sowohl biografische Sachbilderbücher als auch von ihr inspirierte Geschichten auf den Markt bringt.[42] An dieser Stelle sollen zwei Titel exemplarisch betrachtet werden: *Greta. Wie ein kleines Mädchen zur großen Heldin wurde*[43] und *Greta und die Großen. Inspiriert von Greta Thunbergs Geschichte.*[44] Im ersten Fall handelt es sich um ein biografisches Sachbilderbuch, im zweiten Fall um eine fiktive Geschichte, die aber dennoch bestimmte Bezüge zur Realität herstellen möchte. Blickt man zunächst auf das Cover sind bereits erste Gemeinsamkeiten erkennbar. Eine Figur, ein Mädchen mit Zöpfen, steht im Zentrum. Sie hält ein Schild in den Händen und der Name Greta ist groß als Teil des Titels abgedruckt (vgl. Abb. 2). Der Fokus auf die Person Greta Thunberg wird damit gleich auf dem Cover deutlich. Mikota spricht von einer „ikonografischen Darstellung, die fest im kollektiven medialen Gedächtnis verankert sein dürfte“.[45] Der Untertitel „Wie ein kleines Mädchen zu einer großen Heldin wurde“ deutet bereits den biografischen Bezug des Buches, aber auch die positiv konnotierte Erfolgsgeschichte an. Das zweite Buch nimmt mit dem Untertitel „Inspiriert von Greta Thunbergs Geschichte“ ebenfalls Bezug auf die reale Person, macht aber gleichzeitig deutlich, dass es sich um eine fiktive Geschichte mit fiktionalem Charakter handelt.

---

42 Mikota nennt über den Bilderbuch- und Sachbuchbereich hinaus noch Dokumentationen, Ratgeber oder Sachbücher (vgl. Jana Mikota, 2020, Palmen am Nordpol oder Ohne Eis kein Eisbär. Die Klimakrise in der aktuellen Kinder- und Jugend[sach]literatur, in: kjl&m 72, S. 25–29, hier: S. 25).

43 Winter, Greta [Anm. 4].

44 Tucker und Persico, Greta und die Großen [Anm. 3].

45 Mikota, Palmen am Nordpol oder Ohne Eis kein Eisbär [Anm. 42], S. 26.

Abb. 2: Buchcover von zwei Bilderbüchern zu Greta Thunberg. Jeanette Winter, 2019, Greta – Wie ein kleines Mädchen zu einer großen Heldin wurde, München: Knesebeck. Zoë Tucker und Zoe Persico, 2019, Greta und die Großen. Inspiriert von Greta Thunbergs Geschichte, München: arsEdition.

Die Geschichte des biografischen Sachbilderbuchs von Jeanette Winter fokussiert zunächst den Alltag des Mädchens und beschreibt sie damit, dass sie einsam und schüchtern ist, aber sich auch sehr lange mit einer einzigen Sache, dem Klimawandel und seinen Folgen, beschäftigen kann. Über Fernsehbilder werden verschiedene Facetten des Klimawandels angesprochen, die Greta analog zu den Lesenden rezipiert. „Damit nimmt das Bilderbuch den Klimawandel als ein komplexes und globales Phänomen auf und vereinfacht diesen Eindruck weder im Text noch im Bild.“[46] So tritt sie im Buch zum ersten Mal auch sprechend auf mit: „Diese Bilder bekam ich nicht mehr aus dem Kopf.“ und „Was kann ich tun?“[47] Im Folgenden berichtet der heterodiegetische Erzähler von ihrem Schulstreik. Immer wieder betont der Text, dass das unsichtbare, stille Mädchen plötzlich zur Sprecherin einer ganzen Generation wird. Mikota stellt dazu fest, dass das Buch „nicht nur bereits bekannte Narrative, sondern auch Zitate aus ihren Reden auf[greift]“.[48] In den Selbstaussagen verwendet die Figur immer wieder eine Metapher. Greta sagt: „Ich möchte, dass ihr handelt, als ob euer Haus in Flammen steht. Denn das tut es.“[49] Dies wird auch bildlich mit einem brennenden Wald symbolisiert. Die Aussage soll die Dringlichkeit und die Unmittelbarkeit, gleichzeitig auch die gesellschaftsübergreifende Betroffenheit verdeutlichen. In den Bildern wird dies zusätzlich durch übergroße Schrifttypografie erwirkt. Das seitenfüllende

46 Ebd.
47 Winter, Greta [Anm. 4], S. 21.
48 Mikota, Palmen am Nordpol oder Ohne Eis kein Eisbär [Anm. 42], S. 26.
49 Winter, Greta [Anm. 4], S. 33.

„Könnt ihr uns hören?“[50] macht wiederum deutlich, dass auch in diesem Buch eine Generation der Jüngeren der älteren Generation gegenübersteht und sich bei dieser Gehör für den Klimaschutz schaffen will. Bildnerisch wird dies auf einer Doppelseite umgesetzt, die zahlreiche Kinder mit Plakaten und Parolen für den Klima- und Umweltschutz zeigt.[51] Die letzte Doppelseite endet mit der Frage „Was wirst du tun?“[52], die übergroß zu lesen ist.

Das Buch zeigt die Figur Greta Thunberg als reale Figur, deren Leben geschildert wird. Dabei wird versucht über bestimmte Eigenschaften, die besondere Leistung des schüchternen Mädchens herauszuarbeiten, die sich für eine Sachen, den Klimawandel, im besonderen Maße einsetzt. Gleichzeitig möchte das Buch auch bei den Lesenden Sensibilität für das Thema Klimaschutz wecken, wie es auch die Frage am Ende zeigt. Sie geht in ihrem Duktus davon aus, dass die Lesenden auf jeden Fall etwas tun werden, die Frage ist nur was. Der Appellcharakter wird hier erneut deutlich.

Im narrativen Bilderbuch *Greta und die Großen* geht es um eine fiktive Geschichte, wie es bereits aus dem Untertitel zu schließen ist. Auch der erzählerische Anfang „Es war einmal …“ ist ein Fiktionalitätssignal. Dagegen nimmt die Hauptfigur namens Greta mit Zöpfen und einer gelben Regenjacke direkt Bezug auf die reale Person Greta Thunberg. Auch das Thema dieser Geschichte passt zur Figur. Die Tiere fühlen sich von den Großen bedroht, die ihr Zuhause durch umweltzerstörerisches Verhalten bedrohen. Die kleinen Tiere und auch Kinder fühlen sich hilflos und suchen Hilfe bei Greta, die mit einem Schild gegen das Verhalten der Großen demonstriert. Am Anfang wird sie noch übersehen, doch als dann noch weitere Kinder und Tiere dazukommen, werden die Großen auf sie aufmerksam. Sie klagt die Großen an: „Versteht ihr nicht, dass ihr unser Zuhause kaputt macht? […] Wir müssen auf unseren Wald aufpassen. Er ist doch unser alle Zuhause! Könnt ihr es bitte versuchen?“[53] Da wird den Großen erst ihr Handeln bewusst und sie versuchen ihr Verhalten zu ändern. Und so endet das Buch mit „Und schon bald war der Wald schöner, als sie es sich je hätten vorstellen können.“[54]

Mikota vergleicht das Buch mit einem Märchen[55] und in der Tat sprechen die flächige Figurenzeichnung und die dichotome Gesellschaftsordnung zwischen den Kleinen und den Großen sowie das idealisierte Ende dafür. Die Illustrationen

50 Ebd., S. 35.
51 Vgl. ebd., S. 36 f.
52 Ebd., S. 38 f.
53 Tucker und Persico, Greta und die Großen [Anm. 3], S. 23.
54 Ebd., S. 27.
55 Vgl. Mikota, Palmen am Nordpol oder Ohne Eis kein Eisbär [Anm. 42], S. 27.

nehmen die Klein-Groß-Dichotomie ebenfalls auf und setzen sie in Szene. Einmal sieht man nur die Beine der Figuren, während die kleine Greta zu ihnen aufschaut. Deutlich wird auch, dass es nicht Greta allein ist, die ein Umdenken auslöst, es sind vielmehr die kleinen Lebewesen, die sich zusammentun und in ihrer Masse Aufmerksamkeit erlangen. Im Nachwort wird noch einmal Bezug zur realen Person Greta Thunberg genommen. Am Ende heißt es: „Doch in der echten Welt kämpft Greta immer noch gegen die gierigen Großen, die für den Klimawandel verantwortlich sind. Sie sich vielleicht nicht so einfach zu erkennen, wie in der Geschichte, aber sie sind da. Und einige der Großen wollen ihre Einstellung nicht ändern. Deshalb braucht Greta auch deine Hilfe! […] ‚Man ist nie zu klein dafür, einen Unterschied zu machen'."[56] Zu diesem Appell gibt es noch einige praktische Hinweise, die man im Alltag umsetzen kann und Verweise auf die Websites von Friday for Future, Greenpeace und Klima-Streik. Gleichzeit werden 20ct pro verkauftes Exemplar des Buches an Greenpeace Deutschland gespendet.

Diese fiktive Geschichte wirft deutlich ein recht vereinfachtes, eindimensionales Bild auf die Gesellschaft. Sie wird in Große und Kleine eingeteilt, in Umweltsünder und Umweltretter. Initiationsfigur für eine Veränderung wird die Figur der Greta, die sowohl mit ihrem Wirken als Realperson als auch als fiktionale Figur in der Geschichte als Heldin dargestellt wird, die den anonym bleibenden Großen mit Streikschildern entgegentritt. Dabei wird im Text wieder über Fragen an das Gewissen appelliert und im Paratext über die konkrete Ansprache und Aufforderung an die Lesenden, die mit Du angesprochen werden.

6. Metafiktionale Dialoge: *Das ist auch meine Welt! Wie können wir sie besser machen?*

Das Sachbilderbuch *Das ist auch meine Welt. Wie können wir sie besser machen?*[57] führt schon auf dem Schmutztitel die Autorin selbst als fiktive Figur ein. Sie zeichnet nicht nur die Bilder und versucht die Sachverhalte rund um den Klimawandel verständlich zu machen, sondern tritt auch in den Dialog mit den Lesenden und mit anderen Figuren auf einer metafiktionalen, kommentierenden Erzählebene im Buch, die eine Reflexion der Sachverhalte ermöglicht und weitere Denkanstöße geben kann. Der Titel wird auf der ersten Seite erweitert, indem die Autorin von „deiner" und „meiner Welt" spricht. Mit den Possessivpronomen soll zum

56 Tucker und Persico, Greta und die Großen [Anm. 3], S. 31.

57 Raidt, Das ist auch meine Welt [Anm. 1].

einen der/die Lesende direkt angesprochen werden, zum anderen soll mit dem nachfolgenden Statement „das können wir besser machen“[58] deutlich eine Aktion initiiert werden, die sowohl die Autorin als auch die Lesenden einbezieht. Wie in den anderen Büchern wird über eine persönliche Ansprache und fragenden Haltung eine Verhaltensänderung in Gang gesetzt werden.

Das Buch selbst folgt einem klaren Aufbau: Nach einem einführenden Kapitel über frühere und aktuelle Lebensweisen und den Fortschritt, fokussieren die weiteren Kapitel bestimmte Themenfelder, zum Beispiel Essen, Dinge, Verkehr, Strom und die Menschen selbst. Begleitet werden die kurzen Textblöcke von Buntstiftzeichnungen, die zwischen Einzelillustrationen auf Weißraum, einseitigen und doppelseitigen Illustrationen wechseln. Durch die Typografie, die mit zwei Schrifttypen arbeitet und unterschiedliche Größen verwendet, werden bestimmte Worte besonders betont und fallen auch beim Überfliegen der Seite ins Auge. Weiterhin kann man immer wieder die Autorin im Anschnitt auf der Seite entdecken, wie sie mit dem Stift die Zeichnungen zu vollenden scheint. Hinzu treten dann noch andere Figuren, die mit gelben Sprechblasen in den Metadialog mit der Autorin treten und jeweils noch eine andere Position zum Sachverhalt einbringen oder widersprechen. So kommentiert zum Beispiel der Schweinebauer das Bild seines Stalls mit „Wenn wir täglich Fleisch essen wollen, geht das nicht anders“.[59] Solche Kommentare sind im Buch sehr hilfreich, um kein einseitiges Bild zu zeichnen, sondern immer wieder auch mehrfache Perspektivenwechsel vorzunehmen und andere Positionen in die Diskussion einzubeziehen. Die Autorin selbst ist dabei zum einen die Wissende, die bestimmte Sachverhalte erklärt und Zusammenhänge aufzeigt, zum anderen stellt sie ihre Sicht auf die Dinge durch die Fragen und die Dialoge mit den anderen Figuren nicht absolut dar, sondern lässt andere Positionen zu und ist auch interessiert an den Vorschlägen der Lesenden. Sie fordert damit zu einer aktiven und diskursiven Auseinandersetzung mit den einzelnen Themen heraus.

58 Ebd., S. 3.
59 Ebd., S. 18.

Abb. 3: Metafiktionaler Dialog mit der Autorin über die Zukunft[60]

Besonders interessant ist das Thema Zukunft im Buch verarbeitet. Man sieht die Autorin am Anfang des Buches an der Skizze von Häuserblöcken, als sie im Zeichnen jäh von einem Mann unterbrochen wird (Abb. 3). Das blaue Hosenträgerkreuz, die Mütze und das karierte Hemd deuten auf einen Arbeiter oder Bauern hin. Er sagt: „Machen sie den Kindern keine Angst mit irgendwelchen düsteren Zukunftsgeschichten.“[61] In der Aussage werden erstmals indirekt die

60 Ebd., S. 12 f. und S. 106 f.

61 Ebd., S. 12.

Kinder als Zielgruppe und potenzielle Lesende des Buches benannt. Am Ende des Buches wird daran noch einmal angeknüpft und die Lesenden mit einem einbeziehenden Wir gefragt: „Wie wollen wir leben? Was ist uns wirklich wichtig? Auf was können wir verzichten? Wie soll unsere Welt in Zukunft aussehen?“[62] Die Autorin selbst gibt darauf keine Antwort, sondern lässt eine leere Seite für Notizen oder Skizzen der Lesenden, wie sie auch im Nachsatzpapier dargestellt sind. Gerahmt wird diese Seite von der Frage: „Und was wünschst du dir für die Welt der Zukunft?“[63] (Abb. 3) Im Zusammenspiel mit den dargestellten, eindeutig nicht von der Autorin, sondern von verschiedenen Personen gefertigten Skizzen, kann man verschiedene Antworten zum Thema erkennen, wie veganes Essen, Containerschiffe mit Segelantrieb, Wasserstoffautos, Begrünung in Städten etc. Ohne Anspruch auf Vollständigkeit werden im Bild verschiedene Vorschläge nebeneinandergestellt, die den potenziellen Lesenden ebenfalls wichtig erscheinen könnten.

7. Zur Funktion und Wirkung der Bücher

Bezugnehmend auf die Leitfragen sollen die vier Bücher im Vergleich noch einmal betrachtet werden.

(1) Wie äußern sich Figuren, insbesondere Kinderfiguren im Bilderbuch zum Thema Klima und Umweltschutz (verbal und visuell)?

Die Hauptfiguren der Bücher sind in der Regel kindlich (Winter; Tucker/Persico; Roher). Sie orientieren sich an zum Teil realen Personen. Die Figuren verkörpern Vorbilder, die handlungsleitend werden sollen. Sie werden als Helden und Heldinnen inszeniert, die entscheidend an der gesellschaftlichen Entwicklung mitwirken und so „die Welt retten können“. Entsprechend sind auch die Aussagen und Selbstzeugnisse in der Regel von einem Initiationserlebnis geprägt, bei Roher und Winter durch Berichte aus dem Fernsehen, die zu einer Verhaltensänderung der Figuren führen. Die Bücher stellen zunächst die Entwicklung der Figuren vor, die insbesondere über Ich-Aussagen deutlich gemacht werden. Dabei stehen die Selbstaussagen und die Handlungen der Figuren in einem engen Zusammenhang. Visuell werden die Aussagen, gerade wenn es um Proteste und Demonstrationen geht auf Schilder geschrieben, die achronologisch von den Lesenden erschlossen werden können. In einem zweiten Schritt werden bei allen vier Büchern die Lesenden durch die Figuren direkt angesprochen und zum Mitmachen aufgefordert.

62 Ebd., S. 101.
63 Ebd., S. 106.

(2) Wie werden faktuale und inter- und transmediale Bezüge bzw. Authentizitätssignale eingesetzt?

In den Büchern findet sich durch die Sachorientierung zum Thema Umweltschutz und Klimawandel ein hoher Anteil an faktualen Erzählmitteln. Es wird insbesondere visuell auf Bilder Bezug genommen, die bereits von anderen Medien gezeigt wurden, sodass es einen möglichst hohen Wiedererkennungseffekt geben sollte. Zur Person Greta Thunberg und zu den Protestaktionen der Fridays for Future-Bewegung wird interpiktoral, aber auch transmedial ein Bezug hergestellt. Greta wird namentlich genannt und mit ihrem Protestschild, Zöpfen und einem gelben Regenmantel gezeigt, wobei es wie bei Tucker/Persico auch Übertragungen der Figur in eine fiktive Geschichte gibt. Die Darstellung einer protestierenden Menge mit Schildern und Forderungen für eine andere Klimapolitik knüpft ebenfalls an mediengeprägte Bilder und eine entsprechende Berichterstattung in Fernsehen und Zeitungen an. Mikota spricht von ikonografischen Darstellungen, die sich fest im kollektiven medialen Gedächtnis verankert haben.[64] So wird versucht, eine möglichst große Authentizität gerade bei der Inszenierung der Vorbildfigur zu erzeugen. Als fiktive Figur ist die Klimapiratin Flora hier anders einzuordnen. Dennoch knüpfen die Nachrichten und Schlagzeilen, die sie im Fernsehen sieht und hört, direkt an eigene Erfahrungen der Lesenden an und erzeugen so ebenfalls Authentizität. Nur der Wahrheitsgehalt der Geschichte legitimiert überhaupt erst die Initiative des Mädchens. Der Aufruf am Ende des Buches, sich selbst an der Initiative zu beteiligen, lässt die Grenzen zwischen Fakt und Fiktion verschwimmen, deutet aber auch eine hohe Erwartung zur Handlungswirksamkeit des Buches an.

(4) Welche Funktion haben die Selbstaussagen von Kindern und von Erwachsenen zu diesem Thema?

Diese Erwartung an die Handlungswirksamkeit ist eine wesentliche Funktion der Bücher im Allgemeinen und der Selbstaussagen der Figuren im Speziellen. Die Selbstzeugnisse insbesondere der kindlichen Figuren in den Büchern sind ein klares Bekenntnis für den Klimaschutz. Die fiktive Autorin im Buch von Gerda Raidt stellt das Thema weniger absolut dar. Durch den metafiktionalen Dialog werden auch andere Denkweisen einbezogen und zugelassen.

Deutlich wird in den Büchern, dass das Thema als gesellschaftlich relevant und mit einer hohen Priorität versehen markiert wird. Entsprechend haben sie einen aufklärerischen Anspruch. Sie machen, wenn auch in der Regel recht allgemein und überblicksartig, auf Missstände der Gesellschaft im Umgang mit der

64 Vgl. Mikota, Palmen am Nordpol oder Ohne Eis kein Eisbär [Anm. 42], S. 26.

Natur aufmerksam, indem diese in Form von Schlagzeilen oder Bildern benannt und gezeigt werden. Gleichzeitig werden an vielen Stellen Regeln für die Veränderung des Verhaltens entweder durch Vorbildverhalten der Figuren (Roher) oder durch aufgezählte Regeln in Wort oder Bild (Tucker/Persico) vermittelt. Auch Fragen an die Lesenden und Appelle machen die erzieherische Ausrichtung deutlich. Die Lesenden sollen direkt angesprochen werden mit Du-Aussagen und Fragen. Sie werden aufgefordert nach dem Vorbild der literarischen Figuren zu handeln und sich für eine klimafreundlichere Gesellschaft einzusetzen. So wichtig auch dieser Aspekt von ökologischer Bildung und Aufklärung ist, so ist dennoch auch kritisch anzumerken, dass oft wenig wirkliches Nachdenken über Sachverhalte angeregt wird. Vielmehr werden Regeln vorgegeben und eine klare Einteilung in gutes und schlechtes Verhalten transportiert (Tucker/Persico; Roher). Differenzierter wird dies allein im Sachbilderbuch von Gerda Raidt umgesetzt, die auch Möglichkeiten für die eigenen Gedanken und Vorstellungen der Lesenden in ihr Buch einbindet. Inwiefern sich diese Beobachtung auch auf andere Bücher übertragen und damit auch verallgemeinern lässt, muss noch untersucht werden.

8. Große Erwartungen – die Rolle des Kindes in den Werken

Wie die Analyse bereits gezeigt hat, haben die Bücher einen hohen Aufforderungscharakter gegenüber den Lesenden, der mit einer Erwartung der Handlungswirksamkeit verbunden ist. Regeln für klimafreundlichere Lebensweisen werden benannt oder anhand von fiktiven oder realfiktiven Figuren und ihr Verhalten ausbuchstabiert und relevant gesetzt. Die Lesenden sollen dazu angeregt werden, diese Regeln selbst umzusetzen oder zumindest darüber nachzudenken. Dabei ist auffällig, dass die Lesenden zwar über Fragen auch zum Nachdenken über ihr Verhalten angeregt werden sollen, dennoch scheint dieser Prozess wenig offen zu sein, denn Antworten in Form der genannten Hinweise geben die Bücher bereits vor. Es wird an vielen Stellen normativ-dichotomisierend in gutes und schlechtes Verhalten unterschieden (Roher; Tucker/Persico, Winter). Damit geben die Bücher eine pädagogische Orientierung vor, die aber oft vereinfacht und die komplexen Zusammenhänge von Klimawandel und Globalisierung wenig durchdenkt. Die Gefahr einer solchen Vereinfachung ist, dass abweichende Entscheidungen schnell ins moralische Abseits gedrängt werden und sie wenig zur eigenen Meinungsbildung beiträgt. Als Ausnahme ist das Beispiel von Gerda Raidt zu nennen, die hier auch andere Positionen in den Diskurs einflicht oder offener fragt. Die anderen Beispiele nehmen aber nicht nur eine Unterscheidung von Verhaltensweisen vor, sondern knüpfen dieses Verhalten auch an Personengruppen. Bei Roher und Winter sind es die Erwachsenen, die nicht zuhören und ihr Verhalten ändern wollen. Bei Tucker/Persico werden sie einfach die Großen genannt. Sie stehen für die „alte Generation", die bestimmte Umweltsünden überhaupt erst angestoßen hat. Diese Darstellung führt aber dazu, dass die Kinder für den Aufbruch in eine neue Gesellschaft stehen und von hohen Erwartungen bezüglich ihres Einflusses auf den Klimawandel begleitet werden. Die Kinder werden zu Hoffnungsträgern, zu Heldinnen und zu Vorbildern oder Weltrettenden.[65] Doch wie ist eine solche Darstellung zu bewerten? Deutlich wird, dass die erwachsene Generation damit natürlich die Verantwortung für gesellschaftliche Veränderungsprozesse auf die Zukunft und die zukünftige Generation verschiebt. Gleichzeitig wird das Thema relevant gesetzt und es werden Erwartungen an die Kinder formuliert. Dafür werden entsprechend auch Selbstaussagen und Selbstzeugnisse von Kindern genutzt. Sie erzeugen (vermeintliche) Authentizität und machen die Kinder zu Identifikationsfiguren bzw. geben ihre Vorstellungen und Ideale als Modelle an die Lesenden weiter. Dadurch scheint auf jeden Fall die Verbindung von fiktiver Figur und Lesenden dichter zu werden. Die Figuren treten in den Dialog mit den Lesenden.

Abschließend soll noch einmal ein Blick auf die (ökologische) Bildung und Erziehung mit Kinder- und Jugendliteratur geworfen werden.

9. Ausblick: Ökologische Bildung und Erziehung mit Kinder- und Jugendliteratur

Die Erziehung zur Literatur und die Erziehung mit Literatur wird im Kontext der Pädagogikkonvention[66] immer wieder in verschiedenen didaktischen Einführungen aufgegriffen. Hurrelmann selbst betont, dass die KJL neben literarischen Regeln eben auch pädagogische Erwartungen erfüllen soll und man so von einer „Doppelcodierung" der KJL bezüglich literarischer und erzieherischer Ansprüche sprechen kann.[67] Dabei wird der KJL selbst und speziell der ökologischen KJL ein hohes erzieherisches Wirkungspotenzial auch bezüglich der Handlungswirksamkeit und Einstellungsänderung zugesprochen.[68] Goga schreibt bezogen auf Ecofantasys: „Furthermore, it can be said that the protagonist's attitudinal changes or ecocritical consciousnessraising may guide the reader toward a more sustainable way of life."[69] Damit wird ein deutlicher, aufklärerischer Anspruch

65 Vgl. Hollerweger, Vom Kind zum Weltretter [Anm. 12], S. 37.

66 Vgl. Bettina Hurrelmann, 2004, Kinderliteratur – Sozialisationsliteratur, in: Kinderliteratur im Unterricht. Theorien und Modelle zur Kinderliteratur im pädagogisch-didaktischen Kontext, hrsg. von Karin Richter und Bettina Hurrelmann, Weinheim/Basel: Beltz Juventa, S. 45–60.

67 Vgl. ebd., S. 47.

68 Vgl. Goga et al., Introduction [Anm. 10], S. 1–2.

69 Nina Goga, 2018, Children's Literature as an Exercise in Ecological Thinking, in: Ecocritical Perspectives on Children's Texts and Cultures [Anm. 10], S. 57–71, hier: S. 66.

an die ökologische Kinder- und Jugendliteratur formuliert. Die Vernunft wird angesprochen und sowohl das ökologische Bewusstsein als auch das Empathievermögen sollen durch diese Art von Literatur an Kinder und Jugendliche herangetragen werden und zu deren ökologischer Sozialisation beitragen. Hollerweger sieht eine ähnliche Entwicklung im aktuellen Bilderbuch zu diesem Thema, allerdings ohne sich festzulegen, ob diese Entwicklung von der KJL oder von den kindlichen Rezipienten ausgeht: „Die Übernahme von Verantwortung durch Kinder oder ihre anthropomorphisierten Repräsentanten innerhalb der Geschichte geht also teilweise auch mit der Übernahme von Verantwortung an die Kinder außerhalb der Geschichte einher."[70] Ähnlich wird auch von Harms konstatiert, dass die Bilder- und Sachbilderbücher zwar in ihrer Thematik und Umsetzung sehr vielfältig erscheinen, sie aber doch ein gemeinsames Ziel eint: „Diese ist – bei aller Verschiedenheit der Bücher – zukünftige Generationen zu einer Übernahme von Verantwortung gegenüber der Umwelt zu erziehen."[71]

Diese Befunde lassen nun die Frage stellen, welches Kindheitskonzept in der KJL vertreten wird, denn es scheint mit dem klaren Erziehungsauftrag doch ein gewisser Rückschritt im Kindbild vonstattengegangen zu sein. Die Erziehung zur Vernunft und Übernahme von Verantwortung sind Werte und Anliegen, die bereits in der Aufklärung stark vertreten werden, wie auch Ewers es andeutet. Gleichzeitig finden auch romantische Vorstellungen von Kindern als Weltenretter[72] ihren Niederschlag in der KJL, wie auch die angeführten Beispiele gezeigt haben. Die aber noch von Mikota stark gemachte aktive Einbindung der Kinder und Anregung zum Denken[73] wird eher durch Regeln und eine klare Gut-Böse-Dichotomie wieder zurückgenommen. Brandt spricht hier von einem Balanceakt zwischen Sensibilisierung und instruktiver Konfrontation mit Problemen.[74]

Stephanie Jentgens trägt verschiedene personale Kompetenzen zusammen, die durch die Erziehung mit Literatur angeregt werden sollen. Insbesondere die Forderung der Anregung des kritischen und selbstständigen Denkens und des Erkennens von Werten durch Literatur scheint in diesem Beitrag von Bedeutung zu sein.[75] Die Analyse hat gezeigt, dass ökologische Werte in den Bilder- und Sachbilderbüchern zwar vermittelt werden, aber ein selbstständiges und kritisches

70 Hollerweger, Vom Kind zum Weltretter [Anm. 12], S. 38.

71 Harms, Natur und Umwelt in aktuellen Bilderbüchern [Anm. 28], S. 185.

72 Vgl. Ewers, Kinder und Natur, Kinder der Natur [Anm. 5]; Hollerweger, Vom Kind zum Weltretter [Anm. 12].

73 Vgl. Mikota, Von geretteten Robben, ausgesetzten Bibern und Umgehungsstraßen [Anm. 14], S. 31; dazu auch Hollerweger, Vom Kind zum Weltretter [Anm. 12], S. 37.

74 Vgl. Susanne Brandt, 2018, Worte verwandeln – Bilder beflügeln: Erzählmöglichkeiten zur nachhaltigen Entwicklung in Öffentlichen Bibliotheken entdecken und fördern, in: kjl&m 70, S. 76–81, hier: S. 81.

75 Vgl. Stephanie Jentgens, 2016, Lehrbuch Literaturpädagogik. Eine Einführung in Theorie und Praxis der Literaturvermittlung, Weinheim/Basel: Beltz Juventa, S. 16.

Denken nur in Ansätzen zu erkennen ist. Vielmehr wird eine Einteilung in erwünschte und unerwünschte Verhaltensweisen deutlich vorgenommen. Didaktisch kann man dennoch sagen, dass diese Zuspitzungen der Dichotomien von Richtig und Falsch, Alt und Jung, Weltretter und Weltzerstörer auch als Diskussionsgrundlage genutzt werden können.[76] Allerdings müssen sie komplexer gedacht werden, um eine eigene Meinungsbildung zu ermöglichen.

76 Vgl. Ritter, Angerührt sein und aufgerüttelt werden [Anm. 29], S. 61.

Die Stimmen der Kinder

Das „Archiv für Kindertexte Eva Maria Kohl“ als interdisziplinäre Forschungsstelle der Martin-Luther-Universität Halle-Wittenberg

Raila Karst

Texte als Quellen der Kindheitsforschung lassen sich bis an den Beginn des 20. Jahrhunderts in die Zeit der Reformpädagogik zurückverfolgen. Das schreibende Kind wird zum Mittelpunkt des Interesses, woraus neben den Volkschullehrern Jensen und Lamszus auch Fritz Gansberg eine Didaktik des freien, subjekt- und erlebnisorientierten Schreibens ableitet und damit die Notwenigkeit für die kindliche Entwicklung betont. Gansberg hält fest:

> So können wir lesen und lesen, jedes Blatt ein kleines ausgeprägtes Persönchen – das Ganze aber ein großer Streifzug durch die Welt der Kinder, ein tiefer Einblick in die Natur des kindlichen Geistes.[1]

1. Kindertexte als Artefakte zwischen literarästhetischer Praxis und erziehungswissenschaftlicher Theorie

Das Sammeln von Kindertexten reicht weit zurück. Doch was ist das Besondere an Kindertexten? Warum sind sie es wert, aufbewahrt zu werden? Dazu ein kurzer Ausflug in die Reformpädagogik: Bereits im Jahr 1910 unternahmen die Volksschul- und Gymnasiallehrer Adolf Jensen und Wilhelm Lamszus den Versuch, den deutschen Schulaufsatz zu reformieren. In ihrer Streitschrift *Unser Schulaufsatz ein verkappter Schundliterat. Ein Versuch zur Neugründung des deutschen Schulaufsatzes für Volksschule und Gymnasium* sprachen sie sich für die Befreiung der kindlichen Phantasie, insbesondere der sprachlich-literarischen Äußerungen aus. Fritz Gansberg veröffentlichte in seinem Werk *Der freie Aufsatz* (1914) darüber hinaus auch Texte von Kindern, wodurch sich Einblicke in die Lebens- und Erfahrungswelt damaliger Kinder eröffneten. Diese Impulse der Reformpädagogen griff Célestin Freinet schließlich auf und überführte sie in das Konzept des Freien Ausdrucks. In dem Moment, in dem das schreibende

1 Fritz Gansberg, 1909, Produktive Arbeit. Beiträge zu einer neuen Methodik, Leipzig: Verlag von Quelle und Meyer, S. 47.

Kind in der Lage ist, erste Wörter und Sätze zu verschriften, erhält es die Möglichkeit, die „eigenen Gefühle und Gedanken auszudrücken, sich nach außen zu wenden, in Verbindung zu treten mit entfernten Personen".[2] Damit wird das diametrale Verhältnis von Innenschau und Kommunikation mit dem Anderen zum Ausdruck gebracht, welches Kindern erst durch das Schreiben ermöglicht wird. Feilke betont in diesem Zusammenhang darüber hinaus die Wechselseitigkeit der Perspektiven: nicht allein das subjektive Erleben und der Blick auf die Welt, sondern dazu auch das Hineinversetzen in die Perspektiven der Anderen sind von großer Bedeutung für den Entwicklungsprozess der Schreibenden.[3] Bis in die 1950er Jahre wurden freie Schüleraufsätze und Jugendtagebücher als Quellen der Kindheitsforschung beforscht, wobei u. a. die Lebenswelt, die Einstellungen und Haltungen der Aufwachsenden betrachtet wurden.[4] Entscheidend ist jedoch die Tatsache, dass die analysierten Texte zwar freie Texte im weiteren Sinn darstellten, jedoch oftmals entsprechend einer für die Forschung formulierten Frage verfasst wurden. Dies könnte zwar als wesentliches Grundproblem aller Forschung beschrieben werden, soll jedoch an dieser Stelle nicht vertieft werden. Diese oftmals als „Niederschriften" benannten Texte waren zwar in Form und Ausdruck frei, jedoch hinsichtlich ihrer thematischen Ausrichtung meist gebunden. Da diese Form vor allem älteren Schüler:innen zugetraut wurde, gab es aus dem Primarbereich wenig Zeugnisse. Erst mit der Renaissance verschiedenster reformpädagogischer Strömungen u. a. der Freinet-Pädagogik konnten sich ab Mitte der 1980er Jahre u. a. auch durch den Handlungs- und produktionsorientierten Literaturunterricht neue Konzepte der Schreibdidaktik vor allem im Primarbereich ansiedeln. Neben Sennlaubs und Spittas Rekonstruktion freier Schreibkonzepte entwickelte u. a. auch Eva Maria Kohl neben kreativen Ansätzen verschiedene didaktische Methoden weiter, um Kindern Wege in die Schrift zu ermöglichen.[5] Kohl verwies dabei immer wieder darauf, dass Wege der Worterfahrung gleichzeitig auch auf Wege der Welterfahrung hinweisen, also die Weltaneignung implizieren.[6] Reinhard Fatke knüpft hier mit einem pädagogisch-psychoanalytischen Ansatz an. Er beschreibt, dass Kinder sich in Phantasiegeschichten mit zentralen psychosozialen Entwicklungsthemen auseinandersetzen, die sich größtenteils

---

2 Célistin Freinet nach Charlotte Röhner, 2000, Freie Kindertexte als Quellen der Kindheitsforschung, in: Methoden der Kindheitsforschung. Ein Überblick über Forschungszugänge zur kindlichen Perspektive, hrsg. von Friederike Heinzel, Weinheim/München: Juventa, S. 154–172, hier: S. 154.

3 Hellmut Feilke nach Röhner, Freie Kindertexte als Quellen der Kindheitsforschung [Anm. 2], S. 154.

4 Röhner, Freie Kindertexte als Quellen der Kindheitsforschung [Anm. 2], S. 155.

5 Vgl. Michael Ritter, 2008, Wege ins Schreiben. Eine Studie zur Schreibdidaktik in der Grundschule, Baltmannsweiler: Schneider.

6 Vgl. Eva-Maria Kohl, 1992, Wo beginnt Poesie? Kinder schreiben Gedichte und Geschichten, in: Die Grundschule 7/8, S. 57–59, hier: S. 59.

aus dem seelischen Geschehen heraus gestalten. Jedoch verweist er darauf, dass dies keiner bewussten Aufarbeitung der Themen gleichkommt, sondern diese sich eher unbewusst in symbolischen Formen Ausdruck in den erfundenen Geschichten verschaffen. Auch betont er, dass vom Inhalt einer Geschichte nicht direkt auf ein bearbeitetes seelisches Thema geschlossen werden kann und spricht sich so gegen eine psychoanalytische Sichtweise aus. Vielmehr legt er dar, dass sich der in Phantasiegeschichten wiederholende Grundkonflikt zwischen Macht und Ohnmacht die anthropologische Grundsituation des Kindes zum Ausdruck bringt, die schließlich mit der Altersentwicklung korrespondiert.[7] Charlotte Röhner untersuchte in diesem Zusammenhang ganz konkret erste Schreibversuche von Schreibanfänger:innen und stellt fest, dass diese überwiegend authentische lebensweltliche Erfahrungen anbieten und sich das imaginative und fiktionale Schreiben außerhalb des selbst Erlebten zeitlich später vollzieht.[8] Schließlich belegen Kohl und Ritter in ihrem 2011 erschienen Tagungsband[9] zu Kindertexten in Forschungsperspektiven aus fachdidaktischer als auch erziehungswissenschaftlicher Perspektive, welcher Stellenwert kindlichen Schreibergebnissen in den unterschiedlichen Forschungsdisziplinen zukommt und weshalb es wichtig und richtig ist, diese zu erhalten.

2. Das Archiv als Forschungsstelle – Verortung und konzeptionelle Überlegungen

Das „Archiv für Kindertexte Eva Maria Kohl“ gilt als Sondersammlung der Universitätsbibliothek Halle-Wittenberg und ist weltweit das einzige Archiv, welches es sich zur Aufgabe gemacht hat, Kindertexte zu sammeln und zu bewahren. Es wurde im Jahr 2000 von der Germanistin, Kunstpädagogin und Kinderbuchautorin sowie Professorin für Grundschuldidaktik Dr. Eva Maria Kohl in den Räumlichkeiten des Instituts für Grundschuldidaktik als Sammlungs- und Forschungsstelle gegründet. Nachdem im Jahr 2009 durch einen Kooperationsvertrag zwischen Archiv und Bibliothek eine Übernahmevereinbarung besiegelt wurde, erweitert die Bibliothek ihren Bestand fortlaufend um ein Material, welches für Universitätsbibliotheken eher untypisch ist: Die Texte von Kindern. Dem

7 Reinhard Fatke, 1993, Kinder erfinden Geschichten. Erkundungsfahrten in die Phantasie, in: Kindliche Phantasie und ästhetische Erfahrung. Wirklichkeiten zwischen Ich und Welt, hrsg. von Ludwig Duncker, Friedemann Maurer und Gerd E. Schäfer, 2. Aufl., Langenau-Ulm: Vaas, S. 47–62, hier: S. 53 ff.

8 Charlotte Röhner, 1997, Kindertexte im reformorientierten Anfangsunterricht. Zur personalen und sozialen Bedeutung des Schreibens in der Grundschule. Teilw. zugl.: Halle, Univ., Diss., 1996, Baltmannsweiler: Schneider, hier: S. 219 ff.

9 Eva Maria Kohl und Michael Ritter (Hg.), 2011, Die Stimmen der Kinder. Kindertexte in Forschungsperspektiven, Baltmannsweiler: Schneider.

Anliegen des Sammelns und Bewahrens als einem tradiert bibliothekarischen Anliegen kommt damit eine unkonventionelle Aufgabe zu. Mit der Verleihung des Friedrich-Bödecker-Preises im Jahr 2010 für besondere Leistungen auf dem Gebiet der Kinder- und Jugendliteratur wird die Einzigartigkeit des Kindertextarchives gewürdigt. So entstand schließlich ein Ort, der die Schreib- und Erzählforschung an originalen Materialien ermöglicht. Kohl resümiert Jahre später:

> Ich richtete den Kindertexten, die ich über Jahre initiiert und gesammelt hatte, ein eigenes Zimmer in der Hallenser Universitätsbibliothek ein. Die Stimmen der Kinder wurden nach und nach zum Forschungsmaterial. Als Zeitdokumente und Ich-Botschaften der Kinder stehen die ersten Texte aus der Berliner Wuhlheide der achtziger Jahre heute neben den Versen und Geschichten der Kinder aus vielen Ländern der Welt.[10]

Mit dem Sammeln von Kindertexten begann sie jedoch schon Jahre zuvor: Seit den 1970er Jahren hielt sie in der damaligen DDR immer wieder Schreibzirkel und Schreibwerkstätten für Kinder und Jugendliche ab. So entfaltete sich ein Fundus an Texten, der nach der Wiedervereinigung 1990 immer weiterwuchs. Mittlerweile sind neben den Sammlungen der Gründerin mehr als 120.000 Texte schreibender Kinder aus über 100 Jahren archiviert. Darunter finden sich neben 3000 archivierten originalen Bild- und Textmaterialien aus 30 Ländern, ebenso eine Sammlung historischer Kindertexte mit ca. 100 Texten beginnend in der Zeit der Reformpädagogik, eine Sammlung von Märchen aus dem Vorlass von Kristin Wardetzky und auch Sammlungsbestände aus verschiedensten Schreibinitiativen und -wettbewerben. Daneben wächst der Bestand jährlich weiter etwa durch die regelmäßigen Einsendungen im Zusammenhang mit dem Schreibaufruf *unzensiert und unfrisiert* des Friedrich-Bödecker-Kreises.

Allein diese Aufzählung macht die Bandbreite des archivierten und zur Forschung bereitgestellten Materialkorpus sichtbar. Die Formen sind dabei ebenso unterschiedlich wie die Themen: Erzählungen und lyrische Texte, Briefe, Notizen, Tagebucheinträge und Bilder zum größten Teil handschriftlich oder auch in Computerschrift und meistens im Original vorliegend. Während Texte im schulischen Setting häufig Übungscharakter zum Erlernen verschiedenster Techniken haben, wird im Archiv für Kindertexte insbesondere ihr Eigenwert geschätzt. Wer schreibt, bleibt: das ist das Credo in Alexandra Ritters gleichnamigen Sammelbandes, in welcher sie Einblicke in die Arbeit im und zum Archiv gewährt. Darin

10 Eva Maria Kohl, 2021, Wendezeiten – Zeitenwende. Tagebuch-Texte, Gransee: Edition Schwarzdruck.

beschreibt sie im Editorial das Archiv als „Möglichkeit, die Entwicklung des kindlichen Schreibens innerhalb der Schule und im außerschulischen Raum als einen Erfahrungsprozess unter dem Eindruck sich verändernder kindheitstheoretischer Paradigmen und daraus resultierender pädagogischer Referenzsysteme zu erschließen".[11] So dient das Archiv nicht allein dem Sammeln und Archivieren kindlicher Schreibprodukte, sondern erweckt zunehmend auch das Interesse einer Forschungsgemeinschaft. Aus unterschiedlichen Disziplinen heraus lässt sich mit dem Archivmaterial arbeiten: Aus dem Blickwinkel der Schreibdidaktik und der damit verbundenen Schreibprozessforschung, aus der Erzählforschung und ebenso aus Perspektive der erziehungswissenschaftlichen Kindheitsforschung. Gegenwärtig knüpfen unterschiedliche Forschungsprojekte zu den verschiedensten Fragestellungen an die vielfältigen Materialien an.

3. Die Sammlung Friedrich-Bödecker – Texte schreibender Schüler:innen

Seit 1991 ruft der Friedrich-Bödecker-Kreis Sachsen-Anhalt in Kooperation mit dem Bundesverband der FBK e.V. alljährlich einen deutschlandweiten Schreibwettbewerb[12] aus. Die ersten Jahre bis 1997 waren thematisch noch gebunden. Seit 1998 jedoch werden diesbezüglich keine Vorgaben mehr vorgenommen, sodass Kinder und Jugendliche unter dem Motto *unzensiert und unfrisiert* ihre Texte bis zum jeweiligen Schuljahresende einreichen können. Somit existieren seitdem weder Einschränkungen noch Formvorgaben bezogen auf das Thema oder die Textform. Bis einschließlich des Schuljahres 2019/2020 umfasst der gesamte Textkorpus des Schreibaufrufes 25 Jahrgänge mit 29.787 Texten aller Genres. Mit 14.084 Einsendungen stammt davon knapp die Hälfte aller Texte von Schüler:innen der Klassenstufen eins bis sechs.

11 Alexandra Ritter (Hg.), 2018, Wer schreibt, bleibt. Einblicke in das Archiv für Kindertexte „Eva Maria Kohl", Halle (Saale): Mitteldeutscher Verlag, S. 8 f.

12 Der Schreibaufruf kann unter www.fbk-lsa.de/wp-content/uploads/2021/08/Schreibaufruf_Unzensiert-und-Unfrisiert_2021.2022.pdf nachgelesen werden (01.03.2023).

Abb. 1: Einreichungen der Kindertexte insgesamt im Verhältnis zu den Texten und Gedichten der Primarstufe im Zeitraum von 1993–2019, erfasst im Dreijahresschritt[13]

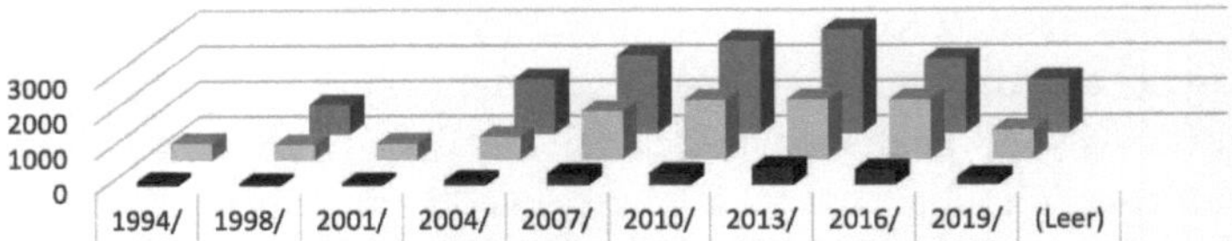

	1994/ 1995	1998/ 1999	2001/ 2002	2004/ 2005	2007/ 2008	2010/ 2011	2013/ 2014	2016/ 2017	2019/ 2020	(Leer)
Gedichte Primar	106	62	74	132	327	339	521	441	232	
Texte Primar	479	434	459	650	1375	1675	1702	1686	828	
Texte insgesamt		827		1543	2208	2629	2944	2100	1513	

Für den vorliegenden Beitrag wird der Blick hauptsächlich auf die lyrischen Texte dieser Sammlung des Archivs gerichtet. Die Systematisierung des Textkorpus und die Analyse der Texte, folgt u. a. der Frage, wie sich wandelnde Kindheit in diesen Texten widerspiegelt und prüft, wo sich Ich-Botschaften der Schreibenden im Besonderen zeigen. Daneben richtet sich der Blick einerseits auf einzelne Formen andererseits insbesondere für diesen Beitrag auf die Themen. Die poetische Verdichtung der Texte, die anderen Strukturen folgt als ein erzählender Text, will erkunden, welches didaktische Potenzial lyrische Texte vor allem auch im Hinblick auf das Erleben der eigenen (Innen-)Welt bieten.

4. Fünf mal fünf Lesarten aus fünf Jahrfünften

Die thematische und formale Vielfalt der eingereichten Texte drückt sich auch in den lyrischen Texten aus. Mit 2565 Einsendungen von Primarschüler: innen stellen lyrische Texte etwa ein Fünftel des Textkorpus dar. Ein Textkorpus von derartiger Größe verlangt besondere Behandlung. Nachdem der Korpus erschlossen wurde, wurden zunächst formale Kategorien gebildet. Es zeigen sich neben freien poetologischen Formen vor allem auch Formen, die einem Baumuster folgen. Interessant ist in diesem Zusammenhang auch die die Entwicklung der beiden Kategorien, die auf die Entwicklung der Lyrikdidaktik rekurrieren.[14] Im vorliegenden Textkorpus des Schreibaufrufes treten die Bauformen Elfchen, Akrostichon und Haiku dabei zahlenmäßig besonders hervor. Andere Formen wie

13 Im Rahmen des Promotionsprojektes der Autorin „Lyrik und ihre Didaktik in der Grundschule – konzeptionelle und empirische Perspektiven" näher beforscht.

14 Vgl. Raila Karst, 2021, 1, 2, 3, 4, 5, 6, 7 in der Schule wird geschrieben, in: Lust auf Lyrik. Gedichte in und außerhalb der Schule. Materialheft der Arbeitsgemeinschaft Jugendliteratur und Medien 62, S. 25–31.

Rondell, Visuelle Lyrik oder auch Avenidas lassen sich zwar finden, jedoch in weit geringerer Ausprägung. Auffallend sind hingegen die Entwicklungen innerhalb der poetologisch freien Formen. Auch hier wurden Unterkategorien gebildet. Dabei wurde u. a. zwischen Strophen und Nicht-Strophen sowie Reim und reimlos und damit verbunden Kombinationen unterschieden. Zusammengefasst zeigt sich, dass gänzlich freie poetologische Formen, das heißt ohne Strophenform und Reim, über die Zeit zunahmen und das klassische Gedichtschema mit Strophen und Reimen scheinbar ablösten.

Daneben wurden thematische Kategorien eruiert. Wie bereits Röhner[15] (1997) belegte, gehören Themen des sozialen Umfeldes wie Familie und Freundschaft zu den Themen, welche insbesondere für jüngere Kinder substantiell sind. Auch schablonenhafte Themen wie die Jahreszeiten sind vertreten. Darüber hinaus zeigte sich aber auch, dass Kinder ebenso in der Lage sind, aktuelle Themen des politischen und gesellschaftlichen Geschehens in ihren Texten zu verhandeln. Im Folgenden soll ein exemplarischer Einblick in die Vielfalt der Einsendungen gegeben werden. Eine Auswahl aus einem solchen Textkorpus wird immer subjektiv sein. Es wird gewählt, was anspricht, bewegt, etwas im Selbst zum Klingen bringt. Im vorliegenden Fall wurde versucht, neben den unterschiedlichen Formen auch verschiedenen Themenbereichen gerecht zu werden. So gehen die nun besprochenen Gedichte aus den Themenbereichen „Familie“, „Freundschaft“ und „Politik“ hervor.

5. Existentielle Wertehandlungen im Gedicht

Die elfjährige Kerstin schildert in ihrem Gedicht sehr anschaulich einen ihr innewohnenden Konflikt, den Umgang damit und die gefundene Lösung. Es lässt sich unzweifelhaft als authentisches Zeugnis ihres Erlebens lesen, in dem eine lebensweltlich-existentielle Erfahrung mit den Eltern – hier der Mutter – beschrieben und versinnbildlicht wird.

15 Röhner, Kindertexte im reformorientierten Anfangsunterricht [Anm. 8], S. 189 ff.

Die Vase
An einem schönen Sonnentag,
spielt ich im Garten wunderbar.
Doch da auf einmal
fliegt mein Ball auf Muttis Vase – knall!
Was kann ich jetzt nur machen?
Ich will mich nicht verkrachen!
Soll ich die Wahrheit sagen,
oder lieber klagen, daß der Hund es war
mit seinem Schwanz.
Sie fiel herunter – ist kaputt – Schutt!
Was mach ich nur?
Naja, ich weiß, ich sag die Wahrheit,
ist doch klar!
So steh ich nicht als Lügner da!
Kerstin, 11 Jahre (1997)

Aus der Ich-Perspektive beschreibt die Autorin sehr bildhaft und gut nachvollziehbar die Situation und auch ihr Erleben. Der Konflikt, den sie schließlich in der Lage ist zu lösen, bevor er nach außen tritt, wird sehr anschaulich gemacht. Kerstin befindet sich an einer Schwelle ihrer Moralentwicklung. Beim Lesen des Gedichts stellt man sich einen sonnigen Tag vor, an dem ein Mädchen im Garten Ball spielt. Diese Vorstellung leitet die Einführung in die Erzählung über das Wetter. Von weiteren Spielgefährt:innen ist keine Rede – der Hund wird erwähnt. Offenbar spielt sie allein mit dem Ball. Das Bild wird zerrissen durch einen lauten Knall, der hier im (bewusst?) unsauberen Reim als phonetische Verstärkung eingesetzt wird. Der Ball landet wohl aus Versehen auf dem Tisch, und dem Geräusch des Donners gleich, zerbricht eine Vase. Die Szenerie verdunkelt sich und zerfällt augenblicklich in Scherben. Unsicherheit zieht auf wie ein Unwetter, vor dem es sich zu schützen gilt. Auf keinen Fall Ärger bekommen! Der Angst vor dem Streit wird – einem Ausruf gleich – Nachdruck verliehen. Doch ein Verschweigen ist nicht möglich, denn die kaputte Vase zeugt von dem Unglück, welches somit nicht zu übersehen ist. Schuld empfinden und sich eingestehen – vor dieser Aufgabe steht die Elfjährige nun. Eine Aufgabe, der sich Menschen im Leben immer und immer wieder stellen müssen. Alternativ könnte die Schuld jedoch auch ausgelagert, verschoben werden. Sie kann abgewendet und auf jemand anderen übertragen werden. Da offenbar kein anderes Kind mitspielt, kann nur der Hund verantwortlich gemacht werden. Ist dies moralisch vertretbar? Um die eigenen

Schuldgefühle von sich selbst abzuwenden, diese einem unschuldigen Wesen, einem Hund – aufzubürden? Schnell entstehen Selbstzweifel. Wenn Kerstin diesen Gedanken zulässt, nimmt sie eine weitere Last auf sich. Kerstin ist verzweifelt: Was ist wohl das kleinere Übel – die Schuld an der zerbrochenen Vase oder die Last der Lüge, die offenbar noch schwerer wiegt?

In ihrem Gedicht entscheidet sich die junge Autorin schließlich für die Wahrheit als beste Lösung, die ihr hilft, in eine moralisch integre Identität hineinzuwachsen. Über die literarische Verarbeitung eines solch existentiellen Themas wie Schuld und Sühne nordet sie ihren eigenen Wertekompass im Sinne der Selbstwertbestimmung aus. Doch so einfach wie es scheint ist es gar nicht mit der Wahrheit. Wen spricht sie mit „Ist doch klar!“ an? Offenbar ein erwachsenes Gegenüber, von dem die Autorin eine moralische Wertung annimmt. Vernunftgemäß wählt man dann die Wahrheit. Dafür spricht auch „Naja, ich weiß …“ Das lyrische Ich spricht hier nicht zwangsläufig mit sich selbst. Insofern zeigt das Gedicht weniger ein Aushandeln. „Was mach ich nur?“ scheint eine rein rhetorische Frage, zu schnell und klar ist die Antwort: „Ich weiß“, wobei das „Naja“ auf ein Zögern verweist. Insofern bietet das Gedicht einen Blick in die erwarteten Moralanforderungen an das Kind. Sie weiß, wie sie zu handeln hat, auch wenn das vielleicht schwierig ist. Dahinter lesen wir eine ganze Ahnenreihe an pädagogisch wertvollen Büchern, die von ihren Protagonist:innen nach kurzem Zögern das „richtige“ Handeln erwarten.

6. Das Akrostichon: Ein antikes Buchstabengedicht mit Potenzial zur Selbsterkenntnis

Aus einem Wort können schnell viele Gedanken werden, die in Wortgruppen oder Sätzen verdichtet in einer besonders anregenden lyrische Kleinform zusammenfließen und die Möglichkeit zur Reflexion erlauben. Als Schreibmuster in der Grundschule ist das Akrostichon nicht mehr wegzudenken. Worte mit Signalcharakter laden zum Spielen und Nachdenken ein. Dabei werden die Buchstaben des Schlüsselwortes zunächst senkrecht untereinandergeschrieben. Jeder Buchstabe bildet schließlich den Anfang eines neuen Wortes oder Satzes. Oft wird diese Form genutzt, um archetypischen Themen wie den Jahreszeiten oder auch dem eigenen Namen auf den Grund zu gehen. Die neugeschöpften Worte spiegeln das Schlüsselwort auch thematisch wider. Man könnte fast meinen, diese Themen böten im Besonderen Schablonen, die es auf das eigene zu übertragen gilt, wie in den beiden folgenden Gedichten eindrücklich demonstriert wird.

Mein Namen-Gedicht

Chaos in meinem Zimmer
Ohnmächtig werden meine Eltern immer
Nichts liegt hier – alles dort –
Sehen kann man es an einem anderen Ort.
Tanzen gehe ich dreimal die Woche.
Aber Achtung, wenn ich koche!
Nachts meide ich die Sonne.
Zeichnen ist für mich eine Wonne.
Enden tut das Gedicht hier noch lange nicht.
Wirsingkohl, den mag ich nicht.
Ich habe einen Hund.
Reden kann ich viel mit meinen Mund.
Spice Girls sind meine Band.
In Halle, sie ein jeder kennt.
Noch eine Zeile fällt mir nicht mehr ein.
Gehen wir also Heim – Ende!
Constanze, Kl6 (1999/2000)

Sieben Tage bin ich bei Oma und Opa.
Oma, Opa und ich machen immer tolle Ausflüge.
Meerestiere beobachte ich gerne.
Meine Freude ist sehr groß, dass Ferien sind.
Elefanten habe ich im Zoo gesehen.
Reiten tue ich im Urlaub auch.
Ferien sind das Tollste, was es gibt.
Eisessen mache ich auch gerne.
Reisen tue ich gern.
Ich fahre mit meinen Eltern in den Urlaub.
Erleben tue ich immer sehr viel.
Nachts träume ich von den schönen Erlebnissen.
Mirja, 9 Jahre (2019/20)

In Constanzes Namen-Gedicht wird wunderbar veranschaulicht, wie sie mit jedem Buchstaben ihres Namens eine weitere Facette ihres Selbst entdeckt. Als Sechstklässlerin nimmt sie unvermittelt den Konflikt der Heranwachsenden mit den Eltern in den Fokus. Sie beschreibt, was viele Eltern als auch Kinder in dem Alter kennen – das Chaos im eigenen Zimmer. Später wird eine andere junge Autorin diesen Gedanken noch einmal aufnehmen und eingehender betrachten. Es offenbart sich der Kräftevergleich zwischen Eltern und Kind – ein Prozess, der zum Wachsen dazu gehört, ja notwendig ist. In Constanzes Zimmer – ihrem Refugium – werden die Eltern von „Ohnmacht" umfangen. Ohnmacht ist ein starkes Wort – für Constanze ist es eine Ent-Mächtigung ihrer Eltern im wörtlichen Sinne. Für sie selbst scheint es eher eine kreative Unordnung zu sein, denn auch wenn sie weiß, dass nichts am dafür vorgesehenen – rechten – Platz ist, scheint sie doch zu wissen, wo sie suchen muss, um es zu finden. Die hinzugefügte Erklärung betont damit die mächtige Kraft dieses Chaos' für Constanzes Selbstdefinition in Abgrenzung von den Eltern. Constanze scheint eine Person voller Energie und Tatendrang zu sein, die die Bewegung im physischen als auch übertragenen Sinne liebt. Sie mag es sehr, sich auszudrücken: sei es im Tanz über die körperliche Bewegung oder im Wort über das Sprechen. Auch wenn sie mal keine passenden Worte findet, wie sie am Ende des ersten Verses belegt, gibt es immer noch etwas, was sie hinzuzufügen vermag. Hat sie stets das letzte Wort? Das Bild einer ereignisreichen Umgebung wird in diesem Zusammenhang unwillkürlich auch bei ihrem Ausruf „Aber Achtung, wenn ich koche!" sichtbar. In diesem Vers spiegelt sich auch ihr Hang zur Komik, den sie im darauffolgenden Vers unter Beweis stellt: „Nachts meide ich die Sonne."

Die etwas jüngere Mirja nutzt die Form des Buchstabengedichtes ebenso. Ihr Schlüsselwort heißt Sommerferien. Zwanzig Jahre sind nach dem Entstehen von Constanzes Namen-Gedicht vergangen und auch Mirja arbeitet sich Buchstabe für Buchstabe voran. Während Constanze jedoch zuweilen über mehrere Zeilen bei einem Thema bleibt, gleicht ihre Herangehensweise einem Erlebnisbericht der sieben Tage bei den Großeltern. Da taucht es auch alsbald auf – das Bild der Ferien bei den Großeltern. Da ist immer etwas los, da gibt es täglich wechselnde Aktionen. Von Zoobesuchen und Eisessen, Reiten und Meerestieren berichtet Mirja. Auch ihr Ferienalltag ist bewegt. Das Verreisen ist dabei der Zeit mit den Eltern vorbehalten – mit ihnen fährt sie in den Urlaub. Eine Nachtszene wird auch in ihrem Gedicht beschrieben. Während Constanze diesen Moment verfremdet, beschreibt Mirja die Nacht zum Verarbeiten aller Erlebnisse.

Auffällig ist, dass sich die etwas ältere Constanze lyrischer Formen wie Metrum und Reim bedient. Sie hat demzufolge begonnen, das Erlebte zu verdichten, während Mirja mit jeder Zeile ein neues Thema eröffnet, wie es insbesondere für jüngere Kinder typisch scheint. Möglicherweise könnte dies ein Verweis auf das Loslösen von vorgegebenen Formen wie Metrum und Reim sein. Dafür spräche auch, dass Mirja Stück für Stück jedem Buchstaben erst einmal ein Substantiv zuordnet, welches sie dann als Nominalphrase dem Satz voranstellt, während Constanze sich davon stückweise löst und teilweise ihre Verse mit Adverben oder Konjunktionen beginnen lässt, was einem gewohnteren mündlichen Sprachgebrauch entspricht. Die Aussage muss vorerst im Spekulativen bleiben, könnte jedoch ein Anzeichen auf die Entwicklungen der lyrischen Formen im Gesamtkorpus sein, in denen sich zeigt, dass die freien Formen immer öfter von Vorgaben oder Mustern abweichen. Beiden zu eigen ist, dass sie den Bezug zum Selbst herstellen, schreibend über sich nachdenken. Beim Namen-Gedicht ist das vielleicht sogar offensichtlicher als bei einem abstrakten Thema wie „Sommerferien". So lassen sich auch diese beiden Texte als Selbstzeugnisse lesen und geben authentische Einblicke in das Erleben Heranwachsender.

7. Umgang mit Trauer

Schreiben kann helfen, Emotionen zu verarbeiten. Auch für die elfjährige Anni stellt das Schreiben insbesondere das Verfassen von Lyrik eine Möglichkeit dar, ihre Trauer zum Ausdruck zu bringen. Wo ist der geliebte Mensch nach dem Tod? Wann wird es ein Wiedersehen geben? Was passiert auf einer Beerdigung? Solche Fragen stellen sich Kinder.

> Weit weg
> Momente, in denen ich ihre Stimme höre.
> Träume, in denen ich sie wiedersehe.
> Realität, in der sie nicht mehr ist!
>
> Sie ist so weit weg,
> unerreichbar für mich!
> Sie wird nie wieder mit mir lachen, wenn ich fröhlich bin.
> Mich nie mehr trösten, wenn ich traurig bin.
>
> Sie ist so weit weg,
> kein Zeichen von ihr!
> In meinem Herzen wird sie ewig sein.
> Doch ich möchte ihr noch einmal in die Augen sehen,
> ihr noch einmal sagen,
> wie lieb ich sie habe.
> Nur einmal noch ihre Wärme spüren.
>
> Doch sie ist so weit weg!
> Kann sie mich hören???
> Kein Mensch kann sie ersetzen.
> Ich werde sie für immer
> lieben, bewundern und
> vor allem vermissen:
>
> *Meine Oma!*
> *Anni, 11 Jahre (2002)*

Zur Frage, ob Kinder und Jugendliche zur Trauer fähig sind oder ob sich die Fähigkeit zur Trauer im Laufe von Reifungsprozessen entwickelt und erst ab einem bestimmten Alter getrauert werden kann, gibt es konträre Meinungen. Fakt ist, dass sich Konzepte zum Sterben und zum Tod im Laufe der Kindheit entwickeln. Freud bezeichnet Trauer als einen „normalen“ Vorgang nach einem

Verlusterlebnis, der sich u.a. durch tiefe schmerzliche Verstimmungen, Desinteresse an der Außenwelt und Rückzug kennzeichnet. Dabei richtet sich diese Theorie insbesondere auf innerpsychische Prozesse.[16] Auch wenn in der Psychoanalyse unterschiedliche Meinungen vorherrschen, was die Fähigkeit zur Trauer von Kindern anbelangt, wird diese im Gedicht der jungen Anni deutlich sichtbar. Anni wählt für ihr Gedicht eine poetologisch freie Form. Die Verse gleichen den Stufen der unterschiedlichen Trauerkonzepte nach Verena Kast. Der erste Vers, die Autorin hat die Anfangsworte jeweils hervorgehoben, wird der Weg der Realisierung sichtbar und zusammengefasst: Momente, Träume, Realität. Vom Nicht-Wahrhaben-Wollen, die Phase, die den Beginn der Trauer kennzeichnet, berichten die ersten Zeilen. Noch ist nicht klar, wie endgültig der Tod ist. Die Verstorbene wird als weit weg bezeichnet. Das könnte im geografischen Sinn auch ein anderes Land, einen anderen Kontinent beschreiben. Emotionen brechen auf und bestimmen damit eine weitere Trauerphase, die von Gefühlsausbrüchen bestimmt ist. Freude und Trauer können nicht mehr miteinander geteilt werden. Mit der dritten Strophe geht die Autorin unterdessen in eine weitere Trauerphase über – das Suchen und sich getrennt fühlen. Der ewige Platz in Annis Herz wird der Verstorbenen eingeräumt, Momente, in denen sie sich gern noch einmal nahe wäre, ersehnt. Neue Weltbezüge müssen gefunden werden, da festgestellt wird, dass „kein Mensch [...] sie ersetzen" kann. Hier findet die Vermutung auch Bestätigung. „Sie ist so weit weg!" ist nicht mehr nur ein Halbsatz, sondern wird nun als Ausruf markiert. Im Kern besteht die Hauptaufgabe der Trauerarbeit darin zu realisieren, dass das geliebte Objekt – für Anni die Oma – nicht mehr da ist. Wenn sich diese Realitätsprüfung vollzogen hat, also erkannt wurde, dass der geliebte Mensch unwiederbringlich verschwunden ist, kann von Momenten der Verarbeitung gesprochen werden. Das Erlernen entsprechender Konzepte und auch Strategien zur Bewältigung von Trauer ist damit Teil unserer Sozialisation. Auch wenn eine entsprechende Kultur des Umgangs und der Akzeptanz bezüglich der Themen Sterben und Tod in unserer Gesellschaft kaum Raum im öffentlichen Leben gegeben wird, zeigt sich an Annis Gedicht doch sehr deutlich, dass diese Räume benötigt werden. Auch die Lyrik ist ein Raum, der helfen kann, Emotionen zu bewältigen, wie insbesondere Studien aus dem Bereich der Poesietherapie darlegten.[17]

---

16 Vgl. Günter Ramachers, 1994, Entwicklung und Bedingungen von Todeskonzepten beim Kind, Franfurt a. M: Lang, S. 33 ff.

17 Vgl. Jaqueline Blumberg, 2018, Poesie- und Bibliotherapie: Forschung, Forschungsstand und Wirksamkeit, in: Wenn Sprache heilt. Handbuch für Poesie- und Bibliotherapie, Biographiearbeit und Kreatives Schreiben. Festschrift für Ilse Orth, hrsg. von Hilarion Petzold, Brigitte Leeser und Elisabeth Klempnauer, Bielefeld: Aisthesis, S. 311–338.

Elf Wörter zum Nachdenken über gesellschaftlich aktuelle Themen

Abb. 2: Pia Charlotte, 12 Jahre (2020)

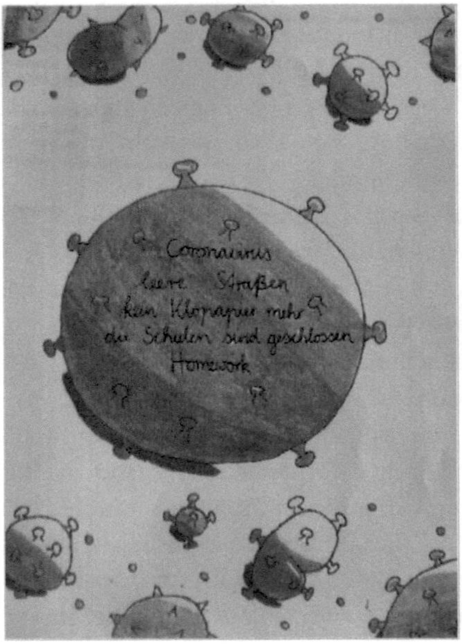

Kaum ein anderes Thema bewegt Menschen jeden Alters seit dem Frühjahr 2020 und verbindet uns alle thematisch mehr als Corona. Alle sprechen darüber, kaum eine:r bleibt unberührt. Während die Wissenschaft verzweifelt versuchte, einen Impfstoff gegen das Virus zu entwickeln, saßen die Menschen weltweit in ihren Wohnungen und Häusern fest. Entscheidungen zum Schutz der Bevölkerung wurden getroffen, die vorher nicht denkbar gewesen wären. Insbesondere die Kinder traf es hart. Mancherorts waren die Schulen nur für einige Monate geschlossen. In anderen Ländern – wie beispielsweise Argentinien – öffnen sie erst nach 1,5 Jahren wieder ihre Türen. Diese Schließung des öffentlichen Lebens, die Einschränkung der Kontakte zu Freunden, Bekannten und sogar den nächsten Verwandten, die Knappheit der Versorgung mit Lebensmitteln und Dingen des täglichen Bedarfs sowie der medizinischen Betreuung der Bevölkerung im Allgemeinen stand in einem nie zuvor erlebten Maße Kopf. Auch an der Zwölfjährigen Pia geht dies nicht vorbei.

In der wohl populärsten Bauform verdichtet die junge Autorin das Erlebte: dem Elfchen. Das Elfchen an sich ist ein interessantes Phänomen. Entsprechend der Verteilung der Baumuster im Schreibaufruf, scheint das Elfchen wohl das populärste Baumuster kreativen Schreibens in und auch außerhalb der Grundschule zu sein. Betrachtet man seine Entwicklung, fallen neben quantitativen vor allem auch strukturelle Veränderungen auf, die an dieser Stelle nicht weiter vertieft werden sollen. Während lange gerätselt wurde, wo es seinen Ursprung hat – denn im Gegensatz zum antiken Akrostichon oder dem japanischen Haiku – ist es, ohne Aufschluss über Herkunft zu geben, seit einigen Jahrzehnten in den Klassenzimmern beheimatet. Kaum ein Kind, welches nicht einmal im Schulleben ein Elfchen verfasste. Doch wo hat diese beliebte Kleinform ihren Ursprung? Keinesfalls, wie lange vermutet, wurde es von einer Grundschullehrerin ersonnen! Seine Geburt erlebte es in den Amsterdamer *taaldrukwerkplaats*, einer Schreibwerkstatt für Kinder und Erwachsene, in der auch der Lyriker Jos van Hest mitwirkte. Er ist es auch namentlich, dem der Export nach Deutschland zu verdanken ist. Konkret betrat das Elfchen als sprachliche Spielform erstmals am 6./7. Mai 1988 in Aachen deutsches Terrain und eroberte während der dortigen Tagung des Projektes Kreatives Schreiben an der Technischen Hochschule wohl schnell die Herzen der damaligen deutschen Schreibbegeisterten.[18] Es folgt als einstrophiges Gedicht einem vorgegebenen Baumuster, welches aus fünf Zeilen zusammengesetzt wird. Die Anzahl der Wörter steigt bis zur vierten Zeile und bricht schließlich mit der fünften, dem letzten Vers, in welchem nur noch ein Wort als Pointe genutzt wird. Es lassen sich verschiedenste Regeln – wohl je nach Thematik des Elfchens – finden.

Am deutlichsten wird der Aufbau einem Fragemuster folgend:

Zeile	Wörter	Inhalt	
1	1	Ein Wort	Gedicht
2	2	Was macht das Wort aus? (Thema)	Fünf Regeln
3	3	Wo oder Wie ist das Wort? (Eigenschaft)	Kurz und bündig
4	4	Was ist gemeint? (Handlung)	Wörteranzahl ist genau
5	1	Pointe/Fazit/Schluss	Elf

Häufig zeigen sich auch beim Elfchen jene Schablonenthemen, die gut ausfüllbar sind; auffällig viele Elfchen entstehen zu Farben oder auch den Jahreszeiten. Pias Elfchen sticht heraus! Sie beschreibt einen Zustand, der so von noch niemandem erlebt wurde. Vielleicht ist es auch gerade deshalb die Wahl der Bauform Elfchen, die unterstützt, einen Rahmen zu finden. Das Bild, welches sie zeichnet, mutet dystopisch an und ist doch treffend und auf den Punkt genau beschrieben. Denn

18 Kaspar H. Spinner, 1998, Zehn Jahre Elfchen in Deutschland, zit. n. Jörg Steitz-Kallenbach, Sich selbst in Sprache erfahren und finden. (Auto-)Biographisches und projektives Schreiben in der Sekundarstufe I, in: Praxis Deutsch 25, S. 31–37, hier: S. 33.

exakt so wie sie es beschreibt, erlebten Menschen weltweit den Beginn und den Fortgang der Pandemie.

8. Selbstzeugnisse in lyrischen Texten von Kindern

Es konnte exemplarisch gezeigt werden, dass lyrische Texte ebenso wie Prosatexte als kindliche Selbstzeugnisse verstanden werden können. Meist spricht ein deutlich gesetztes lyrisches Ich und gibt Auskunft über unmittelbar Erlebtes. Mitunter werden die Erwartungen der Erwachsenen an das schreibende Kind deutlich hörbar. So wie bei Kerstin und der zerbrochenen Vase. Ein anderes Mal hilft das Schreiben bei der Konflikt- oder auch der Trauerbewältigung. Selbst gesellschaftlich aktuelle Themen werden von den schreibenden Kindern verdichtet und damit konserviert. Durch die intensive Auseinandersetzung mit dem Selbst erhält das Kind die Möglichkeit, ein Ich-Bewusstsein zu entwickeln und sich seiner Selbst bewusst zu werden.[19] Damit dienen diese Texte letztlich auch der Identitätsentwicklung des Kindes und sollten allein aus diesem Grund eine entsprechende Würdigung erfahren. Wenn die Sprachentwicklung in der Kindheit als hochgradig sprachsuchende Zeit aufgefasst wird, dann können Muster und Bauformen helfen, das auszudrücken und zu verbildlichen, wofür sonst möglicherweise noch die Worte fehlen. Gansbergs Forderungen nach einem subjektorientierten Schreibunterricht haben also auch einhundert Jahre später nichts an Aktualität verloren.

19 Vgl. Kaspar H. Spinner, 2000, Kreativer Deutschunterricht. Identität – Imagination – Kognition, 6. Aufl., Seelze: Klett Kallmeyer, hier: S. 41 f.

Effekthaschende Text-Bild-Hybride als pseudoauthentische Tagebucheinträge für Lesemuffel oder hochwertige und innovative Gesamtkunstwerke?

Das Papierklavier, *Fanny Cloutier* und *Lotta-Leben* und deren Potenziale für das literarische Lernen im Deutschunterricht

Michael Stierstorfer

1. Boom von Comic-Romanen mit biographischen Zügen

„Autobiografische Comics haben das Medium in den letzten Jahrzehnten geprägt wie kaum ein anderes Genre. Eine wachsende Zahl autobiografischer Comics ist auch im deutschsprachigen Raum unübersehbar."[1] Diese Aussage von Martin Reiterer trifft ebenso auf fiktional-(auto-)biografisch[2] geprägte Comic-Romane zu. Dieser Beobachtung schließt sich Stemmann an, indem sie auf „eine Blütezeit (autobiographischer) Kindheitserinnerungen" verweist, die „vielfältige Themen, Kulturkreise und Zeiträume streifen".[3] Dass Biografien mit grafischen Elementen immer beliebter werden, konstatiert zudem Wanzeck: „Auf die Popularität sog. grafischer Biografien, die in Deutschland eng mit dem Namen Reinhard Kleist verbunden sind, ist ebenso hinzuweisen wie auf die allgemeine Beliebtheit von biografischen Bilderbüchern."[4] Die diesem Beitrag zugrundeliegenden Titel lassen

1 Martin Reiterer, 2018, Mein gezeichnetes Ich, in: 1000 und 1 Buch 2, S. 18–21, hier: S. 18.

2 Laut Dankert versteht man unter einer Biografie Folgendes: „Wer Lebensläufe in der literarischen Gattung der Biografie erzählt, wählt mit den Identitäten gleichzeitig eine Kunstform in kulturgeschichtlicher Tradition. Sie erfährt ständige Wandlung, ohne ihre Ursprünge aufzugeben" (Birgit Dankert, 2018, Biographie schreiben, in: 1000 und 1 Buch 2, S. 8–11, hier: S. 8). Auch die pseudoauthentisch angelegten biografischen Comic-Romane sind als eine Kunstform anzusehen, die den Charakteristika der Biografie wie z. B. Lebensbeschreibungen treu bleibt.

3 Anna Stemmann, 2014, Vom Tischtennis und Urzeitkrebsen. Erinnerte Kindheiten im Comic, in: 1000 und 1 Buch 4, S. 19–21, hier: S. 19.

4 Alina Wanzek, 2020, Wie zusammengefügte Lebenssplitter, die brüchig bleiben. Biografische Kinder- und Jugendliteratur, in: kjl&m 2, S. 3–14, hier: S. 13.

sich angesichts dieses Trends als Text-Comic-Hybride einordnen. Hierbei springt der Rezeptionsprozess zwischen Fließtext, Comic-Panels und diskontinuierlich-grafisch aufbereiteten Texteinsprengseln hin und her.

Seit Jeff Kinneys Comic-Roman-Reihe *Gregs Tagebuch* (seit 2008) und deren enormen kommerziellem Erfolg boomen Text-Bild-Hybride als fiktionale autobiografische Texte aus Sicht einer zumeist fiktiven Erzählinstanz. In dieser Reihe, welche noch großen Anklang findet, ist mittlerweile der fünfzehnte Band namens *Halt mal die Luft an!* (2020) erschienen. Dieser ist laut Spiegel-Bestseller-Liste das erfolgreichste Jugendbuch des Jahres 2020. Daneben ist Jeff Kinney mit noch zwei weiteren Jahresbestsellern vertreten: Auf Platz 5 mit *Voll daneben* (*Gregs Tagebuch*, Band 14) und auf Platz 9 mit dem Ableger von *Gregs Tagebuch* namens *Rupert präsentiert: Ein echt wildes Abenteuer.*[5] In diesen Titeln stehen Heranwachsende im Vordergrund, welche sich von ihren Eltern in den unterschiedlichsten Situationen blamiert fühlen, oder sich selbst zum Beispiel vor Klassenkameraden unabsichtlich zum Clown machen, indem ihnen diverse Missgeschicke passieren. Dass sich die *Gregs Tagebuch*-Reihe und deren Ableger positiv auf die Lesemotivation (u. a. in der Schule) auswirken, bekräftigt auch das erprobte Unterrichtsmodell von Antje Geister: „Die Comiczeichnungen unterstützen den Text und regen gleichzeitig an, mehr über den Text wissen zu wollen. So gelingt es, das Interesse der Kinder von den Bildern auf den Text zu lenken […].“[6] Zugleich gelten derartige Texte jedoch als literarästhetisch weniger wertvoll, wie Eva-Maria Magel in der *FAZ* konstatiert, die gleichzeitig auch auf die enorme Welle an (zum Großteil verzichtbaren) Neuerscheinungen verweist:

> Der Comic-Roman ist das Format der Stunde, und daran ist vor allem der amerikanische Autor Jeff Kinney schuld. „Gregs Tagebuch“, sein Erfolgsmodell, ist mittlerweile beim achten Band und einer vielfachen Millionenauflage angekommen. Seit im Jahr 2008 das erste von Kinney gezeichnete und erzählte fiktive Tagebuch erschienen ist, springen auch im deutschen Sprachraum so viele Autoren und Zeichner auf den immens populären Zug des Comic-Romans in Ich-Form auf […] In der Flut der Neuerscheinungen ist jede und vor allem jede schlichte Variante dieser illustrierten Tagebuch-Geschichten zu finden. Nach dem Motto: Hauptsache, der Junge liest.[7]

Magel kritisiert hier zu Recht den Boom an epigonalen Comic-Tagebüchern, die nur wenig literarisch-künstlerischen Eigenwert aufweisen und ggf. in erster Linie

---

5 www.buchreport.de/bestseller/buch/isbn/9783833906374.htm/ (01.03.2023).

6 Antje Geister, 2012, Comic-Freunde-Tagebuch. Ein eigenes Tagebuch nach Gregs Vorbild machen, in: Grundschule Deutsch 35, 32–33, hier: S. 32 f.

7 Eva-Maria Magel, 2013, Hauptsache er liest, alles andere wird sich finden, in: www.faz.net/aktuell/feuilleton/buecher/rezensionen/kinderbuch/neue-jungsbuecher-auf-gregs-spuren-hauptsache-er-liest-alles-andere-wird-sich-finden-12684704.html (01.03.2023).

als „Lesefutter" für leseschwache Jungen (und Mädchen) auf den Buchmarkt geworfen wurden. Auch die diesem Beitrag zugrundeliegenden Titel stehen im Spannungsfeld zwischen Epigonentum zu *Gregs Tagebuch* und Innovationspotenzial nach dem Vorbild der Kriterien des Deutschen Jugendliteraturpreises. Daher ist zu untersuchen, ob die ausgewählten und aktuellen Tagebuch-Comic-Romane qualitativ hochwertige Texte sind, die auch im Schulkontext gelesen werden sollten oder ob es sich um minder anspruchsvolle populärkulturelle Nachahmerwerke handelt, die offensichtlich lediglich aus kommerziellen Gründen erschienen sind.

2. Kriterien des DJLP als Basis für die Beurteilung

Um die Qualität der Werke weitgehend objektiv beurteilen zu können, empfiehlt es sich, die aktuellen Kriterien des Deutschen Jugendliteraturpreises zugrunde zu legen. Diese umfassen folgende Dimensionen: Erstens die ästhetische Qualität der Texte. So ist zu hinterfragen, ob die Tagebuch-Romane „herausragende, ästhetisch reichhaltige und vielschichtige Bücher"[8] sind. Zweitens steht die Reflexion der Leserinnenbedürfnisse und Leserbedürfnisse im Vordergrund: Es ist zu antizipieren – ggf. auch mithilfe eigener Erfahrungen –, welche Lektüren Schüler und Schülerinnen aufgrund der sich immer wieder ändernden Rezeptionsbedürfnisse besonders ansprechen. Als Drittes steht zudem die wirkungsästhetische Dimension im Zentrum: Hierbei ist u. a. darauf zu achten, welche möglichen Lesarten ein polyvalenter Text seinen Rezipienten und Rezipientinnen eröffnet. Laut Hurrelmann, auf deren Erkenntnisse die Kriterien für besonders herausragende Bücher des DJLP basieren, ist es unerlässlich, „dass sie [= herausragende Kinder- und Jugendbücher; Anm. M. S.] ihre [= die der Kinder und Jugendlichen; Anm. M. S.] Konfliktfähigkeit und Urteilsfähigkeit unterstützen, dass sie ihre Wahrnehmungsfähigkeit und Genussfähigkeit erweitern, so müssen wir dreierlei beachten: Die Texte, die Leser und eben auch die möglichen Wirkungen der Texte auf die Leser".[9] Zur konkreten Einschätzung dieser drei Orientierungsbereiche soll sodann jede Lektüre nach folgenden Kriterien durchleuchtet werden, da herausragende KJL in Bezug auf Thematik, Sprache, Erzählweise und Ästhetik in unterschiedlichen Dimensionen innovativ sein soll:

8 www.jugendliteratur.org/_uploads_media/files/kriterien_deutscher_jugendliteraturpreis_2021_2022_023031.pdf (01.03.2023).

9 Bettina Hurrelmann, 1990, Die Kinder- und Jugendliteraturkritik in der Jury für den Deutschen Literaturpreis, in: Zwischen allen Stühlen. Zur Situation der Kinder- und Jugendbuchkritik, hrsg. von Barbara Scharioth und Joachim Schmidt, Tutzing: Akademie, S. 44–51.

a) Hinsichtlich des Themas wird u. a. besonders auf Aktualität, Relevanz, Logik und den Zielgruppenbezug geachtet.
b) Beim Aspekt der Sprache stehen u. a. Bildlichkeit, Originalität, Wortwitz und das ästhetische Wirkungspotenzial im Mittelpunkt.
c) Bei der Erzählweise ist u. a. die Erzählhaltung bzw. -perspektive, die Figurenzeichnung, die Erzählebenen (Chronologie), Originalität, Intertextualität bzw. Intermedialität und diskontinuierliches Erzählen von besonderer Relevanz.[10]

3. Das *Papierklavier* als innovative Comic-Biographie?

Zunächst ist nach der literarischen Qualität des Werkes *Papierklavier* von Elisabeth Steinkellner und Anna Gusella, 2021 bei Beltz & Gelberg erschienen, zu fragen, eines viel beachteten und teilweise kontrovers diskutierten Titels. So erhielt das Buch eine Nominierung für den Deutschen Kinder- und Jugendliteraturpreis und hätte auch in der Short-List des Katholischen Jugendbuchpreises stehen sollen, wenn ihn die Bischofskonferenz nicht von der Liste gestrichen hätte. So erschien die Nominierungsbroschüre ohne den besagten Titel, obwohl die renommierte Jury des eigentlich ebenso renommierten Preises ebendiesen als Preisbuch vorgeschlagen hatte und daran auch konsequenterweise festhalten wollte. Diesen Fall haben deutschlandweit viele Tages- und Wochenzeitungen aufgegriffen. Die Gründe für die Ablehnung von katholischer Seite bleiben jedoch unklar, denn eine detaillierte bzw. nachvollziehbare Begründung hat die Bischofskonferenz nicht vorgelegt.[11] Umso positiver schlug zu Buche, dass sich viele bekannte Schriftstellerinnen und Schriftsteller aus der KJL-Szene, wie zum Beispiel Kirsten Boie oder Paul Maar, in einem offenen Brief an die Konferenz mit der Forderung wandten, den Text fairerweise doch noch auszuzeichnen. Dies blieb zwar erfolglos, jedoch erhält das Buch durch das Engagement eines Diakons nun eine Art christlichen Alternativpreis.[12] Da *Das Papierklavier* ein eher progressives Menschenbild in Bezug auf Diversität und ein stark emanzipiertes

10 Vgl. www.jugendliteratur.org/ [Anm. 8].

11 Vgl. zur hitzigen Debatte u. a. Kathleen Hildebrand, 2021, Abgekanzelt, in: www.sueddeutsche.de/kultur/katholischer-kinderbuchpreis-nicht-vergeben-papierklavier-1.5292394 (01.03.2023) und Tilman Spreckelsen, 2021, Nicht katholisch genug? in: www.faz.net/aktuell/feuilleton/debatten/katholischer-kinderbuchpreis-wird-nicht-vergeben-17335078.html (01.03.2023).

12 Vgl. katholisch.de, 2021, Autorenprotest wegen Nicht-Verleihung von Katholischem Jugendbuchpreis, in: www.katholisch.de/artikel/29880-autorenprotest-wegen-nicht-verleihung-von-katholischem-jugendbuchpreis (01.03.2023), Annette Zoch, 2021, Preis für das „Papierklavier", in: www.sueddeutsche.de/kultur/jugendbuch-katholische-kirche-1.5301463 (01.03.2023).

Frauenbild verkörpert, wobei Transzendenzgedanken zu einem möglichen Leben nach dem Tod eher allgemein metaphorisch anstatt als konkret christliche Glaubenswahrheiten eine Rolle spielen, scheint dies ggf. weniger mit dem (zum Großteil) noch immer konservativen Menschenbild vieler kirchlicher Institutionen in Einklang zu bringen zu sein. Dagegen ist im Roman bedingungslose und kreativ umgesetzte Nächstenliebe von wesentlicher Bedeutung, weshalb der Titel neben etlichen anderen Kriterien, die im Folgenden anzuführen sind, für den Preis gut geeignet wäre. Insgesamt habe diese Aktion den Fokus sogar noch mehr auf das Preisbuch gelegt und der Kirche eher geschadet, wie Ruth Lenen, stellvertretende Redaktionsleiterin der *Kirchenzeitung*, zutreffend betont:

> Es ist unbedingt nötig, zu erkennen, dass dieser Preis nicht eine milde Gabe an Autoren ist. Sondern dass er zeigen soll, dass die Kirche ein Ohr hat am Herz der Kinder und Jugendlichen, dass sie ihr Leben interessiert, mit allen Freuden und Desastern rund um Liebe, Beziehung, Tod und (kaputter) Familie. Der Preis wurde beschädigt, die Kirche auch.[13]

Bei der folgenden eingehenden Untersuchung dieses preisverdächtigen und viel beachteten Titels soll geklärt werden, ob er Innovationscharakter aufweist oder ob das eher weniger der Fall ist.

Zunächst ist daher das Potenzial des Narrativs zu fokussieren. Der Roman entwickelt einen teilweise skurrilen Plot um einen sozial schwachen Teenager namens Maia, die sich nach dem Tod der betagten Nachbarin, die Maias jüngerer Schwester Klavierunterricht gegeben hat, auf mutige und kreative Weise ihren eigenen Weg bahnt. Die Thematik des Titels ist dahingehend innovativ, als verschiedenste Themen rund um das Erwachsenwerden auf kunstvolle Weise miteinander verwoben sind, ohne dass gerade die problemorientierten Inhalte gewollt konstruiert erscheinen. So lebt Maia in einer fragmentierten Familie, da ihre alleinerziehende Mutter drei Töchter von drei unterschiedlichen Männern hat. Zudem übernimmt die im selben Häuserkomplex lebende Nachbarin teilweise die Großmutterrolle, indem sie sich regelmäßig um die Mädchen kümmert. Trotz des Ernstes des Plots wird dieser immer wieder ironisch-tragisch gebrochen. So hat Maia einen Teilzeitjob in einem sprichwörtlichen Saftladen, in dem sie sogar einer Videoüberwachung ausgesetzt ist. Doch dieses Setting nutzt sie, um ihre Erfahrungen im Flirten zu erweitern. Gemäß ihren großen Ambitionen surrealistisch zu zeichnen, möchte Maia später einmal Designerin werden. Die Zeichnungen entrücken die teilweise bedrückenden Inhalte auf eine unterbewusst-expressive Traum- und Reflexionsebene und eröffnen der Leserin bzw. dem Leser eine zusätzliche Interpretationslinie für die Ereignisse

13 www.kirchenzeitung.de/chronik-einer-nicht-preisverleihung (01.03.2023).

des Romans. Die Anrede „Liebes Tagebuch / liebes Skizzenbuch (NEIN, zu unpersönlich; vielleicht ein Katzenname) / Liebe Mautzi“[14] suggeriert dem Leser und der Leserin, dass das Tagebuch die Rolle eines fiktiv-anthropomorphen Ansprechpartners übernimmt. Der scheinbare Vorschlag, das Buch wie eine Katze zu benennen, könnte auf die Tradition des Tagebuch-Subgenres am Beispiel des *Tagebuchs der Anne Frank* (Anne Frank, 1947) anspielen, das die Verfasserin mit dem stereotypen Katzennamen „Kitty“ angesprochen hat. Dieser kunstvolle Rahmen eines Skizzenbuchs macht die eher problemorientieren Themen durch den kritisch-reflektierten Blickwinkel zu etwas ganz Besonderem. So gibt Maia bei verschiedenen Wahloptionen in ihrem Leben stets witzige Varianten an, die den Leser erheitern und teilweise offensichtlich ironisch gemeint sind. Dies mildert die tendenziell traurige Situation, in der sich Maia befindet, für die Rezipientinnen und Rezipienten etwas ab: Um einen Einkauf für die Familie zu tätigen, hat Maia gerade einmal drei Euro zur Verfügung, sodass sie sich im Vorfeld mit Augenzwinkern überlegt, ob sie sich einen Cappuccino, einen Soja-Mango-Joghurt, eine Packung Kaugummi-Zigaretten oder ein Rubbellos mit einem unwahrscheinlichen Millionengewinn kaufen soll. Sie entscheidet sich schließlich für Nudeln, Tomatensauce und Äpfel, damit ihre Familie wenigstens etwas halbwegs Sinnvolles zu essen bekommt.[15]

Als „Oma Sieglinde“ stirbt, verlieren Maia und ihre Schwestern eine wichtige Stütze im Leben. Ihre jüngere Schwester Heidi, die auf Sieglindes altem Flügel spielen durfte, ist besonders traurig. In diesem Kontext schreibt Maia ins Skizzenbuch, dass sie immer wieder ohne Erfolg versucht hat, Oma Sieglinde möglichst lebendig zu zeichnen. Die Illustratorin Gusella fängt nun diesen Aspekt genial ein, indem sie auf einer halben Seite ein Klavier zeichnet, das teilweise von Sieglindes Hand bedeckt ist. In dieser befindet sich eine Teetasse, auf welcher ein Kolibri abgebildet ist. Dieser erhält ein bemerkenswertes Eigenleben, schlürft den Nektar einer Pflanze und fliegt dann über den Horizont ins Jenseits. Neben dieser Skizze, welche offensichtlich mit Kugelschreiber angefertigt ist, findet sich das Gesicht von Sieglinde und ein Teil von ihrem Oberkörper. Ihr faltiges und nur schemenhaft angedeutetes Gesicht, das offensichtlich mit einem blauen Buntstift gezeichnet ist, blickt starr ins Leere. Diese Szenerie eröffnet die Lesart, dass sich der Vogel als Symbol für die Freiheit und als Sinnbild für die Seele aus dem Körper von „Oma Sieglinde“ gelöst hat und nun hinter den Horizont gen Himmel fliegt. Das kunstvolle Verschmelzen von dieser traumbildartigen Szenerie erinnert stark an die Surrealisten Pablo Picasso, Salvador Dalí oder René Magritte.[16] Trotz des traurigen Ereignisses spendet diese Darstellung Trost und erweitert den Text um

14 Elisabeth Steinkellner, 2020, Papierklavier. Illustriert von Anna Gusella, Weinheim/Basel: Beltz & Gelberg, unp. Im Weiteren wird nach dieser Ausgabe zitiert.

15 Vgl. ebd.

16 Vgl. ebd.

künstlerisch verspielte Details, wie zum Beispiel, dass Sieglinde offensichtlich ein kunstvolles Kaffeeservice besaß. Auch zwei Seiten weiter komplettieren Gusellas Skizzen ideal eine Aufzählung von Maia. Diese beklagt sich nach einem Gespräch mit ihrer Freundin darüber, dass die Zwei-Zimmer-Wohnung ihrer Familie zu klein ist und dass ihre Mutter nach ihrem harten Arbeitstag oftmals sehr zeitig einschläft. Gusella illustriert dieses Setting durch eine doppelseitige Zeichnung, auf der vier Frauenköpfe zu sehen sind. Darüber hinaus sind in dem beengten Raum der Doppelseite auch deren Füße bzw. Hände dargestellt. Die Frauenköpfe blicken ernst bzw. traurig, wobei ein Kopf ein fast geschlossenes Auge aufweist. Dieser könnte der Mutter gehören, die im Begriff ist, vor Erschöpfung einzuschlafen. Die unterste Frauenfigur, die offensichtlich Hotpants trägt, ist Ruth, die zehnjährige Schwester von Maia. Über ebendiese Hose, die laut Maia zu viel preisgeben würde, beschwert sich die größere Schwester im Fließtext. Ansonsten ergänzen wenige, herumfliegende Geldmünzen, die für die Armut der Familie stehen, die Szenerie, welche mit schwarzem und türkisem Filzstift kreiert worden ist. Eine Uhr, die neben einer abgelaufenen Sanduhr situiert ist, zeigt offensichtlich an, dass die Zeitspanne der Aufmerksamkeitsfähigkeit der Mutter, die Maia dringend nötig hätte, abgelaufen ist. Durch das Verschmelzen der Figuren untereinander wirkt die Szene sehr drangvoll. Durch den schwarzen Hintergrund erscheinen die Figuren so, als würden sie von einem schwarzen Loch, nämlich ihrer kleinen Wohnung, verschluckt werden. Ein überdimensionaler Spiegel am unteren Bildrand zeigt wohl den Zwang an, gängigen Schönheitsidealen zu entsprechen. In einem etwas aufreizenden Rückenakt in Hotpants dargestellt, erinnert die gerade erwähnte Ruth in Kombination mit dem Spiegel an die berühmte Venusdarstellung (*Venus vor dem Spiegel*) von Diego Velázquez (ca. 1647). Dadurch problematisiert die Illustration, dass sich zehnjährige Mädchen durch ihre Kleidung zum sexuellen Objekt männlicher Fantasien degradieren. Des Weiteren ruft die Gesamtkomposition des gerade thematisierten Bildes Picassos *Guernica* (1937) ins Bewusstsein des Rezipierenden, in dem ebenfalls überdimensionierte Frauenköpfe dargestellt sind, die unter den Folgen des Krieges leiden. Hierdurch ist offensichtlich überspitzt betont, wie sehr auch Maia unter den beengten Verhältnissen einer wenig privilegierten fragmentierten Familie leidet.[17] Insgesamt verdichten also die Zeichnungen und Skizzen mögliche Lesarten des Textes und ergänzen die Bedeutungsebene durch intermediale Allusionen an Bilder aus der Weltkunst. Bei einer Online-Lesung der Akademie für Kinder- und Jugendliteratur e.V. am 08.06.2021, die der *FAZ*-Journalist Tilman Spreckelsen moderierte, erläuterte Gusella zum Entstehungsprozess der Illustrationen anhand einer digitalen Bilderschau unter Verwendung eines Zeitraffers, dass viele Bilder in mehreren Varianten entstanden sind und dass dann in sorgfältiger Absprache

17 Vgl. ebd.

mit Steinkellner und der Lektorin diejenigen ausgewählt worden seien, die sowohl hinsichtlich des Zeichenstils als auch hinsichtlich der Typografie am besten zur Figur der Maia passen würden. Dieses aufwändige Verfahren unterstreicht die Hochwertigkeit des gelungenen Titels, gerade auch in Hinblick auf die polyvalenten und deutungsoffenen Illustrationen.

Nach diesem thematisch-illustratorischen Blickwinkel sei die innovative Darstellungsweise des Tagebuchs fokussiert. Das Besondere hierbei ist, dass die Ich-Erzählerin Maia die schwierige Situation der Patchworkfamilie stets trocken-ironisch oder mit rhetorischen Fragen scharfsinnig kommentiert, um das Geschehen aufzulockern. So erläutert sie die Tatsache, dass viele Besucher das vom Vater ihrer Schwester Heidi gezimmerte Dreifach-Stockbett stets „cool“ finden, aber dennoch niemand an deren Stelle sein will: „Wer will sich schon zu dritt ein 4-Quadratmeter-Zimmer teilen?“[18] Diese Aussage suggeriert, dass der Erfindungsreichtum in finanziell schwachen Familien durchaus bei anderen eine gewisse, wenn auch eingeschränkte Bewunderung hervorruft. Soziales Prekariat ist somit nicht einseitig negativ inszeniert. Auch ihre Außenseiterrolle, die sie u. a. zusammen mit ihrer Freundin Alex innehat, nimmt sie gelassen: „Egal. Klassenfreaks zu sein, ist eigentlich ganz okay. Solange wir es in der Mehrzahl sind.“[19] Diese Sichtweise eröffnet die Lesart, dass man im Klassenverbund nicht immer um Beliebtheit kämpfen muss, um im Mittelpunkt zu stehen, sondern es auch in Ordnung ist, einer Randgruppe anzugehören, solange man nicht in der Unterzahl ist. Als besonders renitenter Kommentar gegen die vorherrschenden Schönheitsideale zeigt sich auch der Aspekt der Akzeptanz ihres in den Augen der Schönheitsindustrie unperfekten Körpers:

> Ich bin sechzehn und trage Kleidergröße 42. Und? Soll ich mich jetzt schlecht fühlen? Hey, ich muss nicht schlank sein. Es gibt so viel zu tun auf dieser Welt, um die Aufrechterhaltung des Schlankheitswahns kümmern sich genügend andere. Die beschissenste Gleichung der Welt / schlank = SCHÖN = wertvoll.[20]

Mit ‚andere‘ meint sie wohl die oberflächlichen Vertreter der Schönheitsindustrie wie Influencer, Models oder die Modeindustrie selbst. Diese glaubhaft gezeichnete Teenager-Perspektive wirkt reflektiert, aber nicht altklug, weil Maia zwar erkennt, dass es andere und wichtigere Baustellen auf der Welt gibt, aber diese in Teenager-Manier nur anschneidet und keine konkret durchdachten Beispiele nennt, die eher für die Gedankengänge eines Erwachsenen stehen. Diese kritische Kommentierung von gesellschaftlichen Missständen ist auch illustratorisch besonders hervorgehoben, indem in diesem Kontext auf der einen Seite ein

18 Ebd.
19 Ebd.
20 Ebd.

Schminkspiegel gezeichnet ist, in dem sich die Protagonistin mit aufmerksamem Blick selbst betrachtet, auf der anderen Seite sieht man ein offensichtlich mit schwarzem Kohle- oder Filzstift gezeichnetes Gitternetz, das in der Mitte ein Loch hat. Um dieses stehen die Linien wie gebogene Drähte ab. Diese Gestaltung deutet an, dass die sogenannte Analogia Interioris et Exterioris bei genauerem Hinsehen problematisch ist, da sie fehlerhaft ist, genauso wie ein Loch in einem ansonsten gleichmäßigen Gitternetz. Auch die graphische Darstellungsweise und das Handlettering erweisen sich als sehr gelungen. So werden die Texte aus dem Tagebuch oftmals als diskontinuierliche Textteile in die Illustrationen eingebunden, sodass beide Ebenen gleichsam verschmelzen. So teilen sich ihre Worte über den leiblichen Vater, der seine Familie verlassen hat, auf postkartenähnliche geometrische Flächen auf, da der Vater Maia, seit er die Familie verlassen hat, nur einmal im Jahr eine Geburtstagskarte mit einem Geldschein schickt. Am rechten oberen Bildrand ist sodann die schwindende Silhouette eines scheidenden schwarzen Mannes zu sehen, der einen ebenso schwarzen Umriss wirft. Während die Postkarten in türkiser Farbe gehalten sind, zeigt die schwarze Farbe des dahinschwindenden Vaters auf, dass Maia traurig darüber ist, dass er für sie nicht mehr als ein flüchtiger Schatten ist.

Dazu passt auch die insgesamt sehr abwechslungsreiche Gestaltung des Hand-Letterings: Dieses wechselt zwischen Groß- und Kleinbuchstaben, Schreib- und Druckschrift, Schraffur und klarer Linienführung – je nach Aussageabsicht und Stimmung der Protagonistin: In ihrem Bericht über ihre Tätigkeit im Saftladen, bei dem sie videoüberwacht wird, empört sich Maia zum Beispiel über das bespitzelnde und erniedrigende Verhalten ihrer Chefin gegenüber ihrer Person als Angestellte. Als sie heimlich einen Smoothie trinkt, wird dies via Überwachungstechnik bemerkt und Maia werden ganze „DREI“ Euro vom Gehalt abgezogen. Maia hingegen fragt sich in Bezug auf dieses Verhalten „GEHT’S NOCH?“ und plädiert gegenüber ihrem Tagebuch eher für eine „ERSCHWERNISZULAGE“ wegen des Siebzigerjahre Pops, der bei ihr wahrlich einen „BRECHREIZ“ auslöse.[21] Auf diese Weise ist sowohl graphisch als auch in Bezug auf Inhalt und Darstellungsweise stets für Abwechslung gesorgt.

In diesem Kontext sticht auch das vielseitige sprachliche Niveau hervor: Es finden sich einerseits Passagen mit konzeptionell mündlichen Wendungen und vielen Ellipsen bei einem elektronischen Nachrichtenaustausch von Maia und Alex bezüglich eines kniffligen Rätsels: „Ich hab’s gegoogelt, gebe ich zu. […] Keine Ahnung. Wieso? Nur so. Bis morgen in der Schule! 😊 Bis Morgen!“[22] Auf der anderen Seite kann sich die Sprache in metaphorische Höhen aufschwingen, die Atmosphäre schaffen, wie das Beschreiben des Genusses eines kleinen Augenblicks aus Maias Sicht zeigt: „Wenn mal niemand hier ist, schließe ich

21 Ebd.
22 Ebd.

einfach die Augen und lasse mir die letzten Sonnenstrahlen, die noch durch die Scheibe fallen, ins Gesicht scheinen, anstatt neue Säfte vorzubereiten."[23] Summa Summarum ist das Skizzenbuch in allen Ebenen höchst abwechslungsreich und somit ein wahres Gesamtkunstwerk, das weit über das Niveau von *Gregs Tagebuch* hinausgeht. Der einzige Nachteil in der Darstellungsweise ist, dass die Übergänge zwischen den einzelnen Ereignissen teilweise sehr abrupt sind, sodass man sich immer wieder neu in unterschiedliche Settings hineindenken muss. Dies ist jedoch dem diskontinuierlichen Tagebuch-Stil geschuldet und meines Erachtens als Zeichen für die Authentizität eines echten Skizzenbuchs anzusehen. Auch die Zeichnungen erweisen sich als sehr deutungsoffen und weisen viele implizite Bezüge zum Text auf, die vielseitige Fragen aufwerfen könnten. Somit ist der Titel weniger für leseschwache Jugendliche geeignet, da viele Interferenzen des Plots zu erschließen sind, wozu ein höheres Leseniveau und auch etwas Leseerfahrung vonnöten ist.

Als nächstes folgt kein Einzeltagebuch, sondern eine ganze Tagebuchreihe, von der bislang im deutschen Sprachraum drei Bände erschienen sind: *Fanny Cloutier. Das Jahr, in dem mein Leben einen Kopfstand machte* (2020, Band 1), *Fanny Cloutier. Das Jahr, in dem mein Herz verrücktspielte* (2021, Band 2) und *Fanny Cloutier. Der Sommer, in dem mir die Liebe einen Strich durch die Rechnung machte* (2021, Band 3). Die Reihe wird von Stéphanie Lapointe verfasst und von Marianne Ferrer illustriert. Die Übersetzerin der französischen Originalbände ist Anne Braun. Band 1 wurde sogar vom Canada Council for the Arts gefördert. In dem Roman geht es darum, dass der Teenager Fanny Cloutier ihrem Tagebuch – ähnlich wie die gerade thematisierte Maia – alle Ängste und Sorgen mitteilt, jedoch auch ordentlich Dampf gegenüber ihrem alleinerziehenden Vater ablässt. Sie ist sehr verärgert darüber, dass sie nach Sainte-Lorette in Kanada umziehen muss, obwohl sie das nicht möchte. Dies ist offensichtlich auch der Grund, weshalb sie mit dem Tagebuchschreiben überhaupt beginnt, da sie diesem dankt und betont, wie vereinsamt sie sich fühlt: „Danke, dass es dich gibt, Tagebuch (und danke an diese Marguerite Duras), denn ich bin zurzeit völlig allein auf der Welt."[24] Von Duras hat sie das Motto für ihre Schreibtätigkeit übernommen, welches sie aus Wut auf den Vater aus seinem Lieblingsbuch herausgeschnitten hat: „Schreiben bedeutet, lautlos zu schreien."[25] Nach dem Tod ihrer Mutter möchte der Vater bei einem weltweit renommierten Wissenschaftswettbewerb in Japan teilnehmen, woraus sich auch eine neue Anstellung entwickeln könnte. Er verlangt daher, dass seine Tochter solange zu Tante Lorette, der Schwester ihrer

23 Ebd.

24 Stéphanie Lapointe, 2020, Fanny Cloutier. Das Jahr, in dem mein Leben einen Kopfstand machte, Bindlach: Loewe, S. 14. Im Weiteren wird nach dieser Ausgabe mit der Sigle D und Seitenzahlen im Text zitiert.

25 Ebd., S. 12.

verstorbenen Mutter, zieht. Dort angekommen kämpft Fanny mit der Eingewöhnung in die Kleinstadt und mit der Akklimatisierung an Tante und Onkel. Als Hilfe dafür nimmt sie ihr Frettchen namens Albert mit, das Tante Lorette anfangs in Angst und Schrecken versetzt.

Hinsichtlich der Thematik ist der Roman zwar nicht besonders innovativ, aber zeitlos. Die Motive des Todes der Mutter bzw. der Eltern und des zeitweiligen Umzugs in eine neue Umgebung, die den Heranwachsenden nicht gefällt, gab es schon in zahlreichen anderen Romanen der Kinder- und Jugendliteratur wie zum Beispiel den Klassikern *Der geheime Garten* (Burnett, 1911) oder *Heidis Lehr- und Wanderjahre* (Spyri, 1880). Im Gegensatz zu dieser bereits in der klassischen KJL etablierten Thematik weicht die Darstellungsweise in dieser Reihe radikal von etablierten Werken der KJL ab. So ist Fannys Tagebuchreihe ein ähnliches Gesamtkunstwerk wie der gerade besprochene Roman von Steinkellner und Gusella. Freilich sind die Zeichnungen weit weniger deutungsoffen als die von Gusella, aber dennoch in gewisser Weise kunstvoll. Als charakteristisch im künstlerischen Gesamtkonzept fällt zunächst auf, dass jeder Figur, die zu Wort kommt, eine eigene Farbe zugeordnet ist. So hat Fanny die Farbe Rosa, ihr Cousin Henry die Farbe Grün, ihre Tante Braun.[26] Dieses Konzept ist jedoch nicht ganz stringent durchgehalten. So wechselt Fannys Farbe bisweilen und ihr wird orange zugeordnet, wie dies an ihrem empörten Ausruf „Arrggghhhh!“[27] zu ersehen ist. Ein Grund für diesen Farbwechsel ist nicht erkennbar. Die Zeichnungen bereichern als diskontinuierliche Texteinsprengsel den Plot und verleihen ihm eine detailverliebte Ebene, jedoch stellen diese meistens eine Doppelung der Worte im Text dar. So verstärken zwei gelb schraffierte Blitze die gerade zitierten Worte der Empörung. Bei ihrer Ankunft in der Kleinstadt Saint-Lorette nimmt ein Bild ihres auch im Text beschriebenen Cousins die ganze Seite ein. Er ist mit einer karierten schwarzen Jacke und mit einer viereckigen Brille dargestellt, als er die Säcke mit dem Gepäck von Fanny trägt, obwohl diese es nicht will. Da Fanny seine Worte nicht hören möchte, hat sie mit einem schwarzen Filzstift sowohl seinen Mund als auch seine Worte großflächig durchgestrichen.[28] Als typisch für ein Tagebuch finden sich auch immer wieder eingeklebte Zettel, auf denen Botschaften hervorgehoben sind.[29] Fannys Seelenzustände drückt sie nicht selten durch skizzenhafte Selbstportraits aus. So verdeutlicht sie ihren Zustand der innerlichen Leere mit einem Schnipsel, auf dem ein Mädchen mit schwarzem Zopf abgebildet ist, das grüne Backen aufweist und mit einem grünen Pulli gekleidet ist. Die Farbe Grün könnte hier u. a. symbolisch für die Trauer stehen, die Fanny in sich trägt. Dass sie metaphorisch um den Schnipsel herumschneidet,

26 Vgl. ebd., S. 54–59.
27 Ebd., S. 55.
28 Vgl. ebd., S. 54.
29 Vgl. ebd., u. a. S. 50, 57, 73, 79 ff.

suggeriert, dass die Figur die Schnittfläche kreiert und somit schwarze Leere um sich herum erzeugt. Fanny hat die Augen verschlossen, die Mundwinkel leicht nach unten gezogen und umfasst ihr angewinkeltes Knie mit ihrer linken Hand. Diese Pose des depressiven Insichgekehrtseins verdeutlicht die dramatisch schlechte Stimmung von Fanny. Um sie herum ist alles schwarz und sie scheint sich in einer unüberwindbaren depressiven Phase zu befinden. Neben schwarz dominiert hier die Farbe (gift-)grün, die für die vergiftete Stimmung von Fanny stehen könnte.[30] Als Gegenkonzept zum tieftraurigen Schwarz findet sich auf der vorherigen Seite ein Regenbogen am unteren Seitenrand, der für die Aufmunterung des Besuchers in einem Bowling-Lokal steht, in dem sie mit ihrem Cousin gelandet ist, mit dem sie kurz vorher einen Streit hatte.[31] Bisweilen neigt die Bildebene jedoch zum Overkill und einige Elemente scheinen eher rein dekorativ als funktional zu sein. So setzt sich zum Beispiel eine Doppelseite, in der es um Telefongespräche von Fanny mit ihrem Vater geht, aus zehn verschiedenfarbigen Schriften, die sieben unterschiedliche Typografien aufweisen, zusammen. Diese Vielfalt verstärken bunt gezeichnete Quadrate, Dreiecke, Blütenblätter, Gekritzel, Regentropfen, Sonnenstrahlen und nahezu willkürliche geometrische Muster. Auf der zweiten Seite findet sich ein kurzer Fließtext, in dem Fanny ihr Tagebuch über ein geheimes Kästchen informiert. Dieser wird durch eine Randbemerkung in lila, ein Datum in rosa-lila, den Schlachtruf „KAMPFFFF!!!!“, dem Sprichwort „Aus den Augen, aus dem Sinn“ und einem Notizzettel mit Tesafilm und Herzchen diskontinuierlich weitergeführt. Auf dem Zettel befindet sich zusätzlich ein verniedlichter rosafarbener Hund mit Halskette.[32] Dieses Beispiel zeigt, wie die künstlerische Aufmachung zu einer Überbeanspruchung der Sinne führt. Diese Ästhetik kommt zwar einer Generation entgegen, welche an eine starke Beanspruchung der Sinne durch digitale Medien gewöhnt ist, jedoch überfordert es gerade ungeübte Leserinnen und Leser beim Nachvollziehen der Textkohärenz.

Die Darstellungsweise aus der Erzählperspektive von Fanny und die Beleuchtung ihres Innenlebens durch Texteinsprengsel mit Pop-Up-Effekt ist zwar gelungen und solide, sprachlich aber nicht sonderlich kunstvoll oder verdichtet. So finden sich wenige Stilmittel und zumeist standardsprachliche Wendungen, die flüssig zu lesen, aber literarisch weniger herausragend sind, wie auch folgendes Beispiel verdeutlicht, in dem Fanny in ihrem Tagebuch über ihren Französischlehrer lästert und dabei Ironie verwendet:

30 Ebd., S. 76.
31 Vgl. ebd., S. 75.
32 Vgl. ebd., S. 176 f.

> Um es kurz zu machen: Mein TOLLER Französischlehrer, Thomas LeBon, hatte eine geniale Idee, wie wir besser lernen (lief allerdings gründlich schief, doch davon gleich mehr). Die IDEE war gut. Er hat Madame Lizière überredet, die beiden Klassen (Franze und Geo) gestern Morgen zusammenzulegen und ein großes Baseball-Freundschaftsmatch (tz) zu spielen.[33]

Unklar bleibt in diesem Kontext, was genau die Abkürzung „tz" bedeutet. Die immer wieder auch in anderen Seiten auftauchenden Klammern stören den Lesefluss etwas und durchbrechen den Prosa-Rhythmus. Wie das Skizzenbuch von Steinkellner und Gusella, so weist auch Fannys Tagebuch bisweilen intertextuelle Bezüge auf. Beiden gemeinsam ist die Referenz auf Anne Franks Tagebuch, das bei Fanny noch expliziter benannt ist: „EIN AUSZUG AUS DEM TAGEBUCH DER ANNE FRANK."[34] In dem Textauszug aus dem 20.06.1942 heißt es, dass Anne Frank ihr Tagebuch für sich schreibt und dass sie eigentlich nicht glaubt, dass sich irgendjemand, sie selbst eingeschlossen, später noch einmal für ihre Worte interessieren würde. Fanny erkennt dadurch, dass sich Anne gewaltig getäuscht hat und dass ihr Buch trotzdem noch so wirkungsmächtig ist: „Notiz an mich: Unglaublich, welche Macht Bücher im Grunde haben. Anne Frank ist tot seit … hm, mindestens 70 Jahren oder so. Aber trotzdem hat sie es geschafft, etwas in mir zu bewegen, egal wie lang ihre Geschichte schon her ist."[35] An dieser Aussage zeigt sich meines Erachtens metareflexiv, dass die *Fanny*-Reihe ihr Vorbild in den Tagebüchern der Anne Frank findet. Diese Jugendbücher von Lapointe sind zwar mit diskontinuierlichen Textelementen nach dem Vorbild von *Gregs Tagebuch* angereichert, jedoch wesentlich kunstvoller als Kinneys Welterfolgsreihe gestaltet. So finden sich als Highlights bisweilen aufklappbare Elemente in Farbe, die den Plot illustrieren: eine Kampfansage an die neue Schule, die ihr nicht gefällt, auf der Fanny als Boxerin dargestellt ist, ein Kochrezept für eine Spaghettisauce oder der Inhalt des Paktes zwischen Fanny und ihrem Vater, nicht über seine Tätigkeit und sein neues Berufsleben in Japan zu sprechen, als er an Weihnachten zu Besuch kommt.[36] Spannend an dem Plot von *Fanny Cloutier* (Band 1) gestaltet sich zwar das Aufklären des mysteriösen Todes der Mutter, indem Fanny eine geheime Kiste ihrer Mutter, die unter einer Scheune vergraben ist, entdeckt. Zudem muss sie noch ein Rätsel um ein Schließfach bei der Bank und einen Schlüssel lösen. Durch die mehrfache Unterbrechung der Handlung mit zahlreichen diskontinuierlichen Elementen leidet jedoch der Spannungsbogen des Plots, der somit in mehrere Einzelteile zerbricht. Zudem wirkt das Tagebuch dadurch etwas konstruiert, da Fanny fast alle wörtlichen Reden der Gespräche mit anderen Personen genau

33 Ebd., S. 179.
34 Vgl. ebd., S. 195.
35 Ebd.
36 Vgl. ebd., S. 143, 166, 296.

wiedergibt. Normalerweise würde man als Verfasserin eines Tagebuchs der Pragmatik halber diese zusammenfassen oder verkürzt in die indirekte Rede setzen. Das Beibehalten der wörtlichen Rede ist als literarischer Kniff zur Unterhaltung anzusehen, denn dadurch wirkt das Narrativ wesentlich lebendiger. Insgesamt ist also ein lesenswertes Tage- und Skizzenbuch entstanden, das die klugen Gedanken einer reflektierten und rebellischen Protagonistin durchaus in jugendaffiner Sprache wiedergibt. Dennoch liegt aufgrund der bereits genannten Schwächen keineswegs ein Meisterwerk vor, sondern eher „Lesefutter" für leseaffine Mädchen (und Jungen, die sich nicht von dem stark von der Farbe rosa geprägten Cover abschrecken lassen). Am Ende von Band 1 findet sich ein Ticket nach Japan, das darauf hinweist, dass Fannys Vater dort womöglich Fuß fassen und dass Fanny zu ihm ziehen wird, da sie schließlich eine Familie sind. Die kuriosen Erlebnisse und die Eingewöhnungsphase in Japan werden in Band 2 in gewohnter Manier kunterbunt und mit Skizzen von Koi-Fischen, Sushi, Geishas und Manakas (typisch japanische Sandalen) fortgesetzt. Als Pop-Up-Elemente finden sich darin Speisekarten von japanischen Cafeterien oder ein Briefumschlag samt Inhalt eines Schreibens von Fannys bester Freundin Leonie. In Band 3 muss sie (erneut) ein Rätsel um ein mysteriöses Päckchen lösen, das ihr anonym zugeschickt worden ist, sodass dadurch ihr geplanter Sommer im Freibad ins Wanken gerät. Auch durch diese repetitiven Elemente innerhalb dieser Trilogie wird ersichtlich, dass diese nur zum Teil innovativ in Bezug auf das Narrativ ist.

Als erfolgreiches Pendant zu *Gregs Tagebuch* mit jugendlichen Leserinnen als primäre Zielgruppe ist meiner Ansicht nach die *Mein Lotta-Leben*-Reihe zu bewerten, die sich seit 2012 als eine mehrbändige und sich noch immer fortsetzende Reihe am Kinderbuchmarkt etablieren konnte. Die Bände sind dermaßen erfolgreich, dass u. a. die ersten drei Teile jeweils bereits eine zweistellige Auflage erreicht haben und die Bände regelmäßig Top-Positionen auf der *Spiegel*-Bestseller-Liste in der Kategorie „Kinderbuch" erreichen.[37] Dies unterscheidet diese Reihe von den bereits behandelten Titeln, die sich bislang keine Positionen in der *Spiegel*-Bestsellerliste sichern konnten und damit offensichtlich weniger populär sind. Es stellt sich in diesem Kontext die Frage, weshalb *Mein Lotta-Leben* die breite Masse offensichtlich mehr anspricht, sodass sogar eine Verfilmung namens *Mein Lotta-Leben – Alles Bingo mit Flamingo!* (Vollmar, 2019) auf den Markt kam, die sich aus Motiven diverser Titel der Reihe, allen voran von Band 3, speiste und neue Szenen ergänzte. Die Einleitung der Buchreihe erfolgt wenig innovativ dadurch, dass ein zehnjähriges Mädchen die Grundschule verlässt und zusammen mit ihrer besten Freundin Cheyenne auf die Günter-Graus-Gesamtschule wechselt. Der Name der Schule spielt offensichtlich auf platte Weise auf den Namen des Schriftstellers Günter Grass (1927–2015) an und stellt damit das schlechte

37 Vgl. www.buchreport.de/?s=Lotta-Leben&force_filter_type=titles (01.03.2023).

Image dieser Schule als sprechenden Namen heraus. Diese negative Sichtweise auf die Schule wird im Folgenden Schritt für Schritt anhand diverser plumper Beispiele abgearbeitet. So landen Lotta und ihre beste Freundin in der Klasse von der Leiterin Frau Kackert, die mit ihrer Brille unsympathisch und streng auf die Schülerschaft blickt. Natürlich fällt in diesem Kontext auch der unausweichliche und primitive Wortwitz auf, der, wenn überhaupt, nur für kindliche Rezipienten ohne große Leseerfahrung ggf. noch witzig ist: „Gisela kackert auf Klo."[38] Bei Cheyennes Aussage ist sogar die Grammatik falsch, da es eigentlich „auf dem Klo" heißen müsste. So wird die Leserschaft unreflektiert mit falscher Grammatik konfrontiert. Auch vor Rechtschreibfehlern bleiben die Rezipienten und Rezipientinnen nicht verschont: So berichtet ein hochnäsiges Mädchen aus der neuen Klasse namens Berenike von Bödecker, welche sich später als klischeebeladene Rivalin von Lotta herausstellen wird, dass sie in den Ferien beim „Keitsörfen" [sic!] war. Die falsche Schreibweise dieses englischen Lehnwortes ist intradiegetisch dadurch legitimiert, dass Lotta keine Ahnung davon hat, was das ist, und das Wort deswegen offensichtlich nach dem Gehör orthographisch inkorrekt in das Tagebuch schreibt. Jedoch findet sich auch keine Richtigstellung des Wortes und so erfahren die Rezipientinnen und Rezipienten nicht, dass die richtige Schreibweise „Kitesurfen" lautet. Der schiefe Signifikant wird zumindest durch ein Signifikat richtig erläutert, indem in der Sprechblase der Klassenkameradin bei dem gerade erwähnten Wort eine Zeichnung erscheint, bei dem sie mit einem im Wind flatternden Schirm auf dem Wasser auf einem Surfbrett surft.

Problematisch ist hinsichtlich der Darstellungsweise zudem, dass hier ein Bruch der Erzählperspektive erfolgt. So weiß Lotta angeblich nicht, was der Sport ‚Kite-Surfen' bedeutet, jedoch stellt die Zeichnung aus ihrem Pseudo-Tagebuch genau dies dar. Hier ist also zudem eine undurchdachte Irritation in der Erzähllogik vorhanden. Hinsichtlich des Sprachniveaus fällt die grammatisch schiefe Ausdrucksweise neben den einfachen zumeist parataktischen Sätzen sofort ins Auge. Lotta berichtet hierbei von einem Ausflug zum Pizzaessen anlässlich ihres Schulwechsels, um zu erläutern, welches Chaos in ihrer Familie herrscht:

> Heute Mittag zum Beispiel. Da sind wir alle zusammen essen gegangen, und zwar, weil es ein besonderer Tag ist, wenn man in eine neue Schule kommt. Deswegen durfte ich auch aussuchen, wo wir hingehen. Und ich wollte Pizza! Sofort hat Papa rumgemault, dass er uns eigentlich zum Griechen einladen wollte. Weil er gern mal wieder Kalamari essen würde.[39]

38 Alice Pantermüller, 2012/2015, Mein Lotta-Leben. Alles voller Kaninchen, illustriert von Daniela Kohl, Würzburg: Arena, S. 9. Im Weiteren wird nach dieser Ausgabe mit der Sigle M und Seitenzahlen im Text zitiert.

39 Ebd., S. 15.

Bereits an dieser Stelle werden einige (weitere) sprachliche Defizite evident, die aus Sicht von Deutschlehrerinnen und -lehrern oder auch von Lektorinnen und Lektoren eigentlich angestrichen werden müssten. Bei dieser Kritik ist die bildungsbürgerliche Sichtweise durchaus angemessen, da Schülerinnen und Schüler des Öfteren gern unreflektiert sprachliche Muster aus privaten Leseerfahrungen nachahmen. So beginnt der Text mit einer Ellipse, die keine künstlerische Absicht verfolgt. Das Wort „rumgemault“ ist konzeptionell mündlich und müsste eigentlich „herumgemault“ oder besser „sich beschwert“ heißen, um dem medial schriftlichen Zustand des Narrativs gerecht zu werden. Auch das Wort „mal“ müsste eigentlich „einmal“ heißen, wenn man der korrekten Schrift- bzw. Standardsprache folgt. Zudem steht der „Weil“-Satz als Nebensatz allein, sodass ein Verstoß gegen die Satzbauregeln der deutschen Grammatik vorliegt. Das problematische Abtrennen der Nebensätze von Hauptsätzen wird im Fortfolgenden fortgesetzt. Auch wird anhand der Doppelseite 16 und 17 besonders deutlich, wie wenige Nebensätze überhaupt verwendet werden. Der sehr begrenzte Satzbau gleicht dem konzeptionell mündlichen Sprachniveau von eher bildungsfernen Schichten. Dieses scheint hier wenig reflektiert der jugendlichen Lotta als Idiolekt oder charakteristischer Stil zugeordnet.

Ebenso werden die Regeln der indirekten Rede missachtet. Obwohl Lotta die Figurenreden in ihrem Pseudo-Tagebuch indirekt wiedergibt, bleibt der Konjunktiv ausgespart: „Obwohl Simon gesagt hat, so ein Panda ist ja wohl was ganz Blödes und Affen sind hundertmal cooler.“[40] Auch das Text-Bild-Verhältnis ist in diesem Band zu wenig durchdacht. So sind manche im Text genannten Gegenstände nicht nur als Skizze in Textnähe dargestellt, sondern zusätzlich mit einem Pfeil beschriftet. Es scheint also der Leserin oder dem Leser nicht zumutbar zu sein, dass sie oder er in der Lage ist, die Text-Bild-Kohärenz selbst herzustellen.[41] Die Zeichnungen erweisen sich als einfach und comichaft, verleihen jedoch den Figuren ein konkreteres Erscheinungsbild als die Strichmännchen in *Gregs Tagebuch*. Immer wieder finden sich Bucket-Listen mit hierarchischen oder chronologischen Anordnungen, welche die chaotische Gefühlswelt von Lotta konkret-exemplarisch zum Ausdruck bringen.[42] Besonders fragwürdig erscheint hinsichtlich des Narrativs auch Folgendes: Der Comic-Roman greift das Motiv des Animal-Hordings unreflektiert und naiv auf: So „sammelt“ Cheyenne, die bereits erwähnte beste Freundin von Lotta, unzählige Kaninchen in ihrem kleinen Zimmer, das sich in der viel zu engen Wohnung eines Plattenbaus befindet. Dass aufgrund des Animal-Hordings manche Tiere leidvoll im Sterben liegen oder bereits gestorben sind, wird in diesem Band folgendermaßen kommentiert: „Ein paar [Hasen; Anm. M. S.] lagen auch unter dem Bett und in einer Sporttasche,

40 Ebd., S. 141.
41 Vgl. ebd., u. a. S. 21, 46, 53 und 55.
42 Vgl. ebd., u. a. S. 27, 39 und 153.

aber die sahen schon ein bisschen steif aus. Wie Mumien. Die hab ich mir lieber nicht so genau angeguckt."[43] Lotta schaut also lieber weg, anstatt dem offenkundigen Missstand Einhalt zu gebieten. Auch das Tierleid selbst wird ikonografisch ins Lächerliche gerückt, indem ein offensichtlich toter Hase zu sehen ist, dessen kreuzförmig gezeichnete Augen spöttisch auf sein Ableben hindeuten. Er liegt auf Cheyennes Sporttasche und vegetiert vor sich hin, ohne dass dies eines der beiden Mädchen interessiert. Dieser rechtlich sogar verbotene Akt des Anhäufens lebendiger Tiere wird von der Protagonistin als etwas Erstrebenswertes angesehen, denn sie findet es „unfair, dass Cheyenne so viele Tiere hat und ich nicht ein einziges. Und ihre Kaninchen sind so süß".[44] Unrealistisch ist in diesem Kontext, dass Cheyennes Zimmer sauber ist, obwohl die unzähligen Kaninchen keine Streu haben, um ihre Notdurft zu verrichten. Dieses Problem wird erst am Ende dieser Episode kurz und viel zu unscheinbar angerissen.[45]

Ähnlich abstrus und unreflektiert gestaltet sich auch die Fortsetzung des Plots um das Lotterleben von Lotta. So schenkt Cheyenne Lotta einen Hasen namens Schrotti, dessen Beine von einem umgestürzten Fernseher lädiert wurden. Aufgrund der Mehrfachfraktur seiner Gliedmaßen hat der Hase den gerade erwähnten Namen erhalten. Im Text findet sich diesbezüglich keine empathische Mitleidsbekundung. Sodann kommen Lotta und Cheyenne auf die Idee, alle Kaninchen in einen Karton zu packen und auf der Straße an Passanten für Dumpingpreise zu verkaufen. Dass die Kaninchen diese Situation als Stapelgut in einem geöffneten Karton stundenlang mitmachen, bevor der Karton auseinanderbricht und die Hasen weghoppeln, ist ebenso wenig glaubwürdig wie das saubere Zimmer eines Animal-Horders. Die beiden Mädchen agieren hier nach dem Vorbild von illegalen Tiervermehrerstationen, wo unzählige Tiere nur um des Profits willen erzeugt, gequält, in Papierkartons mit Löchern wenig artgerecht transportiert und schließlich zu Schleuderpreisen verkauft werden.

Auch dieser Akt der Objektivierung von Tieren als Billigware und Stapelgut wird lediglich von einer negativ erscheinenden Nebenfigur als Quälerei bezeichnet.[46] Der Plot suggeriert, dass das Anhäufen von Tieren in der Wohnung in ein großes spaßiges Abenteuer mündet. Innerhalb der Konzeption des nicht explizit als ein solches bezeichneten Tagebuches von Lotta, tauchen immer wieder Brüche in der Logik auf. Auch der Kontext Schule und die Lehrpersonen, vertreten durch Frau Kackert, rücken in ein äußerst negatives Licht, sodass das Privileg der Schulbildung als etwas Lästiges abgetan wird, das Lottas Lebensfreude einschränkt. In Band 2 machen Lotta und ihre Familie im Sommer Ferien auf dem bayerischen Bio-Bauernhof, wobei kein Klischee-Fettnäpfchen ausgelassen wird.

43 Ebd., S. 40.
44 Ebd., S. 42.
45 Ebd., S. 44.
46 Vgl. ebd., S. 48 ff.

In Band 3 werden klischeebehaftete Gruppenrivalitäten zwischen hochnäsigen Mädchen und den bodenständigen Identifikationsfiguren ausgetragen. Die Reihe ist also weder hinsichtlich des Plots noch der Sprache und Zeichnungen innovativ bzw. solide ausgearbeitet. Es handelt sich hierbei um einen wenig einfallsreichen Epigonen von *Gregs Tagebuch* (in erster Linie) für Leserinnen, was u. a. an dem pinken Cover von Band 1 zu erkennen ist. Trotz der offenkundig minderen Qualität dieser Serie sehen Deutschdidaktikerinnen und -didaktiker dennoch leseförderndes Potenzial aufgrund des seriellen Charakters, wie auch Brendel-Perpina nachvollziehbar konstatiert:

> Diese [u. a. *Mein Lotta-Leben*, Anm. M. S.] und weitere Serien und Reihen werden über lange Zeit fortgesetzt, erfahren Expansionen durch z. B. Prequels oder Spin-Offs und haben sich in anderen Medien etabliert. [...] Daneben bilden sich Verbindungen zwischen den einzelnen Serien aus. Kommerziell besondere erfolgreiche Texte fungieren als Ausgangspunkt genrebildender Beziehungsgeflechte, indem sie durch Wiederholung und Variation der bekannten Genre-Schemata (in der Kinder- und Jugendliteratur sind dies v. a. Bilderbücher und Erstlesegeschichten, Detektiv-, Banden-, Tier-, Fußball- oder Comicromanserien) neue Serien hervorbringen.[47]

Die hier genannten Tendenzen erweisen sich als günstig für eher wenig lesende Schülerinnen und Schüler, da sie durch Fortsetzungen bei der Stange gehalten werden und sich zumeist mental einfacher in einen bereits bekannten Kosmos wieder hineindenken können. Dieses lesefördernde Potenzial von eher schlichten Comic-Romanen erkennen auch Bertschi-Kaufmann und Siebenhüner: „Viele Buch- und Comic-Serien sind ‚leichte' Lektüren. Junge Leser/innen trauen sie sich zu, und das lässt sich mehrfach erklären. [...] Mit bekannten Erzählformen und Geschichtenelementen lässt es sich leichter und schneller zurechtkommen."[48]

Somit hat die Freizeitlektüre von *Mein Lotta-Leben* bei Kindern durchaus ihre (mit Blick auf die problematischen Werte und Normen eingeschränkte) Berechtigung, der Roman ist jedoch als Schullektüre weniger passend. Auch wenn die Reihe parodistische Ansätze erkennen lässt, so sind diese für eine heranwachsende Leserschaft zu schwach markiert, als dass diese das durchaus fragwürdige Narrativ nicht ernst nehmen würde.

---

47 Ina Brendel-Perpina, 2021, Zur Einführung: KJL meets KU meets Populärkultur meets Serialität, in: Serialität in der Kinder- und Jugendliteratur. Fachwissenschaftliche und fachdidaktische Perspektiven, hrsg. von Ina Brendel-Perpina und Anna Kretzschmar, Baltmannsweiler: Schneider, S. 1–13, hier: S. 1.

48 Andrea Bertschi-Kaufmann und Steffen Siebenhüner, 2021, „... jetzt bin ich am dritten dran". Buchserien im Repertoire von heranwachsenden Leserinnen und Lesern, in: Brendel-Perpina und Kretzschmar, Serialität in der Kinder- und Jugendliteratur [Anm. 47], S. 17–33, hier: S. 23.

Vergleicht man alle drei in diesem Beitrag ausführlich thematisierten Tage- bzw. Skizzenbücher miteinander, so ist zusammenfassend festzuhalten, dass *Papierklavier* und *Fanny Cloutier* im weitesten Sinne in der Tradition des Tagebuchs der Anne Frank stehen, worauf beide entweder direkt oder indirekt rekurrieren. Diese Funktionalisierung eines Tagebuchs, das teilweise mit einem Namen versehen wird, als Seelentröster wird nach dem Vorbild des Textes von Anne Frank übernommen. Das Konzept der Text-Bild-Hybridisierung stammt sicherlich ursprünglich von *Gregs Tagebuch*, wobei die vielschichtig künstlerische Ebene um ein Vielfaches über den gerade genannten Titel hinausgeht. Beide sind auf ihre Art als glaubwürdige Kunstwerke in Form von kreativen Selbstzeugnissen anzusehen. Die *Lotta-Leben*-Reihe ist eher als das Gegenteil zu betrachten. Der gewöhnliche und bisweilen höchst fragwürdige Plot ist überhäuft mit lieblosen Comic-Skizzen, die die Textebene eins zu eins reproduzieren und keinen Raum zum kreativen Erschließen von Interferenzen lassen. Diese negativen Facetten sind mit einem unterdurchschnittlichen Sprachniveau verknüpft, welches von Fehlern nur so strotzt. In diesem Kontext bleibt die Frage offen im Raum stehen, weshalb letztere die Bestsellerlisten erklimmt, während die beiden zuvor genannten Titel darauf (bislang) nicht auftauchen. Dies könnte eine Basis für weitere Studien zu diesem Thema sein.

„Es ist alles andere als perfekt hier.“

Elisabeth Steinkellners und Anna Gusellas multimodaler Tagebuchroman *Papierklavier* und sein didaktisches Potenzial

Kathrin Heintz

Der vorliegende Beitrag befasst sich mit dem 2020 erschienenen Tagebuchroman *Papierklavier* und richtet den Blick darauf, wie in diesem die Narration im Zusammenspiel der verschiedenen Modi vermittelt wird, sowie auf die Frage, wie die Multimodalität im Unterricht erschlossen werden kann.

1. Einleitung

In *Papierklavier* beginnt die 16-jährige Hauptfigur Maia nach dem Tod einer nahestehenden Nachbarin, Oma Sieglinde genannt, ein Tage- und Skizzenbuch zu führen.[1] Die Nachbarin war für Maias Familie eine emotionale, aber auch finanzielle Stütze und hinterlässt daher eine schmerzhafte Lücke. Maia erzählt nicht nur von ihrer Trauer, sondern auch Alltägliches und greift in diesem Zuge aktuelle gesellschaftliche Debatten auf. Bodyshaming, finanzielle Nöte und die Sehnsucht nach mehr gemeinsamer Zeit mit der berufstätigen, alleinerziehenden Mutter werden thematisiert. Das Mädchen lebt mit ihr und zwei jüngeren Schwestern auf engstem Raum, was zu Problemen führt. Maia ist zudem mit einer transidentitären Person befreundet. Dass diese immer wieder Repressalien ausgesetzt ist, belastet das Mädchen zusätzlich emotional. All dies wird in einer Weise miteinander verwoben, die das Leben als vielschichtig und schwierig, aber dennoch auch als spannend und schön erscheinen lässt. Die hier skizzierte Komplexität ist durchaus charakteristisch für das Genre und birgt in der Rezeption einige Herausforderungen, wie Dexheimer, Kühn und Heintz bemerken:

> Mit dem Begriff ‚Tagebuch‘ wird eine erzählerische Form bezeichnet, die autobiographisch, subjektiv – und damit auch unzuverlässig – aus (zumindest vorgeblich) geringer zeitlicher Distanz erzählt. Auf diese Weise entsteht der Eindruck von Unmittelbarkeit. [...] Schwerpunktmäßig werden die Erlebnisse des vergangenen Tages

1 Elisabeth Steinkellner (Text) und Anna Gusella (Bild), 2020, Papierklavier, Weinheim/Basel: Beltz & Gelberg. Das Buch ist nicht paginiert.

> geschildert und Ereignisse, die weiter zurückliegen, sowie Wünsche, Träume und Zukunftspläne in den Bericht eingewoben. Zudem verbindet ein Tagebuch häufig viele verschiedene Themenkomplexe. Seine Erzählstruktur kann daher durchaus vielschichtig sein und den Rezipierenden einiges abverlangen.[2]

Die Geschichte wurde von Elisabeth Steinkellner verfasst und im Nachgang von Anna Gusella mit Bildern versehen.[3] Gusella gestaltete darüber hinaus auch Layout und Cover sowie die Schrift. Es gelang ihr, Bild, Text und Typographie zu einer stimmigen gestalterischen Einheit zu verbinden, die Buchblock sowie -einband und Vorsatzpapiere umfasst. Die einzelnen Doppelseiten, aber auch den vorderen und hinteren Buchdeckel kann man als ‚Sehflächen' in Schmitz' Sinne verstehen: „Sehflächen sind Flächen, auf denen Texte und Bilder in geplantem Layout gemeinsame Bedeutungseinheiten bilden.“[4] Bei ihrer Rezeption richtet sich die Wahrnehmung zunächst auf ein visuell auffälliges Element und wandert von dort umher. Die lineare Rezeption sowie das Einhalten der gängigen Leserichtung werden dabei durchbrochen und Bild- sowie Textelemente abwechselnd in den Blick genommen. Ein solches Pendeln zwischen Bild und Text im Rezeptionsprozess beschrieb 2014 auch Staiger in Bezug auf Bilderbücher.[5] Der Roman zeichnet sich gerade aufgrund dieser besonderen (inhaltlichen wie visuellen) Gestaltung durch Offenheit aus. Dies ist laut Bluhm charakteristisch für fiktive und faktuale Tagebücher:

> Inhaltlich ist das Tagebuch durch eine weitgehende Offenheit geprägt – sowohl in Bezug auf die dargestellten Gegenstände wie auf die Formen des Notats [...]. Das Kriterium der Offenheit impliziert über diese rein formale Bestimmung hinaus den Gedanken, daß das Diarium die Repräsentation eines modernen mehrdimensionalen Weltverständnisses darstellt [...].[6]

---

2 Laura Dexheimer, Walter Kühn und Kathrin Heintz, 2018, „So ist das Tagebuch die letzte Waffe, die dem seine Freiheit verteidigenden Individuum geblieben ist“ – Tagebücher als Medium der Menschenrechtsbildung, in: Menschenrechtsbildung. Handreichung für Schule und Unterricht, hrsg. von Matthias Bahr, Bettina Reichmann und Christine Schowalter, Ostfildern: Grünewald, S. 124–136, hier: S. 125.

3 Zum konkreten Ablauf des Arbeitsprozesses gab die Autorin in einem Interview mit Manon Adelsberger für die Büchereien Wien Auskunft: www.youtube.com/watch?v=J09pLnskd7U (01.03.2023). Das Thema wird ab Min. 5:45 aufgegriffen.

4 Ulrich Schmitz, 2011, Sehflächenforschung. Eine Einführung, in: Bildlinguistik. Theorien – Methoden – Fallbeispiele, hrsg. von Hajo Diekmannshenke, Michael Klemm und Hartmut Stöckl, Berlin: Erich Schmidt, S. 21–42, hier: S. 25.

5 Michael Staiger, 2014, Erzählen mit Bild-Schrifttext-Kombinationen. Ein fünfdimensionales Modell der Bilderbuchanalyse, in: BilderBücher, hrsg. von Julia Knopf und Ulf Abraham, Bd. 1: Theorie, Baltmannsweiler: Schneider, S. 12–23, hier: S. 13.

6 Bluhm, 1991, Das Tagebuch zum Dritten Reich. Zeugnisse der Inneren Emigration von Jochen Klepper bis Ernst Jünger, Bonn: Bouvier, S. 22. Kalff und Vedder sprechen statt von

2. Die graphische Gestaltung

Papierklavier weist eine auffällige Gestaltung auf, die sich bereits beim ersten Anblick in der besonderen Farbigkeit zeigt. Der Einband ist in einem Mintton gehalten und mit schwarzen Illustrationen und typographischen Elementen versehen. Weiß dient als Akzentfarbe. Der Buchtitel sowie einige zentrale Begriffe im Klappentext wurden erkennbar handschriftlich verfasst, sämtliche weiteren Texte sind in einer Schreibschrift gesetzt.[7] Der vordere Buchdeckel zeigt stimmig zum Titel eine Klaviatur sowie eine Darstellung der Hauptfigur. Horizontale Linien, die die weißen Tasten andeuten, ziehen sich quer über die Seite und werden durch eine vertikale, weiße Linie nach ca. einem Drittel optisch gegliedert. Dies erinnert an die Lineatur eines Heftes oder Collegeblocks. Klaviaturen und Lineaturen werden im Werk mehrfach zeichnerisch aufgegriffen, die optische Interferenz zwischen beiden findet sich jedoch einzig auf dem Buchdeckel.[8] Im Inneren des Buches ist Weiß die Grundfarbe, auf die Typographie und Illustrationen in Schwarz und Mintgrün aufgebracht sind.[9] Der Schrifttext verwendet die bereits vom Bucheinband her bekannte Schreibschrift, auch handschriftliche Akzente, die an einigen Stellen auffällig inszeniert sind, finden sich auf vielen Doppelseiten.

3. Die Erschließung multimodaler Sehflächen im Medium Buch

Im Roman wird der Eindruck erweckt, dass Bild, Text und Typographie aus Maias Hand stammen, das macht *Papierklavier* zu einem fiktionalen, multimodalen Selbstzeugnis. Dieser Eindruck wird auf der ersten Doppelseite forciert, die aus diesem Grund im vorliegenden Beitrag detailliert in den Blick genommen wird.

Offenheit von „Formlosigkeit" der Einträge. Vgl. Sabine Kalff und Ulrike Vedder, 2016, Tagebuch und Diaristik, in: Zeitschrift für Germanistik 26, S. 235–242, hier: S. 236.

7 Mit ‚Schreibschrift' ist in diesem Kontext eine Schrift gemeint, die heutzutage in der Regel digitalisiert ist und mit dem Computer gesetzt wird (‚Satzschrift'), aber wie eine Handschrift wirkt. In der DIN-Klassifikation für 16518 für Schriftarten sind sie in Klasse VIII erfasst. ‚Handschriften' zeichnen sich hingegen dadurch aus, dass sie tatsächlich handschriftlich verfasst wurden. Sie lassen sich daran erkennen, dass gleiche Buchstaben immer eine leicht abweichende Optik aufweisen.

8 Dies mag daran liegen, dass das Klavierspiel Talent und Ausdrucksmittel von Maias jüngster Schwester Heidi ist und ihrer Trauer Ausdruck verleiht. Maia verhilft ihr zwar dazu, dass sie auch nach dem Tod von Oma Sieglinde Klavierunterricht bekommen kann, hat aber selbst keine emotionale Bindung an das Klavier. Dafür treten Schreiben und Zeichnen für sie als Ausdrucksmittel in den Vordergrund.

9 Auf zwei Doppelseiten findet sich eine Umkehrung des Prinzips, also eine Inversion der Farben.

Dabei wird auch exemplarisch veranschaulicht, wie man eine Sehfläche erschließen kann. Dabei muss allerdings bedacht werden, dass die Doppelseiten eines Buches leicht anders wahrgenommen werden als andere Sehflächen. Schmitz widmet sich hauptsächlich nicht fiktionalen, multimodalen Gebilden aus der Alltagswelt wie Plakaten oder Lebensmittelverpackungen. Im Gegensatz zu diesen sind die Seiten eines Buches in eine Narration und zugleich in das physische Objekt Buch eingebunden. Dies bringt zunächst mit sich, dass die Erzählung segmentiert dargeboten wird. Der Inhalt eines Buches muss blätternd und damit sukzessive erschlossen werden.[10] Der Vorgang des Umblätterns unterbricht den Leseprozess und ermöglicht zugleich dessen Fortsetzung. Die Wahrnehmung jeder Seite unterliegt aufgrund der bereits erfolgten Rezeption bestimmten Erwartungen, die aufgegriffen werden können oder mit denen gebrochen werden kann. Dies ist nicht gerade unerheblich für Lektüreprozesse, denn „[d]ie Sinnerwartung trägt maßgeblich zur Sinnkonstruktion bei“.[11]

In *Papierklavier* variiert die Gestaltung der einzelnen Seiten stark. Das Irritationsmoment, das mit dem Blättern einhergeht, ist daher besonders ausgeprägt. Dammers, der an Staiger anknüpft und wie dieser Bilderbücher in den Blick nimmt, betont, dass Lesepfade in multimodalen Texten generell weit weniger festgelegt und daher individueller seien als in rein schriftbasierten Werken. Dies führt zu einer Ablösung von dem tradierten Rezeptionsmuster, nämlich dem Einsetzen mit der Lektüre in der linken oberen Seitenhälfte und der Erschließung von links nach rechts und von oben nach unten, Einzelseite für Einzelseite.

> Mit jedem ‚page turn‘ wird die visuelle Wahrnehmung der Rezipient*innen mit einem Bündel neuer Stimuli konfrontiert, in dem die unwillkürliche Aufmerksamkeit zunächst auf die auffälligsten Reize gerichtet wird. Nur in seltenen Fällen dürfte das der Textblock sein, selbst wenn dieser sich oben links befindet und der Lesekonvention nach zuerst rezipiert werden müsste. Die visuelle Heterogenität der Doppelseite im Bilderbuch bedingt also bereits eine von der konventionellen Leserichtung abweichende Rezeption.[12]

10 Eine vertiefte Auseinandersetzung mit dem Aspekt Materialität und der Bedeutung des Blätterns liefert: Kathrin Heintz, 2021, Literarische Qualitäten der Materialität von Bilderbüchern, in: Leseforum.ch 2/2021. Der vollständige Artikel ist online abrufbar unter: www.forumlettura.ch/sysModules/obxLeseforum/Artikel/732/2021_2_de_heintz.pdf (01.03.2023).

11 Sabine Gross, 1994, Lesezeichen. Kognition, Medium und Materialität im Leseprozeß, Darmstadt: WBG, S. 23.

12 Ben Dammers, 2020, Die Flüchtigkeit des normalisierten Blicks – Lesepfade im Bilderbuch am Beispiel von Benji Davies' Opas Insel und Sam und Dave graben ein Loch von Jon Klassen und Mac Barnett, in: Das narrative Bilderbuch. Türöffner zu literar-ästhetischer Bildung und Buchkultur, hrsg. von Gabriela Scherer, Kathrin Heintz und Michael Bahn, Trier: WVT, S. 225–242, hier: S. 227.

Für die Wahrnehmung der multimodalen Sehflächen ist der physische Vorgang des Blätterns zudem wichtig, denn der Blick folgt beim Lesen eines Buches tendenziell der blätternden Hand. Daher fokussiert man zuerst kurz die rechte Seitenhälfte. Von hier aus springt der Blick in typischer Weise in die linke obere Seitenhälfte, um dort mit der Lektüre einzusetzen.[13] Dies hat Konsequenzen für die Nutzung multimodaler Werke im Unterricht: Löst man einzelne Seiten aus dem Buchkontext, indem man sie projiziert oder kopiert, um sie im Plenum betrachten und diskutieren zu können, dann verändert man die Blickführung auf der Seite und damit womöglich deren Wahrnehmung.

Neben der Gestaltung von Bild, Text und Typographie hat die Materialität eines Buches, insbesondere die Wahl des Papiers, Einfluss auf die Rezeption. „Ganz opak sind nur holzschliffartige, stark gefüllte Papiere; alle normalen Papiere scheinen durch."[14] Rein schriftbasierte Werke werden zumeist registerhaltig gesetzt. Das bedeutet kurz gefasst, dass der Text immer gleich positioniert wird und daher auf der Gegenseite in der Regel kaum wahrnehmbar ist.[15] Bei Text-Bild-Gefügen ist die Seitenaufteilung individueller und so bleibt es nicht aus, dass es Weißraum gibt, durch den Bild und/oder Text der Gegenseite durchscheinen können. Bei *Papierklavier* wurde für den Buchblock ein deutlich transparentes Papier gewählt. Die Texte und Zeichnungen der vorausgehenden und nachfolgenden Seiten sind daher an vielen Stellen sichtbar. Deutlich wird der Effekt insbesondere beim Weiterblättern, wenn die ergriffene Seite geradezu durchleuchtet wird. Im in der Regel gut ausgeleuchteten Klassenzimmer ist dies womöglich deutlicher sichtbar als in der heimischen Leseecke. Ein Beispiel hierfür findet sich, wenn Maia sich portraitiert, wie sie um Oma Sieglinde trauert. Sie stellt dies mit dicken, schwarz umrandeten Tränen dar, die teilweise die Form von Noten haben. Auf der Folgeseite versucht Maia die verstorbene Nachbarin mit zarten Linien einzufangen. Beim Umblättern scheinen die dominanteren Linien der vorhergehenden Seite durch das Papier. So wird subtil sichtbar, wie Sieglinde von Maias Tränen überschüttet wird.

13 Es ist dennoch durchaus praktikabel, das Erschließen von Doppelseiten anhand solcher aus dem Buch gelöster Beispiele einzuüben. Dies sollte jedoch im Bewusstsein erfolgen, dass der Lektüre bestimmte Logiken eingeschrieben sind, die mit der Buchförmigkeit einhergehen. Auch bei der Überführung in elektronische Formate ist das zu bedenken. Wird der Vorgang des Blätterns dort digital imitiert, so könnte aus dieser Analogie auch eine Ähnlichkeit im Lesepfad resultieren. Wird die Doppelseite hingegen z. B. auf einem Tablet mit einer Wischbewegung sichtbar gemacht, so ist statt der rechten die linke Seite zuerst im Blick.

14 Hans Peter Willberg und Friedrich Forssman, 2010, Lesetypographie, Mainz: Herrmann Schmidt, S. 71.

15 Ebd.

4. Das Zusammenspiel von Doppelseiten und page breaks

Bei *Papierklavier* bilden die Doppelseiten thematische, häufig zugleich auch optische Einheiten. Es handelt sich bei ihnen um „stets neu ansetzende[], unterschiedlichste[] Einträge[]“[16], die individuell gestaltet sind. Beim Umblättern wird man nahezu immer zugleich mit einem thematischen Bruch, einem Zeitsprung und einem veränderten Seitenlayout konfrontiert und muss sich auf die aufgeschlagene Seite individuell einlassen. Damit sind sowohl die Doppelseiten als auch die offenkundig gezielt gesetzten, zwischen ihnen liegenden page breaks, als strukturierende Prinzipien anzusehen.[17] Beide rücken durch die ständigen Irritationen, die sie auslösen, beim Rezeptionsprozess immer wieder ins Bewusstsein. Auf der visuellen Ebene bilden der zeichnerische Stil und die Farbigkeit Konstanten. Die Seitenaufteilung und der Bildinhalt sind hingegen sehr abwechslungsreich und setzen unterschiedliche optische Akzente, die die Wahrnehmung auf sich ziehen. Dies kann die Bereitschaft fördern, sich auf das Bild und auch auf typographische Elemente vertieft einzulassen und nach deren erzählerischen Beitrag zu fragen. Bildelemente, die Rezipierende bereits kennen und schnell identifizieren, werden meist auf ihren Inhalt, also auf das, was dargestellt wird, reduziert und erfahren nur wenig Beachtung. Winderlich bezeichnet dies in Rückgriff auf Max Imdahl als ‚wiederkennendes Sehen‘.[18] Fremde und irritierende Darstellungen hingegen verleiten dazu, genauer hinzuschauen und sich mit dem Dargestellten, speziell auch mit der Darstellungsweise vertieft zu befassen. Dies wird als ‚sehendes Sehen‘ bezeichnet und bringt neben dem Bildinhalt auch „mögliche Sichtbarkeiten ins Bild“ wie Winderlich in Anlehnung an Bernd Waldenfels formuliert.[19] Fremde und irritierende Bildlichkeiten fördern demnach das Nachdenken über Interpretationsräume.

16 Kalff und Vedder, Tagebuch und Diaristik [Anm. 6], S. 236.

17 Die Termini ‚page turn‘ und ‚page break‘ werden derzeit noch uneinheitlich verwendet. Müller und Scherer etablieren die folgende stimmige Differenzierung: „Ist mit dem page break der Seitenumbruch und damit der Übergang zwischen zwei Seiten gemeint, wird mit dem page turn der Vorgang des Blätterns bezeichnet“ (Christian Müller und Gabriela Scherer, 2021, Page breaks in Bilderbüchern. Leerstellen als Motoren literarischen Lernens, in: Fördermagazin Grundschule 3, S. 3–6, hier: S. 3). Der Begriff page break rückt damit den Fokus nicht auf die Praxis der Erschließung, sondern auf eine „narrative Lücke“ (ebd., S. 4), die zwischen zwei Doppelseiten liegt.

18 Vgl. Kirsten Winderlich, 2020, Bild(ungs)prozesse – Zum Imaginationspotential eines Bilderbuches, in: grund_schule kunst bildung, Bd. 6: Kinderzeichnung?, hrsg. von ders., Oberhausen: Athena, S. 80–117, hier: S. 83.

19 Ebd.

5. Die Erschließung des Roman(beginn)s

Nachfolgend wird anhand des Romanbeginns exemplarisch veranschaulicht, wie dieser mit pendelndem Blick erschlossen werden kann (Abb. 1).

Abb. 1: Romanbeginn aus: Steinkellner und Gusella, Papierklavier © 2020 Beltz & Gelberg in der Verlagsgruppe Beltz, Weinheim/Basel.

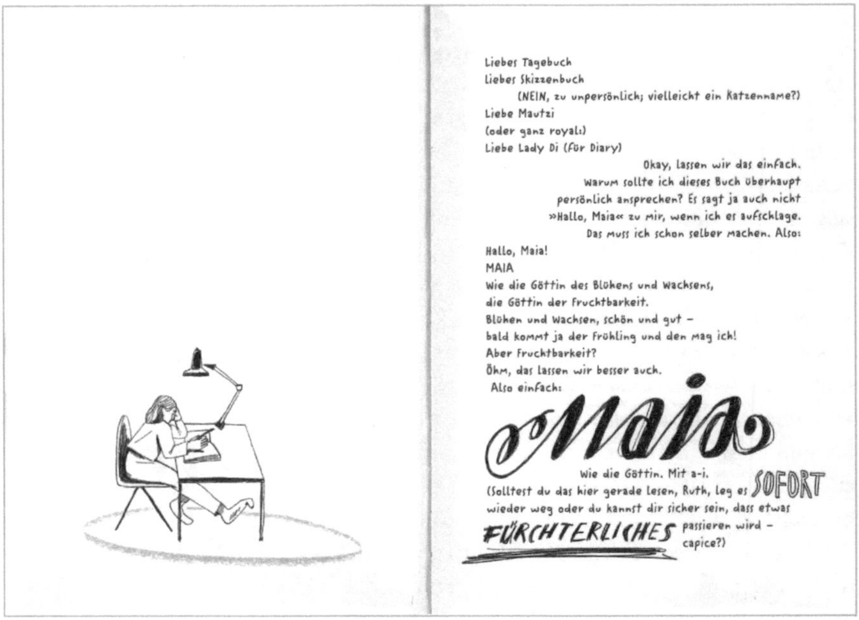

Beim Aufschlagen der ersten Doppelseite wird der Blick auf drei Worte im unteren Drittel der rechten Seitenhälfte gelenkt, die auffällig groß geschrieben sind und handschriftlich in den Text eingefügt wurden: „Maia, SOFORT, FÜRCHTERLICHES." Die Worte befinden sich in dem Bereich der Seite, den man tendenziell als erstes fixiert, weil man eben dort die Kante der Seite zum Umblättern ergreift. Diese Positionierung und die besondere Optik der Worte, also die hervorstechende Schriftbildlichkeit lassen sie zum Blickfang werden. Links daneben ist auf der anderen Hälfte der Doppelseite auf gleicher Höhe eine am Schreibtisch sitzende Person zu sehen. Diese Anordnung der handschriftlichen Elemente sowie der Zeichnung fördert, dass der Blick von den hervorgehobenen Worten zu dem Bild wandert. Die Figur sitzt nach vorn gebeugt, streckt ein Bein von sich und stützt den Kopf auf die linke Hand, während sie in der rechten einen Stift hält. Vor ihr liegt ein aufgeschlagenes Buch mit weißen Seiten. Die Position des Stiftes, die noch leeren Seiten und die Körperhaltung der Figur suggerieren, dass diese darüber nachdenkt, was sie zu Papier bringen könnte. Dieselbe Person war bereits auf dem Buchcover zu sehen. Es liegt nahe, allein aufgrund der Wahrnehmung der bisher beschriebenen Elemente (also noch vor der linearen Lektüre des [restlichen] Schrifttextes) anzunehmen, dass es sich um Maia handelt. Wandert man nun mit dem Blick zur Schrift, so vermittelt sich über die Typographie unmittelbar der Eindruck, dass man einen Tagebuch- oder Briefroman vor sich haben muss, weil zwei mit Grußformeln überschriebene Einträge zu sehen sind. Das Lesen der ersten Worte konkretisiert die angestellten Vermutungen. Mit den Worten, „Liebes Tagebuch Liebes Skizzenbuch (NEIN. Zu unpersönlich; vielleicht ein Katzenname?)"[20] thematisiert die Hauptfigur explizit den Doppelcharakter der Erzählung als Text- und Bild-Gefüge und impliziert, dass sie die Urheberin sowohl des Bild- als auch des Schrifttextes sei. Kommt man beim Lesen wieder bei dem übergroß in Schönschrift auf die Seite drapierten Namen an, so kann dies als Einladung verstanden werden, Maia genauer anzusehen und sich ein Bild von der Erzählfigur zu machen. Damit wird tendenziell eine Pendelbewegung in der Rezeption zwischen den verschiedenen Modi initiiert.

Das Bild auf der linken Seite erinnert an Kafkas Zeichnung *Mann am Tisch*, die ebenfalls aus seitlicher, leicht schräger Position eine an einem Tisch sitzende Figur zeigt (vgl. Abb. 2).[21] Eine weitere auffällige Gemeinsamkeit ist, dass die Stühle recht weit vom Tisch entfernt stehen und die Figuren sich nach vorne beugen und aufstützen (müssen), was den Eindruck von Nachdenklichkeit erzeugt. Ein augenfälliger Unterscheid besteht darin, dass Kafkas Mann den Kopf zwischen seinen Armen auf den Tisch legt. Damit wirkt er deutlich verzweifelter als die unter einer Lampe sitzende Maia mit ihren Schreib- bzw. Zeichenutensilien. Um Maia und ihren Schreibtisch herum ist zudem in einer weichen Linie ein mintgrüner Kreis gezogen, der den Lichtkegel der Lampe andeutet und dafür sorgt, dass die Figur und die Möbel auf dem Boden zu stehen scheinen und nicht vor einem offenen Weißraum schweben. Durch diese eine farbige Linie wirkt die Figur weit weniger verloren als die Kafkas.

---

20 Steinkellner und Gusella, Papierklavier [Anm. 1], o. S.

21 Sie gehört zu einer Gruppe von mehreren Zeichnungen, die mit ihren dicken, schwarzen, etwas grob wirkenden Linien wie spontan skizziert wirken und äußerst ausdrucksstark sind. Max Brodt veröffentlichte sie 1938 gemeinsam mit Briefen Kafkas an seinen Vater, die Brodt ins Englische übersetzt hatte, in der Zeitschrift *Transition*, die Eugene Jolas in Paris herausgab. Max Brod, 1938, Franz Kafka's Letter to his Father, in: Transition 27, S. 295–313, hier: S. 297. Eine digitalisierte Version ist online abrufbar unter: gallica.bnf.fr/ark:/12148/bpt6k63617343/f292.item.r=transition (01.03.2023).
Mann am Tisch kann als durchaus bekannt gelten. Einerseits ziert diese Zeichnung diverse Ausgaben von Kafka-Texten (aktuell z. B. eine Ausgabe von *Der Prozeß*, die bei Fischer als Taschenbuch verlegt wird), andererseits diente sie der Deutschen Post 2008 zum 125. Geburtstag von Kafka als Motiv für eine Briefmarke.

Abb. 2: Franz Kafka: *Mann am Tisch* in: Transition 27 [Anm. 21], S. 297

Im Schrifttext rechts daneben sucht Maia erkennbar nach einem passenden Ton. Sie erweist sich dadurch als jemand, für den das Führen eines Tage- und Skizzenbuchs etwas Neues ist.[22] Ihr Herantasten manifestiert sich hauptsächlich in der Frage nach einer Grußformel am Beginn der Einträge, über die Maia nachdenkt und die sie verwirft. „Okay, lassen wir das einfach. Warum sollte ich dieses Buch überhaupt ansprechen? Es sagt ja auch nicht ‚Hallo, Maia' zu mir, wenn ich es aufschlage. Das muss ich schon selber machen."[23] Die fragende Haltung passt zu der abgebildeten Figur, die den Stift umklammernd auf die weißen Seiten starrt. Die Idee, einen Katzennamen zu wählen, kann als Anspielung auf das berühmte Tagebuch der Anne Frank verstanden werden, in dem sich zumindest die für eine spätere Veröffentlichung überarbeiteten Einträgen ab dem 20. Juni 1942 an Kitty richten.[24]

Mit den subtilen Bezügen zu Franz Kafka und Anne Frank referiert Maia einerseits auf einen kanonischen Künstler, der ein berühmter Autor und Tagebuchschreiber sowie (was weniger bekannt ist) Zeichner war, und andererseits auf

22 Zugunsten der Leseflüssigkeit wird auf die Doppelnennung von Tagebuch und Skizzenbuch nachfolgend verzichtet. Dies soll nicht zum Ausdruck bringen, dass der erzählerische Anteil des Bildes geringgeschätzt wird, sondern erscheint angebracht, weil Text, Bild und Typographie als Selbstzeugnis der Figur inszeniert sind. Die Zeichnungen visualisieren, was sich im Inneren der Figur abspielt und/oder sind Selbstportraits. Sie referieren kaum auf Objekte aus Maias Umgebung. Das würde man von einem Skizzenbuch aber prototypisch erwarten.

23 Steinkellner und Gusella, Papierklavier [Anm. 1], o. S.

24 In der ursprünglichen Version des Tagebuchs richtet sich Frank an mehrere weibliche Personen. Es gibt auch Einträge, die ohne Anrede auskommen. Vgl. Anne Frank, 2013, Tagebuch, in: Anne Frank. Gesamtausgabe. Tagebücher – Geschichten und Ereignisse aus dem Hinterhaus – Erzählungen – Briefe – Fotos und Dokumente, hrsg. von Anne Frank Fonds, aus dem Niederländischen von Mirjam Pressler, Frankfurt a. M.: Fischer. Die neu bearbeitete und übersetzte Version findet sich auf den Seiten 15 bis 263.

die international gesehen bekannteste Tagebuschschreiberin, die (was wiederum weniger bekannt ist) auch schriftstellerische Ambitionen hatte. In diesem Referenzrahmen entfaltete sich eine Mehrsinnigkeit der Darstellung. Ihr Einfluss auf die Wahrnehmung des Werkes ist freilich abhängig davon, ob diese interpikturalen und -textuellen Bezüge erkannt werden und davon, was Rezipierende mit Frank und Kafka verbinden.

Text und Bild positionieren sich und die Protagonistin, indem sie sich von den berühmten Vorbildern (und auch von der mythologischen Namensvetterin Maias) deutlich abgrenzen: Die gebeugte Figur ist offenkundig auf der Suche nach (künstlerischen) Ausdrucksmitteln. Dem erkennbaren Leidensdruck wird somit (anders als in Kafkas Zeichnung) die Möglichkeit der Verarbeitung entgegengesetzt. Die Protagonistin richtet ihre Aufzeichnungen nicht an ein imaginäres Gegenüber und womöglich zusätzlich an ein Lesepublikum, wie das bei Anne Frank der Fall ist, sondern formuliert klar, dass sie sich gezwungen sieht, sich selbst anzusprechen. Die Ich-Bezogenheit, die sich darin zeigt, ist laut Benner ein typisches Merkmal von Tagebuchliteratur.[25] Weitere Charakteristika, die im Roman ebenfalls zum Ausdruck kommen und damit in Zusammenhang stehen, sind der Anschein von Intimität, Authentizität und Spontanität. Die beiden letztgenannten entstehen durch den skizzenhaften Charakter der Bilder sowie durch die Handschrift. Beide passen stimmig zu einer 16-Jährigen. Authentisch wirkt die Erzählung auch aufgrund der typischen Coming-of-Age-Probleme, die sie verhandelt. Intimität wird im gesamten Roman durch eine offene Auseinandersetzung mit tendenziell tabuisierten Themen evoziert. Hinzu tritt ein weiteres Merkmal, das charakteristisch für Tagebuchliteratur ist: Andere Personen, die mit dem oder der Schreibenden zusammenwohnen, stehen im Verdacht, das Tagebuch heimlich lesen zu wollen. Dass ihnen das explizit und mit einigem Nachdruck untersagt wird, zeigt, wie persönlich die Aufzeichnungen sind.[26] Maia schreibt

25 Benner bezeichnet mit dem Begriff ‚Tagebuchliteratur‘ faktuale, fingierte und fiktive Tagebücher, wohingegen ‚Tagebucherzählungen‘, ‚-fiktionen‘ und ‚-romane‘ ausschließlich fiktive literarische Werke bezeichnet. Vgl. Julia Benner, 2019, „This book contains private information“. Kinder- und jugendliterarische Tagebuchliteratur, in: Time Warp und Taschenuhr. Zeit in der Kinder- und Jugendliteratur, hrsg. von Heidi Lexe, Wien: STUBE.

26 Dies findet sich in plakativer Form in *Das hier ist kein Tagebuch* (2015) von Erna Sassen, wo auf beiden Vorsatzpapieren „für Unbefugte verboten“ prangt. Der Protagonist Bou berichtet, dass er diesen Text auf die erste Seite seines Tagebuchs schrieb und seinem Vater zeigte, weil dieser ihm das Tagebuchschreiben auferlegt hatte und Bou nun fürchtet, der Vater möchte die Einträge lesen. In Valérie Dayres *Lilis Leben eben* (2005) hängt die Lesart des Romans davon ab, ob man annimmt, dass die Eltern Lilis Tagebuch gelesen haben und sie für dessen Inhalt strafen wollen. Andere Romane tragen die Geheimhaltung bereits im Titel, das ist z. B. bei Christine Nöstlingers *Susis geheimes Tagebuch/Pauls geheimes Tagebuch* (1993) und bei Dagmar Geislers *Wandas geheime Notizen* (2003) der Fall. Rafik Schami berichtet in *Mit fremden Augen*, in dem der Autor zu den Ereignissen des 11. September Stellung nimmt, er habe „bis dahin nie ernsthaft Tagebuch geschrieben. Warum? Weil ich

ganz unten auf der ersten Doppelseite, die an ihre jüngere Schwester gerichtete Warnung: „(Solltest du das hier gerade lesen, Ruth, leg es SOFORT wieder weg oder du kannst dir sicher sein, dass etwas FÜRCHTERLICHES passieren wird, capice?).“[27] Sieht man sich die Doppelseite abschließend noch einmal genauer an, so kann man auch entdecken, dass die der Titelei beigegebene Zeichnung durch das Papier scheint. Neben Maia ist recht deutlich, aber sichtlich auf einer anderen Ebene, ein Zebra zu sehen. Dies lässt sich, wenn man in der Lektüre etwas weiter fortschreitet, rückblickend symbolisch ausdeuten.

Bereits auf der nächsten Doppelseite scheint Maia eine für sie stimmige Form der Nutzung des Buches etabliert zu haben: Sie schreibt offen über ihre Erlebnisse und Gedanken und kommentiert die Texte zeichnerisch ohne weitere Anreden oder etwa Datumsangaben zu nutzen. Maia verzichtet also auf die typischen Markierungen, die Tagebucheinträge häufig aufweisen. Stattdessen bildet jede Doppelseite eine Sehfläche und eine thematische Einheit; der page break markiert den Wechsel zu einem neuen Eintrag, der sich mit einem bestimmten Ereignis, einer Frage, die Maia beschäftigt oder ähnlichem befasst.[28] Die typische enge chronologische Folge wird dabei gewahrt. Durch die Nutzung des Präsens scheint jegliche zeitliche Distanz aufgehoben und der Eindruck von „quasi-simultan[em] [...] Schreiben“[29], das laut Schwalm eine Spielart von Tagebuchliteratur ist, wird erzeugt. Die Einträge nähern sich aufgrund ihres Anscheins von Unmittelbarkeit an innere Monologe und teilweise an das Stream-of-Consciousness-Erzählen an:

> Anzahl der Personen, die meinen Hormonhaushalt in Aufruhr versetzen können: null Oder – Moment mal ... Wer ist dieser Halbgott, der gerade draußen meine frisch beschriebene Smoothie-Tafel studiert? Was einer wie DER wohl hier will? Einen Smoothie, klar, was sonst.[30]

Die Zeichnungen zeugen hingegen davon, dass Maia ihre Gedanken und Erlebnisse reflektiert und künstlerisch aufarbeitet. Gerade im Spiel der Modi zeigt sich das Spannungsverhältnis zwischen Erlebnisnähe und künstlerischer Formung, das charakteristisch für das Genre ist. Es lohnt daher, Gusellas Gestaltung genauer in den Blick zu nehmen. Häufig wird bei der Rezeption multimodaler Texte dem erzählerischen Anteil des Bildes zu wenig Beachtung geschenkt. Dies ist wenig

mich nie sicher fühlte, daß das, was ich gern insgeheim schreiben wollte, auch geheim blieb“ (Schami, 2004, Mit fremden Augen, München: dtv, S. 11).

27 Steinkellner und Gusella, Papierklavier [Anm. 1], o. S.

28 Als Maia ein Erlebnis auf zwei Doppelseiten darstellt, vermerkt sie am Ende der ersten Doppelseite eigens „Fortsetzung folgt ...“.

29 Helga Schwalm, 2007, Tagebuch, in: Metzler Lexikon Literatur, hrsg. von Dieter Burdorf, Christoph Fasbender und Burkhard Moenninghoff, 3., völlig neu bearb. Aufl., Stuttgart, Weimar: Metzler, S. 750–751, hier: S. 750.

30 Steinkellner und Gusella, Papierklavier [Anm. 1], o. S., Herv. i. O.

verwunderlich, denn „[e]in kompetenter Umgang mit Bildern – sei dieser rezeptiv oder produktiv – erfordert [...] eine bewusste Auseinandersetzung mit den formalen Eigenschaften eines Bildes und seinen möglichen Wirkungsweisen“.[31] Die dafür nötige ‚visual literacy‘, im Deutschen häufig als ‚Bildkompetenz‘ bezeichnet, wird im Unterricht nur selten geschult[32], obwohl das bereits seit Beginn der 2000er Jahren immer wieder gefordert wird. „Es geht um konzentrierten Nachvollzug, Verstehen der Bauweise, kritische Reflexion und ggf. Anleitung zu bewusster Eigenproduktion.“[33] „Schule sollte nicht nur gegen Analphabetismus arbeiten, sondern auch gegen Apikturalismus.“[34]

Nachfolgend wird daher zunächst exemplarisch skizziert, was es in Gusellas Bildern zu entdecken gibt, ehe abschließend ein didaktischer Vorschlag zur Schulung von visual literacy im Unterricht gemacht wird.

6. Der Beitrag der Zeichnungen zur Erzählung

Ein wesentliches Merkmal der Bilder ist der erkennbar fehlende perfektionistische Anspruch. Die Bilder wirken wie mit rascher Hand gezeichnet, teilweise gar wie Kritzeleien, die gedankenverloren nebenbei zu Papier gebracht wurden. Gelegentlich, insbesondere auf den Vorsatzpapieren, überlappen die Zeichnungen. In dieser Schichtung wird der etappenweise Arbeitsprozess sichtbar. Daraus folgt, dass die Zeichnungen von Maia als tendenziell unfertig und bearbeitbar verstanden werden. Der skizzenhafte und unfertige Charakter der Bilder schmälert deren erzählerischen Beitrag daher nicht, sondern erhöht diesen sogar, weil die große Offenheit vielfältige Deutungen ermöglicht. Die mehrfache Bearbeitung einer Seite kann als Anlehnung an die Tradition, Alben oder Scrapbooks anzulegen, verstanden werden.[35]

---

31 Michael Staiger, 2020, Von der ‚Wende zum Bild‘ zum ‚multimodalen Turn‘. Perspektiven und Potenziale für eine Deutschdidaktik als Medienkulturdidaktik, in: Der Deutschunterricht 5, S. 65–74, hier: S. 67.

32 Zum Begriff ‚visual literacy‘ und der Problematik seiner Übersetzbarkeit siehe ebd., S. 65–67. Staiger plädiert in dem Beitrag auch deutlich dafür, multimodale Werke in den Deutschunterricht zu implementieren und begründet, warum dies nötig ist.

33 Ulrich Schmitz, 2004, Bildung für Bilder. Text-Bild-Lektüre im Deutschunterricht, in: Medien – Deutschunterricht – Ästhetik. Jutta Wermke zum 60. Geburtstag gewidmet, hrsg. von Hartmut Jonas und Petra Josting, München: kopaed, S. 219–232, hier: S. 230 f.

34 Ulrich Schmitz, 2005, Sehflächen lesen. Einführung in das Themenheft, in: Der Deutschunterricht 57, S. 2–5, hier: S. 5.

35 „Typisch ist es etwa, wenn Alben über gewisse Zeiträume hin wiederholt mit Einträgen gefüllt und überarbeitet werden.“ (Monika Schmitz-Emans, 2019, Album und Scrapbook, in: Literatur, Buchgestaltung und Buchkunst. Ein Kompendium, hrsg. von ders., Berlin, Boston: De Gruyter, S. 549–516, hier: 549).

Zusammenfassend kann man über Text und Bild sagen, dass Maia sie nutzt, um sich selbst zu beobachten und darzustellen. Beide künstlerischen Ausdrucksformen dienen ihr dazu, sich aus ihrem Alltag geistig zu lösen und eine Metaperspektive einzunehmen. Die Schrifttexte sind pointiert und stellen in nüchternem Ton Erfahrungen, Gefühle und Gedanken dar. Aufgrund ihrer Kürze und der zahlreichen, gesetzten Zeilenumbrüche erzeugen sie eine lyrische Atmosphäre und sind trotz ihrer Tendenz zu sachlichem Erzählen deutungsoffen. Die Bilder wirken experimenteller, spielerischer und emotionaler. Sie nehmen eine andere Perspektive ein und der Dramatik, die die Geschichte teilweise an den Tag legt, die Wucht, weil sie vielfach deutlich karikierend und damit humoristisch angelegt sind. Es gibt jedoch auch sehr ernste Darstellungen, beispielsweise wenn Maia ihre Trauer verarbeitet. Das Zeichnen verhilft Maia zu Transzendenzerfahrungen, die sichtbar werden, wenn sie mehrfach als vervielfältigte, der Seite auch mal entschwebende Figur dargestellt ist. Die Einnahme der Metaperspektive ist im Roman unmittelbar mit Glückserfahrungen verbunden. Positive Emotionen, aber auch Trauer, Verzweiflung und Wut werden in den handschriftlichen Elementen besonders hervorgehoben. Eine vertiefte Auseinandersetzung mit der facettenreichen Typographie des Werks ist äußerst lohnend. Im Rahmen des vorliegenden Beitrags bleibt leider nur Platz für einige Hinweise, die vertiefte Erkundungen anregen sollen.

7. Funktionen der Typographie

Vach differenziert u. a. in Anlehnung an Serafini drei kommunikative Funktionen von Typographie in kinderliterarischen Texten. Die repräsentative Funktion meint das Wiederspiegeln erzählerischer oder dramaturgischer Elemente einer Geschichte in der Typographie.[36] Von interpersonaler Funktion spricht man, wenn die Typographie Aussagen über das Verhältnis zwischen Protagonist*innen oder zwischen ihnen und Textproduzierenden und/oder der Leserschaft macht.[37] Als textuale Funktion bezeichnet man die Unterstützung des Schrifttextes durch die typographische Gestaltung, konventionell ist die Sicherung der Lesbarkeit damit gemeint.[38] Alle drei Funktionen erfüllt die Typographie in *Papierklavier*. Häufig entfalten sich diese im Zusammenspiel der beiden eingesetzten Schriftarten wie nachfolgend anhand einer Doppelseite veranschaulicht wird.

36 Karin Vach, 2019, Typographie – zwischen Sprache und Bild. Funktionen der Typographie in multimodalen kinderliterarischen Erzählungen, in: Erzählen zwischen Bild und Text, hrsg. von Bettina Uhlig, Gabriele Lieber und Irene Pieper, München: kopaed, S. 187–190.

37 Ebd., S. 190.

38 Ebd., S. 191.

Abb. 3: Maia ist wütend (Steinkellner und Gusella, Papierklavier [Anm. 1] © 2020 Beltz & Gelberg in der Verlagsgruppe Beltz, Weinheim/Basel).

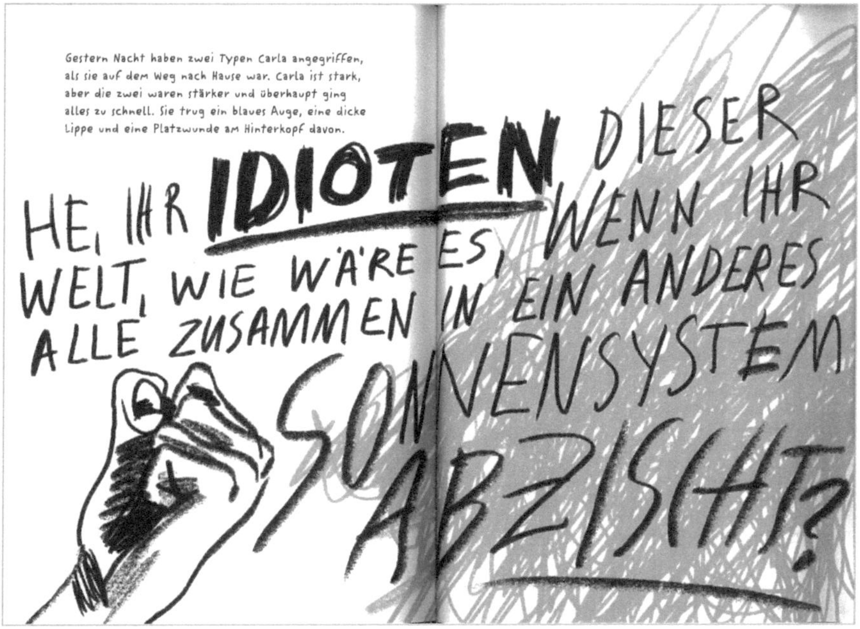

Was sich abgespielt hat, wird oben links in einem Textblock vermittelt: Maias transidentitäre Freund*in Carla wurde auf dem nächtlichen Nachhauseweg verprügelt. Maias Wut darüber manifestiert sich darunter in einer handschriftlich verfassten Drohung, in der die beiden zentralen Worte („Idioten“ und „abzischt“) hervorgehoben sind (textuale Funktion). Während auf anderen Seiten im Werk die Handschrift zur Akzentuierung einzelner Worte dient, dominiert sie hier die Doppelseite. In die linke untere Ecke wurde in zur Schrift passenden, dicken, schwarzen Linien eine drohend geballte Faust gezeichnet. Auf der Seite besteht ein Spannungsverhältnis zwischen den verschiedenen gestalterischen Elementen. Der Textblock oben links kommt der linearen Erschließung entgegen und sichert das Verständnis (textuale Funktion). Die Handschrift und die geballte Faust im unteren Bereich der Seite dienen als Blickfang und ziehen die Aufmerksamkeit auf sich, sie laden zu einer non-linearen Erschließung der Seite ein. Neben der Mikrotypographie, das heißt der Wahl der Schriftart und ihrer Ausstattung, betont auch die Mesotypographie, die Platzierung der Schrift auf der Doppelseite, Maias Emotionen. Die Handschrift erstreckt sich leicht schräg in großen, anwachsenden Buchstaben über beide Seitenhälften hinweg und nimmt zwei Drittel der Doppelseite ein. Durch Mesotypographie kann, wie das hier gegeben ist, „der Appellcharakter des Textes umgesetzt und hervorgehoben werden".[39] In diesem Fall zeugt sie anschaulich davon, dass sich Maias Erregung beim Schreiben steigert.[40] Sie verweist also auf das Handeln des schreibenden Ichs (repräsentative Funktion).

Die Wut richtet sich nicht nur an Carlas Peiniger, sondern sagt etwas über Maias Verhältnis zu Carla aus und adressiert zugleich die Leserschaft, die aufgefordert ist, sich emotional auf die Seite der Freund*innen zu schlagen. Die interpersonale Funktion der Typographie tritt an dieser Stelle daher besonders hervor.

Ein ganz anders geartetes typographisches Element, das im Roman ebenfalls eine besondere Funktion einnimmt, ist das Rautezeichen.

8. # Glück

Im Werk findet sich vier Mal ein Rautezeichen, das auch Hashtag genannt wird. Es ist fortlaufend nummeriert und stets mit dem Schlagwort Glück versehen. „Glück" ist dabei auffällig und unterschiedlich typographisch gestaltet. Indem Maia Hashtags einfügt, erweist sie sich als Kind ihrer Zeit, also als Person, die den Umgang mit sozialen Medien gewohnt ist. Seit den späten 2000er bzw. den frühen 2010er Jahren dienen Hashtags in sozialen Netzwerken dazu, eine Verbindung zwischen Beiträgen unterschiedlicher Nutzer und Nutzerinnen zu schaffen, die zumindest lose die gleiche Thematik aufweisen. Damit wird die eigene Darstellung/man selbst im jeweiligen sozialen Netzwerk sichtbar. Tendenziell fordern Hashtags daher auch auf, sich ihnen anzuschließen, etwas Eigenes zu ergänzen. Der Journalist Christian Möller fasst zusammen:

> Hashtags funktionieren wie Schlagworte im Social Web, mit denen man Relevantes aus dem Strom der Kurzmitteilungen herausfischt. Manchmal werden sie auch zu Slogans, die – siehe #aufschrei oder #jesuischarlie – Öffentlichkeit für ein politisches Anliegen herstellen.[41]

Maia nutzt das Zeichen, das dem digitalen Raum angehört, allerdings in dem analogen Medium Buch und beraubt es damit seiner technischen Funktionalität.

---

39 Ebd., S. 184.

40 Stöckl ergänzte die traditionelle Differenzierung von Makro- und Mikrotypographie um die Ebenen Meso- und Paratypographie. Vgl. Hartmut Stöckl, 2004, Typographie. Gewand und Körper des Textes – Linguistische Überlegungen zu typographischer Gestaltung, in: Zeitschrift für Angewandte Linguistik 41, S. 5–48, hier: S. 22.

41 Christian Möller, 2016, Kulturgeschichte des Hashtags, in: www.deutschlandfunkkultur.de/ein-kreuz-macht-karriere-kulturgeschichte-des-hashtags.976.de.html?dram:article_id=341691 (01.03.2023).

Weder für die Protagonistin, also innerhalb der Fiktion, noch für die empirischen Leserinnen und Leser ist das Rautezeichen in der beschriebenen Weise nutzbar. Es öffnet eben keinen Hyperlink, der automatisiert Glückserfahrungen zusammenträgt. Auch analog auftretende Hashtags sind jedoch ein zeitgenössischer Trend:

> In einer Welt aus Stein, Papier und Wolle kann der Hashtag zwar nicht angeklickt werden, kann nichts vernetzen, aber er formuliert inzwischen auch auf diesen Materialien ein Versprechen – das Versprechen wahrgenommen zu werden, Gehör zu finden, Interessen zu bündeln. Das # ist also längst kein funktionales Sonderzeichen mehr, sondern ein verheißungsvolles gesellschaftliches Symbol. Es steht für die Erzeugung und Anhäufung öffentlicher Aufmerksamkeit.[42]

Maia formuliert am Ende des Romans, dass sie „die kleinen Dosen Alltagsglück“[43] sammelt. Diese Nutzung des Rautezeichens hat mit digitalen Kontexten gemein, dass eine Kategorisierung und Verschlagwortung vorgenommen werden. Während Beiträge in sozialen Medien häufig mit einer Vielzahl an Hashtags versehen sind, nutzt Maia den immer gleichen. Die Nummerierung hat einen appellativen Charakter, weil sie die Zusammengehörigkeit der Schlagworte betont und dadurch Rezipierende ermutigt, im Roman aktiv nach den vorausgegangenen Hashtags zu suchen. Folgt man dieser impliziten Aufforderung, so wird eine zumindest partielle Re-Rezeption initiiert und womöglich die lineare Erschließung unterbrochen, um zurückzublättern. Die Leserinnen und Leser fokussieren dann, ähnlich wie die Protagonistin, in ihrer Re-Lektüre positive Erlebnisse Maias. Dabei wird deutlich, dass diese Glücksmomente im Alltag eher eine Ausnahme sind. Für Maia stehen sie am Ende im Vordergrund: „Und wie ich mich so umsehe, stelle ich fest: es ist alles andere als perfekt hier. Aber eindeutig ziemlich schön.“[44]

Womöglich ruft die (wiederholte und gebündelte) Auseinandersetzung mit den von Maia dargestellten Glücksmomenten auch bei Rezipierenden Erinnerungen an glückliche Momente wach. Dann passiert in den Köpfen der Leser und Leserinnen das, was im sozialen Netzwerk ein Algorithmus übernimmt: Unterschiedliche Erfahrungen, die einen gemeinsamen Kern haben, werden lose nebeneinandergestellt, assoziative Verbindungen erzeugt.

---

42 Andreas Bernard, 2021, Theorie des #Hashtags, in: geschichtedergegenwart.ch/theorie-des-hashtags/ (01.03.2023).

43 Steinkellner und Gusella, Papierklavier [Anm. 1], o. S.

44 Ebd., letzte Doppelseite.

9. Das didaktische Potenzial von *Papierklavier*

Wie sich gezeigt hat, vermitteln in *Papierklavier* Schrifttext, Bildtext und Typographie gemeinsam eine Erzählung. Zudem hat die Materialität des Buches Einfluss auf dessen Wahrnehmung. Das bedeutet im Umkehrschluss, dass man all diese Aspekt und Modi erschließen können muss, um den Deutungsraum zu entfalten, den der Roman als multimodales Kunstwerk bereithält. Fokussiert man sich hingegen allein auf das Lesen des Schrifttextes, so schränkt dies die Interpretationsmöglichkeiten deutlich ein. Die Momentaufnahmen, die die schriftlichen Tagebucheinträge liefern, wirken für sich allein zudem bedrückender. Auch die Atmosphäre des Werks verändert sich also mit dem Fokus auf seine Multimodalität. Es gilt daher, im Unterricht die Aufmerksamkeit für die Wahrnehmung und Deutung dieser zu schärfen, indem gezielt das Bild und die Typographie, aber auch Aspekte wie der Aufbau der einzelnen Seiten und die Dramaturgie der Doppelseiten, die sich u. a. in den page breaks manifestiert, fokussiert werden. Visual literacy zu schulen und Zugänge zu multimodalen Texten zu eröffnen sind wesentliche Aspekte für die didaktische Erschließung. Aufgrund seiner Komplexität empfiehlt sich *Papierklavier* für den Deutschunterricht am Ende der ersten Sekundarstufe.

Gerade der vermeintlich fehlende Perfektionismus in der Gestaltung ermöglicht es Schülerinnen und Schülern, selbst vergleichbare Text-Bild-Gefüge zu erzeugen. Da das Werk viele typische Probleme Adoleszenter sowie aktuelle gesellschaftliche Debatten aufgreift, lassen sich leicht lebensweltliche Brücken schlagen und sinnvolle produktionsorientierte Aufgaben zu stellen. Als problematisch kann sich dabei erweisen, dass der Roman auch intime Themen behandelt, was im Unterricht zu Peinlichkeitsmomenten führen kann. Themen wie Bodyshaming sowie die Auseinandersetzung mit Liebe und Sexualität werden, wie alles anderen im Roman, nicht nur über den Schrifttext, sondern auch visuell vermittelt. Immer wieder sind beispielsweise zumeist als Blumen (Einblätter oder Callas) inszenierte Vulven abgebildet. Als Lehrkraft sollte man darauf vorbereitet sein, dass die Schülerschaft sich durchaus mit diesen Abbildungen beschäftigt, auch wenn man sie nicht in den Mittelpunkt des Unterrichts rückt. Damit einhergehenden Störungen kann man sachlich aufnehmen, indem man darauf hinweist, dass die Darstellung der primären weiblichen Geschlechtsorgane bisher eher tabuisiert war und es in der aktuellen Kinder- und Jugendliteratur die Tendenz gibt, dem entgegenzuwirken. So wird das Tabu durchbrochen, ohne dass die Stellungnahme zu persönlich und die Peinlichkeit womöglich verstärkt wird.

Ein stimmiger Ausgangspunkt für produktive Aufgaben, die visual literacy fördern, ist die Ikonographie des Werks. Wiederkehrende und zugleich deutungsbedürftige Bildinhalte sind Tiere (Kolibri, Zebra und Tiger), Menschen bzw. Körper sowie Körperteile, insbesondere Augen (häufig wird statt eines

Augenpaares nur ein Auge gezeigt) und Hände. Zudem wird der Zeichen- und Schreibprozess mehrfach visualisiert. Nachdem die Schülerinnen und Schüler den Roman bereits vollständig oder in Teilen gelesen haben[45], können sie in Kleingruppen rekapitulieren, ob ihnen ein Bildelement besonders ins Auge fiel und im Gedächtnis blieb. Wenn dies nicht der Fall ist, können wahlweise die Vorsatzpapiere oder eine Doppelseite, die sie beschäftigt, Impulsgeber sein. Von dem gewählten Bildinhalt ausgehend sollen die Arbeitsgruppen eine Seite mindestens im A3-Format mit Bild- und Schriftelementen gestalten, die sich mit der Frage befasst, welche Bedeutungen dem ausgewählten Bildelement zugeschrieben werden. Es sollen möglichst vielfältige Interpretationsmöglichkeiten aufgezeigt werden. Hierbei können sich eigene Assoziationen, Recherchen und Interpretationen des Buchinhaltes mischen und ergänzen. Die gestalterische Umsetzung obliegt den Schülerinnen und Schülern. Es darf gemalt, gezeichnet und geschrieben werden, auch das Collagieren mit ausgedruckten oder etwa aus Zeitschriften ausgeschnittenen Bildern und Textelementen ist möglich (das große Format erschwert, dass das Poster im Ganzen schlicht ausgedruckt wird). Die Einteilung der Klasse in Kleingruppen führt dazu, dass sowohl die Auswahl des Bildes als auch Interpretationsmöglichkeiten miteinander diskutiert werden müssen. Die Schüler und Schülerinnen sind gezwungen, Deutungsprozesse zu versprachlichen, was auch heißt, dass sie sich diese bewusst machen müssen. Die jeweils eigene Wahrnehmung wird auf diese Weise mit fremden Interpretationen kontrastiert. Auch die Frage, wie die Poster gestaltet, die Inhalte also in Szene gesetzt werden, müssen die Lernenden miteinander aushandeln. Die entstehenden Werke sind gleichermaßen Deutung wie selbst deutungsbedürftig.

Alle Poster werden aufgehängt und in einem ‚gallery walk' von allen betrachtet. Danach dürfen die Lernenden ein fremdes Werk auswählen und vorstellen. Bei dieser vertieften Rezeption exemplarischer Beispiele werden erneut unterschiedliche Perspektiven kontrastiert. Die Lehrkraft ist gefordert, darauf flexibel zu reagieren und den Dialog über verschiedene Interpretationen des ausgewählten Bildelementes zu fördern. Dies kann zum Beispiel geschehen, indem nacheinander zwei Poster besprochen werden, die unterschiedliche Deutungen für ein Bildelement anbieten. Spannend ist zudem die Frage, ob die Schülerinnen und Schüler in ihren Sehflächen ästhetische Besonderheiten von *Papierklavier* (wie die farbigen Akzente oder das Spiel mit Handschriften und Computerschriften) aufgreifen. Unabhängig davon, ob das der Fall ist, kann man im Unterricht darüber sprechen, was die Lernenden mit ihrer Gestaltung von Bild und Text

45 Die fehlende Paginierung macht es schwierig, Lektüreetappen vorzugeben. Ein sinnvoller erster Abschnitt ist die Lektüre bis zu der Teilnahme Maias an der Ausschreibung einer Zeitschrift. Hier wird das Thema graphische Gestaltung aufgegriffen, was zum Konzept der Unterrichtsreihe passen würde. Es wäre etwas mehr als die Hälfte des Romans zu lesen.

aussagen wollten, und so die Aussagekraft der Modalitäten in den Fokus der Aufmerksamkeit rücken.

Im Anschluss ist eine Rückbindung an das literarische Werk, also den Ausgangspunkt der Bild-Text-Produktion sinnvoll. Die Kleingruppen beginnen damit, indem sie eines der im Plenum diskutierten Bildelemente im Roman suchen. Sie wählen eine Doppelseite aus, um sie genauer in den Blick zu nehmen und deuten das Bild im konkreten Romankontext aus. Womöglich stellen die Schülerinnen und Schüler fest, dass sich ihre eigene Wahrnehmung der Geschichte durch den neuen Fokus verändert (hat). Dabei rücken die Polyvalenz des Kunstwerks und mit ihr die Deutungsoffenheit, also die Unabschließbarkeit des Sinnbildungsprozesses in den Mittelpunkt. Gruppen, die schnell vorankommen, können weitere gestalterische Aspekte (Schrift und Seitenaufteilung) intensiver in den Blick nehmen. So vertieft man die Auseinandersetzung mit Multimodalität und verschafft anderen die zusätzliche Zeit, die sie womöglich benötigen. Ein möglicher weiterer Schritt ist das Blättern in beide Richtungen zur Betrachtung der vorausgehenden und nachfolgenden Doppelseite. Die Lernenden können so die Erzählstruktur, in die „ihre“ Doppelseite eingebunden ist, erfassen. Die narrativen Brüche zwischen den Seiten sind in *Papierklavier* groß, die page breaks damit deutlich wahrnehmbar und irritierend. In einer Diskussion in den Kleingruppen über die von Schröder angeregte Frage, was zwischen den Seiten passiert, wird die Funktion der page breaks erfahrbar und Sinnbildungsprozesse gleichermaßen angeregt wie offengelegt, wie Schröder und Volz in ihrer Forschung eindrücklich aufzeigen.[46]

46 Vgl. Steffen Volz und Klarissa Schröder, 2016, Page breaks als Leerstellen bei der Bilderbuchrezeption, in: Im Bildungsfokus: Bilderbuchrezeptionsforschung, hrsg. von Gabriela Scherer und Steffen Volz, Trier: WVT, S. 129–146, hier: S. 145; sowie Klarissa Schröder, 2020, „Weil zwischen den Bildern passiert ja auch was.“ ‚Page breaks‘ im Bilderbuch und ihre Rezeption. Eine qualitativ-empirische Untersuchung zu Inferenzbildungsprozessen bei Grundschulkindern, Trier: WVT, S. 112.

„Weil ich unbedingt leben, weil ich nicht sterben will!“

Die Shoah in Tagebüchern von Kindern und Jugendlichen

Jana Mikota

1. Einleitung

Tagebücher und tagebuchähnliche Aufzeichnungen gehören zum festen Repertoire der Literatur für erwachsene Leser:innen, erfreuen sich großer Beliebtheit und blicken auf eine lange literarische Tradition zurück. In der Forschung wird das Tagebuch wie folgt definiert:

> Ein Tagebuch ist ein fortlaufender, meist von Tag zu Tag geschriebener Bericht über Dinge, die im Lauf jedes einzelnen Tages vorfielen. Seine formalen Kennzeichen liegen in einer gewissen Regelmäßigkeit des Berichtens und einer deutlich erkennbaren Trennung der einzelnen Niederschriften voneinander. [...] In jedem Fall bleibt das Tagebuch durch sein schubweises Wachsen ständig zur nächstfolgenden Eintragung hin geöffnet.[1]

Tagebücher sind somit zeitlich strukturiert, chronologisch geordnet und besitzen unterschiedlich lange Einträge. In der Forschung wird zwischen faktualen und fiktionalen Tagebüchern differenziert. Fiktionale Tagebücher/fiktionale Tagebucherzählungen/-romane spielen mit Fiktionalität:

> Der Tagebuchroman ist eine fiktionale Gattung, die allerdings die Illusion einer faktualen Gattung bewusst fördert: Das Datum, das die Tagebucheinträge begleitet und die Strukturierung der Erzählung durch das Zeitmerkmal ‚Tag‘ geben jedem Tagebuchroman einen quasi dokumentarischen Charakter und rücken die Tagebuchromane in die Nähe der verwandten faktualen Gattung des Tagebuchs.[2]

---

1 Peter Boerner, 1969, Tagebuch, Stuttgart: Metzler, S. 11.

2 Renate Kellner, 2015, Der Tagebuchroman als literarische Gattung: Thematologische, poetologische und narratologische Aspekte, Berlin: De Gruyter, S. 16f.

Tagebücher von Erwachsenen verfasst und an Kinder/Jugendliche adressiert lassen sich bereits in den Anfängen der Kinder- und Jugendliteratur beobachten. 1846 erschien, um ein Beispiel zu nennen, mit *52 Sonntage oder Tagebuch dreier Kinder* von Anna Stein ein Kinderbuch, das die Form des Tagebuches wählte. Fiktionale Tagebucherzählungen und -romane erfreuen sich auch im 21. Jahrhundert großer Beliebtheit.[3]

Faktuale Tagebücher können von Erwachsenen, Kindern und Jugendlichen geführt werden. Die Dokumente können ihr gesamtes Leben oder einen Ausschnitt aus ihrem Leben festhalten. Es handelt sich daher um Selbstzeugnisse. Das bekannteste dürfte *Das Tagebuch der Anne Frank* sein, das für viele junge Leserinnen und Leser die „ersten Berührungspunkte mit dem Holocaust“[4] darstellt. Die für diesen Beitrag ausgewählten Beispiele unterscheiden sich vom Tagebuch der Anne Frank, denn sie schildern das Leben in den Ghettos, erzählen von Transporten und eröffnen eine kindliche/jugendliche Perspektive auf die Shoah. Auch wenn die kindlichen und jugendlichen Diarist:innen zur Entlastung Tagebücher geschrieben haben, halten sie dabei auch die Gräueltaten der Nationalsozialisten fest und unterscheiden sich daher von dem *Tagebuch der Anne Frank*.

Laut des Anne Frank Hauses existieren mehr als 80 Tagebücher von Kindern, die während der NS-Zeit verfasst wurden und das Grauen im Versteck, in den Ghettos oder auf der Flucht aus kindlicher sowie jugendlicher Perspektive schildern. Hinzu kommen biografische Zeugnisse der Kinder, die 1938/39 mit den ‚Kindertransporten‘ nach Großbritannien oder Schweden gelangen konnten und in diesen Ländern ein neues Zuhause gefunden haben. Kinder, die den Zweiten Weltkrieg erlebt haben, und in der Forschung als „Kriegskinder“[5] bezeichnet werden, haben ebenfalls Tagebücher bzw. autobiografische Dokumente hinterlassen und über ihre Ängste geschrieben. Es sind Stimmen der zivilen Bevölkerung, die sich nicht nur in Deutschland zu Wort melden, sondern in ganz Europa und von ihren Erfahrungen erzählen. Demgegenüber existieren nur wenige Aufzeichnungen jener Kinder und Jugendlicher, die von der nationalsozialistischen Regierung

---

3 Vgl. hierzu Julia Benner, 2019, „This book contains private information.“ Kinder- und jugendliterarische Tagebuchliteratur, in: Time Warp und Taschenuhr. Zeit in der Kinder- und Jugendliteratur, hrsg. von Heidi Lexe, Wien: STUBE, S. 20–32.

4 Julia Benner, 2020, Editorial, in: kjl & m 1, S. 2. Zum Tagebuch der Anne Frank existieren zahlreiche Unterrichtsmaterialien für die Jahrgangsstufen 6 bis 9. Die Zeit des Nationalsozialismus und die Shoah sind fester Bestandteil der Curricula in den 16 Bundesländern. Trotz der Fülle an Materialien wird im Diskurs moniert, dass die Menge der verfügbaren Medien eine nachhaltige Behandlung nicht automatisch garantiert.

5 Vgl. hierzu u. a.: Hans-Heino Ewers, Jana Mikota, Jürgen Reulecke und Jürgen Zinnecker (Hg.), 2006, Erinnerungen an Kriegskindheiten – Erfahrungsräume, Erinnerungskultur und Geschichtspolitik unter sozial- und kulturwissenschaftlicher Perspektive, Weinheim/ München: Juventa.

zum „Arbeitseinsatz“ ins Deutsche Reich zwangsrekrutiert wurden und dort unter menschenunwürdigen Bedingungen arbeiten mussten.

Der Historiker Koselleck hat in seinem Aufsatz *Formen und Traditionen des negativen Gedächtnisses* drei Grundfragen gestellt:

> Wer ist zu erinnern?
> Was ist zu erinnern?
> Wie ist zu erinnern?[6]

Der folgenden Überlegungen lehnen sich an diese Fragestellungen an, werden jedoch durch die Fragen nach den Akteuren des Erinnerns sowie nach den unterschiedlichen Formen des Erinnerns erweitert.

Im Fokus des Beitrages stehen ausgewählte Tagebücher von Kindern und Jugendlichen, die in Ghettos oder als Zwangsarbeiterinnen oder -arbeiter unvorstellbares Leid erleben mussten, mit Traumata überlebt haben oder in den Konzentrationslagern ermordet wurden. Es handelt sich um faktuale Tagebücher, die zum kulturellen Gedächtnis gezählt werden und Einblicke in die Zeit geben. Gerade diesen Zeugnissen wird fast 80 Jahre nach Beendigung des Zweiten Weltkrieges und Befreiung der Konzentrationslager eine hohe Bedeutung für den Unterricht zugeschrieben.

2. Tagebücher als Zeitzeugen

Tagebücher sind somit eine wichtige Form des Erinnerns, denn diese erzählen zwar zunächst von (subjektiven) Beobachtungen, Erlebnissen, Ereignissen oder Erfahrungen, die für den Schreibenden aus einem zeitlich geringen Abstand möglichst genau rekonstruiert wurden, in späteren Jahren jedoch zu einer wichtigen Primärquelle werden, um über individuelle Erfahrungen bestimmte Muster herausarbeiten zu können. Neben den subjektiven Erfahrungen halten die Tagebuchschreibenden auch historische Vorgänge fest. Benner bezeichnet sie als „Zeitzeugen in Buchform“.[7] Allerdings stehen für die Diaristinnen und Diaristen, die die Zeit zwischen 1933 und 1945 festhalten, nicht die historischen Vorgänge im Vordergrund, vielmehr wird dokumentiert, wie sehr die Einschränkungen ihren Alltag geprägt haben. Die Perspektive der Kinder und Jugendlichen setzt andere Akzente, beschreibt und beobachtet ihre Umwelt und versteht Zusammenhänge nicht. Anlässe und Motive ein Tagebuch zu schreiben, sind unterschiedlich, sie

6 Reinhart Koselleck, 2002, Formen und Traditionen des negativen Gedächtnisses, in: Verbrechen erinnern. Die Auseinandersetzung mit Holocaust und Völkermord, hrsg. von Volkhard Knigge und Norbert Frei, München: Beck, S. 21–32, hier: S. 26.

7 Benner, „This book contains private information.“ [Anm. 3], S. 22.

werden nicht immer konkret benannt.[8] Eine Analyse der Tagebücher zeigt, wie die Kinder und Jugendlichen das Unfassbare in Worte fassen wollten, zum Teil nicht konnten und scheinbar über Alltägliches wie beispielsweise das Wetter berichten. Einträge wie: „Vormittags bei den Levitus; für ihre Reise nach Polen haben sie schon alles fertig vorbereitet“[9] oder „Einmal Fliegeralarm, so das Übliche“[10] deuten die Sprachlosigkeit der Tagebuchschreibenden an.

Mit dem öffentlichen Erscheinen der Tagebücher geht auf paratextueller Ebene eine historische Kontextualisierung einher. Vor- und Nachworte informieren über die Publikationsgeschichte, erläutern historische Daten und ein Glossar klärt über Begriffe auf, die sich im Tagebuch finden. Insbesondere in Tagebüchern, die an jüngere Leser:innen adressiert sind, ist ein Glossar wichtig. Aber: Das Tagebuch von Kindern/Jugendlichen muss nicht zwingend an kindliche/jugendliche Leser:innen gerichtet sein. Mirjam Pressler schreibt im Vorwort der deutschsprachigen Ausgabe von *Petr Ginz. Prager Tagebuch 1941–1942* (2006):

> Aber welche Rolle spielt es für das Andenken an einen dieser sechs Millionen? Keine. Es spielt keine Rolle. Es ist einfach schön, dass durch die Beschäftigung mit den hinterlassenen Tagebucheinträgen und den Bildern ein Gesicht entsteht. Denn dadurch, dass wir heute versuchen, Leerstellen auszufüllen, entwickelt sich Nähe.[11]

Tagebücher von Kindern/Jugendlichen als Zeugnisse einer Erinnerungskultur erlauben unterschiedliche Lesarten: Einerseits sind es Dokumente

8 Vgl. hierzu: Frank Bajohr und Sybille Steinbacher, 2015, „... Zeugnis ablegen bis zum letzten“. Tagebücher und persönliche Zeugnisse aus der Zeit des Nationalsozialismus und Holocaust, Göttingen: Wallstein. In dem Aufsatz „Tagebücher aus dem Ghetto: Autoren, Themen, Funktionen“ von Andrea Löw werden ausgewählte Tagebücher vorgestellt. Die Themen, die Löw herausstellt, wie bspw. Hunger, Enge, Schmutz finden sich auch in den Tagebüchern von Kindern und Jugendlichen. Während jedoch Erwachsene auch Konflikte zwischen Inhaftierten schildern, diese politisch begründen, können die Kinder nur beobachten. In den Tagebüchern von Kindern und Jugendlichen spielen dagegen auch adoleszente Aspekte, wie das erste Mal Verliebtsein, eine Rolle. Bislang existieren nur wenige Forschungsarbeiten, die unterschiedliche Tagebücher von Kindern untersuchen. Die US-amerikanische Wissenschaftlerin Alexandra Zabruda stellte in ihrer Arbeit „Salvaged Pages: Young Writers’ Diaries of the holocaust“ 14 Tagebücher von Kindern und Jugendlichen vor, u. a. auch das hier behandelte Prager Tagebuch von Petr Ginz. Vgl. hierzu: Alexandra Zabruda, 2002, Salvaged Pages: Young Writers’ Diaries of the holocaust, Yale: Yale University Press. Vgl. hier auch die Homepage: www.facinghistory.org/books-borrowing/im-still-here-real-diaries-young-people-during-holocaust-salvaged-pages-study-guide (01.03.2023). Hier finden sich Hinweise auf Tagebücher sowie didaktische Aufbereitungen.

9 Petr Ginz, 2006, Prager Tagebuch 1941–1942, hrsg. von Chava Pressburger, Berlin: Berlin, S. 40.

10 Jan Bazuin, 2022, Tagebuch eines Zwangsarbeiters, hrsg. von Paul-Moritz Rabe, München: Beck, S. 20.

11 Ginz, Prager Tagebuch [Anm. 9], S. 9.

Heranwachsender, die adoleszente Erfahrungen sammeln, Zukunftsträume haben und mit ihren Familien hadern, andererseits sind es auch Dokumente, die von den Gräueltaten, dem Leid erzählen und die politische Situation schildern. Daher werden diese biografischen Dokumente, die Tagebücher der Kinder, in denen auch von ihrem Alltag vor der Deportation, von ihren Wünschen, Sorgen, Ängsten erzählt wird, zu wichtigen Stimmen im Erinnerungsdiskurs. Die Herausgabe sowie Publikationsgeschichte sind unterschiedlich, teilweise werden die Tagebücher lektoriert und verändert.

Zentrale Themen der Tagebücher von Kindern sowie Jugendlichen sind neben den Wünschen für die Zukunft auch die Beeinträchtigung ihres Lebens und die Deportationen der Freund:innen sowie Familienangehörigen; in den Ghettos selbst sind es dann der Hunger, Beobachtungen der Umwelt und immer wieder auch der Blick in die Zukunft.

3. Tagebücher aus der Zeit vor den und in den Ghettos

Ausgewählt wurden vier Tagebücher von Jugendlichen, die in einer kurzen Zeitspanne von ihrem Leben in einer jüdischen Familie während der Zeit des Nationalsozialismus erzählen. Alle Jugendlichen wurden zunächst in Ghettos gebracht, zwei von ihnen wurden anschließend in Konzentrationslager deportiert und dort ermordet.

Petr Ginz wurde 1928 als Sohn eines jüdischen Vaters und einer nicht-jüdischen Mutter in Prag geboren. Seine jüngere Schwester Eva 1928. Zwischen 1941 und 1942 schrieb er als 13-Jähriger sein *Prager Tagebuch*, das erst 2003/2004 einer breiteren Öffentlichkeit bekannt wurde. Entdeckt wurde es auf einem Prager Dachboden, der Besitzer hat es ignoriert. Als aber der israelische Astronaut Ilan Ramon im Januar 2003 in die Raumfähre Columbia ein Foto des in Auschwitz ermordeten Jungen Petr Ginz mitgenommen hat, das Raumschiff beim Eintritt in die Atmosphäre verglühte, wurde dem Besitzer des Hauses deutlich, welche Besonderheit er auf dem Dachboden hat. Petr Ginz' Schwester, die Künstlerin Chava Pressburger, reiste nach Prag, erkannte das Tagebuch wieder und gab es heraus. Es erschien 2004 unter dem Titel *Deník Mého Bratra* in Tschechisch, 2006 unter *Petr Ginz. Prager Tagebuch 1941–1942* in Deutsch. Neben dem Vorwort der Autorin Mirjam Pressler enthält die Ausgabe auch Tagebucheinträge aus Theresienstadt sowie die letzte Begegnung zwischen Petr Ginz und seiner Schwester. Petr Ginz überlebte nicht und starb in Auschwitz. Ähnlich wie Anne Frank träumte auch Peter Ginz von einer Karriere als Schriftsteller und in seinem Tagebuch finden sich Hinweise auf von ihm verfasste Texte.

Petr Ginz beginnt sein Tagebuch am 19.09.1941 mit den Worten: „Es ist neblig. Die Juden müssen ein Abzeichen tragen, das ungefähr so aussieht.“[12] Unter dem Satz ist der Judenstern abgebildet. Diese Passage ist exemplarisch dafür, wie der 13-jährige Junge die Zeit beschreibt. Fast nebenbei werden die Einschränkungen, die er als jüdischer Junge in Prag erlebt, geschildert, gleichzeitig erzählt er auch von Treffen mit Freunden und Besuchen von Verwandten. Nach und nach werden diese Freiheiten immer mehr beschränkt, Freunde, Bekannte und Verwandte werden deportiert. Er berichtet, wie sie sich gegenseitig helfen, die Koffer zu packen und zu überlegen, was sie unbedingt mitnehmen müssen. Petr ahnt nicht, was diese Menschen in Polen erwartet. Neben den Deportationen sind es Alltagsbeschreibungen, die das Tagebuch charakterisieren. Immer wieder finden sich Hinweise auf Kriegshandlungen, tschechische Sabotageakte oder darauf, wie jüdische Kinder von nicht-jüdischen mit Steinen beworfen und ausgegrenzt werden. Das Tagebuch endet am 9.08.1942. Die letzten Einträge sind kurz, wirken hektisch und berichten, dass immer mehr Menschen deportiert werden. In seinen Einträgen hält Petr auch das Attentat auf Reinhard Heydrich am 27.05.1942 fest und schildert insbesondere die Konsequenzen: Erschießungen und Massaker. Er benennt jedoch nicht die Orte Lidice oder Lezaky. Das Tagebuch endet mit den Worten: „Vormittags zu Hause.“[13]

Er schildert sein Leben in Prag bis kurz vor seiner Deportation nach Theresienstadt. Dort hat er u. a. die Zeitschrift *Vedem* herausgegeben und Geschichten geschrieben. Vor seinem Transport nach Auschwitz traf er noch seine jüngere Schwester, die wiederum das Treffen der Geschwister zwischen dem 16.08.1944 und 2.11.1944 festgehalten hat. Petr wurde am 28.09.1944 deportiert, im letzten Eintrag hält sie fest: „Gestern Petrs Tagebuch gefunden. Als ich es gelesen habe, konnte ich mich nicht zurückhalten und musste weinen. Der Ärmste.“[14]

Éva Heyman beginnt ihr Tagebuch am 13.02.1944, der letzte Eintrag ist vom 30.05.1944 datiert und in diesen wenigen Monaten ändert sich das Leben des 13-jährigen Mädchens komplett. Sie erlebt die Besatzung der Deutschen in ihrer Heimatstadt und die Folgen für ihre Familie. Aus den ersten Einträgen geht hervor, dass Éva ein fröhliches Mädchen ist, sich Gedanken über ihr Äußeres macht und auch genaue Vorstellungen über ihre Zukunft hat. Éva wächst in einem bürgerlichen, wohlhabenden Umfeld bei ihren Großeltern in der Stadt Nagyvárad in Nordsiebenbürgen (dem heutigen Oradea, Rumänien) auf. Den Großeltern gehört eine Apotheke, in der Stadt genießen sie hohes Ansehen. Évas Eltern sind geschieden, der Vater, Béla Heyman, ist in der Stadt geblieben, arbeitet als Architekt. Die Mutter Ágnes ist nach Pest gezogen, lebt dort mit ihrem zweiten Mann, dem linksintellektuellen Journalisten Béla Zsolt. In ihrem Tagebuch beschreibt

12 Ebd., S. 29.
13 Ebd., S. 116.
14 Ebd., S. 146.

Éva auch, wie sehr ihr die Mutter fehlt. Diese ist offener, während die Großmutter noch tradierte Vorstellungen von Weiblichkeit hat und Éva immer wieder erläutert, wie sich ein Mädchen zu verhalten habe. Immer wieder beschreibt sie auch Konflikte mit der Großmutter und wünscht sich mit ihrer Mutter sowie ihrem Mann in Pest zu leben: „Wenn es einmal das Judengesetz für Journalisten nicht mehr gibt, dann kann ich auch ganz bei ihr [der Mutter, J. M.] und Béla-Bácsi in Pest wohnen."[15]

Die ersten Sätze im Tagebuch lauten: „Jetzt bin ich 13, an einem dreizehnten und freitags geboren."[16] An diesem Tag blickt sie auch in die Vergangenheit und erwähnt nicht nur, dass Béla Zsolt im Gefängnis war, ihre Freundin mit ihrer Familie nach Polen deportiert wurde, sondern auch, dass Ungarn die rumänische Stadt 1940 übernommen hat. Eine Folge war, dass der Großvater für kurze Zeit enteignet wurde und die Apotheke in den Besitz eines Ungarn ging. Neben den Geschenken, die Éva an diesem Tag bekam, erzählt sie auch, dass es bereits viele Einschränkungen gibt, die christlichen Hausangestellten die Familie verlassen mussten. Einerseits erinnern manche Passagen des ersten Eintrages an Plaudereien einer 13-Jährigen, die trotz der Einschränkungen und Belastungen ihren Geburtstag genießen möchte, über Geschenke nachdenkt, andererseits dokumentiert sie die historischen Ereignisse. Die frühe Deportation ihrer Freundin Márta Münzer beschäftigt sie immer wieder und löst Ängste aus, dass es ihr ähnlich ergehen könnte. Trotz dieser Sorgen kreisen auch die nächsten Einträge um den Geburtstag. Die Deportationen in den Osten gehören zu ihrem Alltag, ohne dass sie genau weiß, was mit den Menschen dort geschieht. Hier gleichen sich die Tagebucheinträge, denn auch Petr Ginz erwähnt immer wieder, dass Verwandte und Bekannte in den Osten gebracht wurden. Während jedoch Éva ihre Ängste niederschreibt, verzichtet Petr Ginz auf Emotionen.

Éva beschreibt in ihrem Tagebuch jedoch nicht nur die historischen Ereignisse oder die familiäre Situation, sondern beschäftigt sich auch mit ihrer Identität und ähnlich wie auch Anne Frank mit ihren Zukunftswünschen. Immer wieder hält sie im Tagebuch fest, dass sie leben will. Sie möchte Fotoreporterin werden, lernt Sprachen und setzt sich kritisch mit ihrer Persönlichkeit auseinander. Sie verliebt sich auch oder hadert mit der Erziehung der Großmutter. Die Suche nach der Identität, die Vergleiche mit der klugen und schönen Mutter sowie ihre Abwesenheit bestimmen auch Évas Leben.

Das Tagebuch kann gerettet werden, denn kurz vor der Deportation nach Auschwitz übergibt es Eva der treuen Köchin, die es wiederum Évas Mutter nach 1945 geben kann. Évas Mutter hat die Shoah mit ihrem Mann überlebt, liest das Tagebuch und gibt es bereits im Herbst 1949 unter dem Titel *Éva lányom* (dt. *Meine Tochter Éva*) in Ungarn heraus. Als Autorin erscheint die Mutter Ágnes

---

15 Ágnes Zsolt, 2012, Das rote Fahrrad, Wien: Nischen Verlag, S. 28.
16 Ebd., S. 9.

Zsolt auf dem Cover und immer wieder wurde über die Autorinnenschaft des Tagebuchs diskutiert. Es ist nicht klar, was Ágnes Zsolt selbst geschrieben hat, was sie verbessert hat. In den 1960er Jahren erschien das Tagebuch in Iwrit, in den Katalogen von Yad Vashem findet sich das Tagebuch unter dem Titel *Yomanah shel Eva Hayman* (1964), in englischer Übersetzung erscheint es 1974 als *The Diary of Éva Heyman*, später als *The Diary of Éva Heyman: Child oft he Holocaust*. Mit diesen Titeln wird Eva als die ursprüngliche Autorin anerkannt. In deutscher Übersetzung wird es unter dem Titel *Das rote Fahrrad* (2012) veröffentlicht, Autorin ist Ágnes Zsolt und auf dem Cover findet sich weder ein Hinweis auf Éva noch auf die Form des Tagebuchs. In einer Besprechung hält Alexandra Zapruda fest: „Éva's diary offers a close-up contemporaneous view of the decimation of a fragment of Hungary's Jewish community."[17]

Éva möchte einfach leben, betont sie immer wieder und versucht trotz aller Einschränkungen an ihrem Traum, Fotoreporterin zu werden, festzuhalten. Auch Petr Ginz' Aufzeichnungen aus Theresienstadt sind hoffnungsvoll und er glaubt an ein Weiterleben:

> Ungerechterweise wurden wir von dem Nährboden unserer Arbeit, Freude und Kultur getrennt, aus dem sich unsere Jugend speisen sollte. Damit wird ein einziges Ziel verfolgt – uns nicht körperlich, sondern geistig und moralisch zu vernichten. Wird es gelingen? Nie! Beraubt der einstigen Quellen unserer Kultur, schaffen wir uns neue. Von dem Ursprung einstiger Freuden getrennt, schaffen wir uns selbst ein neues und fröhlich jubelndes Leben![18]

Mascha Rolnikaite wird am 21.07.1927 als Tochter des Rechtsanwaltes Hirsch Rolnik in Klaipėda/Memel geboren. Sie wächst in der Kleinstadt Plungė in Nordwest-Lituen auf. Die Familie zieht 1940 nach Wilna. Der Zweite Weltkrieg erreicht Litauen einen Monat vor Mascha Rolnikaites 14. Geburtstag. Mascha Rolnikaite führte bereits als junges Mädchen ein Tagebuch, sie beschließt, dieses auch nach dem Einmarsch der deutschen Wehrmacht fortzuführen. Mascha muss mit ihrer Mutter und den Geschwistern ins Ghetto nach Wilna, wird anschließend in die Konzentrationslager Strasdenhof bei Riga und das Konzentrationslager Stutthof deportiert. Sie überlebt, kehrt 1945 nach Wilna zurück. 1963 erscheint ihr Tagebuch in der Sowjetunion; eine erste deutschsprachige Ausgabe erscheint 1966, 2002 folgt eine neue Publikation im Kindler-Verlag, die sich an den Aufzeichnungen aus dem Jahre 1945 orientierte. Das Tagebuch *Ich muss erzählen. Mein Tagebuch 1941–1945* beginnt am 22.06.1941 mit den Worten:

---

17 Alexandra Zapruda, 2002, The Diary Of Eva Heyman: Child Of The Holocaust (Yomanah Shel Evah Hayman), in: www.encyclopedia.com/arts/encyclopedias-almanacs-transcripts-and-maps/diary-eva-heyman-child-holocaust-yomanah-shel-evah-hayman (01.03.2023).

18 Ginz, Prager Tagebuch [Anm. 9], S. 128.

„Ein früher Sonntagmorgen. Die Sonne scheint fröhlich.“[19] Aber die idyllische Situation täuscht, denn bereits eine Seite weiter schreibt Mascha, dass Krieg und Alarm zu hören sei. Das 14-jährige Mädchen denkt im Tagebuch darüber nach, wie es ist, in Kriegszeiten zu leben, beobachtet in ihren Einträgen ihre Umwelt und dokumentiert, wie es der jüdischen Bevölkerung Litauen ergeht. Sie schreibt ihr Tagebuch während der Besatzung, sie nimmt es auch ins Ghetto mit, kann aber nur einen Teil retten und muss nach 1945 Teile neu rekonstruieren. Sie beginnt mit der Wiederherstellung der Aufzeichnungen mit siebzehn Jahren in Pommern, ohne sich jedoch an der Form des Tagebuchs zu orientieren, vielmehr schreibt sie den Text fortlaufend weiter. Hinweise auf konkrete Daten finden sich in den Texten selbst.

Nur wenige Tage nach ihrem 17. Geburtstag wird das Lager geräumt und Mascha Rolnikaite kommt in das Vernichtungslager Stutthof. Ihr Tagebuch endet mit der Evakuierung des Lagers im Februar 1945. Mascha Rolnikaite und andere Häftlinge irren auf den sog. Todesmärschen durch von Deutschen bereits verlassene Gebiete. Viele Häftlinge sterben dabei, die noch lebenden sollen in einer Scheune verbrannt werden. Doch am 10.03.1945, Mascha Rolnikaite wiegt nur noch 38 Kilo, werden sie von der Roten Armee gerettet. In ihrem Text heißt es:

> Hinter der Scheune werden Männerstimmen laut. Die Russen?! Die Rotarmisten?! Sind sie es wirklich?! Ich will hin! Wie komme ich nur auf die Beine? Die Scheune füllt sich mit Soldaten. Sie kommen uns entgegen, suchen die noch Lebenden, helfen ihnen auf. Von denjenigen, für die jede Hilfe zu spät kommt, nehmen sie die Mützen ab. […] Ich werde hochgehoben und auf die Füße gestellt, kann mich aber nicht rühren, die Beine zittern. Zwei Rotarmisten greifen sich an den Händen, setzen mich darauf und tragen mich ins Freie. Aus dem Dorf nähern sich Sanitätswagen, weitere Soldaten treffen ein. […] An seiner Mütze glänzt ein roter Stern. Wie lange habe ich diesen Stern nicht gesehen![20]

Ihr Nachwort zu der Ausgabe aus dem Jahre 1965 informiert, dass Mascha Rolnikaite nach 1945 kein Tagebuch mehr geführt hat.

Das Tagebuch *Wann wird diese Hölle enden? Das Mädchen, das das Warschauer Ghetto überlebte* (2019) von Mary Berg erscheint bereits 1945 in den USA. Mary Berg, die mit ihrer Familie in Polen lebte, aber eine US-amerikanische Mutter und einen polnischen Vater hatte, genoss aufgrund ihrer besonderen Familienkonstellation Privilegien und konnte im März 1944 aus dem Warschauer Ghetto in die USA entkommen. Sie begann schon kurz nach ihrer Ankunft in den USA mit den Bemühungen über die Shoah und die Gräueltaten der Nationalsozialisten

---

19 Mascha Rolnikaite, 2002, Ich muss erzählen. Mein Tagebuch 1941–1945, Berlin: Kindler, S. 33.

20 Rolnikaite, Ich muss erzählen [Anm. 19], S. 277 f.

in Europa aufzuklären. Ihre Tagebuchaufzeichnungen begann sie als 15-jährige, begann am 10. Oktober 1939 mit dem Satz „Heute werde ich fünfzehn“[21] und erzählt von den Bemühungen ihrer Familie, „aus diesem Tag einen echten Geburtstag zu machen“.[22] Ähnlich wie auch *Das Tagebuch der Anne Frank* liegt hier ein wichtiges Dokument vor, zugleich ist es aber auch ein Schriftstück eines 15-jährigen Mädchens auf der Suche nach Identität. Sie nutzt das Schreiben, um sich zu trösten. Mary musste bereits im November 1940 mit ihrer Familie ins Warschauer Ghetto ziehen und lebte dort bis Juli 1942. Sie sahen, wie über 300.000 Menschen deportiert wurden. Im Januar 1943 kam Marys Familie mit weiteren ausländischen Häftlingen nach Vittel in Frankreich. Aus ihrem Tagebuch wird deutlich, dass sich Mary ihrer Privilegien bewusst ist. Ihre Mutter ist US-amerikanische Staatsbürgerin, ihre Familie wohlhabend und immer wieder blickt sie auf Menschen, die weniger besitzen. Auf den Straßen beobachtet sie hungrige Menschen, nennt sie „Brot-Träumer“, die „[f]ür gewöhnlich […] den Schaufenstern der Lebensmittelläden gegenüber[sitzen], aber ihre Augen sehen schon gar nicht mehr die Brotlaibe, die hinter den Glasscheiben liegen wie in einem weit entfernten, unerreichbaren Himmel“.[23] Zwischen diese genauen Beschreibungen mischt sich auch Familienalltag.

Das Vorwort informiert über die Entstehungs- und Publikationsgeschichte des Tagebuchs, das Mary Berg in einer Geheimschrift verfasst hat und nach ihrer Ankunft bearbeitete sie es mit S. L. Shneiderman, einem jüdischen Journalisten, für eine Publikation – verändert wurden u. a. auch Namen, um Menschen, die noch in Europa leben, zu schützen. Shneiderman übersetzte die Seiten ins Jiddische, die in der Zeitschrift *Der Morgen* publiziert wurden. Die englische Version, von Sylvia Glass angefertigt, erschien u. a. in *Jewish Contemporary Record* und eine deutschsprachige Übersetzung in der Exil-Zeitschrift *Aufbau* vom 22.9.1944 bis 19.01.1945. Im Februar 1945 wurde dann das komplette Tagebuch unter dem Titel *Warsaw Ghetto: A Diary* im Verlag L. B. Fischer publiziert, aufgrund der positiven Resonanzen u. a. in der *New York Times* wurde das Tagebuch in weitere Sprachen übertragen.

Die gleichaltrigen Kinder, die an der Schwelle zur Pubertät stehen, teilen auch die Erlebnisse des alltäglichen Antisemitismus sowie die Trauer um Freunde. Die Beschreibungen aus den Ghettos erzählen von den Gräueltaten, dem Hunger, aber auch der Kultur im Ghetto. Die Kinder nehmen Unterricht, lesen und Mascha Rolnikaite notiert, dass ein „freudiges Ereignis gefeiert wurde – das 100.000.

---

21 Mary Berg, 2019, Wann wird diese Hölle enden? Das Tagebuch der Mary Berg. Das Mädchen, das das Warschauer Ghetto überlebte, hrsg. von Susan Lee Pentlin, Zürich: Orell Füssli, S. 39.

22 Ebd., S. 39.

23 Ebd., S. 80.

entliehene Buch“ (S. 122). Auch in Mary Bergs Tagebuch finden sich Hinweise auf Unterricht, auch für jüngere Kinder.

4. Tagebücher über den Beginn des Zweiten Weltkrieges

2021 erscheint das Tagebuch *Ich habe einen Specht gesehen* von Michał Skibiński, der als Achtjähriger kurz vor Kriegsbeginn das Tagebuch in seinen Sommerferien geschrieben hat. Diese verbrachte er außerhalb Warschaus in einer Pension in der Gemeinde Wawer, im Südosten Warschaus. Es setzt am 15.07.1939 ein und endet am 15.09.1939. In der deutschen Übersetzung werden die Tage nach dem 13.09. als Originalseite des polnischen Tagebuches abgebildet, der Verfasser selbst hat noch die Datierungen 16.09.1939, 17.09.1939 vorgenommen, aber keine weiteren Einträge. Das Tagebuch ist eine Schulaufgabe, denn Michał Skibiński muss jeden Tag einen Satz über seine Erlebnisse in sein Heft schreiben, um in die zweite Klasse versetzt zu werden. Dementsprechend sind die Einträge knapp, schildern kleinere Unternehmungen wie den Spaziergang mit der Großmutter, den Besuch der Kirche oder das Wetter. Am 18. August 1939 kehrt die Familie nach Warschau zurück. Dort scheint er seine Tage bei der Großmutter zu verbringen. Die Sätze sind einfach, die Beschreibungen alltäglich und korrespondieren mit zahlreichen Erlebnissen von Kindern in den Sommerferien.

Jeder Tag wird auf einer Doppelseite von einer Illustration der Künstlerin Ala Bankroft (Helena Stiasny) begleitet. Diese sind farbenfrohe Landschaftsbilder, die die Atmosphäre der sommerlichen Landschaft einfangen, mit Licht spielen und so auch den Kontrast zu dem, was sich im September 1939 ereignen wird, vorwegnehmen. Dunkle Farben wählt die Künstlerin, wenn Michał Skibiński über Gewitter schreibt. Am 1.01.1939 notiert der achtjährige Junge: „Der Krieg hat begonnen.“ Das Bild zeigt einen Wald in dunklen Farben, die Bedrohung wird angedeutet und auch auf den nachfolgenden Seiten setzt Ala Bankroft kontrastierende Farben ein, um die Angst des Jungen, der sich vor Flugzeugen verstecken muss, visuell festzuhalten.

5. Tagebücher von Zwangsarbeiter:innen

„Heute kaum etwas Besonderes“[24], heißt es im ersten Eintrag am 20.11.1944. Verfasser dieses Satzes ist der 14-jährige Jan Bazuin, der mit seinen Eltern in Rotterdam lebt. Sein älterer Bruder ist als Zwangsarbeiter nach Deutschland gebracht worden, weder Jan noch seine Eltern wissen, ob er noch lebt. Während

24 Jan Bazuin, 2022, Tagebuch eines Zwangsarbeiters, hrsg. von Paul-Moritz Rabe, München: Beck, S. 10.

Tagebücher von Kindern und Jugendlichen aus Ghettos präsent sind, existieren nur wenige von jugendlichen Zwangsarbeiterinnen und -arbeitern. Jan Bazuin wurde am 24.10.1925 in Rotterdam geboren. Aus dem Nachwort erfährt man, dass wenig über seine Kindheit bekannt ist. Seine Familie besaß eine Druckerei, die jedoch während der Bombardierungen zerstört wurde. Sein Tagebuch, das 2022 unter dem Titel *Tagebuch eines Zwangsarbeiters* erschienen ist und von Barbara Yelin illustriert wurde, besteht aus drei Teilen, die den Heften entsprechen, die Jan Bazuin geführt hat.[25] Das erste Heft umfasst die Zeitspanne 20. November 1944 bis 16. Februar 1945, das zweite ist vom 17.02.1945 bis zum 18.04.1945 und das letzte umfasst die Tage 19. bis 22.04.1945. Danach endet das Tagebuch, Jan Bazuin gelingt die Flucht in die Niederlande und erst nach seinem Tod 2001 entdeckt Leon Bazuin das Tagebuch mit historischen Fotografien und Dokumenten seines Vaters. Die Dokumente kamen in das NS-Dokumentationszentrum nach München, wurden aber erst 2017 wieder entdeckt. Das Besondere an diesem Tagebuch ist, dass es zwar die Tage dokumentiert, die Textstellen jedoch sehr knapp sind und Jan Bazuin „offenbar aus einer spontanen Laune"[26] seine Gedanken festhält. Sein Text ist nah an der Mündlichkeit. Anders als beispielsweise das Tagebuch von Éva wurde dieses kaum bearbeitet. Im ersten Heft lebt der Junge bei seinen Eltern in Rotterdam, erlebt den Hunger, die Bombardierungen, das Wetter und berichtet auch von familiären Schwierigkeiten. Immer wieder kommt es zu Streit mit dem Vater, Jan muss Nahrung suchen und der Vater ermuntert ihn, Rotterdam zu verlassen. Viele Einträge beginnen mit Sätzen wie „Heute habe ich mich endlich mal richtig sattgegessen"[27] oder „Na also. Heute Morgen habe ich die Kartoffeln geholt".[28] Auch im zweiten Heft, das er dann in München schreibt, dominiert der Hunger sowie das Essen. Jan kann für einige Zeit in der Küche arbeiten, sich satt essen.

Das Tagebuch eines Zwangsarbeiters ist von Barbara Yelin illustriert, die Bilder für die geschilderten Ereignisse finden sollte. Fotomaterial zu der Geschichte von Jan Bazuin in den Jahren 1944 und 1945 existiert kaum. Die Auswahl, welche Szenen illustriert werden, ist in enger Kooperation zwischen Herausgeber und Künstlerin erfolgt. Obwohl Yelin Fotografien etwa der zerstörten Stadt Rotterdam hatte, sind ihre Illustration nicht „rein dokumentarisch"[29], sondern als künstlerische Annäherungen zu verstehen. Ihre Zeichnungen konzentrieren sich auf

25 Zusätzlich zu dem Buch wurde die App Forced Abroad von Paintbucket Games auf Grundlage des Tagebuchs und der Illustrationen entwickelt, die gezielt Jugendliche ansprechen soll.

26 Paul-Moritz Rabe, 2002, Nachwort, in: Bazuin, Tagebuch eines Zwangsarbeiters [Anm. 24], S. 142.

27 Bazuin, Tagebuch eines Zwangsarbeiters [Anm. 24], S. 19.

28 Ebd., S. 21.

29 Rabe, Nachwort [Anm. 26], S. 144.

bestimmte Details oder Stimmungen – so sieht man zu Beginn des Tagebuches eine Straßenszene in Rotterdam, die Soldaten stehen bewaffnet am Straßenrand und Männer zwischen 17 und 40 sind mit kleinen Gepäckstücken auf dem Bild zu sehen. Sprechblasen informieren über das Geschehen. Die nächste Doppelseite nimmt Bazuins Einträge auf, zeigt ihn am Tisch sitzend und schreibend, im Hintergrund seine Mutter. Die Enge der Wohnung, die bedrückende Situation wird in den dunklen Farben festgehalten, eine kleine Lampe spendet Jan Bazuin Licht. Immer wieder wechselt Yelin zwischen Innen- und Außenansichten, deutet Bombardierungen der Stadt, aber auch die beklemmende Situation in der Wohnung der Familie Bazuin an. Die Künstlerin orientiert sich an den historischen Details, was sich u. a. auch in den Lichtverhältnissen in den Unterkünften der Zwangsarbeiter und in der Kleidung zeigt. Damit füllt sie auch Leerstellen des Textes auf, denn Jan Bazuin beschreibt die Kälte und Enge in den Unterkünften. Aber erst mittels der Illustrationen wird diese auch fassbarer. Die Bilder sind überwiegend in dunklen Tönen gehalten. In einem Interview mit der Künstlerin heißt es:

> Ich mach' ja Bilder für Geschichten, die Bilder brauchen. Also eine Geschichte, die fertig geschrieben ist, braucht meiner Meinung nach nicht zwingend Bilder. Und ich glaub' die Zeichnung kommt hier zum Einsatz eben für diesen Stil, der auch Auslassungen hat, wo Bilder auch tatsächlich einen Sinn haben. Die können diese Auslassungen füllen, die können was illustrieren, die können Stimmungen auch erweitern.[30]

6. Publikations- und Wirkungsgeschichte

Die hier vorgestellten Tagebücher wurden nicht für eine spätere Publikation geschrieben, wie Hinweise in den Texten nahelegen. Mary Berg jedoch erlebte die Veröffentlichung ihres Tagebuches, das sie mit dem Journalisten bearbeitet hat. Sie hat sich, darüber informiert das Vorwort, in den 1950er Jahren von ihrem Tagebuch distanziert „mit der Begründung, sie wolle die Vergangenheit vergessen“[31] und ist aus der Öffentlichkeit verschwunden. Es ist nicht klar, wie ihr späteres Leben in den USA verlief.

Auch das Tagebuch von Éva Heyman wurde lektoriert, auch wenn die Publikationsgeschichte umstritten ist. Bereits im Vorwort der hebräischen und englischen Ausgabe wird eine Bearbeitung der Mutter, die das verschollene Manuskript nach Kriegsende bekommen hat, für möglich gehalten. Gergely Kunt stellt das Tagebuch in seinem Beitrag *Ágnes Zsolt's Authorship of her Daughter*

30 www.swr.de/swr2/literatur/jan-bazuin-tagebuch-eines-zwangsarbeiters-geschichte-die-unter-die-haut-geht-100.html (01.03.2023).

31 Berg, Wann wird diese Hölle enden? [Anm. 21], S. 38.

Éva Heyman's Holocaust Diary als einen literarischen Versuch der Mutter dar, sich mit dem Tod der Tochter auseinanderzusetzen.[32]

Petr Ginz, Jan Bazuin oder und Michał Skibiński haben keine Publikation erwogen, im Schreiben konnten sie ihre Emotionen und Erfahrungen verarbeiten. Weder Peter Ginz noch Jan Bazuin haben ihre Veröffentlichung erleben können.

Alle vorgestellten Tagebücher haben gemeinsame Narrative, wählen aber unterschiedliche Formen der Darstellung. Die Einträge von Éva und Mary sind länger, mit Rückblenden, Gefühlen und auch Wertungen. Beide heranwachsenden Frauen sind sich auch ihrer privilegierten Stellung bewusst. Sowohl Petr als auch Jan schreiben sachlicher und ihre Einträge sind kurz, umfassen teilweise auch nur einen Satz. So heißt es etwa in Petr Ginz' Tagebuch am 10.10.1941: „Ehrlich aus der Parallelklasse fährt am Montag mit dem ersten Transport von fünftausend Juden nach Polen."[33] Die Sätze werden nüchtern niedergeschrieben, auf Emotionen verzichtet er. Auch Jan setzt sich mit Transporten, vor allem von Zwangsarbeiterinnen und -arbeitern, auseinander, ist häufig sachlich, zuweilen allerdings auch wertend und kritisch. Immer wieder hält er im Tagebuch fest, dass im Lager gestohlen wird: „Das ist prima! Die Holländer klauen hier ganz schön."[34]

7. Tagebücher als ein Medium historischen Lernens

Die hier vorgestellten Tagebücher greifen historische Vorgänge auf, ohne diese in historische Kontexte zu setzen. Nimmt man Kosellecks Fragen erneut auf, so erinnern die Tagebücher zunächst an ein Leben, das mit der Machtergreifung der Nationalsozialisten in Deutschland zerstört wurde. Die hier vorgestellten Dokumente erzählen von Menschen und ihrem Leben und dokumentieren auch ein jüdisches Leben in den europäischen Ländern. Die Publikationsgeschichten zeigen auch, wie schwer es den Überlebenden gefallen ist, über das Erlebte zu erzählen oder die Tagebücher der Verstorbenen zu lesen. Akteure des Erinnerns sind Kinder und Jugendliche mit Wünschen und Hoffnungen, aber auch Sorgen und Ängsten. Die kindlichen und jugendlichen Tagebuchverfasserinnen und -verfasser erinnern sich in den hier vorgestellten Tagebuchbeispielen auch an ihre glücklichen Kindheitstage vor der Zeit der Nationalsozialismus. Es finden Auslassungen statt, denn die politischen Kontexte sind den Kindern nicht vertraut und ein Achtjähriger wie Michał Skibiński kann im August 1939 einen unbeschwerten Sommer genießen, während die Erwachsenen mit Sorge nach Deutschland blicken. Auch Petr Ginz schafft den Spagat trotz der Beschränkungen über

32 Gergely Kunt, 2016, Ágnes Zsolt's Authorship of her Daughter Éva Heyman's Holocaust Diary, in: Hungarian Studies Review, Nr. 1–2, S. 127–154.

33 Ginz, Prager Tagebuch [Anm. 9], S. 35.

34 Bazuin, Tagebuch eines Zwangsarbeiters [Anm. 24], S. 110.

glückliche Momente zu schreiben, Jan Bazuin klagt über Bombardierungen und Hunger, berichtet aber immer wieder von überglücklichen Treffen mit seiner damaligen Freundin.

Neben den Beschreibungen der politischen Lage geht es um die familiäre Situation und die eigene Identität. Die jugendlichen Verfasser:innen wie Éva Heyman, Jan Bazuin oder Mary Berg sind Jugendliche, die sich nach einer Jugend sehnen, sich verlieben möchten oder sich auch verlieben. Jan vermisst seine Freundin Annie, hadert mit der Familie. Auch Éva denkt über die Liebe nach, fragt sich, wen sie mal heiraten wird und verliebt sich in einen älteren Jungen.

Abschließend zeigt die Analyse der ausgewählten Tagebücher, dass die Jugendlichen die Shoah und die Gräueltaten der Nationalsozialisten anders als Erwachsene erlebt haben. Sie waren hilflos, verstanden vieles nicht, standen am Anfang ihrer Pubertät und hatten Träume für ihre Zukunft. Mit der Lektüre der Tagebücher aus der NS-Zeit lernen wir die Kinder und Jugendlichen sowie ihre Perspektive kennen. Damit bieten Tagebücher Heranwachsender eine Chance für den Deutsch- und Geschichtsunterricht, um sich den Jahren 1933 bis 1945 zu nähern und sie eröffnen einen europäischen Blick.

Die Shoah ist sowohl im Lehrplan Deutsch als auch im Lehrplan Geschichte verankert. Die ausgewählten Tagebücher können sowohl im Deutsch- als auch Geschichtsunterricht eingesetzt werden, um mit den Schüler:innen über die Shoah und die Zeit des Nationalsozialismus zu sprechen. Neben den gattungsspezifischen Charakteristika eines Tagebuchs, autobiografischem Schreiben und möglichen Publikationsgeschichten kann man auch Tagebücher untereinander hinsichtlich des Stiles und der Sprache miteinander vergleichen. Eine genaue Lektüre gibt Einblicke in die Ängste, Sorgen der Kinder und Jugendlichen, deutet auch eine mögliche Sprachlosigkeit an, wenn beispielsweise die Schreibenden nur festhalten, dass die Nachricht zum Transport einzelne Familienmitglieder erreicht hat. Barbara Yelin kommentiert ihre Arbeit an dem Tagebuch eines Zwangsarbeiters wie folgt: „Ich glaube, dass solche individuellen Leben oder solche individuellen Momente für einen Zugang zum Lernen und Begreifen über die Geschichte sehr wichtig und richtig sind.“[35]

Die Schüler:innen setzen sich mit den Biografien, dem Umfeld und der Geschichte der Diarist:innen auseinander, die in der Regel in ihrem Alter sind. Sie sammeln Erkenntnisse aus der Geschichte, erfahren, welche Auswirkungen Daten, Fakten und Erlasse für das Leben der Kinder und Jugendlichen haben. Werden unterschiedliche Tagebücher gelesen, erkennen die Schüler:innen auch dort Gemeinsamkeiten, aber auch Unterschiede. In den hier vorgestellten Tagebüchern kann der Blick auch auf der Sprache und der Gestaltung liegen. Die Diarist:innen schreiben mehr, beobachten genauer und arbeiten mit Gefühlen.

---

35 www.swr.de/swr2/literatur/jan-bazuin-tagebuch-eines-zwangsarbeiters-geschichte-die-unter-die-haut-geht-100.html (01.03.2023).

Neben der Beschäftigung mit der Shoah erhalten die Schüler:innen durch ihre Auseinandersetzung mit den Tagebüchern auch Einblicke in Rezeptions- und Wirkungsgeschichte von Texten. Manche Selbstzeugnisse wurden vor der Veröffentlichung bearbeitet, andere erst sehr spät entdeckt, wiederum andere wurden illustriert.

Die Arbeit mit Tagebüchern, die die Erfahrungen während der Zeit des Nationalsozialismus aus der Perspektive von Kindern und Jugendlichen beschreiben, ist im Unterricht verschiedener Fächer eine lohnende Aufgabe. Anhand der Tagebücher vertiefen die Schüler:innen ihr Wissen über die unterschiedlichen, aber auch über gemeinsame Erfahrungen in den Ghettos und Lagern während der Zeit des Nationalsozialismus.

Elizabeth Acevedo: *Poet X*

Von der Macht der Poesie und dem langsamen Ankommen in der Welt der eigenen Sprache

Nicole Masanek

1. Einleitung

> „Ich weiß, was es bedeutet, eine verschlossene Blume zu sein, sich zu öffnen" (PX, S. 285).

Für *Poet X* erhielt Elizabeth Acevedo im Jahr 2019 als erste *Person of Color* (*PoC*) die renommierte *Carnegie Medal*. Im Mittelpunkt ihres Debütromans steht die 15-jährige Xiomara, deren Eltern aus der Dominikanischen Republik in die USA immigriert sind. Die introvertierte und schweigsame Protagonistin findet nur im Schreiben ihres Notizbuches einen inneren Raum, um sich mit ihrer Rolle in einer Welt zu beschäftigen, in der sie sich als *weibliche PoC* nicht repräsentiert fühlt. Dabei kleidet sie, die auf der Suche nach einer eigenen Stimme, einer eigenen Form des Ausdrucks ist, ihre Gedanken häufig „in Gedichte" (PX, S. 43[1]). Nach dem Durchleben mehrerer dramatischer Krisen entwickelt sich Xiomara zu einer erfolgreichen Poetry-Slammerin, die kraftvoll, selbstbewusst und öffentlich ihre ganz eigene Wahrnehmung der Welt artikuliert. Mit *Poet X* begegnet den Leserinnen und Lesern somit „an essential ‚coming-of-age' and ‚bildung' story for black and brown kids […]",[2] die besonders den Prozess von Xiomaras Empowerment beleuchtet.

In der bisher nur spärlich vorliegenden Forschungsliteratur zu dem 2018 in den USA und ein Jahr später in Deutschland publizierten Werk wird die Entwicklung Xiomaras primär aus einer intersektionalen Perspektive nachgezeichnet.[3]

---

1 Der Primärtext, in diesen Ausführungen mit PX abgekürzt, wird auf Basis folgender Ausgabe zitiert: Elizabeth Acevedo, 2018, Poet X, Reinbek bei Hamburg: Rowohlt.

2 Mira Muchacha, 2021, The Latinx Bildungsroman in Elizabeth Acevedo's The Poet X, New York: City University of New York, S. 5.

3 Vgl. Macarena Martín Martínez, 2021, Corporal Activism in Elizabeth Acevedo's The Poet X: Towards a self-appropriation of US Afro-Latinas Bodies, in: Revista de Estudios Norteamericaons 25, S. 1–23, abrufbar unter http://dx.doi.org/10.12795/REN.2021.i25.01; vgl.

Weil sich die Analysen dabei fast ausschließlich auf die erzählte Welt des Textes beziehen, bleiben die in *Poet X* lesbaren innovativen Formen des Ausdrucks unbeachtet, welche die Hauptfigur wählt, um ihr eigenes Erleben in eigene Worte zu fassen. Daran anknüpfend, wird in den folgenden Ausführungen, die einer intersektionalen Lesart folgen, herausgearbeitet, wie der Prozess von Xiomaras Empowerment auf drei miteinander verflochtenen Ebenen erzählt wird: Unterschieden wird zwischen „dem Erzählten (die Geschichte, die erzählte Welt)“[4] einerseits sowie der Darstellung, das heißt die „jeweils verwendeten Verfahren der Präsentation“[5] andererseits. Beide Ebenen des literarischen Textes werden gerahmt durch einen Paratext[6], der als dritte Ebene in die Analyse einfließt.

2. Die erzählte Welt: Xiomaras Entwicklung im Spiegel des biblischen Wortes

Poet X ist in drei Kapitel untergliedert. Jede Kapitelüberschrift beinhaltet einen intertextuellen Verweis auf biblische Verse, durch den der jeweilige Entwicklungsstand Xiomaras angezeigt wird. Das erste Kapitel, überschrieben mit „Am Anfang war das Wort“ (PX, S. 7), verweist auf den Beginn des Johannes-Evangeliums. Dort heißt es:

> Im Anfang war das Wort, und das Wort war bei Gott, und Gott war das Wort. Dasselbe war im Anfang bei Gott. Alle Dinge sind durch dasselbe gemacht, und ohne dasselbe ist nichts gemacht, was gemacht ist. In ihm war das Leben, und das Leben war das Licht der Menschen (Johannes 1: 1–4).

Dem Wort und seiner Fähigkeit, Wirklichkeit, Leben und Licht zu konstituieren wird auch in *Poet X* ein großes Gewicht beigemessen. Im ersten Kapitel sind es jedoch zunächst die Worte von Männern aus ihrem Viertel sowie die Worte der Mutter, die Xiomaras Wirklichkeit konstruieren: Während die Jungen die Protagonistin in der Mittelstufe noch einen Wal nannten, fragen sie nun nach Fotos

Macarena Martín Martínez, 2020, The flash was made word: Reclamation of Afro-Latinas' Bodies in Elizabeth Acevedo's „The Poet X“, in: Investigación joven con perspecitva de género V, hrsg. von Clara Sainz de Baranda und Marian Blanco-Ruiz, Madrid: Instituto de Estudios de Género, S. 408–421, abrufbar unter http://hdl.handle.net/10016/31522 (01.03.2023); vgl. Muchacha, The Latinx Bildungsroman [Anm. 2].

4 Matías Martínez und Michael Scheffel, 2016, Einführung in die Erzähltheorie, 10., überarb. u. aktual. Aufl., München: C. H. Beck, S. 22.

5 Ebd., S. 22.

6 Vgl. Gérard Genette, 1993, Palimpseste. Die Literatur auf zweiter Stufe, hrsg. von Karl Heinz Bohrer, Frankfurt a. M.: Suhrkamp, S. 11.

von ihr „im Tanga" (PX, S. 11). Xiomaras sich entwickelnde Körperlichkeit wird als Ausdruck ihres sexuellen Begehrens wahrgenommen und als solches verbalisiert: „‚Geiler Körper', sagen sie. / ‚Wir wissen, was Mädchen wie du wollen!'" (PX, S. 48) Indem der Körper der Protagonistin durch die Worte der Männer als „sign of invitation and consent"[7] interpretiert wird, zeigt sich

> the „Jezebel" stereotype which objectified Black women's physical attributes, such as the buttocks, by considering them ‚excessive' and therefore signs of their animal hypersexuality [...]. This narrative of dehumanization and sexualization was made to justify rape and sexual abuse.[8]

Dieser Blick auf Xiomaras Körper wird teilweise von ihrer Mutter geteilt, deren Sicht grundlegend durch den Katholizismus geprägt ist. Sie, die täglich auf dem Arbeitsweg biblische Verse liest, reagiert auf die Entwicklung ihrer Tochter hin zur Frau mit Gebeten und Drohungen:

> Sollte sie je hören, dass ich
> wie ein nasses T-Shirt an der
> Wäscheleine darauf warte,
> in die Mangel genommen zu werden,
> würde sie mir den Hals umdrehen. (PX, S. 12)

Seitens der Mutter wird so das Bild von passiven, aber sexualisierten Frauen entworfen, die nur darauf warten, von Männern *genommen zu werden*. Lehnt die Mutter diese Form von Weiblichkeit, die sie Xiomara unterstellt, grundlegend ab, so favorisiert sie eine andere: Die Mutter, die „Gebete [wollte] und alles, was / einem direkten Zugang zum Himmel am nächsten kam" (PX, S. 26), träumte davon, Nonne zu werden. Sie idealisiert somit eine Form der Weiblichkeit als nicht-sexualisierte Heilige, als ewig reine Jungfrau, was impliziert, dass jede körperliche Entwicklung hin zur Frau, jede Zärtlichkeit mit dem anderen Geschlecht als schmutzig und als Sünde abgelehnt wird. Xiomara aber, die „endlich einen Jungen küssen, [...] ihn spüren" (PX, S. 30) möchte, verweigert sich auch diesem Weiblichkeitsbild, das ihr keinerlei Identifikationspotenzial bietet. Aus einem ähnlichen Grund lehnt sie ebenfalls den Katholizismus ab:

7 Martínez, Corporal Activism [Anm. 3], S. 7.
8 Ebd., S. 5.

Wenn ich mich in der Kirche umsehe
und keiner der Engel
oder Jesus oder Maria, nicht einer der Jünger
so aussieht wie ich: dunkel und kurvig und wütend.
Wenn man mir sagt, ich solle glauben
an den Vater, den Sohn,
an Männer.
Und das, obwohl sie die ersten sind,
die mich kleinmachen wollen.

Dann fühle ich mich wie eine Heuchlerin.
Denn ich nicke und klatsche, sage *Amen* und *Halleluja*,
während ich die ganze Zeit spüre, dass ich in diesem Haus,

in Seinem Haus,
nicht länger wohnen kann (PX, S. 61).

Als Frau beklagt Xiomara am Katholizismus folglich, dass dieser Glaube „nicht die Frau, die Mutter" (PX, S. 20) einbezieht. Als *PoC* moniert sie die fehlende Repräsentation ihrer Ethnie im Katholizismus. Zusammenfassend lässt sich festhalten: In der Wahrnehmung der Protagonistin beschreiben die Worte der sie umgebenden Männer, die Worte der Mutter und auch die Worte des Katholizismus ihren Körper entweder männlich-patriarchal und rassistisch oder sie schließen diesen Körper gänzlich aus. In einer derart konstituierten Wirklichkeit aber fehlen der Protagonistin die Worte und Ausdrucksformen, um sich selbst zu sprechen, das heißt ihr eigenes Erleben zu artikulieren, weshalb sie (zunächst) verstummt.

Dies ändert sich, als Ms. Galiano, Xiomaras Englischlehrerin, ihren Schülerinnen und Schülern in einer Unterrichtsstunde einen videographierten Slam zeigt. Bei diesem spricht eine Slammerin „über das Leben. Als Schwarze, als Frau. / Über Schönheitsideale, die ihr das Gefühl geben, nicht schön zu sein" (PX, S. 78). Diese Worte konstituieren eine Wirklichkeit, in der Xiomara sich erstmals gesehen und verstanden fühlt. Sie beginnt, ihre in ihr Notizbuch niedergeschriebenen Gedichte selbst zu performen:

Ich lasse Wörter fliegen, sich von meiner Zunge formen.
Ich lasse meine Hände Satzzeichen sein.
Ein Schrägstrich. Ein Punkt. Ich schiebe sie ineinander.
Gebe meinem Körper endlich all dem Raum, den er braucht (PX, S. 81).

Durch die selbstbestimmte Performance eigener Worte, die sie zunächst für sich allein vorm Spiegel erprobt, bekommt Xiomara Gewalt über ihren Körper, denn ihr „body is no longer a sexual object, but a tool for her empowering and embodied art".[9] Am Anfang ihrer Selbstfindung, ihres eigenen Sprechens steht für Xiomara folglich ihr eigenes Wort, das im ersten Kapitel aber noch keiner hören und sehen darf.

Der Titel des zweiten Kapitels – „Und das Wort ward Fleisch" (PX, S. 96) – verweist auf Johannes 1:14. Dort heißt es: „Und das Wort ward Fleisch und wohnte unter uns, und wir sahen seine Herrlichkeit, eine Herrlichkeit als des eingeborenen Sohnes vom Vater, voller Gnade und Wahrheit." Ist es in der Bibel noch das göttliche Wort, das Jesus die Fleischwerdung ermöglicht, so schreitet in *Poet X* der Prozess der Verkörperlichung der weiblichen Hauptfigur, ausgelöst durch das öffentliche Sprechen ihrer eigenen Worte, voran: Aman, ein Schulkamerad und Xiomaras erste Liebe, bittet sie, ihm eines ihrer Gedichte vorzulesen (vgl. PX, S. 113). Für die Protagonistin, die zuvor noch niemandem ihre Texte vorgelesen hat, bedeutet dies eine große Herausforderung, die sie, körperlich heftig reagierend, annimmt: „Mein Herz sprengt meine Brust, / die Seiten zittern wie Espenlaub. / Ich überhaste." (PX, S. 113) Nachdem sie ein Gedicht über ihren Vater vorgelesen und damit ihr innerstes Erleben nach außen transportiert hat, fühlt sie sich „völlig entblößt, so als wäre ich nackt" (PX, S. 113). Hier sind es nicht mehr die Worte der Männer oder des Katholizismus, die Xiomaras Körper beschreiben, sondern sie selbst reagiert auf ihre eigenen Worte körperlich. Ähnlich geht es Aman, der sich von ihren Worten berührt fühlt: „Du bist gut, X. Ich will mehr davon." (PX, S. 114) Durch die Anerkennung ihrer Worte – *ihrer* Herrlichkeit – tritt die Protagonistin ein Stück weiter ein in eine selbstbestimmte Körperlichkeit. Parallel dazu entwickeln sich zwischen den beiden Teenagern erste und selbstbestimmte Zärtlichkeiten (vgl. z. B. PX, S. 117), die jedoch einen abrupten Abbruch finden, als Xiomaras Mutter Küsse zwischen den beiden beobachtet. Im vergeblichen Versuch, die Tochter zur Reue zu bewegen, wird die Mutter gewalttätig und stellt die Protagonistin unter Hausarrest. Xiomara, die aus Enttäuschung über Amans passive Reaktion auch zu ihm jeglichen Kontakt abbricht, verstummt erneut, wenn auch nur äußerlich.

Das 3. Kapitel wird durch die Überschrift „Die Stimme in der Wüste" (PX, S. 221) eingeleitet, was einen intertextuellen Verweis auf das Alte Testament darstellt: „Es ist eine Stimme eines Predigers in der Wüste: Bereitet dem HERRN den Weg, macht auf dem Gefilde eine ebene Bahn unserm Gott." (Jesaja 40: 3) In den vier Evangelien des Neuen Testaments, die dieses Wort Jesajas wiederholen, wird Jesus zu dem ersehnten Propheten, der das göttliche Wort verkündet (vgl. z. B. Markus 1: 3). In *Poet X* ist es dagegen die Figur der Xiomara, die im 3. Kapitel

9 Ebd., S. 18.

endgültig ihre eigene prophetisch-kraftvolle Stimme findet: Während sie sich zuhause in Schweigen hüllt und eine Anpassung an die Regeln der Mutter äußerlich vortäuscht, nimmt sie heimlich an dem von Ms. Galiano geleiteten *Poetry Club* teil. Hier findet sie einen Ort, an dem sie ihre Gedanken öffentlich präsentieren kann (vgl. PX, S. 261) und ihre Worte „sich einen Augenblick lang bedeutend" (PX, S. 260) anfühlen. Durch Unterstützung ihrer Freundin Caridad tritt sie ebenfalls heimlich, aber mit großem Erfolg bei ihrem ersten Slam auf (vgl. PX, S. 278). Als aber ihre Mutter das Notizbuch findet und all die dort formulierten Gedanken und Gedichte liest, eskaliert die Situation erneut. Xiomara flüchtet zu Aman und sucht schließlich Rat bei Pater Sean, dem Priester der Gemeinde ihrer Mutter. Mit ihm gemeinsam führt sie Gespräche mit der Mutter, die zur Versöhnung führen. Nun ist der Weg für Xiomara frei: Sie darf bei Poetry Slams auftreten und erfährt dort ihre eigene Verkörperlichung:

> However, it is the performative component of slam poetry, in the sense that the body is in use, what takes Xiomara's embodied discourse to the next level adding extra value to slam poetry as a tool for reclaiming her body.[10]

Und das Schönste dabei ist: Ihre Eltern unterstützen sie und sind stolz auf sie, ermutigen sie, ihren eigenen Weg zu finden. Der bisher schweigsame, in sich versunkene Vater, wird lebendig und ihre Mutter fordert sie sogar auf: „Und spricht laut und deutlich, Xiomara. / Es soll jeder hören." (PX, S. 339)

3. Die Darstellung der erzählten Welt

Die folgenden Ausführungen widmen sich der Frage, wie die in der erzählten Welt formulierte Entwicklung Xiomaras auf der Ebene der Darstellung vermittelt wird. Primär geschieht dies durch zwei Darstellungsstrategien – der Nachträglichkeit des Erzählens sowie des Spiels mit der Tradition –, die nun erläutert werden.

3.1 Die Nachträglichkeit des Erzählens

Die weibliche Hauptfigur fungiert zugleich als autodiegetische und intern fokalisierte Erzählerin ihrer eigenen Entwicklungsgeschichte. Dadurch besitzt die *Erzählerin Xiomara* von Beginn an Hoheit über die eigene Geschichte, während die *Protagonistin Xiomara* über weite Strecken des Werks einen stummen Kampf gegen fremde Worte führt. Das erzählende Ich ist in seiner Entwicklung

10 Ebd., S. 17.

folglich weiter fortgeschritten als das erlebende Ich, sodass eine Nachträglichkeit konstitutiv für das Erzählen Xiomaras ist. Deutlich erkennbar wird diese in den Analepsen, die einen Rückblick auf die Geburt und die ersten Lebensjahre der Protagonistin ermöglichen. Innerhalb dieser Analepsen wird proleptisch auf die erzählte Zeit des Romans, die in der Gegenwart der 15-jährigen Xiomara spielt, verwiesen:

> Deine Mutter wird sich auf den Glauben stürzen
> wie ein Hund auf den Knochen.
> Sie war schon immer gläubig, aber jetzt
> wird sie jeden Tag zur Messe gehen.
>
> Du wirst gezwungen sein, mit ihr zu gehen,
> bis deine Knie die Splitter der Bänke kennen,
> den modrigen Geruch des Weihrauchs [...]. (PX, S. 24)

Indem die Erzählerin futuristisch-prophetisch verkündet, was kommen wird, macht sie sich zur Herrin ihrer eigenen Geschichte. Dazu stellt sie ihre Vergangenheit und ihre Gegenwart in eine chronologische und sinnstiftende Ordnung. Dadurch aber, „dass ein Mensch sein Leben als eine sinnvolle Folge nur auf ihn zutreffender Erlebnisse und Ereignisse erzählt, kommt er zu seiner Biographie, kann er sich als Individuum verstehen".[11]

3.2 Das Spiel mit der literarischen Tradition

Durch die Nachträglichkeit des Erzählens spricht dieses Individuum, die Erzählerin Xiomara, zu den Rezipientinnen und Rezipienten bereits in dieser eigenen Sprache und dem eigenen Ausdruck, den die Figur der Xiomara noch sucht. Diese Formen sprachlichen Ausdrucks, die sich durch ein in verschiedenen Variationen stattfindendes Spiel mit der literarischen Tradition präsentieren, sollen im folgenden Abschnitt genauer analysiert werden.

3.3 Das Spiel mit den Genres: Roman, Tagebuchroman und Slam-Poetry

Tagebuchromane dienen traditionell „gleichzeitig als Grabungsorte für Subjektspuren und als Laboratorien für die Konturierung neuer Züge des Subjekts in

11 Benedikt Jeßing und Ralph Köhnen, 2017, Einführung in die Neuere deutsche Literaturwissenschaft, 4. Aufl., Stuttgart: Metzler, S. 180 f.

der Moderne".[12] Xiomaras Erzählen weist Anklänge an dieses Genre auf. Denn über einen Zeitraum von gut sechs Monaten hinweg erzählt sie in Form täglicher Eintragungen (vgl. PX, S. 43) über ihr Leben und Erleben. Derart wird suggeriert, dass Leser und Leserinnen Xiomaras tagebuchähnliches Notizbuch mit all ihren privaten Gedanken zu lesen bekommen, das heißt Einblick in „ein intimes Dokument [erhalten], das nur dem Selbstausdruck dient".[13] Neben dieser Fingierung von Intimität, was für das Genre der Tagebuchromane konstitutiv ist, baut ihr Erzählen weiterhin den Eindruck von Faktualität auf: Ihre Einträge bekommen durch die teilweise Datierung derselben einen „quasi-dokumentarische[n] Charakter"[14], wodurch ein ebenfalls für Tagebuchromane konstitutives „Spannungsfeld von faktualem und fiktionalem Erzählen"[15] generiert wird. Allerdings ist das dritte konstitutive Merkmal dieses Genres, die Herausgeberfiktion[16], in diesem Werk nicht vorhanden, sodass nur noch von einer *partiellen Realisierung dieses Genres* als eine hier erkennbare Variante des *Spiels mit der literarischen Tradition* gesprochen werden kann.

Sowohl durch die aufgezeigten Anklänge zum Tagebuchroman als auch durch die im Paratext lesbare Benennung dieses Werks als ein Roman (vgl. z. B. PX, S. 349) ordnet sich *Poet X* in diese Großgattung ein. Xiomaras Erzählen stellt sich so in die Tradition eines typisch bürgerlichen Genres, in dem traditionell über genau diese gesellschaftlichen Gruppen erzählt wird, von denen sie sich ausgeschlossen fühlt. Denn spätestens seit „Mitte des 18. Jhs. [ist der Roman, N. M.] zugleich Prägekraft und Spiegelung der Sozial- und Bewußtseinsgeschichte der bürgerlichen Klasse in Europa".[17] Dabei zeichnet sich der Roman, eine „formal so gut wie regellose Literaturgattung,"[18] durch zwei konstitutive Merkmale aus. Das erste Merkmal, die Thematisierung der typischen „Konfliktstruktur [...], die das Individuum mit seinen Wünschen und Strebungen, die Subjektivität im modernen Sinn gegen die objektive Welt und ihre Zwänge setzt"[19], findet sich in *Poet X* deutlich umgesetzt. Allerdings wird nicht mehr der Konflikt eines bürgerlichen Individuums erzählt, sondern die Wünsche und Strebungen einer Protagonistin aus einer bisher randständigen gesellschaftlichen Gruppe. Als eine weitere Variation des *Spiels mit der literarischen Tradition* zeigt sich so die Aushöhlung

12 Renate Kellner, 2015, Der Tagebuchroman als literarische Gattung. Thematologische, poetologische und narratologische Aspekte, Berlin: De Gruyter, S. 288.

13 Ebd., S. 63.

14 Ebd., S. 16 f.

15 Ebd., S. 4.

16 Ebd., S. 256.

17 Jochen Vogt, 2014, Aspekte erzählender Prosa, 11., aktual. Aufl., Stuttgart: UTB, S. 225.

18 Ebd., S. 195.

19 Ebd., S. 203.

der Form durch inhaltliche Verschiebungen, die sich hier als ein grundlegender Eingriff in das Figurenarsenal und die Räume der erzählten Welt zu erkennen geben. Das zweite konstitutive Merkmal des Romans umfasst das prosaische Erzählen[20], was sich in *Poet X* erneut nur partiell umgesetzt findet. Denn Xiomaras Notizbuch-Einträge beinhalten in Form von Aufsatzentwürfen, Regelkatalogen, Dialogen sowie Textnachrichten zwar noch prosaische Erzählweisen, doch überwiegend geschieht das Erzählen über sich selbst in Versform, zum Beispiel durch freie Verse oder spezifische Gedichtformen. Äußerlich gerahmt als ein Roman finden sich in *Poet X* folglich vielfältige Genres eingespeist, wodurch Xiomaras Erzählen in die Nähe zur Slam-Poetry rückt:

> Die Slam-Poetry – wenn man darunter im Unterschied zum Poetry-Slam die verschiedenen Texte versteht, die vorgetragen werden – ist streng genommen keine eigene literarische Gattung, sondern umfasst alle denkbaren Textsorten, die nur publikumswirksam sein können: gereimte und ungereimte Lyrik, Erzählungen, Briefe, Sketche, Kabarett-Texte usw.[21]

Neben der inhaltlichen Bezugnahme – Xiomara entwickelt sich zu einer Poetry Slammerin – wird so auch auf der Ebene der Darstellung an die Tradition des Poetry Slams angeknüpft, der in den USA ein „Sprachrohr für soziale Minderheiten und Randgruppen“[22] darstellt und das von Xiomara Erzählte zugleich verbindet mit „her African roots as orality occupies a central position in African tradition“.[23] Als eine weitere Variation des *Spiels mit der literarischen Tradition* lässt sich so die Verknüpfung unterschiedlicher literarischen Traditionen (z. B. der bürgerlich-europäischen sowie afrikanischen) benennen. Dabei muss bedacht werden, dass der Roman sich „als *eine Maschinerie*“ verstehen lässt, *„die sich selbsttätig und kontinuierlich modernisiert* und dadurch imstande ist, neue Funktionen zu übernehmen, Neues auf neue Weise auszudrücken“.[24] Durch die angezeigten drei Variationen des Spiels mit der literarischen Tradition wird er hier zu einem Genre umfunktioniert, das auch Minderheiten das Erzählen ihrer eigenen Geschichten erlaubt.

---

20 Ebd., S. 224 und vgl. Jeßing und Köhnen, Einführung [Anm. 11], S. 193.

21 Reinhart Meyer-Kalkus, 2020, Geschichte der literarischen Vortragskunst, Stuttgart: Metzler, S. 1026.

22 Ebd., S. 1032.

23 Martínez, Corporal Activism [Anm. 3], S. 17.

24 Vogt, Aspekte erzählender Prosa [Anm. 17], S. 196.

3.4 Das Spiel mit Versen – freie Verse, Figurengedichte, Haikus und mehr

In dem im 1. Kapitel platzierten Gedicht *Hinterher*, das aus mehreren in freien Versen verfassten Strophen besteht, versprachlicht Xiomara die körperlichen und verbalen Übergriffe von Männern folgendermaßen:

Abb. 1: PX, S. 54 f.

Hinterher

Es passiert in der Kneipe.
Es passiert in der Schule.
Es passiert im Zug.
Es passiert auf dem Bahnsteig.
Es passiert auf den Treppenabsätzen.
Es passiert hinter der nächsten Ecke.
Es passiert, wenn ich nicht aufpasse.
Es passiert die ganze Zeit.

Ich sollte daran gewöhnt sein.
Ich sollte nicht so wütend werden,
wenn Jungs – und/oder –
erwachsene Männer –
mit mir reden, wie sie wollen.
Denken, sie können sich überall anfassen
oder mich. Sich an mir reiben,
die dreistesten Angebote machen.
Aber ich werde mich nie daran gewöhnen.
Es lässt meine Hände zittern.
Es schnürt mir die Kehle ab.
Das einzige, was mich beruhigt,
wenn ich nach Hause komme,
sind meine Kopfhörer.
Ich verkapsle mich, verliere mich
und tauche ab
zu der Musik von Drake.

Dann nehme ich mein Notizbuch
und schreibe und schreibe und schreibe
all jene Sachen, die ich so gerne gesagt hätte.
Forme Gedichte aus einschneidenden Gefühlen,
die sich anfühlen, als könnten sie
mich von innen heraus
öffnen.

Es passiert in kurzen Hosen.
Es passiert in langen Hosen.
Es passiert zu Boden schauend.
Es passiert Blicken standhaltend.
Es passiert laufend.
Es passiert sitzend.
Es passiert telefonierend.
Es passiert
und hört einfach nie auf.

Das Gedicht besteht aus insgesamt vier verschiedenen Strophen. Erzeugt ihre Platzierung im Raum sowie die unterschiedliche Bündigkeit der einzelnen Strophen zunächst einen Eindruck von Unordnung, so wird bei näherer Betrachtung ein – allerdings unkonventionelles – System der Ordnung deutlich: Die links- bzw. rechtsbündigen Strophen 1 und 4, welche die nur als ein *es* bezeichneten Angriffe auf Xiomaras Körper formulieren, rahmen die Strophen 2 und 3. Diese beiden mittig zentrierten Strophen sprechen das Unsagbare, die Übergriffe, aus und formulieren Xiomaras Reaktion darauf: Schnüren diese ihr zunächst „die Kehle ab" (PX, S. 54) und lassen sie verstummen, so wird es in einem „Hinterher" (PX, S. 54), in dem nachträglichen Prozess des Schreibens, möglich, „Gedichte aus einschneidenden Gefühlen" (PX, S. 55) zu formen. Dieses eigene Sprechen, die Verkörperlichung in Form von Buchstaben, ermöglicht zwar eine innerliche

Öffnung des Körpers durch den eigenen Ausdruck, ist allerdings nicht in der Lage, das *Es* zu verhindern. Wie bedrängend und allgegenwärtig dieses die Protagonistin umgibt, wird durch die Parallelismen („Es passiert") und die Wiederholung der Anapher *Es* in den Strophen 1 und 4 deutlich. Dabei zeigt das in der letzten Strophe eingerückte „Es passiert / und hört einfach nie auf" (PX, S. 55) eindrücklich die offensichtlich nicht zu aufzuhaltende Regelmäßigkeit. Zusammenfassend muss betont werden, dass in der Darstellung von Xiomaras Erleben zwar noch konventionelle Stilmittel gebraucht und auf konventionelle Formen (z. B. Verse und Strophen) zurückgegriffen wird, diese aber zahlreiche typographische Besonderheiten (Einrückungen, Linksbündigkeit etc.) beinhalten. Als eine weitere Variante des *Spiels mit der literarischen Tradition* zeigt sich an dieser Stelle folglich ein Aufbruch konventioneller lyrischer Formen[25] auf Ebene der Typographie, durch die bisher unsagbare traumatische Erlebnisse sagbar werden.

Eine weitere innovative Form des Ausdrucks gibt sich in dem folgenden Beispiel zu erkennen, in dem Xiomaras Mutter sie zwingen will, die Heilige Jungfrau Maria um Vergebung zu bitten, weil sie Zärtlichkeiten mit Aman ausgetauscht hat (vgl. PX, S. 198):

Abb. 2: PX, S. 198 f.

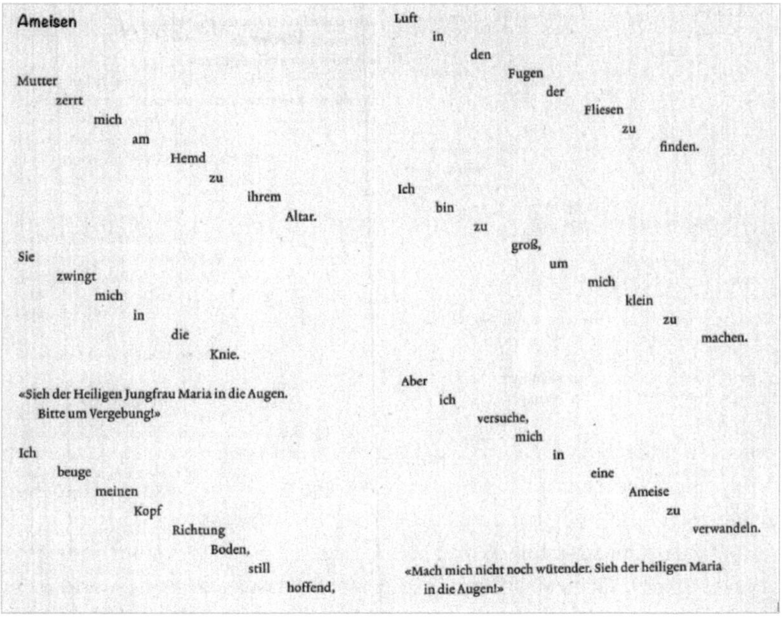

Ameisen

Mutter
zerrt
mich
am
Hemd
zu
ihrem
Altar.

Sie
zwingt
mich
in
die
Knie.

«Sieh der Heiligen Jungfrau Maria in die Augen.
Bitte um Vergebung!»

Ich
beuge
meinen
Kopf
Richtung
Boden,
still
hoffend,

Luft
in
den
Fugen
der
Fliesen
zu
finden.

Ich
bin
zu
groß,
um
mich
klein
zu
machen.

Aber
ich
versuche,
mich
in
eine
Ameise
zu
verwandeln.

«Mach mich nicht noch wütender. Sieh der heiligen Maria
in die Augen!»

25 Vgl. Dieter Burdorf, 2015, Einführung in die Gedichtanalyse, 3. Aufl., Stuttgart: Metzler, S. 12.

Die Organisation des Textes erinnert an ein Figurengedicht, denn die erzählten Inhalte – Xiomaras Wechselspiel zwischen Auflehnung gegen und Unterwerfung durch die Mutter – finden ihre Korrespondenz im Schriftbild.[26] Während die Rede der Mutter waagerecht-linear präsentiert wird, fällt die Darstellung dessen, was mit Xiomara durch die Hände der Mutter passiert, senkrecht ab. Derart entsteht eine Art Treppe, deren Stufen nach unten führen. Visualisiert wird so das langsame und erzwungene Hinabsteigen Xiomaras zu dem Bildnis der Heiligen Jungfrau, gegen das sie rebelliert. Ihr wiederholtes Auferstehen gegen den Zwang, die Verweigerung, die Ikone anzuschauen, findet sich verbildlicht in der Vielzahl der Treppen. Zugleich wünscht sich Xiomara der als mächtig erlebten Mutter zu entkommen. In Todesangst flüchtet sie sich deshalb in die Phantasie, eine Ameise zu sein: Diese sind zugleich stark – sie können das Zehnfache ihres Eigengewichts tragen (vgl. PX, S. 200) – und doch so klein, dass sie sich in Spalten verkriechen können:

Abb. 3: PX, S. 201

«Zum letzen Mal! Bitte die heilige Maria um Vergebung!»

Sie
werden
die
Apokalypse
überleben.

Kleine,
braune
Ameisen,
Berge versetzende
Ameisen
und
Feuer
ameisen.
Alle
rot
und –

Die ungeordneten, fetzenhaften Gedanken Xiomaras springen den Rezipierenden als vereinzelte Wörter, zum Teil sogar als Wortfetzen (*Feuer – ameisen*) entgegen, die zunehmend frei und ordnungslos im Raum herumschweben. Eine klare Leserichtung findet sich aufgehoben und macht eine „vagabundierende, immer wieder neu einsetzende Lektüre“[27] nötig. Visualisiert wird so die Auflösung jeglicher Machstrukturen – und damit das Zerfallen des Bildes der machtvollen Mutter und der ohnmächtigen Tochter:

26 Vgl. ebd., S. 50.
27 Ebd., S. 52.

Abb. 4: PX, S. 203

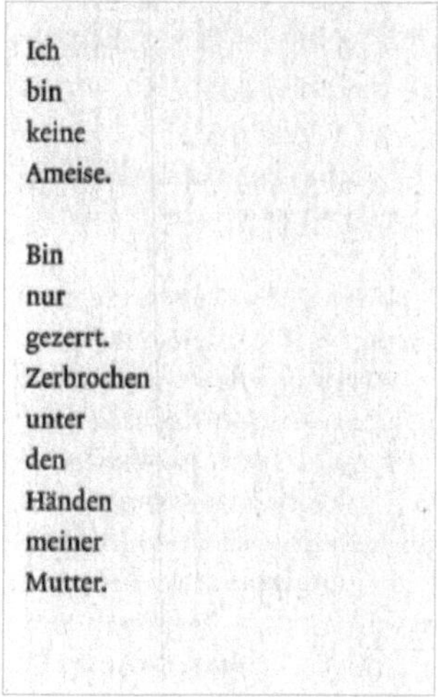

Ich
bin
keine
Ameise.

Bin
nur
gezerrt.
Zerbrochen
unter
den
Händen
meiner
Mutter.

Diese zwei Verse visualisieren zum einen die wiederauferstandene, nun gerade stehende Xiomara. Dabei drücken die Einwortverse, welche die Betonung eines jeden geäußerten Wortes kennzeichnen, Xiomaras Fähigkeit zu einer klaren, prägnanten und ausdrucksstarken Form der Äußerung aus, die sie zu einem gerade Körper wachsen lässt, obwohl oder gerade weil sie sich innerlich durch die Hände der Mutter zerbrochen fühlt. Durch das hier erneut erkennbare *Spiel mit der Tradition* auf Ebene der Typographie wird eine Spiegelung des inhaltlichen Erlebens Xiomaras auf Ebene der Darstellung generiert: Die erzählenden Worte selbst werden zu einem Körper, der durch seine Form spricht.

In einem Eintrag aus dem 2. Kapitel, der überschrieben ist mit „Haiku: Das Beste an Thanksgiving war, als meine Mutter …“, formuliert Xiomara Folgendes:

> mir mein Handy gibt,
> bis ich feststelle, ich will
> niemandem schreiben. (PX, S. 243)

Bei den aus Japan stammenden Haikus, durch die vor allem ein Geistesblitz ausgedrückt wird, handelt es sich um eine monostrophische Gedichtform, die einem festen Schema unterliegt: Es gibt drei Verse und diese umfassen jeweils genau fünf, sieben und fünf Silben.[28] Um einen Geistesblitz handelt es sich wohl auch bei der Feststellung Xiomaras, dass sie niemandem schreiben will: Ausgedrückt wird so die tiefe Vereinsamung der Hauptfigur. Als eine weitere Variante des *Spiels*

28 Vgl. ebd., S. 116.

mit der Tradition greift sie zur Formulierung derselben allerdings auf einen die eigentliche Gedichtform zwar benennenden, aber formal variierten Haiku zurück: Denn ohne die Überschrift, durch welche mit der klassischen Gedichtform des Haikus gebrochen wird, ist ein Verstehen dieser Strophe unmöglich.

Ihre Flucht ins Schreiben drückt die vereinsamte Xiomara durch ein weiteres, als „Haikus" benanntes Gedicht aus:

Abb. 5: PX, S. 266f.

Haikus

Cafeterias
fühlen sich nicht sicher an.
Ich sollte fliehen.

×

Ich entziehe mich
heimlich auf die Toilette,
schreibe dort Haikus.

×

Es sind Gedichte.
Drei Zeilen – Silbenanzahl:
Fünf, Sieben und Fünf.

×

Normalerweise
sind Gegensätzlichkeiten
hier in Form gebracht.

×

Ich bin ein Haiku,
gegensätzlicher denn je,
ohne klare Li-

nie.

Ich zähle Silben
mit meinen Fingerspitzen,
bis der Gong ertönt.

Auch die Präsentation von sechs Haikus, die einen inhaltlichen Bezug zueinander aufweisen, stellt ein Spiel mit der Tradition dar. Erneut erkennbar ist eine Aushöhlung der konventionellen Form durch inhaltliche Verschiebung: Präsentiert wird nicht mehr nur ein Gedankenblitz, sondern die Geschichte von Xiomaras

Flucht weg von den Menschen und hinein ins Schreiben, in Körper-Formen, die ein Identifikationspotenzial bieten: Ich bin ein Haiku. Das X markiert dabei deutlich die Autorschaft der Hauptfigur, wobei inhaltlich und typographisch angezeigt wird, wie zerrissen die Identität Xiomaras noch ist: Das Fehlen einer klaren Linie, ihre Gegensätzlichkeit, lässt sie nicht nur zu einem Haiku werden, sondern zu einem Sein, das *nie* ist.

Nachdem die Mutter im 3. Kapitel Xiomaras Notizbuch gefunden hat, ist sie zutiefst getroffen, und setzt an, dieses zu verbrennen. Dabei rezitiert sie die Heilige Schrift und in ihrer Not beginnt auch Xiomara erstmals zu sprechen, und zwar in ihren eigenen, dem Verbrennen anheim gegebenen Versen, die sich in ihr auftürmen und nun – endlich – aus ihrem Mund „stürzen" (PX, S. 301). Zwischen Mutter und Tochter kommt es zu einem verbalen Kampf in Form von Vers-Dialogen:

Abb. 6.: PX, S. 302

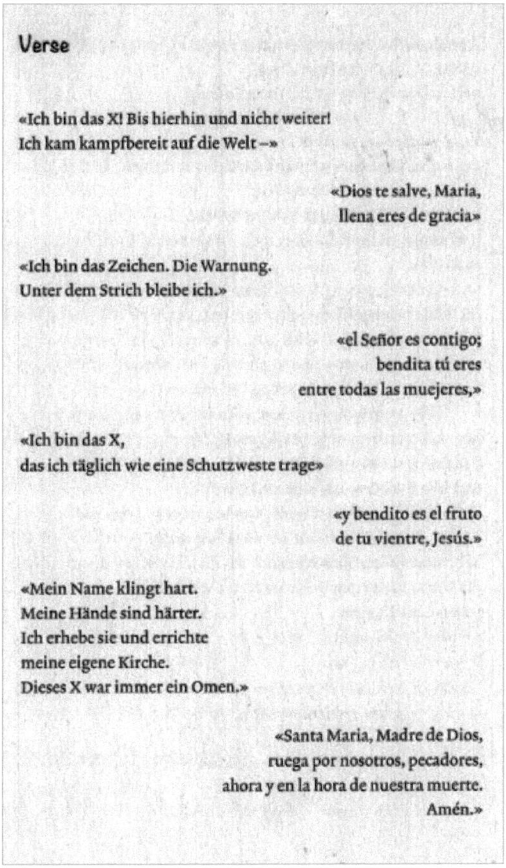

Verse

«Ich bin das X! Bis hierhin und nicht weiter!
Ich kam kampfbereit auf die Welt –»

«Dios te salve, Maria,
llena eres de gracia»

«Ich bin das Zeichen. Die Warnung.
Unter dem Strich bleibe ich.»

«el Señor es contigo;
bendita tú eres
entre todas las muejeres,»

«Ich bin das X,
das ich täglich wie eine Schutzweste trage»

«y bendito es el fruto
de tu vientre, Jesús.»

«Mein Name klingt hart.
Meine Hände sind härter.
Ich erhebe sie und errichte
meine eigene Kirche.
Dieses X war immer ein Omen.»

«Santa Maria, Madre de Dios,
ruega por nosotros, pecadores,
ahora y en la hora de nuestra muerte.
Amén.»

In den jeweiligen Versen formulieren Mutter und Tochter ihre konträren Lebensentwürfe. Wie stark sich diese gegenseitig fremd bleiben, wird sowohl durch die manifeste Mehrsprachigkeit (die Mutter spricht Spanisch) als auch durch den Inhalt der jeweils rezitierten Verse deutlich: Während die Mutter das *Ave Maria* spricht und sich damit an ihre weibliche Identifikationsfigur, die Heilige Maria, richtet, präsentiert Xiomara sich als eine kampfbereite Frau, die sich selbst schützt und nicht unterkriegen lässt. Die Fremdheit der beiden Lebensentwürfe zeigt sich weiterhin durch die jeweilige Links- bzw. Rechtsbündigkeit der Verse sowie dadurch, dass sie nicht linear, sondern untergeordnet zueinander stehen. Die Verse von Mutter und Tochter werden so zwar lesbar als eine jeweilige Antwort auf die Verse der anderen, ohne aber dass ein Verständnis bzw. ein Eingehen auf das jeweils Gesagte möglich ist: Die Verse sind sowohl inhaltlich, sprachlich als auch typographisch klar voneinander getrennt, wodurch die zu diesem Zeitpunkt noch vorherrschende völlige Kontaktlosigkeit zwischen Mutter und Tochter visualisiert wird.

3.5 Das Spiel zwischen Lyrik und Prosa – Dialoge, Chats, Regelkataloge

Neben Regelkatalogen, die zunächst die Regeln der Mutter bezüglich Xiomaras erwünschtem Verhalten angeben, dann aber zunehmend von äußerlichen zu innerlichen Regeln der weiblichen Hauptfigur umfunktioniert werden (vgl. PX, S. 337), finden sich in dem Roman Textnachrichten sowie Dialoge eingebaut. Einer dieser zwischen Xiomara und Caridad geführten Dialoge soll näher betrachtet werden:

> X: Ich sag ja nur … Ich bin doch keine Nonne. Ich will endlich
> einen Jungen küssen, mit ihm
> hinter einer Treppe verschwinden, ihn spüren …
> C: Oh Gott, du machst mich fertig.
> Hier, nimmt das Buch Ruth, und lies über die Tugend der Jungfräulichkeit. (PX, S. 30)

Auf den ersten Blick wirkt dieser Dialog, als wäre er in ungebundener, prosaischer Rede wiedergegeben, eine Art Gebrauchsprosa. Bei näherer Betrachtung zeigt sich jedoch, dass hier keine reine „Gliederung in Sprechpausen“ vorliegt, das heißt die Sätze sind nicht „durch Pausen voneinander getrennt, denen in der Schriftsprache im Wesentlichen die Satzzeichen entsprechen“.[29] Vielmehr zeigen sich mehrfach Enjambements, die das Geschriebene an einigen Stellen zu Versen

29 Ebd., S. 11.

formen. Indem einige Dialoge zwischen Caridad und Xiomara klar zwischen Vers und Prosa stehen, zeigt sich hier eine auch für die Gesamtstruktur des Romans grundlegende Strategie der Verknüpfung unterschiedlicher Erzählweisen als eine weitere Variante des Spiels mit der literarischen Tradition.

Zusammenfassend muss konstatiert werden, dass das Spiel mit der literarischen Tradition in vielfältigen Varianten präsentiert wird. Dabei wird erkennbar, dass bisher weitgehend sprachlose Randgruppen andere Formen des Ausdrucks kreieren, die in Auseinandersetzung mit konventionellen Formen entwickelt werden. Identität, so wird ausgedrückt, entwickelt sich nicht im luftleeren Raum, sondern immer in Auseinandersetzung mit der die Menschen umgebenden Welt.

4. Exkurs: Vom Vers zur Prosa – Xiomaras Aufsatzentwürfe

Neben den bisher betrachteten Genres sind in *Poet X* weiterhin vier Aufsätze lesbar, die Xiomara im Rahmen des Englischunterrichts zu von Ms. Galiano vorgegebenen Themen verfasst hat. Durch eine Betrachtung derselben wird verständlich, warum Xiomara ihre Gedanken über weite Strecken überwiegend in Versform ausdrückt.

Bei den ersten drei Aufsätzen schreibt die Protagonistin zunächst in Versform verfasste Erstentwürfe, die intime, sehr persönliche Gedanken von ihr beinhalten. So geht es in ihrem ersten Entwurf zu dem Thema *Der einflussreichste Tag in meinem Leben* um das verständnislose und gewaltvolle Verhalten der Mutter bei der ersten Regelblutung: Weil sie Tampons benutzt hat, unterstellt die Mutter der elfjährigen Xiomara, dass sie bereits Geschlechtsverkehr hatte und beschimpft sie als Hure:

> Ich verstand nicht, was sie da sagte.
> Die Tränen verronnen, ich leckte meine verwundete Lippe
> und betete,
> dass die Blutung aufhörte. (PX, S. 42).

Dieses intime Erlebnis gibt Xiomara Ms. Galiano nicht zum Lesen. Vielmehr bearbeitet sie diese Version und reicht schließlich einen Aufsatz in konventioneller Prosa-Form ein. Dieser spart das traumatische Erlebnis der ersten Regelblutung aus. Stattdessen thematisiert sie ihr Schweigen, das dazu führte, dass Xavier, ihr Bruder, ihr ein Notizbuch schenkte: „Mein Bruder sagte, dass ich zu still sei, zu wenig redete. Er hoffte, dass ich in diesem Buch einen Ort für meine Gedanken finden würde.“ (PX, S. 43) Die zweite, in Prosa verfasste Version zeugt von einer größeren sprachlichen Distanz zu dem Erzählten und gibt auch inhaltlich einen weniger tiefen Einblick in das Leben und Erleben der Figur. Dieser Unterschied an Intimität und Authentizität, der mit dem Wechsel von der lyrischen zur prosaischen Erzählweise einhergeht, zeigt sich ebenfalls in ihrem dritten Aufsatz. Dieser handelt von dem Thema „Beschreibe eine Person, die sich von der Gesellschaft missverstanden fühlt" (vgl. PX, S. 179). Während Xiomara in Versen über ihre Mutter und ihren nicht erfüllten Lebenswunsch, eine Nonne zu sein, spricht, thematisiert sie in ihrem finalen Prosa-Entwurf die Rapperin Nicki Minaj. Indem sie diese als „großartige Rapperin" (PX, S. 181) feiert, lenkt sie völlig von sich ab, vergisst oder verheimlicht jedes Sprechen über sich selbst. Denn genau dieses ist für die Protagonistin, so muss geschlussfolgert werden, über weite Strecken des Romans nur durch die für das Erzählen traditionell unkonventionelle Versform möglich. Das Verbergen dieser Form vor der Öffentlichkeit aber zeigt, dass es Xiomara lange Zeit nicht gelingt, ihr wahres Ich – ihr Leid, ihre Art der Poesie-Gestaltung, ihre Sprache – anderen zu zeigen, das heißt sich selbst öffentlich zu sprechen.

Ihr letzter und fünfter Aufsatzentwurf, der am Ende des Romans steht, stellt erstmalig sowohl den Grobentwurf als auch die Finalversion zugleich dar. Zu diesem Zeitpunkt ist es der Protagonistin gelungen, ihre eigene Sprache zu finden und sie öffentlich auszudrücken: Erlebendes und erzählendes Ich stimmen überein. In Auseinandersetzung mit der Aufgabe, ihr Lieblingszitat zu erläutern, nennt Xiomara den Psalm 119: 130: „Wenn dein Wort offenbar wird, so erfreut es und macht klug die Einfältigen." (PX, S. 346) Die biblischen Verse, zugleich die bisher abgelehnten Verse der Mutter, werden nun zur Grundlage einer eigenen Auseinandersetzung von Xiomara mit dem Christentum. Dabei liest sie Gott nun als eine Metapher, die für alle Menschen steht: „Ich denke, wenn wir zusammensitzen und über uns reden, über das Menschsein, unsere Fehlbar- und Verletzlichkeit, dann reden wir auch immer über Gott. Das ist dann also ebenfalls Kirche, richtig?" (PX, S. 346) Xiomara, welche die biblischen Verse bisher als patriarchal und rassistisch abgelehnt hat, akzeptiert und formuliert, dass auch das Wort der Bibel „eine Zuflucht, ein[en] Hafen, ein Zuhause erschaffen kann" (PX, S. 346 f.). Anstelle des Kampfes gegen die Mutter und ihre Verse ist eine konstruktive Auseinandersetzung mit der- und denselben getreten, die sich auf der Darstellungsebene bereits durchgängig zeigt (s. z. B. die intertextuellen Verweise in den Überschriften). Am Ende des Romans gelingt es somit auch der Protagonistin Xiomara, Konventionen und Traditionen nicht mehr nur abzulehnen, sondern diese in ihr Schreiben, in den Glauben an die Kraft ihrer Worte zu integrieren:

> Ich weiß nur, dass der Glaube an die Kraft meiner Worte die befreiendste Erfahrung in meinem Leben ist. Dieser Glaube brachte mir das meiste Licht. Und ist das nicht das Wesen eines Gedichtes? Eine Laterne, die in der Dunkelheit leuchtet. (PX, S. 347)

5. Der Paratext: Spiegelungen zwischen Faktualität und Fiktivität

Der Paratext, der die Geschichte von Xiomaras Empowerment rahmt, beinhaltet u. a. ein Vorwort der Autorin sowie eine Art Nachwort in Form der Dankesrede von Elizabeth Acevedo, die sie im Rahmen der Verleihung der *Carnegie Medal* hielt. Der Klappentext zeigt überdies ein Bild der Autorin, an das sich eine kurze Biografie anschließt. Alle diese paratextuellen Elemente zielen darauf ab, Bezüge zwischen Acevedo, der Autorin, sowie Xiomara, der Protagonistin, herzustellen: Bei beiden handelt es sich, so wird expliziert, um weibliche *PoCs*, deren beider Eltern aus der Dominikanischen Republik in die USA immigriert sind. Beide teilen ihre Leidenschaft für das Verfassen von literarischen Texten und die Teilnahme an Poetry Slams. Weitere Spuren der Autorin, die nach ihrem Studium als Englisch-Lehrerin in einer High School gearbeitet hat, zeigen sich überdies in der Figur der Ms. Galiano, der Lehrerin und Leiterin des schulischen *Poetry Clubs*, an dem Xiomara teilnimmt. Gerade durch die umfangreichen paratextuellen Verweise wird die erzählte Geschichte Xiomaras mit einem traditionell als faktual gelesenen Text – dem Leben und Erleben von Acevedo – in Beziehung gesetzt. Indem sich die Verfasserin dieses Werks derart als „reale[r] Autor […] in die Fiktion hinein[spiegelt]“[30], werden autofiktionale Elemente erkennbar. Dadurch aber wird die fiktive Figur der Xiomara als eine potenziell faktuale lesbar und zu einer möglichen Repräsentantin genau dieser real existierenden gesellschaftlichen Randgruppe, der auch Acevedo angehört: „weiblich, farbig, urban.“ (PX, S. 350)

Weitere Bezüge zwischen Fiktion und Faktualität werden dadurch hergestellt, dass Acevedo eine identifikatorische Verbindung mit ihren potenziellen Leserinnen und Lesern herstellt. *Poet X*, so formuliert sie in ihrer Dankesrede, ist geschrieben

> für uns Autorinnen, uns Leserinnen, uns Mädchen,
> die wir uns selbst nie in Buchregalen fanden
> und doch Gedichte schrieben, wenn wir sprachen. (PX, S. 350)

Die Autorin selbst stellt sich in eine Reihe mit der angestrebten Zielgruppe („uns“, „wir“), die sie als literarisch bisher unterrepräsentierte Autorinnen, Leserinnen und Mädchen benennt. Xiomara wird so zu einer Identifikationsfigur für „uns schwarze & braune Mädchen, stark wie Backstein“ (PX, S. 351) und damit zu einem Vorbild nicht nur für reale Leserinnen, sondern ebenfalls für die Autorin, die sich selbst derart ihre Identität schreibend sichert. Damit wird eine starke weibliche Linie zwischen Autorin, Protagonistin sowie Leserin generiert, die

30 Kellner, Tagebuchroman [Anm. 12], S. 235.

ausgehend von der Realität (Autorin) über die Fiktion (Protagonistin) auf die Realität (Leserinnen) einwirken soll.

Abschließend muss angemerkt werden, dass, anders als der Paratext dies nahelegt, Xiomaras Leben neben den aufgezeigten Parallelen ebenfalls deutliche Unterschiede zu diesem der Autorin aufweist: So hat Xiomara beispielsweise, anders als Elizabeth Acevedo, einen Zwillingsbruder, Xavier, der für die Protagonistin eine wichtige Bezugsperson darstellt. Während Xiomaras Zuhause vom schweigsamen, in sich zurückgezogenen Vater und vom rigiden Katholizismus der Mutter dominiert wird, stammt Acevedo aus einer „family of storytellers“[31]. Festgehalten werden muss deshalb, dass es in *Poet X* keine „Identität von Autor und Figur“[32] gibt, wie diese für die Autobiographie als eine Form des Selbstzeugnisses[33] typisch ist.

6. Fachdidaktische Überlegungen

Der Roman *Poet X* bietet eine Vielzahl an Themen, die das Interesse von Lernenden der 9. oder 10. Klasse wecken können: zum Beispiel den Mutter-Tochter-Konflikt, die erste Liebe, den Prozess der Identitätsfindung, das Verhältnis von Frausein und Religion sowie häusliche Gewalt. Eine Behandlung dieser Themen im Unterricht ermöglicht Lernenden Zugänge zu diesem Roman zu finden und bietet weiterhin die Gelegenheit, sich mit seinen zentralen Inhalten auseinander zu setzen sowie „Handlungen, Verhaltensweisen und Verhaltensmotive [der Figuren zu] bewerten“.[34]

Weiterhin beinhaltet dieser Roman ein großes Lernpotenzial für das Perspektivenverstehen sowie für die Wahrnehmung der sprachlichen Gestaltung von Literatur.[35] Dabei erscheint es besonders wichtig, die eingeschränkte Perspektivität von *Poet X* und damit die Unzuverlässigkeit des Erzählens herauszuarbeiten. Denn es ist Xiomaras Sicht auf die Welt, die in diesem Roman dominiert. Diese Anlage des literarischen Textes müssen die Lernenden erkennen, um die Wirkung – Xiomaras Sicht der ‚Wirklichkeit‘ wird absolut gesetzt – verstehen und ggf. auch kritisch hinterfragen zu können. Bezüglich der Analyse der sprachlichen Gestaltung des Romans sollte das Interesse auf das Zusammenspiel von Form und Inhalt, von Darstellung und erzählter Welt gelenkt werden. Denn Xiomaras auf Darstellungsebene zu beobachtende Auseinandersetzung mit der Konvention

31 salempress.com/Media/SalemPress/samples/contemporarypoets_pgs.pdf (01.03.2023).

32 Kellner, Tagebuchroman [Anm. 12], S. 12.

33 Vgl. ebd., S. 11.

34 KMK, 2003, Bildungsstandards im Fach Deutsch für den Mittleren Schulabschluss, S. 14, in: www.kmk.org/fileadmin/veroeffentlichungen_beschluesse/2003/2003_12_-04-BS-Deutsch-MS.pdf (01.03.2023).

35 Spinner, Kaspar H., 2006, Literarisches Lernen, in: Praxis Deutsch 200, S. 6–16.

und das Aufbrechen derselben spiegeln ihre inhaltlich formulierte Suche nach einer eigenen Sprache, einem selbstbestimmten Sein wider. Um diese Wechselbeziehung herauszuarbeiten, kann der Blick auf Xiomaras Versuche gerichtet werden, sich selbst in Prosa zu erzählen: Welche Themen beinhaltet und welche Wirkung erzeugt dieses Erzählen im Vergleich zu dem Erzählen von sich selbst in Versen? Durch welche Merkmale zeichnet sich Xiomaras Erzählen in Versen aus und in welcher Beziehung stehen diese zu dem jeweils formulierten Inhalt?

Neben dem aufgezeigten Bildungswert für den Literaturunterricht im Allgemeinen kommt *Poet X* eine besondere Relevanz innerhalb eines interkulturell ausgerichteten Literaturunterrichts zu. Dieser verfolgt das Ziel, die „Entwicklung der Individualität und der Fähigkeit zur sozialen Interaktion in der polykulturell geprägten Gesellschaft durch Teilhabe am Handlungsfeld Literatur“[36] zu fördern. Mit Blick auf die Lerngegenstände des Literaturunterrichts verweist dieses Ziel auf die Notwendigkeit, dass der „Kanon über die traditionelle, auch rein deutschsprachige Literatur hinaus erweitert werden“[37] muss, und zwar „durch die Einbeziehung von Texten der ethnischen Minderheiten, der Migration […]“.[38] *Poet X* ist durchaus ein Werk, das die hier formulierten Kriterien erfüllt. Abhängig von der Lerngruppe bietet es überdies die Möglichkeit zur Auseinandersetzung mit „persönlich und gesellschaftlich bedeutsamen Sichtweisen der Wirklichkeit (im Sinne von Menschen und Weltbildern), die für den Leser – oder sogar für seine Kultur – neu sein können“.[39] In diesem Kontext sollten auch die autofiktionalen Elemente, die das Leben der Autorin mit diesem von Xiomara in Beziehung setzen, näher betrachtet werden. Bedeutsam erscheint eine Analyse der Wirkung dieser Verflechtung – die Behauptung von Faktualität – sowie die Erkenntnis, dass Text und Leben sich zwar vermischen, der Text aber dennoch *nicht* als eine Autobiographie des Lebens der Autorin zu lesen ist. Diese wichtige Erkenntnis ermöglicht den Lernenden, das Verhältnis von Autorin, Erzählerin und Figur kritisch zu reflektieren und die Verfasstheit des Paratextes als eine Strategie zu erkennen, durch die eine bestimmte, identifikatorische Lesart des Romans nahegelegt werden soll.

Mit *Poet X* begegnet den Lernenden ein Werk, das lesbar wird als „a portrait of the artist as a young woman“[40] und das gesellschaftliche Themen ausschließlich aus der Perspektive einer Vertreterin einer gesellschaftlichen Minorität präsentiert. Hinzu kommt die sowohl im Vorwort als auch in der Dankesrede deutlich

---

36 Martin Leubner, Anja Saupe und Matthias Richter, 2010, Literaturdidaktik, Berlin: Akademie, S. 221.

37 Werner Wintersteiner, 2006, Transkulturelle literarische Bildung. Die ‚Poetik der Verschiedenheit in der literaturdidaktischen Praxis', Innsbruck: Studienverlag, S. 10.

38 Ebd., S. 10.

39 Leupner, Saupe und Richter, Literaturdidaktik [Anm. 36], S. 28.

40 Martínez, Corporal Activism [Anm. 3], S. 4.

benannte Zielgruppe dieses Romans: weibliche *PoCs*. Mit dieser sowohl inhaltlichen, formalen als auch paratextuellen Gestaltung ist die Gefahr verbunden, dass dieses Werk bei einigen Lernenden und besonders bei Jungen deutliche „Exklusionswirkungen“[41] erzeugt. Diese Gefahr sollte allerdings nicht dazu führen, dieses wertvolle Buch zum Beispiel nur als freiwillige Lektüre innerhalb einer Lesezeit zu nutzen. Im Sinne eines geschlechtersensiblen Literaturunterrichts, der sowohl Mädchen als auch Jungen als Lernende in den Blick nimmt[42], bietet es sich vielmehr an, die bereits genannten zentralen Themen zu erweitern, zum Beispiel, indem die durchaus vorhandenen, allerdings nicht fokussierten männlichen Figuren dieses Romans – der Vater, Xavier sowie Aman – näher betrachtet werden. Dabei könnten die vielfältigen Männlichkeitsbilder, die *Poet X* zu bieten hat, herausgearbeitet und auch Xiomaras teils sehr negative Perspektive auf das männliche Geschlecht relativiert werden. Besonders interessant ist die Figur des Xavier, der homosexuell ist und parallel zu der weiblichen Hauptfigur ebenfalls seine erste Liebe durchlebt. Da diese männlichen Figuren allerdings nur aus der Sicht Xiomaras beschrieben werden, sie also keine eigene Stimme haben, wäre es eine produktive Möglichkeit, ihr Erleben und Fühlen durch eine handlungs- und produktionsorientierte Neuperspektivierung zu konstruieren. Im Fokus könnten dabei ebenfalls die Ausdrucksformen stehen, durch die die Lernenden diese männlichen Figuren sprechen lassen.

7. Zusammenfassung

Zusammenfassend muss hervorgehoben werden, dass das Erzählen über sich selbst in *Poet X* von drei zentralen Strategien lebt: Die Strategie der Nachträglichkeit des Erzählens macht deutlich, dass Identität und Sein sich erst durch eine dem Erleben nachträgliche Ordnung der Geschehnisse bilden kann. Das Spiel mit der literarischen Tradition zeigt, dass die Bildung von Identität immer in Auseinandersetzung mit Gegebenem geschieht. Durch die *Strategie der Spiegelung* wird ersichtlich, dass das hier Erzählte weder in seiner Anlage noch in seiner erwünschten Wirkung innerhalb der erzählten Fiktion eines Romans verharrt. Xiomaras Leben und Erleben, ihr Sprechen über sich selbst, kann somit verstanden werden als eines, das prototypisch für viele Geschichten steht. Damit aber wird *Poet X* lesbar als die Geschichte der Selbstermächtigung von bisher sprachlosen gesellschaftlichen Randgruppen, wodurch dieses Werk durchaus epische Qualitäten gewinnt.

41 Ina Brendel-Perpina, Ines Heiser und Nicola König, 2020, Gendersensibel Literatur unterrichten – Warum und Wie?, in: Literaturunterricht gendersensibel planen. Grundlagen. Methoden. Unterrichtsvorschläge, hrsg. von denselben, Stuttgart: Klett, S. 8.

42 Ebd., S. 6.

Multimediale Selbstzeugnisse

Frag Anne

Eine interaktive Form der Auseinandersetzung mit dem Tagebuch der Anne Frank

Florian Duda

1. Hinführung: Ein Tagebuch in vielen Formen – Vom Für und Wider des Medienwechsels

> „In spite of everything, I still believe that people are really good at heart."[1]

Diese hoffnungsvolle Botschaft der weltberühmten Tagebuchautorin Anne Frank, die sowohl im Broadwaystück des Tagebuchs von Goodrich und Hackett als auch in Stevens' Film *The Diary of Anne Frank* das Ende der Schlussszene markiert und somit von der zeitgenössischen Zuschauerschaft als humanistische Quintessenz wahrgenommen wurde, ist gleichsam eines der Elemente der beiden Adaptionen, an dem in Stellvertreterfunktion aufgezeigt werden kann, mit welchen Problemen und Herausforderungen Medienwechsel im Kontext von Holocaust-Literatur verbunden sind. Denn das angeführte Zitat in seiner ursprünglichen Form ist in der ersten Tagebuchausgabe keineswegs ganz am Ende des Tagebuchs zu finden, sondern ist eingebettet in einen sehr pessimistischen Zusammenhang. Die 15-jährige Anne Frank berichtet in diesem Textzusammenhang davon, wie schwer es für sie ist, in Anbetracht der Verwüstung und des Leides von Millionen von Menschen, von denen sie in ihrem Versteck im Hinterhaus der Prinsengracht 263 erfährt, noch Träume und Ideale aufrechtzuerhalten.[2] Ferner wird dadurch, dass sowohl in Film als auch in dem Theaterstück die zitierten Worte von den Schauspielerinnen gesprochen werden, die die Figur der Anne Frank selbst verkörpern, das Leid, das Anne und ihre Familie nach ihrer Festnahme am 4. August 1944 erfahren, verschleiert. Anne kann von den Erfahrungen ihrer Deportation und ihren letzten Erlebnissen im Konzentrationslager Bergen-Belsen, in dem sie nur wenige Wochen vor der Befreiung des Lagers 1945 verstarb, nicht mehr selbst

1 Frances Goodrich und Albert Hackett, 1964, The Diary of Anne Frank: A Play in Two Acts, Toronto: Irwin, S. 87 (Akt II, Szene 5).

2 Vgl. Anne Frank, 2014, Tagebuch, 21. Aufl., Frankfurt a. M.: Fischer Taschenbuch, S. 309 (Eintrag: Samstag, 15. Juli 1944).

berichten. Jedoch beschreibt die Zeitzeugin Rachel van Amerongen-Frankfoorder, dass diese abgemagerte und durch Krankheiten gezeichnete Anne Frank wohl nur noch wenig mit der hoffnungsvollen Darstellung in Film und Theater zu tun hatte.[3] Kritische Stimmen sehen daher in dem Tagebuch der Anne Frank immer wieder auch ein Element der Marginalisierung der Shoah, das durch mediale Transformationen eine zusätzliche Verstärkung erfährt oder gar ein Überleben des jüdischen Mädchens suggerieren kann.[4] Gar könne, folgt man der Leseart des Psychologen Bruno Bettelheim, von einer wohlwollenden Ausblendung des Genozids gesprochen werden, wenn Anne Franks Tagebuch als Medium das alleinige Zentrum der Auseinandersetzung mit dem Holocaust bilde.[5] Zwar gibt es durchaus auch Kindertagebücher, die eben dieses für Bettelheim fehlende Leid direkt thematisieren. So kann beispielsweise in dem Tagebuch des polnischen Jungen Dawid Rubinowicz ein osteuropäisches Gegenstück zum Tagebuch der Anne Frank gesehen werden, jedoch erreichten diese Tagebücher nie dasselbe und bis heute anhaltende öffentliche Interesse wie Annes Tagebuch und mussten gar mit dem Verweis auf Anne Frank beworben werden.[6] Dabei war es gerade die am Broadway aufgeführte Theater-Adaption von Goodrich und Hackett, die später in Deutschland mit großem Erfolg und zeitgleich auf mehreren Bühnen zu sehen war, und eben nicht allein die im Jahr 1955 erschienene deutsche Erstausgabe des Fischer Verlags, die das Tagebuch in Deutschland zum Bestseller werden ließ.[7]

Ein weiterer Grund für den bis heute beispiellosen Erfolg des Tagebuchs kann sicherlich in der Zugänglichkeit besonders für ein junges Lesepublikum im Alter von 10 bis 15 Jahren gesehen werden. Indem Anne als Heranwachsende von den Erlebnissen inner- und außerhalb des Hinterhauses berichtet sowie Einblick in ihre Gefühlswelt gibt, erzeugt sie Nähe zu jungen Lesenden und kann eine Schlüsselfunktion für die Heranführung an das Thema Holocaust einnehmen.[8] Ebenso wie die in Buchform veröffentlichten Ausgaben des Tagebuchs, ungeachtet aller

---

3 Vgl. Alvin H. Rosenfeld, 2015, Das Ende des Holocaust, Göttingen: Vandenhoeck & Ruprecht, S. 135.

4 Vgl. Michael Bachmann, 2010, Der abwesende Zeuge. Autorisierungsstrategien in Darstellungen der Shoah, Tübingen: Francke, S. 141.

5 Vgl. Bruno Bettelheim, 1990, Erziehung zum Überleben. Zur Psychologie der Extremsituation, München: DVA, S. 257 f.

6 Vgl. Anne Boden, 2019, Ein osteuropäisches Pendant zu Anne Frank. Das Tagebuch des Dawid Rubinowicz als Erinnerungsmedium in Polen, in der DDR und in der Bundesrepublik um 1960, in: Nachkriegsliteratur als öffentliche Erinnerung, hrsg. von Helmuth Peitsch et al., Heidelberg: De Gruyter, S. 390.

7 Vgl. Sascha Feuchert und Nikola Medenwald, 2009, Anne Frank. Tagebuch, Ditzingen: Philipp Reclam, S. 72.

8 Vgl. hierzu auch Anja Ballis, 2016, Anne Frank: Tagebuch (1947), in: Erzählende Kinder- und Jugendliteratur im Deutschunterricht, hrsg. von Kaspar H. Spinner und Jan Standke, Paderborn: Ferdinand Schöningh, S. 99.

Kritiken, auch heute noch eine prominente Rolle für Erinnerungskultur und die Auseinandersetzung mit der Shoah einnehmen, so scheinen die aus dem Tagebuch entwickelten anderen Medienformate wie Filme, Theaterstücke, verschiedene Printmedien oder auch das im Jahr 2020 vom Anne Frank Haus veröffentlichte Video-Tagebuch der Anne Frank – den damit verbundenen Herausforderung und Kritiken zum Trotz – ihre Berechtigung zu haben.[9] In letzterem Format stellen sich die Produzierenden die Frage, wie es wohl gewesen wäre, wenn Anne statt eines Tagebuchs eine Kamera gehabt und das Tagebuch in Form eines Vlogs geführt hätte. Es sind eben solche Formen des Medienwechsels, die die Chance bieten, einen größeren Kreis von Rezipientinnen und Rezipienten zu erreichen, die durch die Buchform allein nicht erreicht werden würden.[10]

Im Nachfolgenden berichtet der Autor von seinen Erfahrungen mit der Entwicklung einer weiteren Möglichkeit der digitalen Adaption des Tagebuchs in Form eines mit Studierenden entwickelten Chatbots[11], der aus Sicht Anne Franks mithilfe ihrer Tagebucheinträge und in einer Frage-Antwort-Interaktion mit den Nutzerinnen und Nutzern in Kontakt tritt und Einblicke in einzelne Passagen des Tagebuchs gibt. Von besonderer Bedeutung soll dabei die Darstellung der angestellten Überlegungen hinsichtlich der ethischen wie didaktischen Realisierung sein. Abschließen möchte der Beitrag mit der Darstellung von Chancen und Grenzen des entwickelten Mediums sowohl auf Seite der Produzierenden als auch auf Nutzerseite.

2. Vom Tagebuch zum Chatbot: Zielsetzung und Begründung der Vorgehensweise

> „[…] ich will dieses Tagebuch die Freundin selbst sein lassen, und diese Freundin heißt Kitty“.[12]

9 Das Video-Tagebuch ist über YouTube sowie die Seite des Anne Frank House kostenlos zugänglich. www.youtube.com/watch?v=ZWFjgWGI_YE&list=PLQzwCrrw-LL2suK3Ene3vWVEcoihu0OT4, www.annefrank.org/de/museum/web-und-digital/video-tagebuch (01.03.2023).

10 Vgl. David Wertheim, 2009, Remediation as Moral Obligation, in: Mediation, Remediation and the Dynamics of Cultural Memory, hrsg. von Astrid Erll und Ann Rigney, Berlin: De Gruyter, S. 161.

11 Aus rechtlichen Gründen kann der Chatbot bislang nicht freizugänglich zur Verfügung gestellt werden. Ein Zugang kann allerdings direkt über den Autor beantragt werden.

12 Frank, Tagebuch [Anm. 2], S. 20 (20. Juni 1942).

Anne Frank wählte für das Schreiben ihres Tagebuchs eine bestimmte Schreibform und das Tagebuch soll fortan als die Freundin[13] fungieren, die sie bisher, nach eigener Aussage, nie hatte und der sie fortan ihre Gedanken- und Gefühlswelt anvertrauen will.[14] Es geht Anne in der ursprünglichen Fassung a ihres Tagebuchs kaum um eine sachliche Darstellung ihrer Biografie, sondern sie gibt der imaginären Freundin Kitty auch Einblicke in ihre fiktionale Welt. Dementsprechend lässt sich das Werk in seiner späteren Fassung d, die die ursprüngliche Fassung des Tagebuchs a als auch die von Anne eigens überarbeitete Fassung b berücksichtigt, als literarischer Grenzgänger auffassen, in dem Annes tragischen Wirklichkeitsschilderungen immer wieder von Passagen durchkreuzt werden, in denen Anne die Leserinnen und Leser an ihren Fantasien und tiefsten Wünschen teilhaben lässt.[15]

Zielsetzung des ursprünglich aus einem universitären Seminar entstandenen Projektes „Frag Anne" war es, sich die von Anne gewählte Form des Tagebuchschreibens zunutze und Teile des Tagebuchs interaktiv erschließbar zu machen. Ferner sollte ein aus der Lebenswelt von Schülerinnen und Schülern entstammender, kommunikativer Zugang zum Werk – besonders für junge Anwender und Anwenderinnen – ermöglicht werden. Ein Anspruch, der unmittelbar mit diesen Zielen verbunden war, betraf die Wahrung der Authentizität[16] der als Arbeitsgrundlage verwendeten Tagebuchfassung. Dementsprechend sollten alle Aussagen, die das entwickelte Medium reproduzieren sollte, denjenigen entsprechen, die sich in möglichst unveränderter Form auch in der verwendeten Ausgabe des Tagebuchs wiederfinden lassen. Den am Projekt Mitarbeitenden war bei dieser Entscheidung bewusst, dass sie dadurch etwaige Übersetzungs- und Editionsentscheidungen stillschweigend akzeptieren würden, auch wenn die ausgewählten Textpassagen sprachlich wie inhaltlich in anderen als der verwendeten Tagebuchausgabe in unterschiedlicher Form wiedergegeben werden.[17] Man entschied sich hinsichtlich der Ausgabe für die Tagebuchausgabe des Fischer Verlags und für die Edition von Mirjam Pressler, die als Version d die ersten beiden

13 Es ist anzumerken, dass Anne in der ursprünglichen Fassung ihres Tagebuchs, der sogenannten Fassung a, an mehr als nur eine Freundin schreibt, von denen Kitty heute die prominenteste ist. Da der Chatbot hauptsächlich auf der in der Schule gängigen Fischer-Ausgabe des Tagebuchs entwickelt wurde, referieren im Nachfolgenden „Freundin" oder „Vertraute" stets auf Kitty.

14 Frank, Tagebuch [Anm. 2], S. 18 f. (20. Juni 1942).

15 Vgl. Tilmann Siebert, 2001, Anne Frank. Tagebuch, München: Oldenbourg Schulbuchverlag, S. 42.

16 „Authentizität" meint in diesem Zusammenhang eine möglichst unveränderte Übernahme von Passagen aus der für die Entwicklung herangezogenen Fassung des Tagebuchs.

17 Zur Problematik von Übersetzungen im Kontext des Tagebuchs von Anne Frank siehe bspw. David Barnouw, 1999, Anne Frank. Vom Mädchen zum Mythos, dt. Erstausgabe, München: Econ & List, S. 25.

Fassungen des Tagebuchs, die ursprüngliche und die von Anne selbst überarbeitete Version in sich vereint und auf aus Diskretionsgründen zuvor vorgenommene Auslassungen von Otto Frank, Annes Vater, verzichtet. Begründet wird dieser Schritt mit der Verbreitung der Ausgabe im deutschsprachigen Raum und deren gängiger Nutzung im unterrichtlichen Kontext. Denn von Beginn an wurde vom Projektteam mit der geplanten „Remediation", sprich der Überführung des klassischen Medienformates Buch in eine digitale Erscheinungsform, kein Ersetzen des Tagebuchs, sondern eine Ergänzung des Medienverbundes intendiert. Das entwickelte Medium sollte dabei folgenden drei Kriterien entsprechen:

1. Zitierte Passagen der Tagebuchausgabe sollten möglichst unverändert beibehalten werden.
2. Das Medium sollte eine Interaktion mit den Rezipientinnen und Rezipienten zulassen.
3. Junge Lernende ab zehn Jahren sollten in einem gewissen Maße mit der gewählten Kommunikationsform vertraut sein.

Ein Medium, das all diese Anforderungen erfüllte, war ein sogenannter Chatbot, der außerhalb des Bildungskontextes im Alltag besonders im Bereich der virtuellen Assistenz autonom und ohne menschliche Hilfe allgemeine Fragen beantwortet und Buchungen von Reisen oder Hotels auf Textbasis unterstützt.[18] Das System hinter dem konzipierten Chatbot vergleicht dabei Texteingaben der Nutzerinnen und Nutzer mit bereits in einer Datenbank vorhandenen Datensätzen, um auf Grundlage von Regression (vereinfacht ausgedrückt: statistischer Übereinstimmungen) eine passende Antwort auf eine zuvor gestellte Frage zu finden.[19]

Folglich kreiste eine zentrale Frage im Entwicklungsprozess nicht darum, was Anne Frank innerhalb einer Chatkommunikation sagen könnte, sondern darum, was Annes imaginäre Freundin Kitty in Form zukünftiger Interagierender fragen könnte und es war zunächst zu analysieren, auf welche Fragen Anne in ihrem Tagebuch Antworten gibt. Zur Entwicklung der Fragen zeigte sich jeweils eine Person für ca. zehn Seiten des Tagebuchs verantwortlich und leitete aus Annes Einträgen jeweils zehn Fragen ab. So entwickelten sich im ersten Schritt ca. 200 Fragen aus unterschiedlichen, thematischen Domänen rund um Annes Leben

18 Vgl. Sabharwal, Navin und Amit Agrawal, 2020, Cognitive Virtual Assistants Using Google Dialogflow, Neu-Delhi: Apress, S. 1.

19 Vgl. zur Funktionsweise des Chatbots Florian Duda, 2021, „Was war oder ist Ihre schönste, tollste und angenehmste Kindheitserinnerung?" – Ein sprachwissenschaftlicher Ansatz zur Machine-Learning-Datengenerierung, in: Interaktive 3D-Zeugnisse von Holocaust-Überlebenden. Chancen und Grenzen einer innovativen Technologie, hrsg. von Anja Ballis et al., Eckert Dossiers 1, S. 43–62: repository.gei.de/handle/11428/316 (01.03.2023).

im Hinterhaus, aber auch den vergleichsweise kurzen Zeitraum betreffend, bevor sich die Familie aufgrund der drohenden Deportation von Annes Schwester Margot verstecken musste.

Eine Problematik, die in einer frühen Phase der Konzeption der Fragen deutlich wurde, betraf das vorausgesetzte Vorwissen der zukünftigen Interagierenden. So verlangten einige der bereits entwickelten Fragen bestimmte oder gar sehr genaue Kenntnisse über das Tagebuch und die darin geschilderten Geschehnisse und Beziehungen der Hinterhausbewohner. Diese speziellen Fragen fokussierten zumeist Begründungen für bestimmte Ereignisse, wie zum Beispiel Konfliktsituationen mit der Mutter, und setzten stets ein genaues Wissen vom Tagebuch bereits voraus, um von einer Nutzerin oder einem Nutzer überhaupt gestellt zu werden. Da sich die Mitarbeitenden für eine Berücksichtigung von Interagierenden ohne Vorwissen aussprachen, wurde in einem zweiten Entwicklungsschritt, nach allgemeineren Fragen gesucht, die dementsprechend auch von Personen gestellt werden konnten, die noch kein Wissen über das Tagebuch besaßen. Erweitert wurde dieses projektintern entwickelte Fragenkorpus durch externe Fragen von gymnasialen Schülern und Schülerinnen sowie Studentinnen und Studenten anderer Seminare, denen der Auftrag zuteilwurde, ihre wichtigsten Fragen an Anne Frank schriftlich zu dokumentieren. Durch diese Erweiterung entwickelte sich eine knapp über 400 Fragen und Antwortpassagen umfassende Datenbank, wobei Fragen, die speziell auf die Zeit nach der Festnahme am 4. August 1944 abzielten und daher von Anne nicht selbst beantwortet werden konnten, bewusst nicht in das Korpus aufgenommen wurden. Andererseits musste zur Beantwortung vereinzelter Fragen auf die ursprüngliche, „unveränderte“[20] deutsche Fassung a des Tagebuches aus der Anne Frank Gesamtausgabe zurückgegriffen werden, die sprachlich vor allem in den frühen Einträgen durch einen wesentlich kindlicheren Sprachduktus gekennzeichnet ist. Insgesamt konnten auf diese Weise ca. 400 Fragen sowie ca. 3600 Variationen[21] dieser Ursprungsfragen für die Datenbank des Anne-Frank-Chatbots generiert werden.

Die Themenfelder, die mit den erstellten Fragen erschlossen werden konnten, reichten von alltäglichen Fragen wie „Wie geht es dir?“ hinzu komplexeren Fragen, die auf die Beschreibung der Beziehungen von Anne mit den anderen Hinterhausbewohnerinnen und -bewohnern abzielten. Gleichwohl war es dem Entwicklungsteam auch wichtig, Fragen zum historischen Kontext und den Geschehnissen außerhalb des Hinterhauses sowie zu Annes Gefühlen und Hoffnungen mit in das Fragenkorpus aufzunehmen und auf diese Weise für zukünftige Nutzer und Nutzerinnen erschließbar zu machen.

---

20 Siehe Anmerkung 17.

21 Variationen der Ursprungsfragen wurden benötigt, um eine größere Formulierungsvielfalt zuzulassen.

3. Die Kommunikationsform: Spezifika der verwendeten Sprache des Chatbots

Bei der sprachlichen Gestaltung des Chatbots sollten die ursprünglichen Textpassagen aus Mirjam Presslers Fassung d des Tagebuchs beibehalten und auf inhaltliche wie formale Eingriffe in die zitierten Stellen der Tagebuchfassung verzichtet werden. Mit dieser Entscheidung werden die linguistischen Anforderungen an die im Internet verwendete Sprache, die durch die Verwendung eines Chatbots evoziert werden, nämlich die Nutzung einer bestimmten Form der Internetsprache[22], wie sie beispielsweise in sogenannten Plauderchats gebraucht wird, vor allem auf formaler Ebene bewusst und zugunsten der Erhaltung der im zugrundeliegenden Tagebuch verwendeten Sprache nicht umgesetzt. So entsprechen die orthografisch wie grammatikalisch korrekten und teils langen Antwortsätze, die der Anne-Frank-Chatbot gibt, keineswegs den sprachlichen Varietäten, die von heutigen Heranwachsenden innerhalb der Chatkommunikation mit anderen Gleichaltrigen verwendet werden und deutliche Indikatoren von Oralität bzw. konzeptioneller Mündlichkeit aufweisen können.[23]

Dennoch wurden zumindest zwei Änderungen der bei den Antworten verwendeten Sprache zugunsten der spezifischen kommunikativen Rahmung realisiert. Die erste Abweichung betraf hierbei die Verteilung von längeren Antworten auf mehrere Teile, die durch erneutes Nachfragen von den Interagierenden hervorgerufen werden können. Begründet wird diese Entscheidung mit der Verbesserung der Lesbarkeit bzw. des Leseflusses, die durch eine sogenannte „Wall of text“, einen übermäßig langen Antworttext, deutlich negativ beeinflusst werden und somit zu einer Abnahme der Attraktivität des Mediums führen könnte. Eine Antwort, bei der eine solche Kürzung vorgenommen wurde, war beispielsweise die Antwort auf die Frage nach Annes Hobbies, die Anne im Tagebuch sehr ausführlich nennt und beschreibt. Besonders sollte hierbei auch ein Scrollen im kleinen Chatfenster auch auf mobilen Geräten vermieden werden.

---

22 Die Verwendung des Begriffs „Internetsprache“ wird an dieser Stelle ausschließlich aus Vereinfachungsgründen verwendet. Sie soll unter keinen Umständen zur Annahme verleiten, dass die Sprache in Online-Kommunikation stets durch einheitliche Merkmale gekennzeichnet ist. Siehe hierzu bspw. Burkhard Dietterle et al., 2017, Zur Syntax in Plauderchats, in: Empirische Erforschung internetbasierter Kommunikation, hrsg. von Wolfgang Imo und Constanze Spieß, Berlin/Boston: De Gruyter, S. 47.

23 Vgl. Konstanze Marx und Georg Weidacher, 2019, Internetlinguistik, Tübingen: Narr Francke Attempto, S. 53 ff.

Andererseits sprach man sich im Projektteam für die Erweiterung bestimmter Antworten durch sogenannte Emojis aus, kleine Bildzeichen, die beispielsweise zum Ausdruck von Gefühlen aber auch zum ikonischen Referieren auf ein bestimmtes Thema des vorangegangenen, verbalen Textteils verwendet werden können.[24] Hierbei bestand der Wunsch der Entwicklerinnen und Entwickler darin, den Text vor allem für jüngere Interagierende attraktiver zu gestalten und den Merkmalen der gängigen Sprache in diesem Medium zumindest teilweise zu entsprechen.

Emojis wurden jedoch nur unter bestimmten Voraussetzungen ergänzt und finden sich bei vielen Antworten des Chatbots überhaupt nicht. Begründet werden kann der Verzicht von Emojis bei sehr sensiblen Passagen des Tagebuchs, wie beispielsweise Berichten von Leid und Kriegserfahrungen, mit der Gefahr einer verharmlosenden Wirkung auf den Rezipienten oder die Rezipientin durch den Gebrauch der meist verniedlichenden ikonischen Bilder. David Wertheim spricht bei der Gefahr der Verharmlosung zugunsten der Attraktivität des Mediums von einer „kitschification" von Annes Geschichte, die bei anderen Medien zumeist auf finanzielle Interessen der Produzenten und Produzentinnen zurückzuführen sei.[25] Eng hiermit verbunden ist auch das in der Einleitung beschriebene Phänomen des „sugarcoating" der beschriebenen Ereignisse, nämlich eine Auseinandersetzung mit dem Thema Holocaust ohne eine Beschäftigung mit dessen grausamen Facetten.[26] Um die Gefahr des Hervorrufens dieser verharmlosenden Wiedergabe möglichst gering zu halten, wurden vor allem emotionsbezeichnende Emojis lediglich bei direkt im Text verbalisierten positiven Emotionen verwendet, bei der Beschreibung von Emotionen wie Trauer oder Furcht wurde hingegen auf die Verwendung verzichtet. Gleiches gilt auch für die Nutzung themenbezogener Emojis, die sich beispielsweise bei Annes Beschreibung, wie sie ihren Geburtstag feiert, finden lassen (siehe Abb. 1).

---

24 Siehe zur Funktion von Emojis bspw. Steffen Pappert, 2017, Zu kommunikativen Funktionen von Emojis in der Whatsapp-Kommunikation, in: Empirische Erforschung internetbasierter Kommunikation [Anm. 22], S. 175–211, hier: S. 181.

25 Vgl. Wertheim, Remediation as Moral Obligation [Anm. 10], S. 159.

26 Vgl. Isabel Werle, 2010, Retrospektiven (üb)erlebten Tötens: Autobiographische Zeugenschaft von Opfern und Tätern des Holocausts, Hamburg: Dr. Kovač, S. 50.

Abb. 1: Verwendung von Emojis bei der Antwort auf die Frage „Was machst du an deinem Geburtstag?“

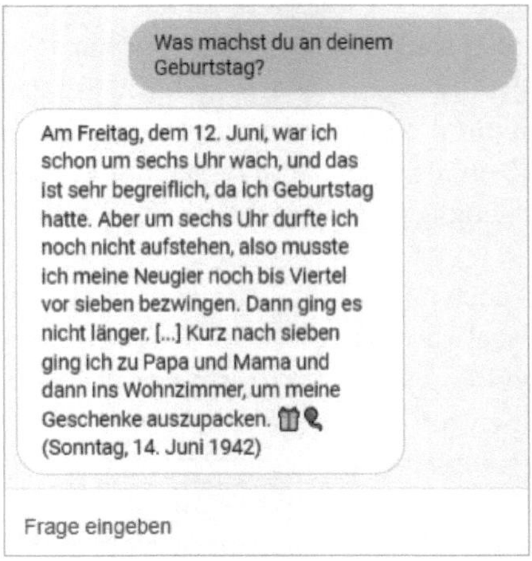

4. Ethische Herausforderungen

Im Folgenden sollen zwei ethische Herausforderungen, die sich aus der Verwendung eines Chatbots zur Darstellung von Anne Franks Tagebucheinträgen ergeben, beleuchtet werden.

Eine ethische Herausforderung, die sich neben der zuvor beschriebenen möglichen Verharmlosung der im Tagebuch beschriebenen Ereignisse ergibt, betrifft die Form, in der Anne Frank ihr Tagebuch führt. Anne berichtet in ihrem Tagebuch aus der Ich-Perspektive. Wird diese Perspektive in dem Chatbot beibehalten, ergibt sich zwangsläufig die Problematik eines Anthropomorphismus. Indem Medium und wiedergegebene Botschaften durch die beibehaltene Ego-Perspektive in der Interaktionssituation scheinbar miteinander verfließen, kann der Anschein erweckt werden, dass Anne im Medium des Chatbots eine Reinkarnation erfährt und tatsächlich in kommunikativen Kontakt mit den Fragestellerinnen und Fragestellern tritt. Das Verschwimmen von Grenzen zwischen Medium und Botschaft sowie das Verbergen der eigentlich multiplen Autorenschaft stellen eines der ethischen Hauptprobleme von interaktiven Zeugnissen im Kontext der Holocaust-Vermittlung dar. Das Medium kann dabei ungewollt vom Rezipienten und Rezipientinnen aufgrund immersiver Elemente statt als Vermittler als Urheber der dargestellten Botschaft wahrgenommen werden. Verstärkt wird dieser kritische Aspekt durch die Aufnahmen von Fragen und entsprechenden Antworten, die auf Annes Gefühle referieren und beispielsweise das Befinden von Anne erfragen. Fragen wie „Wie geht es dir?“ sind ein Teil, der zumeist in der Ouvertüre einer Chatkommunikation auftritt. Der Chatbot hat jedoch keine

Gefühle, sondern dient allein der Erfüllung einer maschinellen Vermittlerrolle im Kommunikationsprozess. Um den immersiven Eindruck der sprachlichen Interaktion mit einem fühlenden und denkenden Subjekt zu durchbrechen, galt es, intertextuelle Bezüge zu der verwendeten Tagebuchfassung herzustellen sowie wiedergegebene Tagebuchpassagen zeitlich zu verankern.

Umgesetzt wurde diese angestrebte Kontextualisierung zum einen durch die der Interaktion vorangestellte Kurzvideos, in denen nicht nur in den historischen Rahmen des Tagebuchs und in die Biografie von Anne Frank eingeführt werden sollte, sondern auch auf die Grenzen des nachfolgend verwendeten Mediums hingewiesen wurde. Hier galt es besonders, deutlich zu machen, dass der Chatbot nur diejenigen Fragen beantworten kann, die sich auf den Zeitraum des Tagebuchschreibens bis zur Festnahme der Hinterhausbewohner beziehen. Zusätzlich wurden die verwendeten Antworten mit demjenigen Datum versehen, unter dem das als Antwort verwendete Zitat im Tagebuch gefunden werden kann. Hiermit sollte nicht nur ein direkter, intertextueller Verweis auf die zugrundeliegende Tagebuchfassung geschaffen werden, sondern die Rezipienten und Rezipientinnen sollten auch der Immersion entrissen werden, dass das, was durch den Chatbot im Hier und Jetzt wiedergegeben wird, von Anne Frank selbst stamme. Durch die Datierung der einzelnen Antworten wird für den Rezipienten bzw. die Rezipientin die Verankerung des Gesagten an einem Zeitpunkt in der Vergangenheit deutlich. Ferner ist auch kein sogenannter Turing Test notwendig, um festzustellen, dass es sich bei dem Medium als Interaktanten um keinen Menschen handelt. Sondern es kann allein durch die Frage „Bist du echt?“ eine Antwort evoziert werden, die die Interagierenden darüber in Kenntnis setzt, dass es sich bei dem Gegenüber keineswegs um eine menschliche Interaktionspartnerin handelt.

Ein zweiter Aspekt, der eine weitere ethische Fragestellung berührt, betrifft die Funktionsweise des Chatbots. Der Bot beruht auf keinem streng regelbasierten System der Zuordnung von gestellter Frage und hervorgerufener Antwort. Dadurch sollen auch Fragen ermöglicht und einer passenden Antwort zugeordnet werden, die formal wie inhaltlich zumindest leicht von den in der Datenbank des Chatbots vorhandenen Fragen abweichen. Im Optimalfall stimmen dabei die Intentionen bzw. die erfragten Informationen der neuen Fragenvariante mit der Absicht einer bereits vorhandenen und gespeicherten Frage überein. Beispielhaft hierfür kann das Fragenpaar „Hast du Geschwister?“ und „Hast du eine Schwester oder einen Bruder?“ angeführt werden, bei dem die Intention hinter den beiden Fragen ähnlich ist, die lexikalische Ausgestaltung jedoch teils unterschiedliche Realisierungen aufweist.

Jedoch kann es ebenfalls aufgrund der verwendeten statistischen Zuordnungsmethode vorkommen, dass Fragen lediglich in lexikalischer Hinsicht einzelne Übereinstimmungen aufweisen, insgesamt jedoch mit der jeweiligen Frage eine andere Intention verfolgt wird. Dies kann dazu führen, dass der Chatbot Fragen nicht immer korrekt oder im Falle einer neuen Fragenvariante die gestellte Nutzereingabe gar nicht beantwortet. Der Chatbot als Medium bzw. das zugrundeliegende System der Sprachverarbeitung erhält somit in gewissem Maße Macht darüber, welche Antwort auf eine bestimmte Frage reproduziert wird, was im fatalsten Falle zu einer Veränderung des Wahrheitsgehaltes der Antwort führen kann.[27] Geschieht dies zu oft, kann dies in letzter Konsequenz ebenfalls bedeuten, dass sowohl die wiedergegebenen Aussagen im Chatbot als auch das Tagebuch an sich von den Lernenden als unglaubwürdig und nicht vertrauenswürdig wahrgenommen werden könnten.[28]

Dass dieser Aspekt der Vertrauenswürdigkeit in das Medium besonders im Kontext des Tagebuchs der Anne Frank verhängnisvoll sein kann, belegen bereits die früheren Debatten über die Echtheit des Tagebuchs, in denen Anne Franks Autorinnenschaft seit Veröffentlichung der Erstausgabe im Jahr 1947 immer wieder von Kritikern und Holocaust-Leugnern angezweifelt worden war und erst durch ein Gerichtsurteil sowie ein damit verbundenes, ausführliches Gutachten des Niederländischen Staatlichen Instituts für Kriegsdokumentationen (*Rijksinstituut voor Oorlogsdocumentatie*) belegt werden musste.[29]

Hierbei lag die Hoffnung der Studierenden und mir darin, dieser Problematik durch die Angabe der Datierungen entgegenzuwirken, die es den Rezipientinnen und Rezipienten immer wieder erlauben, von dem Chatbot wiedergegebene Zitate im Tagebuch kontextuell nachvollziehen und überprüfen zu können. Außerdem sollten die verwendeten Antwortzitate auch stets genügend Kontext zur selbstständigen Bewertung des Wahrheitsgehalts bieten, bloße Ja/Nein-Antworten wurden dagegen von vornherein als Antwort-Möglichkeiten ausgeschlossen und nicht ins Korpus aufgenommen. Allerdings kann es sich bei den durch Datierungen geschaffenen, intertextuellen Verweisen nur um ein Angebot handeln, sich auch mit dem ursprünglichen Tagebuch zu beschäftigen. Möglichen Missverständnissen kann dadurch niemals vollständig, sondern lediglich zu einem Teil entgegengewirkt werden.

27 Vgl. Duda, „Was war oder ist Ihre schönste, tollste und angenehmste Kindheitserinnerung?“ [Anm. 19], S. 55.

28 Vgl. Jovan Byford, 2014, Remembering Jasenovac: Survivor Testimonies and the Cultural Dimension of Bearing Witness, in: Holocaust and Genocide Studies 28, S. 58–84, hier: S. 65.

29 Vgl. bspw. Marion Siems, 2003, Erläuterungen und Dokumente. Anne Frank. Tagebuch, Stuttgart: Reclam, S. 81 ff.

5. Chancen und Grenzen des Chatbots: Erste Rückschlüsse aus der Interaktion von Lernenden mit dem Chatbot

Aus der Verwendung des Chatbots im Kontext von Lehren und Lernen können facettenreiche Chancen, aber gleichsam auch mannigfaltige Grenzen für Rezipientinnen und Rezipienten abgeleitet werden. Im Nachfolgenden werden dabei diejenigen Bereiche der Kompetenzförderung fokussiert, die speziell den Anne-Frank-Chatbot sowie das historische Lernen betreffen und daher als spezifische Unterschiede im Vergleich zu Chatbots im Allgemeinen angesehen werden können. Dies soll allerdings nicht bedeuten, dass der hier beschriebene Chatbot nicht auch zur Förderung und zum Erwerb bestimmter sprachlicher Kompetenzen im Bereich Erst- und Zweitsprache eingesetzt werden könnte, wozu Chatbots generell bereits in der Vergangenheit genutzt wurden.[30]

Grundsätzlich zeigten sich die Schülerinnen und Schüler der 8. Klasse einer bayerischen Mittelschule in einer ersten explorativen Voruntersuchung im Zuge einer Online-Deutschstunde aufgeschlossen und motiviert, sich mit Anne Franks Geschichte im Kontext der Erschließung durch eine Chatkonversation auseinanderzusetzen. Ebenfalls bot diese Kommunikationsform für die Jugendlichen Möglichkeiten, Fragen zu stellen, von denen angenommen werden kann, dass diese im Unterricht vor Lehrerinnen und Lehrern sowie Gleichaltrigen aufgrund des Grades der darin enthaltenen Intimität nicht gestellt werden würden. Diese Fragen betrafen vor allem Annes Umgang mit Pubertät und Liebe.

Ferner zeigte sich auch, dass Nutzerinnen und Nutzer, auch wenn diese vorher nicht mit Anne Franks Biografie vertraut waren, durchaus in der Lage waren, aufgrund des Frage-Antwort-Schemas sich mit verschiedenen Facetten von Annes Leben vertraut zu machen. Demgemäß führten zunächst allgemeine Fragen zu Annes Person (wie bspw. ihrem Wohnort oder ihrer Familie) nach kurzer Zeit zu Fragen, die speziell die historischen Umstände sowie das Leben im Versteck betrafen. Ein despektierlicher Umgang mit den Aussagen und dem Medium konnte innerhalb der Interaktion von Schülerinnen und Schülern in der ersten Voruntersuchung bislang nicht festgestellt werden. Stattdessen zeigten die aufgezeichneten Chatprotokolle sogar eine Form der Interaktion, die über die Erwartungen der Produzentinnen und Produzenten deutlich hinausging. So begannen manche Rezipientinnen bzw. Rezipienten die erhaltenen Antworten zu kommentieren oder gar mit ihren eigenen Erfahrungen in Kontrast zu setzen, auch wenn der Chatbot deutlich zu verstehen gab, dass er den Sinn vieler der verwendeten Texteingaben nicht erkenne.

30 Vgl. hierzu bspw. Hsiu-Ling Chen et al., 2020, A ChatBot for Learning Chinese: Learning Achievement and Technology Acceptance, in: Journal of Educational Computing Research, Vol. 58, S. 1161–1189.

Ein solches Interaktionsverhalten, das auf einem Vergessen oder Ausblenden der Mensch-Maschine-Kommunikation beruhen kann, bietet im Unterricht Möglichkeiten, sich medienkritisch mit dieser, aber auch anderen medialen Adaptionsformen des Tagebuchs auseinanderzusetzen und gestalterische Entscheidungen der Produzierenden in einem Vergleich zur verwendeten Tagebuchausgabe zu hinterfragen sowie mit eigenen Erfahrungen zu ergänzen und zu konterkarieren. Hierbei kann es gewinnbringend sein, den Lernenden den Einfluss des spezifischen Mediums auf die Darstellung zu verdeutlichen und auf mediale Grenzen hinzuweisen. Im Falle des Anne-Frank-Chatbots ist dessen Darstellung des Erlebens der jungen jüdischen Zeitzeugin aufgrund der beschränkten Anzahl möglicher Fragen auf Textebene deutlich facettenloser als das im Tagebuch Geschilderte. Ferner wird ebenso die chronologische Erzählweise des Tagebuchs durch die Frage-Antwort-Interaktion durchbrochen, was dazu führten kann, dass einzelne Antworten durch einen Rückbezug auf die verwendete Tagebuchausgabe kontextualisiert werden müssen. Dies betrifft beispielsweise die Antwortmöglichkeiten auf die Frage „Wie geht es dir?", die es immer wieder erfordern, sich die Beziehung von Anne zu den anderen Bewohnern und Bewohnerinnen des Hinterhauses allgemein oder aber auch zu einem bestimmten Zeitpunkt zu verdeutlichen und das Geschehen außerhalb des Hinterhauses zu berücksichtigen.

Demgegenüber ermöglicht es das Fragen, den Chatbot in einem gewissen Maße enzyklopädisch zu nutzen und gezielt nach bestimmten Informationen bzw. Textstellen zu befragen. Auf diese Weise kann ein Erst- oder Wiederkontakt mit der Person Anne Frank, deren Familie und ihrem Alltag hergestellt werden und anschließend für intertextuelle Rückbezüge auf die zugrundeliegende Buchfassung genutzt werden, um Antworten auf gestellte Fragen im Tagebuch zu finden, die vom Chatbot nicht beantwortet werden konnten. Demgemäß können auch im Chatbot fehlende Fragen als Initialzündung für eigene Recherchen im Tagebuch genutzt werden.

Falsche Antworten des Chatbots bergen dagegen die Gefahr, dass die Schülerinnen und Schüler trotz Verweise auf die ursprüngliche Quelle im Tagebuch sich unter Umständen falsches Wissen aneignen, indem die beschriebene medienkritische Perspektive entweder noch nicht entwickelt oder aber aufgrund der immersiven Erfahrung ausgeblendet wurde. Grundsätzlich gilt es im Kontext digitaler Zeitzeugnisse, Antworten nicht unreflektiert als wahr anzuerkennen und in eigene Wissensbestände zu übernehmen.[31] Positiv aufgefasst, kann der

31 Vgl. Christina Isabel Brüning, 2019, Holocaust Education in Multicultural Classrooms. Some Insights into an Empirical Study on the Use of Digital Survivor Testimonies", in: Holocaust Education Revisited. Wahrnehmung und Vermittlung. Fiktion und Fakten. Medialität und Digitalität, hrsg. von Anja Ballis und Markus Gloe, Wiesbaden: Springer VS, S. 391–402, hier: S. 398.

Chatbot andererseits auch dazu genutzt werden, eine Kompetenz des Hinterfragens im Kontext historischen Lernens zu vermitteln und zu etablieren.[32] Auf dieser Kompetenz aufbauend können von den Schülerinnen und Schülern als falsch angenommene Antworten zur Förderung des Argumentierens nutzbar gemacht werden, um anhand des Tagebuchs zu belegen, ob und warum eine bestimmte Antwort des Chatbots als unpassend oder gar falsch in Bezug auf die gestellte Frage wahrgenommen wurde.

Insgesamt entbinden weder der Anne-Frank-Chatbot als Teil des Medienverbundes rund um das Tagebuch noch das Tagebuch selbst die Lehrkraft, die sich mit Anne Frank und dem Thema Holocaust beschäftigen möchte, von einer notwendigen historisch kritischen Vor- und Nachbereitung der Lernenden.[33] Dabei ist die Art, wie der Anne-Frank-Bot im Bereich des historischen Lernens eingesetzt wird, in hohem Maße davon abhängig, welches Vorwissen und welche Kompetenzen die Lernenden bereits mitbringen. Demgemäß kann der Chatbot sowohl als Zugang als auch zur Weiter- und Wiederbeschäftigung mit dem Tagebuch der Anne Frank genutzt werden.

Allerdings sollte die eingesetzte, vergleichsweise moderne Technik keinesfalls zu dem Gedanken verleiten, anzunehmen der Chatbot könne mehr Wissen und Einblicke vermitteln als die zugrundeliegende Fassung des Tagebuchs, auf dem das digitale Medium beruht.[34] Zwar kann das Nicht-Beantworten des Chatbots, das vor allem Antworten auf die nicht durch das Tagebuch dokumentierte Zeit betrifft, als unterrichtliche Chance genutzt werden, ein tieferes Verständnis von der Geschichte der Anne Frank und dem historischen Kontext zu erwerben sowie Begründungen dafür zu finden, weshalb es weder im Chatbot noch im Tagebuch Antworten auf bestimmte Fragen geben kann, jedoch setzt die Thematisierung solcher Fragen immer bereits ein tieferes Verständnis von Geschichte bzw. der Biografie der Anne Frank voraus.[35]

32 Vgl. Nicola Brauch, 2016, Das Anne Frank Tagebuch. Eine Quelle historischen Lernens in Unterricht und Studium, Stuttgart: W. Kohlhammer, S. 20.

33 Ebd., S. 27.

34 Aufgezeichnete Fragen belegen hierbei bspw., dass Nutzerinnen und Nutzer immer wieder versuchen, vom Chatbot Antworten hinsichtlich Annes Befinden in den Konzentrationslagern nach der Festnahme zu erhalten.

35 Vgl. Harry Havekes et al., 2012, Knowing and doing history: a conceptual framework and pedagogy for teaching historical contextualization, in: International Journal of Historical Learning, Teaching and Research, Vol. 11.1, S. 72–93.

6. Fazit

Ähnlich wie die zu Beginn des Beitrags dargestellten, ersten Adaptionen des Tagebuchs hat sich auch der Anne-Frank-Chatbot, trotz intensiver Bestrebungen dem entgegenzuwirken, der Problematik einer möglichen Verharmlosung des Dargestellten aufgrund bestimmter konzeptioneller Entscheidungen zu stellen. Gleiches gilt ebenfalls für die Gefahr, das erschaffene Medium innerhalb der Interaktion als Reinkarnation oder „digital ghost“ der toten Anne Frank wahrzunehmen. Hierbei gilt es im Zuge der Verwendung in schulischen wie außerschulischen Lernsettings, explizit Wissen über das Medium sowie über dessen Grenzen zu vermitteln und auf die artifiziellen Aspekte hinzuweisen, um Missverständnissen und Irritationen der Lernenden vorzubeugen. Damit einher gehen Anforderungen an die Lehrkräfte, sich selbst medienkritisch mit dem Chatbot als Medium im Kontext von Lehre und Lernen auseinanderzusetzen und auch die medialen wie inhaltlichen Chancen und Grenzen auszuloten.

Wie im Zuge der Darstellung der Zielsetzung des Projektes erörtert, galt es zu keinem Zeitpunkt, das Tagebuch der Anne Frank durch die Schaffung des neuen Mediums zu ersetzen. Vielmehr sollte ein neuer Zugang zum Medienverbund rund um das Tagebuch und besonders zu der zugrundeliegenden Tagebuchfassung selbst geschaffen werden, um auf diese Weise dem von Anne Frank selbst geäußerten und durch die überarbeitete Fassung b realisierten Wunsch des Bezeugens zumindest teilweise gerecht zu werden. Dabei bedarf es für die Funktion des Bezeugens nicht nur einer bestimmten medialen Realisierungsform, sondern auch stets eines aktiven Rezipienten.[36] So verstanden, kann der Anne-Frank-Chatbot gleichsam als Türöffner für die Beschäftigung mit dem Tagebuch und die Erfüllung der kommunikativen Funktion des Bezeugens als auch als ein Medium, das in einer Pendel-Beziehung zum Medienverbund insgesamt steht, angesehen werden. Immer wieder kann der Chatbot aufgrund seiner permanenten, intertextuellen Verweise dafür genutzt werden, bestimmte Passagen im Tagebuch wiederzufinden und sich mit den erhaltenen Antworten innerhalb der Ganzschrift intensiv und kritisch auseinanderzusetzen.

Ebenso vielfältig wie wichtig sind die aus der Arbeit mit dem Anne-Frank-Bot abgeleiteten, ersten didaktischen Potenziale, die sowohl aus Chancen wie auch Grenzen des Mediums gewonnen werden konnten und die es nun in umfangreichen Studien zu messen und zu evaluieren gilt. Insgesamt deuten die ersten Ergebnisse aus der Interaktion mit dem Chatbot den motivationalen wie kommunikativen Wert des entwickelten Mediums an. Desgleichen gilt es auf Seite der Produzentinnen und Produzenten, weiterhin an einer Optimierung des lernenden Systems, das dem Medium zugrunde liegt, zu arbeiten, neue Fragevarianten mit

36 Vgl. Ballis, Anne Frank: Tagebuch (1947) [Anm. 8], S. 98.

alten Ursprungsfragen zu verknüpfen sowie Fragen, die bislang nicht berücksichtigt wurden, zu ergänzen. Nur auf diese Weise kann die Interaktionserfahrung mit dem Anne-Frank-Bot im Sinne eines lernenden Systems verbessert und die Möglichkeit des Auftretens möglicher falscher Antworten minimiert werden. Letzten Endes muss sich aber ebenfalls weiterhin der Frage gestellt werden, wie ein didaktisches Konzept im virtuellen Raum gestaltet und konkretisiert werden kann, um den verschiedenen Anforderungen zukünftiger Lernender gerecht zu werden.

„Stell Dir vor, es ist 1942 auf Instagram"

Remediation in digitalen Tagebüchern über den Widerstand und Holocaust im Nationalsozialismus

Larissa Carolin Jagdschian

1. Der Nationalsozialismus als Sujet in zeitgeschichtlichen Kinder- und Jugendmedien

Seit 1960 sind Differenzierungen des Formspektrums und der Thematiken über den Nationalsozialismus in den zeitgeschichtlichen Kinder- und Jugendmedien festzustellen. Thematisch reicht dieses Kinder- und Jugendmedienspektrum über Darstellungen der Vorgeschichte des Nationalsozialismus, des Holocaust, des Widerstands bis hin zur Flucht. Innerhalb des Gattungs- (Romane, Bilderbücher, Graphic Novels etc.) und Medienspektrums (Theaterstücke, Hörbücher, Filme etc.) werden verschiedene Vergangenheitsversionen gebildet respektive tradiert, die das kollektive Gedächtnis heute konstruieren.[1] Dabei greifen diese Medien auf einen Kanon medialer Repräsentationsformen wie den Judenstern oder den Viehwaggon zurück, um „Welten des kollektiven Gedächtnisses nach Maßgabe ihres spezifischen gedächtnismedialen Leistungsvermögens"[2] zu erzeugen. Medienprodukte sind dementsprechend nicht als statische Repräsentationsformen zu deuten, sondern in den einzelnen Medien differenzieren sich Erinnerungen über den Nationalsozialismus im dynamischen Prozess der Mediatisierung weiter aus, „welche die Modalitäten unseres Denkens, Wahrnehmens, Erinnerns und Kommunizierens präg[en]".[3] Das kollektive Gedächtnis hängt dabei „von den verfügbaren Kommunikationstechnologien [...] der jeweiligen Gesellschaft ab[]:

1 Vgl. Gabriele von Glasenapp, Andre Kagelmann und Ingrid Tomkowiak (Hg.), 2021, Erinnerung reloaded? (Re-)Inszenierungen des kulturellen Gedächtnisses in Kinder- und Jugendmedien, Berlin: J. B. Metzler.

2 Astrid Erll, 2008, Medium des kollektiven Gedächtnisses. Ein (erinnerungs-)kultureller Kompaktbegriff, in: Medien des kollektiven Gedächtnisses. Konstruktivität – Historizität – Kulturspezifität, hrsg. von Ansgar Nünning und Astrid Erll, Berlin/New York: De Gruyter, S. 3–22, hier: S. 6.

3 Sybille Krämer, 1998, Was haben Medien, der Computer und die Realität miteinander zu tun?, in: Medien – Computer – Realität. Wirklichkeitsvorstellungen und Neue Medien, hrsg. von Sybille Krämer, Frankfurt a. M.: Suhrkamp, S. 9–26, hier: S. 3.

diese beeinflussen dessen Formen, Reichweite und Interpretation“.[4] Die Weiterentwicklung von Ikonen wie den deportieren Juden oder der Widerstandskämpferin Sophie Scholl zeigen zwei jüngere Beispiele, die im Zentrum des vorliegenden Beitrags stehen: Die Instagram-Profile *eva.stories* und *ichbinsophiescholl*. Für von Glasenapp und Kagelmann ist die Inszenierung der „Lebensgeschichte von Sophie Scholl zu ihrem 100. Geburtstag 2021 als Instagram-Story als logische Konsequenz eines sich beständig erweiternden Kinder- und Jugendmedienspektrums“[5] zu deuten. Gleichzeitig wird ein in den Jugendkulturen favorisiertes Medium – so belegen die jüngsten Ergebnisse der JIM Studie 2020[6] – als neustes Gedächtnismedium konzipiert. Die Instagram-Profile bilden in ihrem spezifischen Medienformat zwar wie andere Gedächtnismedien Schemata und Narrationsmuster der NS-Vergangenheit aus, aber die Darstellungen greifen dabei auf Formen zurück, die den Bedürfnissen und Belangen der Erinnernden in der Gegenwart gerecht zu werden versuchen. Damit verändern sich Darstellungen des Erinnerns, die in diesem Beitrag skizziert werden.

Beide Instagram-Profile bauen dabei zunächst auf früheren Medienformaten, wie dem gedruckten Tagebuch, auf. Der Bezug zum Tagebuch verwundert wenig, so verschiebt sich der erinnerungskulturelle Fokus in jugendliterarischen Auseinandersetzungen über den Nationalsozialismus seit den 1990erJahren „zunehmend von den historischen Abläufen und Fakten auf alltags-, sozial- und kulturgeschichtliche Aspekte und das menschlich-subjektive Erfahrungswesen“.[7] Gerade (zeitgeschichtliche) Tagebücher geben Einblick in vergangenes, lebensgeschichtliches Erleben und Erfahren. Zum Beispiel gilt das *Tagebuch der Anne Frank* (1950) bis heute als „Sinnbild für alle Opfer von Gewalt“[8], aber auch andere – wie zum Beispiel *Das Tagebuch des David Rubinowicz* (1960), *Auch wenn ich hoffe. Tagebuch von Moshe Flinker* (2008) oder das Tagebuch von Éva Heymann *Das rote Fahrrad* (2012) – vermitteln traumatische Erfahrungen des Holocaust. Konzeptionell geben Tagebücher

4 Elena Esposito, 2002, Soziales Vergessen. Formen und Medien des Gedächtnisses der Gesellschaft, Frankfurt a. M.: Suhrkamp, S. 10.

5 Gabriele von Glasenapp und Andre Kagelmann, 2021, Zukünftige Erinnerungen. Anmerkungen zum Spannungsverhältnis von Kinder- und Jugendliteratur und kollektives Gedächtnis, in: Mitteilungen des Deutschen Germanistenverbandes 68, S. 248–257, hier: S. 250.

6 Vgl. www.mpfs.de/studien/jim-studie/2020/ (01.03.2023).

7 Britta C. Jung, 2018, Komplexe Lebenswelten – multidirektionale Erinnerungsdiskurse. Jugendliteratur zum Nationalsozialismus, Zweiten Weltkrieg und Holocaust im Spiegel des postmemorialen Wandels, Göttingen 2018, S. 268.

8 Jana Mikota, 2020, „Anne wieder sichtbar machen“. Mirjam Presslers Blick auf Anne Frank, in: kjl&m 72, S. 10–17, hier: S. 11.

> [a]ls Teil des kulturellen Gedächtnisses [...] aus einer persönlichen Perspektive Einblick in eine vergangene Zeitepoche und vermitteln damit [...] einen authentischen Blick auf eine historische Situation. Anders gesagt sind sie Zeitzeugen in Buchform, die weniger historische Eckdaten und die große Geschichte in den Blick nehmen, als vielmehr in kleinen Geschichten zeigen, welche Auswirkungen die Politik auf individuelle Personen hatte und hat.[9]

Auf den Instagram-Profilen werden in den digitalen Tagebüchern sowohl historische Ereignisse wie der Widerstand oder der Holocaust fiktionalisiert als auch stehen diese Gedächtniskonstruktionen mehr als üblich zur kritisch-reflexiven Disposition, indem die User und Userinnen nun die Möglichkeit haben, über das Kommentarfeld das Tagebuch zu bewerten. Das Erinnern wird, so die leitende Überlegung, nicht mehr allein zum selektiven Prozess der Rekonstruktion der Vergangenheit[10], sondern über die Kommentarfunktion ist ein Austausch bei gleichzeitiger Rezeption gegeben, wodurch die Funktion als Gedächtnismedium neben dem Speichern und Zirkulieren[11] rezeptionsästhetisch als Wechselspiel zwischen Immersion und Wertung erweitert wird. Kann aber das digitale Tagebuch auf Instagram eine erinnernde Erzählgestalt entwickeln, die wie ein gedrucktes Tagebuch einen Reflexionsraum bildet, um „zeitgeschichtliche Momente und erinnernde Vergleiche in die Aufzeichnungen [zu] integrier[en]".[12] Um sich dieser Frage anzunähern, müssen „the medial frameworks of remembering [...] through which memories come into public arena and become collective"[13] skizziert werden. Untersucht wird daher im Folgenden, welche Repräsentationsformen des gedruckten Tagebuchs übernommen und im Rahmen des *digital storytelling*[14] im digitalen Tagebuch umgesetzt wurden. Ausgehend von dem Verständnis, dass „[e]in Tagebuch [...] ein fortlaufender, meist von Tag zu Tag geschriebener Bericht

---

9 Julia Benner, 2018, „This book contains private information". Kinder- und jugendliterarische Tagebuchliteratur, in: Time Warp und Taschenuhr. Zeit in der Kinder- und Jugendliteratur, hrsg. von Heidi Lexe, Wien: STUBE, S. 20–32, hier: S. 22.

10 Vgl. Astrid Erll, 2017, Kollektives Gedächtnis und Erinnerungskulturen. Eine Einfüh-rung. 3., aktual. u. erw. Aufl., Stuttgart: J. B. Metzler 2017, S. 6 ff.

11 Vgl. ebd., S. 179 ff.

12 Rüdiger Görner, 2009, Tagebuch, in: Handbuch der literarischen Gattungen, hrsg. von Dieter Lamping, Stuttgart: Alfred Kröner, S. 703–710, hier: S. 705.

13 Astrid Erll und Ann Rigney, 2009, Introduction. Cultural Memory and its Dynamics, in: Mediation, Remediation and the Dynamics of Cultural Memory, hrsg. von Astrid Erll und Ann Rigney, Berlin/New York: De Gruyter, 1–11, hier: S. 2.

14 Kagelmann versteht darunter ein „Narrationsformat, in dem mittels eines Computers oder Smartphones digitale Fotografien (Einstellungen) durch den Einsatz eines Schnittprogramms chronologisch und kausal zu einer Geschichte verknüpft werden" (Andre Kagelmann, 2021, Kinder- und jugendmediale Perspektiven Digitalen Geschichtserzählens, in: Handbuch Kinder- und Jugendliteratur, hrsg. von Tobias Kurwinkel und Philipp Schmerheim, Stuttgart: J. B. Metzler, S. 415–418, hier: S. 415).

über Dinge [ist], die im Laufe eines jeden Tages vorfielen"[15], steht im Fokus des Beitrags die Frage, welche erinnerungskulturellen Funktionen digitale Tagebücher für die Konstitution von Vergangenheitsversionen haben.

2. Remediation

Um Formen der mediatisierten Erinnerung als Spuren kanonisierter medialer Repräsentationsformen aus gedruckten in digitale Tagebücher auf Instagram nachzuzeichnen, eignet sich die Theorie der Remediation, die auf die Studie von David Jay Bolter und Richard Grusin *Remediation. Unterstanding New Media* (1999) zurückzuführen ist. Das Konzept der Remediation beschreibt grundsätzlich „the formal logic by which new media refashion prior media forms".[16] In den Akten der Mediatisierung lässt sich demnach skizzieren, auf welche Erinnerungsformen der früheren Medienformate zurückgegriffen wird und inwieweit diese durch neue Kommunikationstechnologien weiter gestaltet werden. Kennzeichnend für die Remediation ist ihre doppelte Logik, die zwischen der Unmittelbarkeit, also der transparenten Präsentation der Vergangenheit als einer „nicht-mediatisierten Erinnerung",[17] und der Hypermedialität, der inbegriffenen Selbstreflexivität der Konstitutionen der Wirklichkeits- und Vergangenheitsbilder vom alten ins neue Medium, changiert. Narrative oder Bilder der Vergangenheit sind dabei als „transmediale Phänomene"[18] zu betrachten, da sie sich stetig in ihren Strukturen weiterentwickeln, indem sich alte wie neue Medien „auf eine palimpsestartige Struktur von medialen Repräsentationen"[19] beziehen. Remediation bedeutet also,

> that especially those events which are transformed into lieux de mémoire are usually represented again and again, over decades and centuries, in different media. What is known about an event which has turned into a site of memory, therefore, seems to refer not so much to what one might cautiously call the ‚actual event', but instead to a canon of existent medial constructions, to the narratives, images and myths circulating in a memory culture.[20]

---

15 Peter Boener, 1969, Tagebuch, Stuttgart: Metzler, S. 11.

16 David Jay Bolter und Richard Grusin, 1999, Remediation. Understanding New Media, Cambridge: MIT Press, S. 273.

17 Erll, Kollektives Gedächtnis und Erinnerungskulturen [Anm. 10], S. 161.

18 Ebd.

19 Ebd.

20 Astrid Erll, 2008, Remembering across Time, Space and Cultures: Premediation, Remediation and the ‚Indian Mutiny', in: Mediation, Remediation and the Dynamics of Cultural Memory, hrsg. von Astrid Erll und Ann Rigney, Berlin/New York: De Gruyter, S. 109–138, hier: S. 111.

Das heißt nicht, dass es keine feststehenden Vergangenheitsbilder gibt. Das Verfahren der Remediation zeigt Prozesse der Weiterentwicklung von Erinnerungen in Form von ikonischen Bildern auf. Ihre erinnerungskulturelle Funktion ist die „Stabilisierung bestimmter Gedächtnisinhalte und deren Transformation zu machtvollen Erinnerungsorten".[21] Angelehnt an das Konzept der Remediation soll im Folgenden die Transformation medialer Repräsentationsformen über den Holocaust vom gedruckten ins digitale Tagebuch untersucht werden. Daneben werden auch die Gestaltung des digitalen Tagebuchs sowie die Formen des *digital storytelling* – Integration, Verfügbarkeit, Vernetzung, Interaktivität[22] – berücksichtigt.

3. „Do you think, they will remember us?" – Das Instagram-Profil *eva.stories*

Darstellungen über den Holocaust, die sich nicht selten in zirkulierenden Narrativen und ikonischen Bildern wie dem Viehwaggon, der Gaskammer oder dem gelben Davidstern im kulturellen Gedächtnis manifestiert haben, gehören zum Inventar der Repräsentationsformen des Holocaust innerhalb des Kinder- und Jugendmedienspektrums, das unablässig remediatisiert wird – das zeigt zum Beispiel der Kinderroman von Martine Letterie *Kinder mit Stern* (2016), der wie Gudrun Pausewangs *Reise in den August* (1995) von der Deportation mit dem Viehwaggon ins Konzentrationslager berichtet. So auch in dem 2019 entstandenen Instagram-Profil *eva.stories*, das sich mit dem Holocaust der jüdischen Bevölkerung in Ungarn am Beispiel des Mädchens Éva Heymann während des nationalsozialistischen Regimes auseinandersetzt. Es wurde vom israelischen Tech-Millionär Mati Kochavi produziert; geschrieben wurden die Stories[23] von Maya und Mati Kochavi, die auch die Regie übernahmen. Mit 27 Beiträgen und 1,1 Millionen Abonnenten und Abonnentinnen (Stand 05.10.2022) gehört *eva.stories* zu einem der ersten Profile, die den Holocaust auf Instagram darstellen.

Die Instagram-Storys basieren auf dem Tagebuch des gleichnamigen Mädchens, das den Titel *Das rote Fahrrad* trägt. Es erschien erstmals 1949 in Ungarn und wurde von der Mutter Ágnes Zsolt publiziert. Übersetzt wurde es 2012 ins Deutsche von Erno Zeltner. Der Bezug zum gedruckten Tagebuch lässt sich bereits

21 Erll, Kollektives Gedächtnis und Erinnerungskulturen [Anm. 10], S. 163.

22 Vgl. Dieter-Georg Adlmaier-Herbst und Thomas Heinrich Musiolik, 2016, Digital Storytelling. Spannende Geschichten für interne Kommunikation, Werbung und PR, Konstanz: UVK, S. 40.

23 Darunter sind im Folgenden immer die Videoclips auf Instagram zu verstehen.

dem Steckbrief entnehmen, indem das Profil als „based on a true story“ ausgewiesen wird, „in memory of the 6 Million Jews murdered in the Holocaust“. Mit dem Verweis auf den Authentizitätsgrad der ‚true story‘ sowie den historischen Kontext des Holocaust verdeutlicht das Profil, dass es sich nicht um ein gewöhnliches Nutzerprofil handelt, sondern ein erinnerungskultureller Anspruch verfolgt wird: die Erzählung eines Einzelschicksals der insgesamt sechs Millionen ermordeten Juden. Das digitale Tagebuch wird also bereits zu Beginn als Gedächtnismedium ausgewiesen. Erzählt wird vom Leben der Éva Heymann, die 1941 in Ungarn bei ihren Großeltern lebte, die aufgrund der Okkupation der Deutschen Wehrmacht und den damit einhergehenden rassenideologischen Vorschriften gegenüber der jüdischen Bevölkerung im Alltag Anfeindungen ausgesetzt war, die Deportation von Verwandten miterleben musste, bis sie selbst mit ihrer Mutter, dem Stiefvater sowie den Großeltern in ein Ghetto und letztendlich mit einem Viehwaggon Richtung Auschwitz-Birkenau deportiert wurde. Bereits der summarische Blick zeigt, dass mit bekannten Ikonen und Bildern über den Holocaust gearbeitet wird, jedoch erfolgt die Darstellung in einer dem Medium Instagram spezifischen Weise, das heißt, es wird zum Beispiel mit Emoijs gearbeitet.

Unumstritten ist und war dieses Vorhabens nicht. So empfinden einige Kritiker*innen die Darstellung via Instagram mit Stickern und Emojis als geschmacklos.[24] Die israelische Gedenkstätte Yad Vashem sieht dagegen Instagram als legitimes und effektives Gedächtnismedium an.[25] Auf politischer Ebene, meistens durch die Nachrichten der Staatsoberhäupter, wird das Instagram-Profil gelobt. So wird in der ersten Story die politische Resonanz mit der Ansprache „Eva, there is something, we want you to know“ eingeleitet, indem in der Story Twitter-, Facebook- und Instagram-Nachrichten aus u.a. Deutschland, Österreich, Russland, Moldawien, Portugal, Bulgarien, Kanada, Serbien, Ungarn, Zypern, Schweden, der europäischen Kommission und Israel aufgeführt werden.

24 Judy Maltz, 2019, ‚New Genre of Memory‘: Holocaust Victim's ‚Instagram Page‘ Draws Fire for Dumbing Down History, in: www.haaretz.com/israel-news/2019-04-29/ty-article/.premium/new-memory-genre-holocaust-victims-instagram-draws-fire-for-dumbing-down-history/0000017f-e912-d62c-a1ff-fd7b44c80000 (01.03.2023).

25 Franziska Reiniger, o.J., The Diary of Éva Heyman. Teaching the Story of the Holocaust in Hungary Through One Diary, in: www.yadvashem.org/education/educational-materials/books/dear-diary.html (01.03.2023).

Abb. 1: For Éva (© Screenshot: eva.stories/Instagram)
• www.instagram.com/stories/highlights/18102650935107631 (01.03.2023)

Begleitet wird die Reihung der Nachrichten an Éva von einer melodischen Klaviermusik. Sie endet mit dem Versprechen: „Won't happen to other children in the world" und dem Appell „Never again."[26] Eingeblendet wird parallel dazu ein Porträt der dreizehnjährigen, ungarisch-jüdischen Éva Heymann. Mit dem Versprechen ‚Never again' wird nicht nur die Forderung „Nie wieder Ausschwitz" von Theodor W. Adorno aufgegriffen, sondern es wird globaler gefasst, dass allen Kindern auf dieser Welt nie mehr das widerfahren soll, was jüdische Kinder zur Zeit des Nationalsozialismus erfahren mussten. Indem das Profil sozial eingerahmt und mit der gegenwärtigen Verantwortung des ‚Nie wieder Auschwitz' reaktualisiert wird, entsteht einerseits eine Verbindung zwischen der Gegenwart und Vergangenheit, die das Instagram-Profil durch seine Geschichte bewahren und für einen breiten Adressatenkreis zugänglich machen möchte. Das Instagram-Profil wird damit zu einem „agenda-setters for collective remembrance"[27] des Holocaust. Andererseits wird die Erinnerung an den Holocaust nicht als nationale, sondern globale Aufgabe ausgewiesen, die gegenwärtige Phänomene wie die Verfolgung oder Demütigung ethnischer Gruppierungen einschließt. Diese Formen der Erinnerungsausrichtung an den Holocaust entsprechen dem „kosmopolitischen Gedächtnis."[28] Das heißt, das Erinnern ist nicht territorial fixiert, sondern es findet in sozialen Räumen statt, „die durch ein hohes Maß an

26 For Éva auf Instagram eva.stories. URL: www.instagram.com/stories/highlights/18102650935107631/ (01.03.2023).
27 Erll und Rigney, Introduction. Cultural Memory and its Dynamics [Anm. 13], S. 2.
28 Daniel Levy und Natan Sznaider, 2007, Erinnerung im globalen Zeitalter. Der Holocaust, Frankfurt a. M.: Suhrkamp, S. 9 ff.

Reflexivität und das alltägliche Aufeinandertreffen von verschiedenen Kulturen bestimmt“[29] ist. Ob Instagram als soziales Netzwerk der Vernetzung und Interaktivität den Ansprüchen kosmopolitischer Erinnerung gerecht werden kann, wird in den nächsten Jahren zu reflektieren sein.

In insgesamt 28 Stories, die sich über den Zeitraum vom 13. Februar 1941 bis Juni 1941 erstrecken, beschreibt das digitale Tagebuch das Leben der Jüdin Éva und zeigt auf, wie sie den Nationalsozialismus erlebt hat. Bereits der erste Eintrag des digitalen Tagebuchs am 13.02.1941 betont die Perspektivgebundenheit: „Hi, my name ist Éva. That's me. It's 1941. The Nazis are occupied europe and they do terrible things with us jews.“ Eingeblendet wird eine fröhliche, strahlende und in die Kamera winkende Éva. Die Vorstellung des Namens wird durch einen Pfeil unterstrichen, der auf die Figur zeigt. Im Hintergrund tauchen auf der linken Seite diverse Icons wie Erdbeeren, ein Love und ein Peace Zeichen auf, deren Funktion unklar ist. Danach folgen Bilder, die aus historischem Archivmaterial stammen.

Abb. 2: February 13 (© Screenshot: eva.stories/Instagram)
• www.instagram.com/stories/highlights/17860421761386848 (01.03.2023)

Erinnerungskulturell haben die Archivbilder die Funktion, die realen Umstände des Nationalsozialismus abzubilden, um als Userinnen und User einen authentischen Einblick in die Vergangenheit zu gewinnen. Es wird dadurch eine Unmittelbarkeit des damaligen Geschehens geschaffen.[30]

29 Ebd., S. 23.
30 Erll und Rigney, Introduction. Cultural Memory and its Dynamics [Anm. 13], S. 4.

Der Medienwechsel vom gedruckten ins digitale Tagebuch gewährt jedoch nicht nur einen Einblick in die unmittelbare Vergangenheit, sondern es ändern sich auch die „Aufzeichnung[en] existenziell erfahrener geschichtlicher Ereignisse“[31], die die Lebensgeschichte von Éva verändert erzählen. Das gedruckte Tagebuch beginnt beispielsweise nicht mit der biographischen Darstellung, sondern mit Évas Geburtstag am 13.02.1941.[32] Davon berichtet das digitale Tagebuch erst in der zweiten Story, die auf den 15.02.1941 datiert ist. Das digitale Tagebuch folgt somit nicht der Chronologie des Leitmediums, sondern die Erzählung fokussiert sich auf das Erleben zentraler historischer Ereignisse, an die erinnert werden soll. Änderungen hinsichtlich der Erzählreihenfolge lassen sich in dem Instagram-Profil in zahlreicher Form wiederfinden. So berichtet das gedruckte Tagebuch am 14.02.1941, dass die Cousine Márta von ihrem ehemaligen Kindermädchen abgeholt worden ist, da die Polizei ihre Eltern und sie deportieren. Im digitalen Tagebuch sieht man hingegen, wie ein Polizist Márta mitnimmt. Später erklären die Großeltern Éva, dass Márta nach Polen deportiert wurde. Auf Évas Frage, was in Polen passiert, folgt ein radikaler Schnittwechsel, indem im nachfolgenden Bild eine Filmaufnahme von Adolf Hitler eingeblendet wird, der vor einem jubelnden Publikum die Parole ausruft: „Es lebe die nationalsozialistische Bewegung, es lebe Deutschland“, worauf das Publikum antwortet: „Heil, heil, heil.“ Parallel dazu wird in einem gelben Balken Évas Äußerung eingeblendet: „This is the evil man, who send my cousin to Poland.“[33] Während im digitalen Tagebuch Éva als ein reflektiertes und wissendes Mädchen präsentiert wird, nimmt sie im gedruckten eine unwissende und fragende Haltung ein: „Ich weiß nicht genau, was Faschismus ist, aber sicher hat es damit zu tun, dass die Juden nach Polen verschleppt werden“.[34] Das Instagram-Profil greift ein nach Zohar Shavit gängiges Stereotyp auf, das die Nationalsozialisten als dämonisierte Wesen beschreibt.[35] Die Prozesse der Konvergenz und Koaleszenz vom digitalen zum gedruckten Tagebuch tragen dabei zur Stabilisierung der Ikonisierung des Bösen respektive der Nationalsozialisten bei, mit dem Ziel, als User*innen die Bedeutung der Deportation zu begreifen. Damit wird im digitalen Tagebuch eine unmittelbare und normative Vergangenheit als eine „unmediated memory“[36] konstruiert.

---

31 Görner, Tagebuch [Anm. 12], S. 703.

32 Áges Zsolt, 2012, Das rote Fahrrad, 2. Aufl., Wien: Nischen Verlag, S. 9.

33 Story vom 15.02.1941 auf Instagram eva.stories. www.instagram.com/stories/highlights/17998120066205191/ (01.03.2023).

34 Zsolt, Das rote Fahrrad [Anm. 32], S. 24.

35 Vgl. Zohar Shavit, 1988, Die Darstellung des Nationalsozialismus und des Holocaust in der deutschen und israelischen Kinder- und Jugendliteratur, in: Die Darstellung des Dritten Reichs im Kinder- und Jugendbuch, hrsg. von Malte Dahrendorf und Zohar Shavit, Frankfurt a. M.: dipa, S. 11–41, hier: S. 30.

36 Erll und Rigney, Introduction. Cultural Memory and its Dynamics [Anm. 13], S. 4.

Abb. 3: March 19 (© Screenshot: eva.stories/Instagram)
• www.instagram.com/stories/highlights/18044323096098797/ (26.09.2023)

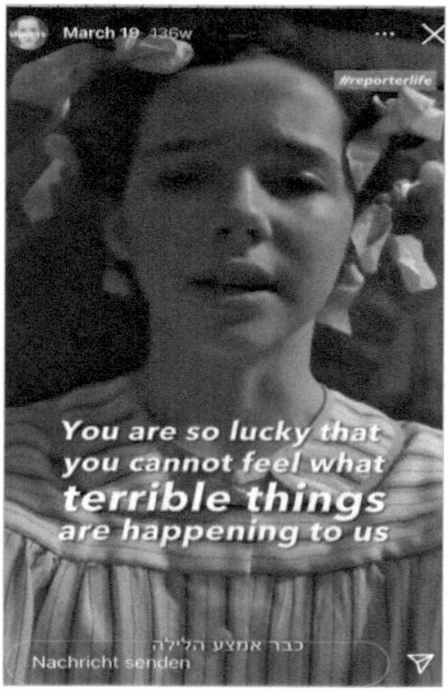

Eine weitere, entscheidende Änderung für das Erinnerungspotenzial zeigt sich im Kontext des Schreibens des Tagebuchs. Gedruckte Tagebücher zeichnen sich im Allgemeinen durch eine dialogische Kommunikationsstruktur aus.

Das Tagebuch wird mit der Anrede ‚liebes Tagebuch‘ angesprochen und als Alter Ego konzipiert, das die inneren Konflikte, Auseinandersetzungen mit der Identität oder in Abgrenzung zur Umwelt abbildet[37], wie folgendes Beispiel belegt: „Mein kleines liebes Tagebuch, wie glücklich du sein kannst, weil du es ja nicht spürst und auch gar nicht wissen kannst, was für ein schreckliches Unglück uns jetzt getroffen hat.“[38] In den Instagram-Stories wird hingegen nicht das Tagebuch adressiert, sondern während Éva weinend im Bett liegt, spricht sie beim Filmen die User und Userinnen an. Während ihrer Ansprache wird ein Text im Video eingeblendet, der sich direkt an die User*innen wendet: „You are so lucky, that you can not feel that terrible things are happening to us.“ Parallel zu dem eingeblendeten Text spricht Éva in die Kamera, dass sie „never been so scared in my entire life“ und formuliert für sich den Anspruch: „From today I must documenting everything that happens to us. […] I must documenting.“[39] Das Dokumentieren wird durch den Hashtag #reporterlife unterstrichen. Interessant ist an diesem

37 Vgl. Benner, This book contains private information [Anm. 9], S. 30.
38 Zsolt, Das rote Fahrrad [Anm. 32], S. 61.
39 Story vom 19.03.1944 auf Instagram eva.stories. www.instagram.com/stories/highlights/18044323096098797/ (01.03.2023).

Beispiel, dass mit der Adressierung (dem You) an die Userinnen und User das Leid und die Angst jüdischer Menschen hervorgehoben wird. Evoziert wird damit bei den User*innen eine Betroffenheit, da Éva ihnen suggeriert, dass sie glücklich sein können, diese Erfahrungen nicht miterleben zu müssen. Hier zeigt sich ein für das kulturelle Gedächtnis etabliertes „audience turning“, respektive die Anpassung der Kommunikationsform an das adressierte Publikum, denn ein digitales Tagebuch verlangt andere Zugriffe als ein gedrucktes. Letzteres versteht sich schließlich als intimes Selbstzeugnis. Das digitale Tagebuch hat hingegen eine andere Funktion. Indem Éva sich prospektiv als reflektierte und wissende Zeitzeugin stilisiert, trägt das digitale Tagebuch mit ihren Videos zur Aufklärung des Leids der jüdischen Bevölkerungsgruppen während des Nationalsozialismus für die Nachwelt bei. Nicht mehr das Tagebuch in Buchform ist der Zeitzeuge, wie eingangs Julia Benner die erinnerungskulturelle Leistung der Gattung betonte, sondern das Instagram-Profil fixiert mit dem Akt des Filmens das Geschehen und fordert zur wertenden Rezeption des Gesehenen auf. Das Instagram-Profil trägt damit zur Stabilisierung der Erfahrungshorizonte zeitgeschichtlicher Ereignisse bei, indem die Stories das für Instagram genuine Durchscrollen subversiv unterbindet und in den direkten Ansprachen zum reflektierten Nachdenken über vergangenen, gegenwärtigen und zukünftigen Antisemitismus und Faschismus anregt. Damit wird das Vergangene in den Horizont des Gegenwärtigen und des Zukünftigen geholt und forciert das Erinnern.

Eine Erweiterung zugunsten eines holistischen Abbilds des Holocaust zeigt sich auch am Schluss des Tagebuchs. Endet das gedruckte Tagebuch mit dem Verweis auf die Deportation[40], erzählt das Instagram-Profil die Geschichte weiter. Gezeigt wird, wie Eva und die Großeltern in einem Viehwaggon abtransportiert werden. Sie halten sich weinend in den Armen, bis das Pfeifen der Lokomotive zu hören ist, das Bild wird schwarz und die Geschichte endet.

40 Vgl. Zsolt, Das rote Fahrrad [Anm. 32], S. 126–127.

Abb. 4: June (© Screenshot: eva.stories/Instagram)
• www.instagram.com/stories/highlights/17926929286293660 (01.03.2023)

In der Schlussszene greift das digitale Tagebuch auf bekannte mediale Ikonen wie den Viehwaggon und den Judenstern aus dem Formspektrum des Holocaust zurück, um Erinnerungen an die Ermordung der sechs Millionen Juden zu stabilisieren und nicht wie das gedruckte Buch offen zu halten. Im Epilog wird über das Schicksal in Auschwitz berichtet, wie Éva von ihren Großeltern getrennt wird, wie sie miterleben muss, dass ihre Freundin stirbt und dass sie am 17.10.1941 in der Gaskammer umkommt. Eingeblendet wird abschließend – wie anfangs – ein Porträt von Éva, und der Wunsch der Produzentinnen und Produzenten: „Éva, we hope, that through this project, we made your dream come true"; eine berühmte Fotoreporterin zu werden, womit der eingangs eröffnete subjektive Erfahrungshorizont geschlossen wird.

Zusammenfassend wird die Instagram-Geschichte *eva.stories* erinnerungskulturell doppelt funktionalisiert. Einerseits werden über die Stories Ikonen des Holocaust wie der Judenstern, die Nationalsozialisten als ‚dämonisierte Wesen' (Shavit) oder der Viehwaggon narrativiert, um an das Schicksal der jüdischen Deportierten zu erinnern. Andererseits werden nicht nur bekannte Ikonen remediatisiert, sondern die kurzen Stories, die zwischen historischen und fiktionalisierten Darstellungen changieren, reduzieren die Komplexität des Gegenstandes des Holocaust auf den Appell, nicht zu vergessen, sondern ihrer zu gedenken, wie die nachgestellte Szene im Viehwaggon mit ihrer Freundin Annie eindrücklich verdeutlicht. Éva fragt sie: „Anni, do you think people will remember us?", worauf Anni ihr entgegnet: „Yes, Éva. Your journal, everyone will remember us."[41] Auch hier wird in dem nachgestellten Bild die Bedeutung des Erinnerns an die deportierten Juden betont und das digitale Tagebuch wird sowohl zum Zeitzeugen als auch zum Gedächtnismedium. Parallel zu der Mahnung, sich zu erinnern, werden die User*innen in dem rechten Feld im Sinne des *digital*

41 Story June auf Instagram eva.stories. www.instagram.com/stories/highlights/17926929286293660/ (01.03.2023).

storytelling zur Interaktivität und Vernetzung aufgefordert: „Write a message to Éva“, das in Verbindung mit der Frage, ob sich die Nachwelt an sie erinnern wird, als indirekte Aufforderung zu verstehen ist, zu schreiben, ob und wie die einzelnen User*innen heute der deportierten Juden und Jüdinnen gedenken. Auf der einen Seite kann die Aufforderung als Reflexionsanlass über Formen des Gedenkens verstanden werden, auf der anderen Seite als Rezensionsimpuls, persönlich Éva zu schreiben, wie sie ihre Stories erlebt haben. Das würde mit dem beigefügten Sticker, dem Herzen, korrespondieren, der den Grad der emotionalen Betroffenheit auf einer Skala abbilden soll. Mit der Aufforderung, eine Nachricht an Éva zu schreiben oder die rezeptionsseitigen Empfindungen über das Herz abzubilden, spiegelt sich im Prozess der Remediation das Prinzip der Hypermedialität wider. Die Hypermedialität zeigt sich daran, dass die User*innen zwar eine unmittelbare Lebensgeschichte in den diversen Stories verfolgt haben, aber die Sticker verdeutlichen, dass es sich hier um eine konstruierte Geschichte handelt, die bewertet werden sollte. Der Konstruktionscharakter zeigt sich damit nicht nur in dem Narrationsformat, dem Zusammenschnitt von Archivmaterial und nachgestellten Szenen, sondern auch in der Änderung des Geschehens. So lassen sich im gedruckten Tagebuch weitere Ereignisse feststellen, die im digitalen Format fehlen. Die Vermittlung der Erinnerungen wird somit durch den medialen Rahmen deutlich. Instagram hat jedoch das Ziel, das Rezipieren direkt mit einer Wertung zu verbinden, sodass Bewusstseinsakte des Erinnerns öffentlich nachvollziehbar und zur Disposition gestellt werden.

Insgesamt konvergieren und verschmelzen im digitalen Tagebuch zentrale Repräsentationsformen des Holocaust wie die Viehwaggons oder die andauernde Gefahr der Deportation der jüdischen Bevölkerung. Das digitale Tagebuch stabilisiert damit bereits im kulturellen Gedächtnis zirkulierende Repräsentationsformen. Die Wiederherstellung dieser Formen ist jedoch nicht die einzige Leistung des digitalen Tagebuchs. Anders als das gedruckte Tagebuch potenziert das digitale mit den Prozessen der Unmittelbarkeit und der Hypermedialität die diaristische Funktion als Selbstzeugnis und wird zum Dokumentationsmedium. Indem Éva sich einerseits als reflektierte Beobachterin vorstellt und andererseits am Ende fragt, ob man sich an die deportierten Juden erinnert, wird die Forderung des Erinnerns respektive des Nie-wieder-Auschwitz trotz zeitlicher Distanz zu den Ereignissen überbrückt. Digitale Tagebücher changieren folglich in der Schnittstelle zwischen dem kommunikativen und kulturellen Gedächtnis, indem sie in ihrer darstellerischen Form und Logik zur Selbsterforschung der Zeitzeugin, zur reflektierten Wahrnehmung sowie zur Darstellung normativer Ereignisse beitragen. Das digitale Tagebuch eröffnet folglich einen Resonanzraum für zeitgeschichtliche Erinnerungen, die durch die kommentierende und immersive Einbindung der User*innen die Notwendigkeit des Erinnerns zu reflektieren lernen.

4. „Wir sind die Weiße Rose und schreiben Flugblätter. Damit sich etwas ändert!" Erinnerungen an den Widerstand im Instagram Profil *ichbinsophiescholl*

Anlässlich des 100. Geburtstags der bekanntesten Widerstandskämpferin Sophie Scholl (geboren am 09. Mai 1921, gestorben am 02. Februar 1943) veröffentlicht am 9. Mai 2021 der Süddeutsche Rundfunk gemeinsam mit dem Bayrischen Rundfunk das Instagram-Profil *ichbinsophiescholl*. Dieses soll „die Widerstandskämpferin aus den Geschichtsbüchern ins Hier und Jetzt" holen und „ihre User*innen emotional, radikal subjektiv und in nachempfundener Echtzeit an den letzten zehn Monaten ihres Lebens teilhaben"[42] lassen. Inspiriert von dem Instagram-Profil *eva.stories* intendierten die Initiatoren Susanne Gebhard, Ulrich Herrmann und Lydia Leipert mit ihrem Instagram-Profil persönliche Facetten der Widerstandskämpferin Sophie Scholl aufzuzeigen, die bis heute nicht Gegenstand von Geschichtsdarstellungen sind.[43] Als im Zuge der 1970er Jahre, angeregt durch die Ansätze der *oral history*, in der Darstellung der nationalsozialistischen Vergangenheit die biographische Perspektive in den Mittelpunkt rückte[44], erschien das Jugendbuch *Das kurze Leben der Sophie Scholl* (1980) von Hermann Vinke, das die Lebensgeschichte entlang von Zeitzeugeninterviews, Auszügen aus Tagebüchern und Briefen sowie Fotos erzählt. Mit diesem biographischen Zugriff wurden Christine Hikel zufolge „Authentizität" sowie ein „Identifikationsangebot"[45] offeriert. Eine weitere Fokussierung auf den biographischen Zugriff bietet das Jugendbuch *Wir schweigen nicht! Der Weg der Weißen Rose der Geschwister Scholl in den Widerstand* (2016) von Anja Tuckermann, das auch die Perspektiven anderer Widerstandskämpfer wie zum Beispiel Willi Graf oder Alexander Schmorell berücksichtigt. Diese biographische Perspektive nimmt ebenso das Instagram-Profil ein. Die Initiator*innen geben an, dass sie mit dem Instagram Profil „eine ehrliche und intime Perspektive auf ihren Alltag, ihre Erlebnisse, Erfahrungen und Gedanken ermöglichen [wollten], mit denen sich auch unsere Nutzer*innen identifizieren können. So bekommen wir einen ungefilterten Blick in die komplexe, vielseitige (Innen-)Welt von Sophie".[46] Mit der Reduzierung auf die Figur Sophie Scholl spiegeln sich in dem Instagram-Profil jene Tendenzen der 1980er Jahre wider, die in Filmen wie *Die weiße Rose* (1982)

42 www.swr.de/unternehmen/ich-bin-sophie-scholl-instagram-serie-102.html (01.03.2023).

43 Vgl. Christine Hikel, 2013, Sophies Schwester. Inge Scholl und die Weiße Rose, München: Oldenbourg, S. 218 ff.

44 Vgl. Rüdiger Steinlein, 2006, Brückenschläger über den ‚Abgrund der Vergangenheit' (Erich Kästner). Die Darstellung des Holocaust in der deutschsprachigen Kinder- und Jugendliteratur, in: Shoah in der deutschsprachigen Literatur, hrsg. von Norbert Otto Eke und Harmut Steinecke, Berlin: Erich Schmidt, 169–187, hier: S. 180.

45 Hikel, Sophies Schwester. Inge Scholl und die Weiße Rose [Anm. 43], S. 221.

46 www.swr.de/unternehmen/ich-bin-sophie-scholl-instagram-serie-102.html (01.03.2023).

von Michael Verhoeven oder Percy Adlons *Fünf letzte Tage* (1982) Sophie Scholl zur Ikone des Widerstandes stilisierten.[47] Auch das Instagram-Profil erzählt die Geschichte der Weißen Rose nur aus der Perspektive Sophie Scholls (gespielt von Luna Wedler), die ihren Weg zum Widerstand, ihr Studentenleben in München und ihre Schwärmereien filmt. Die Regie übernahm Tom Lass, produziert wurden die Instagram-Videos von Katja Siegel, Johannes Louis und Jochen Laube. Das Instagram-Profil hat bisher 648.000 Abonnentinnen und Abonnenten (Stand 05.10.2022).

In dem Steckbrief wird Sophie Scholl vorgestellt als „harter Geist, weiches Herz“, die 21 Jahre alt ist, Studentin der Fächer Philosophie und Biologie ist und Kunst und echten Kaffee liebt. Obwohl sich auf den ersten Blick intermediale Wiederholungsformen (wie des biographischen Zugriffs) erkennen lassen, ist in den unterschiedlichen Medien keine invariante Lebensgeschichte festzustellen. Vielmehr überlagern sich im kulturellen Gedächtnis „[u]m den ikonischen Kern des Widerstandsgeschehens […] unterschiedliche, wandelbare und teils konkurrierende Deutungen […]. [Denn] Erinnern erschöpft sich nicht in der Wiederholung der immer gleichen Geschichtserzählung, sondern verlangt nach Interpretationen und der Herstellung von Gegenwartsbezug“.[48] Die Lebensgeschichte wird je nach Gattung oder Medium (Roman, Film, Tagebuch etc.) reproduziert oder ersetzt.

Abb. 5: Meine Woche (© Screenshot: ichbinsophiescholl/Instagram)
• www.instagram.com/stories/highlights/17908713703756158/ (26.09.2023)

47 Vgl. Hikel, Sophies Schwester. Inge Scholl und die Weiße Rose [Anm. 43], S. 222.
48 Ebd., S. 57 f.

Im Folgenden wird ausgehend von der Annahme, dass pluralistische und flexible Erinnerungen über die Widerstandsfigur Sophie Scholl im kulturellen Gedächtnis zirkulieren, am Beispiel ausgewählter Stories auf Instagram untersucht, welche ikonischen Bilder über Sophie Scholl remediatisiert werden. Bezugspunkt sind die von Inge Jens herausgegebenen *Briefe und Aufzeichnungen von Hans und Sophie Scholl* (1980), auf denen die bisher aufgeführten Romane und Filme basieren. Aus den Tagebuchaufzeichnungen lässt sich der „private und persönliche Charakter“[49] offenlegen, der Gegenstand des Instagram-Profils ist. Das Untersuchungsziel ist, die Verwendung und Umsetzung medialer Repräsentationsformen des Widerstands auf Instagram herauszuarbeiten. Dazu wird zunächst die digitale Tagebuchstruktur skizziert, die in ihrer Darstellungsform einen Zugang zur Vergangenheit anbietet. Im Anschluss werden die Darstellung der Zeithistorie und Aspekte des Widerstandes exemplarisch herausgearbeitet, die den ikonischen Kern des Widerstands im kulturellen Gedächtnis auszeichnen. Auf formalästhetischer Ebene lassen sich bereits zentrale Differenzen zum gedruckten Tagebuch feststellen. Auf Instagram wird das Tagebuch nur wochenweise, also in Form eines Wochenberichts, hochgeladen; anders als im gedruckten Tagebuch „Tag für Tag“.[50] Gemeinsam ist dem digitalen und gedruckten Tagebuch eine chronologische Zusammenschau der erlebten Ereignisse, die einen zusammenhängenden Einblick in „innere Konflikte und die Auseinandersetzungen mit Identitätsfragen und der eigenen Umwelt“[51] bietet. Damit bedienen sich die Wochenberichte der strukturellen Bedingung des Tagebuchsschreibens, überführen sie aber in ein neues Format, des Wochenberichts, der die Ereignisse in komprimierterer Form wiedergibt. Identisch sind der schreibende Akt, der über die zeichnerische Handlung in die Wochenberichte einführt, die Regelmäßigkeit des Berichtens und die Trennung der einzelnen Videosequenzen durch das vorherige Einblenden des Drehdatums. Neu ist, dass die einzelnen Tage immer eine Überschrift bekommen, indes die in der Unterschrift beifügten Hashtags wie #wochenrückblick, #flugblätter oder #neuesleben die Ereignisse während des Tages antizipieren. Mit der Antizipation durch die Hashtags wird eine äußere Rahmung geschaffen, die für die Rezipient*innen einen Reflexionsraum eröffnet, da sie sich vorab überlegen können, welche zeitgeschichtlichen Momente Gegenstand der Story sind. Ebenfalls resümieren die Hashtags normative Erinnerungen der Vergangenheit, sodass die Vergangenheit auf ein spezifisches Bild reduziert wird.

Eine Gemeinsamkeit zwischen dem gedruckten und digitalen Tagebuch ist die Beschränkung auf eine Perspektive, da die Figur Sophie Scholl alles aus ihrer Wahrnehmungsperspektive filmt. Das Kontinuum der Selbstdokumentation und der Fiktionalisierung in den Videos erstreckt sich im digitalen Tagebuch über

49 IFZ, ED 474, Bd. 736, Inge Scholl an Inge Jens am 11.04.1983.

50 Vgl. Boener, Tagebuch [Anm. 15], S. 11.

51 Vgl. Benner, This book contains private information [Anm. 9], S. 30.

nachgestellte Szenen, die sich dem Erzählmuster des Biographischen bedienen, und zeithistorische (Original-)Dokumente. Der biographische Zugriff zeigt sich bereits auf der Oberfläche des Instagram-Profils, in der Timeline.

Abb. 6: Timeline (© Screenshot: ichbinsophiescholl/Instagram) • www.instagram.com/ichbinsophiescholl (01.03.2023)

Hier werden einzelne Figuren biographisch mit jeweils aus den Wochenberichten stammenden Videoausschnitten vorgestellt. Die Videos konzentrieren sich hauptsächlich auf das Leben von Sophie Scholl, geben jedoch auch Einblick in die Charaktere der weiteren Widerstandskämpfer und Unterstützer der Weißen Rose. Die Timeline changiert hier zwischen biographisch reduzierter Darstellung und der Zusammenführung des Gesamtkonstrukts einer Widerstands*gruppe* (und keines -individuums). Bereits die expliziten Figurencharakterisierungen der Eltern Robert und Magdalena Scholl, der Geschwister wie Hans und Inge Scholl (später Aicher-Scholl)[52], einzelner Mitglieder der Weißen Rose wie Alexander Schmorell, Willi Graf, Traute Lafrenz, des Partners Fritz Hartnagel oder des Freundes Otl Aicher lassen die Figuren zu individuellen Zeitzeug*innen des nationalsozialistischen Regimes werden. Ihre biographische Darstellung ist jedoch aufgrund der filmenden Perspektive auf Sophie Scholl von ihrem Wahrnehmungshorizont abhängig und berücksichtigt keine darüber hinausgehenden persönlichen Erfahrungen der Anderen, die Sophie nicht kennt. Die Figurencharakteristik in der Timeline löst aber die Figuren von der einseitigen Rollenzuweisung als Widerstandkämpfer*innen. Bedingt durch die Perspektivbeschränkung ist die Geschichte komplexitätsreduziert, was sich nicht nur in der Darstellung der Lebenswirklichkeit widerspiegelt, sondern auch in der des Widerstandes, wie es nun zu zeigen gilt.

52 Die Geschwister Elisabeth, Werner und Thilde werden nicht aufgeführt.

Abb. 7: Über mich und Hans (© Screenshot: ichbinsophiescholl/Instagram)
• www.instagram.com/stories/highlights/17923690444764335/
und www.instagram.com/stories/highlights/17868389900432782/ (01.03.2023)

Sophie Scholl selbst stellt sich in ihrem Vorstellungsvideo als naturliebende, künstlerisch begabte und feiernde Studentin der Ludwig-Maximilian-Universität in München vor. Die Vorstellung zeichnet sich hinsichtlich des Narrationsformats durch eine Aneinanderreihung verschiedener (nachgestellter) Lebenssequenzen, historischem Fotomaterial sowie Standbildern aus. Berichtet wird von ihrer Liebe zum Wehrmachtssoldaten Fritz Hartnagel, von ihrer Schwärmerei für Alexander Schmorell (Mitglied der Weißen Rose und Medizinstudent), ihren Lieblingslektüren (Thomas Mann *Buddenbrooks* sowie *Der Zauberberg*), der Zeit beim Bund Deutscher Mädchen oder der Familie. Das digitale Tagebuch stellt damit einen Lebensweltbezug her, der vielen User*innen bekannt ist: zum Beispiel der erste Tag an der Universität, Schwärmereien oder das Feiern mit Freunden. Gleichzeitig adressiert Sophie Scholl in diesen Episoden die User*innen direkt, indem sie diese nach ihrem ersten Tag an der Uni befragt oder abstimmen lässt, ob sich Hans‘ Traum von einem vereinten Europa realisieren wird. Abstimmungen oder Emojis sind genuine Kommunikationstechnologien sozialer Netzwerke und binden den User mit seinem gegenwärtigen Erfahrungshorizont und seinen politischen Ansichten mit ein. Im Kontext der Rekonstruktion der normativen Vergangenheit erfolgt hier eine Überschreibung der Erinnerungen an Sophie Scholl, da primär das private Leben der Sophie Scholl und erst dann von ihrem Widerstandshandeln erzählt wird. Das Profil nimmt damit auf gegenwärtige

Belange und Identitätsprozesse der User*innen Bezug, um das Interesse an der Lebensgeschichte der Sophie Scholl zu wecken. Es handelt sich entsprechend um eine adressatenspezifische Darstellung und weniger um eine zeitgeschichtliche. Nach Erll und Riley ist „[t]he rise, fall, and marginalization of stories as constitutive parts of the dynamics of remembering have thus emerged as key issues in memory studies".[53] Die Abstimmung schafft wiederum einen direkten Bezug zwischen Vergangenheit und Gegenwart und fordert auf, die Bedeutung eines vereinigten Europas zu reflektieren.

Das Hinzufügen realer, zeithistorischer Fotografien, zum Beispiel über den Bund Deutscher Mädel, hat dagegen die Funktion, das historische Geschehen authentisch zu dokumentieren, ohne den Erlebnisgrad aufgrund des ansonsten dominierenden fiktionalen Charakters zu minimieren. Die Verwendung des Mediums Fotografie führt zu einem Unmittelbarkeitseffekt (ein Aspekt der doppelten Logik der Remediation), indem die Fotografien eine „experience of the real"[54] herstellen. Das bedeutet, dass die Unmittelbarkeit der Fotografie den Rezipient*innen suggeriert, einen transparenten Blick auf die normative Vergangenheit zu bekommen, die die Präsenz des Mediums verschleiert. Es liegt somit eine „unmediated memory"[55] vor, die zur Immersion der User*innen führt.

Indes haben die nachgestellten Szenen im digitalen Tagebuch andere erinnerungskulturelle Funktionen. Diese lassen Sophie Scholl zunächst als eine kluge, selbstbewusste und tanzaffine Frau erscheinen. Bedingt durch die Kameraeinstellung der Halbtotalen verfolgen die User*innen mimetisch nah die Entwicklung des Widerstands aus ihrer Perspektive. Gleichwohl zeigt sich in der figuralen Darstellung der Sophie Scholl eine Anpassung an gegenwärtige Erinnerungen an den Widerstand. So wird zugunsten der adressatenspezifischen Anpassung eine in dem gedruckten Tagebuch dominante und von der Schwester Inge Scholl-Aicher verifizierte Charaktereigenschaft nur marginal in den Instagram-Stories aufgegriffen: Sophie Scholls Religiosität. Auf Instagram wird nur im Vorstellungsvideo im Kontext der Präsentation der Tätigkeiten der Weißen Rose ein religiöser Bezug herstellt. So sagt sie am 09.08.1942: „[M]uß nicht jeder Mensch, einerlei in welcher Zeit er lebt, dauernd damit rechnen, im nächsten Augenblick von Gott zur Rechenschaft gezogen zu werden?"[56] Auf Instagram wird neben dem

53 Erll und Rigney, Introduction. Cultural Memory and its Dynamics [Anm. 13], S. 2.

54 Ebd., S. 4.

55 Ebd.

56 Inge Jens, 2018, Hans und Sophie Scholl. Briefe und Aufzeichnungen, 10. Aufl., Frankfurt a. M.: Fischer, S. 263.

Zitat aus dem Tagebuch im direkten Anschluss angeführt: „Dass ich den Krieg verachte, weißt du ja schon. Aber jetzt werde ich auch etwas dagegen tun.“[57] Hier wird in dieser kurzen Vorstellungssequenz die göttliche Hinwendung mit dem Willen, Widerstand zu leisten, verbunden. Eine solche Zusammenführung ist nicht ganz unproblematisch. Im gedruckten Tagebuch heißt es im Anschluss an die zitierte Passage nämlich:

> Ich kann es nicht verstehen, wie heute ‚fromme' Leute fürchten, um die Existenz Gottes, weil die Menschen seine Spuren mit Schwert und schändlichen Taten verfolgen. Als habe Gott nicht die Macht (ich spüre, wie alles in seiner Hand liegt) […]. Fürchten bloß muss man um die Existenz der Menschen, weil sie sich von Ihm abwenden, der ihr Leben ist.[58]

Indem im gedruckten Tagebuch Sophie Scholl ihr eigenes Selbst und Handeln aus einer göttlichen Perspektive betrachtet und zu der Konklusion kommt, dass Gott über das Leben und die Taten richtet, zeigt sich die genuine diaristische Funktion der „Selbsterforschung und Selbstvergewisserung des Ichs“.[59] Der Bezug zu Gott ist dominierend und zeichnet ihr Denken in Bezug auf die Taten des nationalsozialistischen Regimes respektive des Zweiten Weltkrieges aus, indem mit dem Schwert und den schädlichen Taten darauf angespielt wird. Im Kontrast dazu wird auf Instagram im Wochenbericht 15 zum gleichen Tag (09.08.1942) nicht die religiöse, sondern eine rebellierende und den religiösen Ritualen kritisch gegenüberstehende Sophie Scholl präsentiert. Sie hinterfragt das Erntedankfest, indem sie sagt: „Menschen werden vernichtet und hier wird für die Kartoffelernte gedankt.“[60]

57 Video über mich auf Instagram ichbinsophiescholl, www.instagram.com/p/CSlmu6Fo-7y/ (01.03.2023).

58 Jens, Hans und Sophie Scholl. Briefe und Aufzeichnungen [Anm. 56], S. 263–264.

59 Görner, Tagebuch [Anm. 12], S. 703.

60 Story 15 auf Instagram ichbinsophiescholl, www.instagram.com/p/CSlmu6Fo-7y/ (01.03.2023).

Abb. 8: Über mich (© Screenshot: ichbinsophiescholl/Instagram)
• www.instagram.com/stories/highlights/17923690444764335/ (26.09.2023)

Die allein inhaltliche Abweichung des digitalen Tagebucheintrags vom gedruckten zeigt eine akzentuierte Verschiebung hinsichtlich der charakterlichen Darstellung der Sophie Scholl. Im Instagram-Profil wird durchgehend *eine* Eigenschaft – die Aversion gegen den Krieg – aus den früheren Tagebuchaufzeichnungen übernommen. Als dominierendes Charaktermerkmal auf Instagram wird der Wille zum Widerstand und nicht wie im gedruckten Tagebuch das Christentum als Motivation für den Widerstand genannt. Bolter und Grusin bezeichnen das Verfahren der einseitigen Verwendung ausgewählter Eigenschaften als Repurposing.[61] Die Folge ist, dass die Motivation zum Widerstandshandeln und die Charaktereigenschaften der Sophie Scholl zugunsten heutiger Perspektiven auf Religionen verändert werden, um den zentralen Gegenstand (den Widerstand) akzentuierter den User*innen zu präsentieren.

Auch in dem Vorstellungsvideo wird auf *diese eine* Eigenschaft zurückgegriffen und damit der Prozess des Repurposing unterstützt. Ausgehend von der von fiktiven User*innen eingeblendeten Frage, „Was genau hat dich zum Widerstand bewegt?", begründet Sophie Scholl: „Wir haben genug vom Krieg und Hitler! Wir sind die Weiße Rose und schreiben Flugblätter. Damit sich etwas ändert."[62] Die Fragen der User*innen dienen hier als Erzählrahmung. Erklärt wird ihre Bewegung hin zum Widerstand anhand eines Zusammenschnitts einzelner

61 Bolter und Grusin, Remediation. Understanding New Media [Anm. 16], S. 45.
62 Video 1 aus Instagram ichbinsophiescholl, www.instagram.com/stories/highlights/17923690444764335/ (01.03.2023).

Videosequenzen aus den Wochenberichten: zum Beispiel das Vorlesen des ersten Flugblattes, das ihr Traute Lafrenz in der Universitätshalle zufällig zusteckte, oder dass ihr Bruder Hans Teil der Widerstandsbewegung ist. Bereits im ersten Video erhalten die Zuschauer*innen, die in der Tradition der *oral history* die Rolle des Interviewers gegenüber Zeitzeug*innen einnehmen, einen Einblick in die Widerstandshandlungen der Weißen Rose. Die User*innen werden somit durch die Erzählrahmung aktiv eingebunden, können durch die Kommentarfunktion weitere Fragen stellen oder – was typisch für das *digital storytelling* ist – sie können sich durch Zustimmung oder Ablehnung miteinander vernetzen. So wird den Rezipientinnen und Rezipienten suggeriert, Teil des Rekonstruktionsprozesses der Lebensgeschichte von Sophie Scholl zu sein. Gleichzeitig wird durch die direkte Ansprache „Du" keine intradiegetische Figur angesprochen, sondern das ‚Du' löst eine mediale Metalepse aus, bei der die Grenze zwischen extradiegetischer und intradiegetischer Position aufgehoben wird. Die Aufhebung führt dazu, dass die Rezipient*innen zu einer beteiligten Figur werden, die an Sophies Entwicklung zu einer Widerstandskämpferin partizipieren. Die Einbindung der User*innen bildet wiederum die zweite Seite der Logik der Remediation ab, die Hypermedialität. Erll und Rigney zufolge betont das Prinzip der Hypermedialität die Präsenz des darstellenden Mediums und schafft eine „experience of the medium".[63] Die Stories vermitteln damit nicht nur die Lebensgeschichte der Sophie Scholl, sondern ausgehend von der bewussten Einbindung sollen die User*innen die Medialität des Mediums und seine Erinnerungsfunktionen reflektieren. Sie könnten sich u. a. fragen: Ist es angemessen, Sophie Scholl eine Nachricht über den ersten Studientag zu schreiben? Sind Emojis wie Herzen geeignet, um rezeptionsseitige Empfindungen auszudrücken? Ist eine virtuelle Interaktion zwischen Sophie Scholl und den Rezipient*innen im Sinne der Perspektivenübernahme im Kontext des literarischen Lernens fördernd? Indem die User*innen Bedeutungen und Funktionen des Mediums hinterfragen, tritt die Selbstreflexivität des Gedächtnismediums hervor. Die Hypermedialität des Instagram-Profils verhindert „from becoming immersed in the past; it continuously keeps them on the surface of medial representations, thus creating an experience of the medium (rather than of the past) and drawing attention to the mediatedness of memory".[64]

Hinsichtlich der Darstellungen des ikonischen Kerns des Widerstandes lassen sich ebenso Erweiterungen feststellen. Der Entwicklungsprozess zur Widerstandskämpferin wird in den digitalen Wochenberichten nicht nur auf das Verteilen, Produzieren und Organisieren von Flugblättern reduziert[65], sondern wird in verschiedenen Alltagshandlungen gegenüber dem nationalsozialistischen

63 Erll und Rigney, Introduction. Cultural Memory and its Dynamics [Anm. 13], S. 4.

64 Ebd., S. 5.

65 Vgl. Vorstellungsvideo und Wochenbericht sieben auf Instagram ichbinsophiescholl, www.instagram.com/p/CQVaJXzI1Kk/ (01.03.2023).

Regime deutlich. Dies zeigt sich zum Beispiel im Nachdenken über die Ohnmacht gegenüber dem Staatsapparat, als der Vater aufgrund seiner kritischen Äußerungen über Adolf Hitler inhaftiert wird. Der Widerstand wird im Wochenbericht 17 sowohl als Reflexionsleistung („Aber müssen wir das einfach so ertragen?“[66]) sichtbar als auch im Wochenbericht 22 in nicht autorisierten Aktionen wie dem Flötenspiel zusammen mit ihrer Schwester Inge vor dem Gefängnis. Beide Beispiele belegen, dass es unterschiedliche Formen von Widerstand gibt und sich dieser nicht nur dadurch auszeichnet, unmittelbar zum Widerstand gegen den Staat aufzurufen. Erstaunlich ist aber, dass die Widerstandsaktionen, wie das Verteilen der Flugblätter zwischen dem 27. Juni und 12. Juli 1942, nicht in ihren Stories erwähnt werden. Dafür wird der Prozess des Vervielfältigens schrittweise in dem Wochenbericht 7 erklärt. Diesbezüglich unterscheidet sich das Instagram-Profil vom Jugendroman Anja Tuckermanns, die die Flugblätter abgedruckt und kontextualisiert hat. Das digitale Tagebuch reduziert sich auf die biographische Darstellung Sophie Scholls sowohl als Widerstandskämpferin als auch als lebensfrohe Heranreifende.

Zusammenfassend gestaltet das digitale Tagebuch die biographische Lebenswirklichkeit und die Erinnerungen an den Widerstand der Sophie Scholl. Aufgrund der komplexitätsreduzierenden Darstellung des Widerstandes – Flugblätter und religiöser Bezug werden nur marginal berücksichtigt – ist das Profil als Gedächtnismedium kritisch zu betrachten. So vernetzt das Instagram-Profil zwar aufgrund seiner medienspezifischen Möglichkeiten (Abstimmungen oder Kommentierungen) die User*innen miteinander und stellt zudem eine Beziehung zwischen der politischen Gegenwart und der Vergangenheit her, aber aufgrund des dominierenden biographischen Zugriffs wird die normative Vergangenheit des Nationalsozialismus streckenweise (zu) einseitig dargestellt. Gerade im Hinblick auf die Leistung des Tagebuchs als „Zeitzeugen in Buchform, die […] in kleinen Geschichten zeigen, welche Auswirkungen die Politik auf individuelle Personen hatte und hat“[67], kann das digitale Tagebuch nicht wie das gedruckte als kulturelles Artefakt zentrale Erinnerungen an die Geschichte der Weißen Rose vermitteln. Aufgrund der schwindenden Zeitzeug*innen sind aber Tagebücher ein authentischer Ersatz, um die Perspektiven von Zeitzeug*innen zu rekonstruieren und einen individuellen Blick auf die Zeitgeschichte zu gewinnen. Im Hinblick auf die Gegenwart zeigen Tagebücher auch die Bedeutung des Widerstandes für die politische Bildung auf. Anders als gedruckte Tagebücher zeigt sich an den Strukturen des *digital storytelling* aber ein Bezug zur Vernetzung und Interaktivität, indem die User*innen aktiv Geschichte rekonstruieren können, die Formvielfalt und Entwicklungen der Erinnerungen an den Widerstand erforschen und lernen,

---

66 Story 17 auf Instagram ichbinsophiescholl, www.instagram.com/p/CTJ-cEdoPL7/ (01.03.2023).

67 Benner, This book contains private information [Anm. 9], S. 22.

diese zu bewerten. Hier scheint sich eine Verschiebung der Leistungsmöglichkeit und medienspezifischen Ausrichtung anzudeuten, die das Erinnern komplexer werden lässt.

5. Fazit

In der Untersuchung beider Instagram-Profile wurde insgesamt deutlich, dass Medien wie Instagram kollektive Gedächtniskonstruktionen über den Widerstand oder Holocaust darstellen können, aber auf der Grundlage ihrer Medienspezifika die Vergangenheit anders als das Leitmedium vermitteln. Die Prozesse der Remediation haben gezeigt, dass auch digitale Tagebücher, zum Beispiel auf Instagram, auf einem Kanon etablierter medialer Repräsentationsformen basieren. Die medialen Repräsentationsformen unterscheiden sich jedoch dahingehend, dass die Darstellung des Widerstands oder des Holocaust an die Belange der sozialen Adressat*innen angepasst wird. Nicht mehr nur als rein erzählender Akt werden Erinnerungen vermittelt, sondern die User und Userinnen sollen aktiv durch verschiedene Episoden der Geschichte die Lebensgeschichten von Eva und Sophie zusammensetzen. Dabei offenbart gerade der Wechsel der Medien, obwohl strukturelle Formate des gedruckten Tagebuchs übernommen wurden, die Reflexionsleistung auf die Vergangenheit. Die Auseinandersetzung mit der Vergangenheit erfolgt nicht mehr in einer moralischen, belehrenden oder enttabuisierten artifiziellen Form, sondern der Bezug des (Vor-)Wissens und die Partizipation durch die User*innen der Zeitgeschichte wird zu einem zentralen Merkmal digitaler Tagebücher auf Instagram. Hinzukommt die raum- und zeitübergreifende, nicht institutionalisierte Auseinandersetzung mit historischen Gegenständen, die aufgrund des weiten Radius innerhalb kultureller, durchaus auch unterschiedlicher Kollektive zu einem grenzüberschreitenden Austausch an Erinnerungen an den Nationalsozialismus anregen kann:

> Digitale Medien und insbesondere Social-Media-Umgebungen könnten somit gerade für Kinder und Jugendliche, die einerseits oftmals traditionellen Medien weniger Aufmerksamkeit schenken und andererseits mit sozialen Medien intensiv vertraut sind, zu relevanten medialen Arenen von Erinnerungsdiskursen sowie zur informellen Vermittlung historischen Wissens werden.[68]

68 Christine Lohmeier und Christian Schwarzenegger und Maria Schreiber, 2020, Instamemories. Geschichte in digitalen Medien als lebendige Erinnerungskultur jenseits formaler Bildungskontexte, in: merz. medien + erziehung. Zeitschrift für Medienpädagogik 64, S. 48–60, hier: S. 50.

Um digitale Medien als Teil des kollektiven Gedächtnisses abschließend bewerten zu können, muss neben den bereits angesprochenen Merkmalen der materialen Ebene, auch die der sozialen Ebene berücksichtigt werden. Nach Astrid Erll wird das „[k]ollektive Gedächtnis [...] [erst] in sozialen Kontexten (re-)konstruiert und die soziale Trägerschaft des Gedächtnisses entscheidet dabei [...] darüber, welche Medien sie sich bei dieser Konstruktionsart bedient".[69] Es ist in den nächsten Jahren empirisch zu überprüfen, welche Reichweite und welchen Nutzen digitale Tagebücher für die jüngeren Generationen zum Erinnern an den Nationalsozialismus haben.

69 Erll, Medium des kollektiven Gedächtnisses [Anm. 2], S. 17.

Vom Sich-Erzählen und Erzählen vom Erzählen

Das Pandemie-Vlog zwischen Selbstzeugnis und Selbsterzeugnis

Stefanie Jakobi

Am 17.09.2020 veröffentlicht die ehemalige Filmstudentin und Social Media-Influencerin Ashley Rous, besser bekannt als *bestdressed*, ein sechs Minuten und 32 Sekunden langes Vlog unter dem Titel *how 2020 has me feeling*[1], das bis heute – 02. November 2021 – 1.914.267 mal aufgerufen wurde und rege – sowohl kritisch als auch positiv – kommentiert wurde und wird. Der vorliegende Beitrag sucht dieses Vlog als audiovisuelles Selbstzeugnis zu diskutieren und zu zeigen, inwiefern *bestdressed* in ihrem Pandemie-Vlog mit den Grenzen von Fiktionalität und Faktualität spielt, sie klassische Formen metanarrativer Autofiktion aufgreift, wie sich das Vlog Anleihen von Tagebuch und Tagebuchroman sowie Autobiografie bedient und wie diese jeweils medienspezifisch umgesetzt werden.

Zugrunde gelegt wird somit eine transmediale[2] sowie transgenerische[3] Perspektive, um zu argumentieren, dass das Vlog als mediengebundene Form des Selbstzeugnisses, aber auch Selbsterzeugnisses fungiert. Betont wird somit nicht allein die potenzielle Selbstreferenzialität des Mediums Vlog, sondern inwiefern dieses ein „Doppel des Subjekts“[4] inszeniert, wie Manfred Schneider für die „selbstverfaßte Schrift“[5] betont. Da es sich bei YouTube um ein Medium[6] mit starker kommunikativer Ausrichtung handelt, wird auch auf die Rezeption und Interaktion mit dem Video durch die Zuschauerinnen und Zuschauer eingegangen. Zunächst jedoch zu einer kleinen begrifflichen Arbeit und dem Versuch, das

---

1 Siehe: bestdressed, how 2020 has me feeling, in: www.youtube.com/watch?v=GKRgMvfEmSE (01.03.2023).

2 Vgl. Irina Rajewsky, 2002, Intermedialität, Tübingen/Basel: A. Francke, S. 12–13.

3 Vgl. Alexander Weber, 2017, Episierung im Drama. Ein Beitrag zur transgenerischen Narratologie, Berlin: De Gruyter, S. 44.

4 Manfred Schneider, 1986, Die erkaltete Herzensschrift. Der autobiographische Text im 20. Jahrhundert, München/Wien: Hanser, S. 17.

5 Ebd., S. 17.

6 Diese Einordnung folgt Jay Bolter und Richard Grusin, vgl. Richard Grusin, 2009, YouTube at the End of New Media, in: The Youtube Reader, hrsg. von Pelle Snickars und Patrick Vonderau, Stockholm: National Library of Sweden, S. 60–67, hier: S. 61.

Vlog als Genre zwischen Tagebuch und Autobiografie, zwischen Fiktionalität und Faktualität zu verorten.

1. Das Vlog – Zwischen Autofiktion, Tagebuch(roman) und Autobiografie? Eine Begriffsbestimmung

Terminologische Schwierigkeiten der Einordnung des Vlogs bzw. des exemplarisch ausgewählten Vlogs werden bereits bei Sichtung der YouTube-Kommentare sichtbar, die häufig die Fassung desselben als Tagebuch thematisieren und auch problematisieren. Folgen ließe sich dieser Thematisierung vor dem benannten transmedialen und transgenerischen Verständnis, das Genres und Gattung als „medienunspezifische Phänomene“[7] begreift. Das Vlog wäre somit als Remediatisierung des Tagebuchs bzw. des Tagebuchromans zu bestimmen. Dieses Verständnis wird in zahlreichen der Kommentare deutlich. Eine Nutzerin betont: „People. This is like a diary entry. The video is about feelings. Not facts. It is about her inner world, not like the outer world.“[8] Die hier zitierte Nutzerin benennt das Vlog nicht nur als Tagebucheintrag, sondern führt definitorische Merkmale ein – den Fokus auf Gefühle und Gedanken – und negiert ein Stück weit den faktualen Status des Medientextes, ohne diesen zwangsweise als fiktional einzuordnen. Es wird von einem ‚Tagebucheintrag‘ gesprochen und eben nicht vom ‚Tagebuchromankapitel‘.[9] Ebenso finden sich Stimmen, die klar markieren, dass es sich eben nicht um ein Tagebuch handelt: „It’s not a diary entry though. It’s a public video, posted on a public platform, for millions of people.“[10] Hier ist es die Adressierung an eine breite Öffentlichkeit, die zur Verneinung der tagebuchähnlichen Form führt.

Eben diese Adressierung wird von anderen Nutzer:innen hingegen als nicht problematisch gewertet – und das Vlog damit erneut in die Nähe des Tagebuchromans gerückt, selbst wenn dies nicht terminologisch benannt wird: „Yes I think it is like a diary entry. Just because it’s so personal, doesn’t mean it has to be private.“[11] Anhand dieser exemplarischen Kommentare wird deutlich, dass vornehmlich zwei Aspekte fokussiert werden, die auch Renate Kellner in ihrer Diskussion des Tagebuchs bzw. seines literarischen Konterparts problematisiert: der Adressat:innenbezug und das Spiel mit Intimität. So Kellner:

---

7 Rajewsky, Intermedialität [Anm. 2], S. 12.
8 Adelaide an egg, in: bestdressed, how 2020 has me feeling [Anm. 1].
9 Vgl. ebd.
10 Yellow F, in: bestdressed, how 2020 has me feeling [Anm. 1].
11 Bambi, in: ebd.

> Grundlegend für die Gattung des (faktualen) Tagebuchs ist sein Anspruch, ein intimes Medium zu sein, das zunächst für den Schreibenden selbst bestimmt ist. Wenn der Tagebuchroman diese Erzählsituation aufgreift und sie im fiktionalen Raum imitiert, wird damit gleichzeitig eine Intimitätsfiktion aufgebaut.[12]

Das Aufbauen von Intimität wird ebenfalls in zahlreichen der Kommentare aufgegriffen und scheint somit dem Muster des Tagebuchromans zu entsprechen. Um eine terminologische Entscheidung zugunsten von Tagebuch oder Tagebuchroman zu treffen, sind – folgen wir Kellner – zwei weitere Aspekte entscheidend. Die Frage nach dem ontologischen Status des Textes einerseits und andererseits nach der Inszenierung von Schriftlichkeit in diesen. So führt Kellner aus, dass „[d]ie dritte gattungsprägende Fiktion [darin] besteht [...], Faktualität zu fingieren".[13] Andererseits bestimmt sie Tagebuchromane zudem als „per se schriftlichkeitsfingierend, indem Metanarration dazu beiträgt, den Erzählvorgang als Schreibprozess darzustellen".[14]

In Bezug auf die Schriftlichkeitsfingierung müssen an dieser Stelle zunächst einige terminologische Zugriffe dargelegt werden, um den Begriff des Schreibens auf das Vlog anzulegen. Für ein YouTube-Vlog lässt sich dieser Transfer mit Marcello Vitali-Rosati vollziehen. Dieser postuliert: „Actions on the Web are writing actions: To act on the Web means to write."[15] Er umfasst damit nicht allein ‚genuine' Schreibprozesse – wie das Chatten, das Direct Messaging, das Verfassen eines Kommentars –, sondern auch Prozesse, die sich vielleicht auf den ersten Blick nur bedingt als Schreibprozesse identifizieren lassen: der simple Mausklick beispielsweise.[16] Dieser Logik folgend verbergen sich auch im Aufrufen und Betrachten sowie in den Bearbeitungsprozessen des Videos, das zudem tatsächlichen Text enthält, digitale Schreibprozesse.[17] Wie stellt sich das Verhältnis von Fiktionalität und Faktualität im Vlog dar? Lässt sich darüber dieses als

---

12 Renate Kellner, 2018, Vom Spiel mit Realität – Der Tagebuchroman als metanarrative Gattung, in: Sich selbst erzählen. Autobiographie – Autofiktion – Autorschaft, hrsg. von Sonja Arnold, Stephanie Catani, Anita Gröger, Christoph Jürgensen, Klaus Schenk und Martina Wagner-Engelhaaf, Kiel: Ludwig, S. 151–172, hier: S. 152.

13 Kellner, Vom Spiel mit Realität [Anm. 12], S. 158.

14 Ebd., S. 165.

15 Marcello Vitali-Rosati, 2014, Digital Paratext, Editorialization, and the Very Death of the Author, in: Examing Paratextual Theory and its Applications in Digital Culture, hrsg. von Nadine Desrochers und Daniel Apollon, Hershey: information Science Reference, S. 110–127, hier: S. 117.

16 Vgl. ebd., S. 117.

17 Zu diesem Verständnis des digitalen Schreibens siehe auch: Stefanie Jakobi, 2021, „Irgendwie mag ich das Schreiben ..." Analoges und digitales Schreiben als Literatur in zeitgenössischer Kinder- und Jugendliteratur, Würzburg: Königshausen & Neumann.

Spielart tagebuchähnlichen oder gar autobiografischen Erzählens verstehen und womöglich der Begriff der Autofiktion nutzbar machen?

Claudia Mueller-Greene führt aus – erneut auf den Roman bezogen, hier jedoch wieder auf das Vlog übertragen –, dass die „Bezeichnung *Autofiktion* etwas irreführend"[18] sei, sei doch damit die Erwartung verbunden,

> dass es sich um ein Genre rein *fiktionaler* Texte handelt. [...] Als besonders problematisch erweist sich der Ausdruck Autofiktion mit seiner Betonung des Fiktionalen, wenn er auf faktuale Autobiographien angewendet wird, bei denen die Identität von Autor, Erzähler und Protagonisten, ganz im Sinne des autobiographischen Paktes, nicht ernsthaft bezweifelt werden kann: [...].[19]

An dieser Stelle würde sich der Begriff der Autofiktion auf für *how 2020 has me feeling* als ebenso problematisch darstellen, lässt sich doch die Deckungsgleichheit der Identität von Erzählstimme, Hauptfigur sowie Autorin – als Regisseurin, Drehbuchautorin, Kamerafrau und Produzentin in Personalunion – nur schwer bestreiten.[20] Lebt doch auch die parasoziale Beziehung zwischen Influencerin und Publikum von eben dieser Deckungsgleichheit. Selbiges würde für den Begriff des Tagebuchromans gelten, wie Kellner ausführt: „Der Erzähler im Tagebuchroman ist eine fiktive Figur, die mit der Person des realen Autors nichts gemein hat."[21]

Mit Mueller-Greene soll folgend der Begriff der „fakualen Metaautobiografie"[22] für das Vlogging im Allgemeinen und das exemplarische Vlog im Besonderen etabliert und transferiert werden. Sie zählt darunter Texte – im vorliegenden Fall Medientexte –, die „durch eine *Häufung fiktionaler* und selbstreflexiver *Elemente* auffallen, ohne deswegen schon zwischen Autobiographie und Roman zu stehen".[23]

Der Fokus liegt somit weniger auf der eindeutigen Unterscheidung zwischen fiktional und faktual, deren Grenzen, wie folgend zu zeigen sein wird, verschwimmen und dies auch in den Augen der Zuschauer:innen tun: „I feel like this is why

---

18 Claudia Mueller-Greene, 2018, DAS IM FIKTIONALEN GESTRÜPP VERSCHWINDENDE ICH: Metaisierung, Fiktionalität und Liminalität in faktualen metaautobiographischen Texten am Beispiel von Günter Grass' „Beim Häuten der Zwiebel", in: Arnold, Catani, Gröger u. a., Sich selbst erzählen [Anm. 12], S. 123–150, hier: S. 131.

19 Ebd., S. 129.

20 Im Folgenden wird deshalb sowohl von Erzählerin als auch Figur gesprochen, um diese unterschiedlichen Rollen Ashleys zu markieren, ohne dass damit eine ontologische Differenz unterstellt werden soll.

21 Renate Kellner, 2015, Der Tagebuchroman als literarische Gattung. Thematologische, poetologische und narratologische Aspekte, Berlin/Boston: De Gruyter, S. 16.

22 Mueller-Greene, DAS IM FIKTIONALEN GESTRÜPP VERSCHWINDENDE ICH [Anm. 18], S. 131.

23 Ebd.

you cannot be truly happy. [...] This is not how it can be in real life, no matter how hard you want it to be. I wish pop culture didn't teach us to romanticise pandemics and heartbreaks and depression man."[24] Für dieses Vlog gilt somit, was Julia Benner für das kinder- und jugendliterarische Tagebuch ausstellt: „Es geht um die Grenzen des Selbst, um die Grenzen von Genres, Zeit, Fiktion, Medien und Adressierung und viele andere Grenzen, die es noch zu entdecken gibt."[25]

Für Mueller-Greene ist der Begriff der faktualen Metaautobiografie dabei einerseits mit einer Gattungskritik der Autobiografie verbunden[26], die für das Vlog weniger eine Rolle zu spielen scheint, vielmehr scheint sich dieses als Mediatisierung dieser darzustellen, als audiovisuelle Umsetzung mit Fokus auf Intimität und dem Herstellen parasozialer Beziehungen. Andererseits weist sie Texten dieses Genres „einen ausgeprägte[n] Hang zur Metaisierung des autobiographischen Erinnerns und Erzählens"[27] zu, der das Schreiben ausstelle[28], und darüber hinaus „zum kritischen Hinterfragen des Erzählten"[29] einlade. Diesen Aspekten soll folgend nachgegangen werden.

Mit dieser Fokussierung geht einher, das Vlog als Form des ‚Life-Writing', als Selbstzeugnis und Selbsterzeugnis zu verstehen. Auch dieser Medientext wird somit als „Erkundung der ästhetisch-ethischen, emotionalen und rhetorisch-performativen Formung des Selbst"[30] begriffen, die sich nahezu in Echtzeit vor den Augen der Zuschauerinnen und Zuschauer abspielt. Der Versuch, das Vlog und seine medienspezifischen Inszenierungsstrategien zu erfassen, lässt sich dann ebenfalls – aus dezidiert transmedialer Perspektive – als Bestrebung bestimmen, „das intrikate Verhältnis von Leben und Schreiben"[31] auszuloten.

Vloggen als Schreiben ließe sich in Anlehnung an Roland Barthes als eine „Weise, sein Leben zu führen"[32] betrachten. Das Vlog als Selbstzeugnis zeichnet sich nicht nur durch die bereits benannte Simultanität aus – es kann als

24 Rose Verma, in: bestdressed, how 2020 has me feeling [Anm. 1].

25 Julia Benner, 2019, „This book contains private information". Kinder- und jugendliterarische Tagebuchliteratur, in: Time Warp und Taschenuhr. Zeit in Kinder- und Jugendliteratur. Fernkurs Kinder- und Jugendliteratur, hrsg. von Heidi Lexe und Kathrin Wexberg, Wien: STUBE, S. 20–32, hier: S. 30.

26 Vgl. Mueller-Greene, DAS IM FIKTIONALEN GESTRÜPP VERSCHWINDENDE ICH [Anm. 18], S. 132.

27 Ebd.

28 Vgl. ebd.

29 Benner, „This book contains private information" [Anm. 25], S. 20.

30 Toni Tholen und Jennifer Clare, 2018, Zwischenräume: Leben und Räume, in: Schreibprozesse im Zwischenraum. Zur Ästhetik von Textbewegungen, hrsg. von Jennifer Clare, Susanne Knaller, Rita Rieger, Renate Stauf und Toni Tholen, Heidelberg: Universitätsverlag Winter, S. 27–30, hier: S. 28.

31 Ebd., S. 28.

32 Toni Tholen, 2018, Der Zwischenraum von Schreiben und Sorge als ästhetische Praxis, in: Schreibprozesse im Zwischenraum [Anm. 30], S. 31–45, hier: S. 31.

Live-Stream tatsächlich in Echtzeit hochgeladen, rezipiert und mit ihm interagiert werden –, sondern in vielen Fällen auch durch die mitunter vollständige Deutungshoheit durch die Produzent:innen. Dies ist für den ‚klassischen' Brief als Produkt des (verschriftlichten) Selbst nur bedingt der Fall, wie Catherine Delafield betont:

> There is a generic instability within the letter as life writing. It is a vehicle for recollection and for writing events and collating news, but is has been preserved through the agency of third parties who make choices or collations/curations of letters.[33]

Insbesondere vor diesem Hintergrund sollen folgend auch Strategien der Authentizität untersucht werden, also gezeigt werden, inwiefern das Vlog Authentizität zu erzeugen oder zumindest zu fingieren vermag. Entscheidend ist dies, da YouTube nach Theresa M. Senft zu den Orten gehört, die auf die Inszenierung von Authentizität setzen: „As different as they are in most respects, courts, academic circles, and online fame environments do have one thing in common: they all turn on performances of authenticity."[34]

2. Das Vlog als Selbstzeugnis und Selbsterzeugnis – Strategien des Erzählens: Der Fokus auf das Erzählen

Das Vlog setzt zahlreiche metanarrative und metafiktionale Strategien ein, ausgestellt wird somit wiederholt das Erzählen selbst, aber auch sein fiktionaler Status, folgen wir der Differenzierung Ansgar Nünnings.[35] Dies beginnt zunächst mit dem eingesetzten Voiceover[36], das für das filmische Erzählen nur bedingt typisch ist.[37] Auch zahlreiche Vlogs arbeiten eher mit O-Ton. Verstehen ließe sich das Voiceover als intermedialer Verweis auf das literarische Erzählen. Das gesamte Vlog präsentiert sich somit – zumindest auf der auditiven Ebene – im narrativen Modus. Die Erzählstimme gibt den gezeigten und montierten Bildern Kontext

---

33 Catherine Delafield, 2020, Women's Letters as Life Writing 1840–1885, New York, London: Routledge, S. 7.

34 Theresa M. Senft, 2019, Fame, Shame, Remorse, Authenticity: A Prologue, in: Microcelebrity around the Globe: Approaches to Cultures of Internet Fame, hrsg. von Crystal Abidin und Megan Lindsay Brown, Bingley: Emerald, S. xii-xxii, hier: S. xxi.

35 Vgl. Ansgar Nünning, 2004, On Metanarrative: Towards a Definition, a Typology and an Outline of the Functions of Metanarrative Commentary, in: The Dynamics of Narrative Form. Studies in Anglo-American Narratology, hrsg. von John Pier, Berlin/New York: De Gruyter, S. 11–57, hier: S. 16.

36 Siehe: bestdressed, how 2020 has me feeling [Anm. 1].

37 Vgl. Nicole Mahne, 2007, Transmediale Erzähltheorie. Eine Einführung, Göttingen: Vandenhoeck & Ruprecht, S. 101.

und erzeugt darüber erst eine kohärente Narration. Dabei wird die Rolle der Erzählstimme explizit ausgestellt, kündigt die Erzählerin doch zu Beginn das Videos das Voiceover selbst an, erneut mit einem Verweis auf klassische Schriftmedien – „a four-page Voiceover“[38] – und hofft am Ende: „I hope you only threw up in your mouth a little bit with how cheesy this Voiceover is.“[39] Darüber hinaus ist auch dieses Voiceover selbst mit wiederholten, häufig metaphorischen Verweisen auf das Erzählen bestückt. Die Erzählstimme spricht davon, permanent ihr eigenes Leben zu narrativeren, erhofft sich vom Umzug nach New York den Beginn eines neuen Kapitels und betont zum Ende hin: „I'd be lying though if I painted this summer as a neat three-act plot structure with the perfect ending.“[40] Dieser Rahmen des eigenen Lebens und damit auch – zumindest fingiert – des wirklichen Lebens über narrative Konzepte ist nicht allein typisch für *bestdressed* als ehemalige Filmstudentin, sondern stellt ein fixes Moment im Bereich YouTube und gerade in Bezug auf Vlog-Channel und ihre mediumsinterne Rezeption dar. Nicht nur, dass die zahlreichen ‚Drama-Channel', die sich forensisch mit anderen YouTuberinnen und YouTubern auseinandersetzen, den Bezug auf Performanz und Fiktion zumindest etymologisch noch kennzeichnen, wiederholt werden eben diese Auseinandersetzungen metaphorisch über Verweise auf literarische Erzähltraditionen gerahmt.[41] Gegen eben diese Narrativierung des eigenen Lebens wird in den Kommentaren angeschrieben und damit quasi ex negativo erneut die diesem Vlog innewohnende Strategie der Narrativierung unterstrichen.

Umgesetzt sehen sich diese Strategien auch in Bezug auf die Auralität[42] des Vlogs, ist der Einsatz von Musik doch mit dem Schnittwechsel der Bilder, aber auch mit der Intensität von Stimmklang und narrativer Spannung vertaktet. Die Instrumentalmusik verleiht den Bildern und der Narration zu Beginn einen gleichmäßigen Rhythmus, vornehmlich getragen von Gitarren. Zum narrativen Höhepunkt hin erhöht sich weniger das Tempo der Musik, sondern die Instrumentierung, die sich bis zum narrativen Höhepunkt – „Why is everything so different now?“[43] – in ihrer Intensität und Lautstärke steigert, dabei die Erzählstimme

38 bestdressed, how 2020 has me feeling [Anm. 1], 00:00:10–00:00:11.

39 Ebd., 00:06:26–00:06:31.

40 Ebd., 00:04:31–00:04:40.

41 Ein Beispiel: In Bezug auf das ‚Drama' um die YouTuberin Gabbie Hanna tauchen nicht nur Videoessays auf, die paratextuell deutlich im Duktus des Storytelling-Modus operieren, auch wird sie wiederholt als „Villain“ bezeichnet und damit in die Nähe des Erzählens und Inszenierens gerückt, oder es wird die Hoffnung auf einen ‚Redemption Arc' ausgedrückt. Beides stellen Aspekte dar, die eher literarischen Figuren zugeordnet werden als realen Personen. Die Person wird zur Figur wobei diese Transformation, so soll hier argumentiert werden, ein narratives Verständnis voraussetzt.

42 Zum Begriff der Auralität siehe: Tobias Kurwinkel und Philipp Schmerheim, 2013, Kinder- und Jugendfilmanalyse, Konstanz: UVK.

43 bestdressed, how 2020 has me feeling [Anm. 1], 00:05:43–00:05:46.

fast übertönt, um danach zur ursprünglichen Instrumentation zurückzukehren. Auch wenn die Erzählstimme somit den Aufbau einer gleichmäßigen Handlungsstruktur verbal verneint, wird diese über die musikalische Untermalung und die aurale Dimension doch hervorgebracht und deutlich inszeniert. Das Erzählen ruft sich damit auch über diese Kanäle in Erinnerung. Ebenso präsent wie das Erzählen ist auch der Fokus auf das Erinnern.

3. Der Fokus auf das Erinnern

Dieser schreibt sich zunächst verbal ein: Wiederholt finden sich Wendungen, die das Vlog als etwas markieren, das sich der (subjektiven) Erinnerungsarbeit verschrieben hat: „It's been a while since we caught up."[44] Für die Erzählerin scheint sich das Vlog als Medium für das Erinnern am besten anzubieten, äußert sie doch: „I think sometimes, I socialize best in my own head or through memories on film, processed weeks later and cherished alone."[45] Oder eben nicht allein, können die Zuschauer:innen eben diese filmischen Erinnerungen mit der Erzählerin teilen. Sie erinnert sich beim filmischen Schreiben und stellt eben diese Fähigkeit des Schreibens metafiktional aus. Auffällig sind zudem die jeweils klar benannten Zeitabschnitte, betont Benner doch, dass „[f]iktive Tagebucherzählungen [...] genau wie Tagebücher zeitlich strukturiert [sind]; die Zeit ist somit das primär ordnende Element".[46] Dies gilt auch für das Vlog: Monatsdaten werden wiederholt präzise benannt und die erzählende Zeit des Vlogs somit dezidiert in die Vergangenheit gesetzt. Auch im Fall des Vlogs und dezidiert ausgestellt, „handelt es sich um ein später verfasstes und daher eindeutig nachträglich literarisiertes Tagebuch, in dem sehr wahrscheinlich auch rein fiktive Elemente enthalten sind".[47]

Auch die Pandemie als verarbeitetes Ereignis wird bereits auf verbaler Ebene als temporale Erfahrung markiert. Sie führt dazu, dass die „future fell out"[48], dass man lernt, Zeit zu verschwenden, weil doch davon so viel vorhanden zu sein scheint. Zu diesen verbalen Markierungen kommen jedoch noch auditive bzw. audiovisuelle, die Erinnern als Prozess insbesondere über das Erleben von Zeit in Szene setzen. Dazu gehören einerseits symbolische Bilder: Mehrfach wird beispielsweise eine Uhr eingeblendet. Andererseits zählt dazu jedoch die filmische Inszenierung von Zeit bzw. das Verhältnis von erzählter Zeit und Erzählzeit. Die Zeit, die in Isolation verbracht wurde, wird im wahrsten Sinne des Wortes

44 Ebd., 00:00:01–00:00:03.

45 Ebd., 00:03:53–00:03:59.

46 Benner, „This book contains private information" [Anm. 25], S. 29.

47 Ebd., S. 28. Literarisiert müsste an dieser Stelle als mediatisiert ersetzt werden, aber ansonsten lässt sich das Urteil auch auf das Vlog übertragen.

48 bestdressed, how 2020 has me feeling [Anm. 1], 00:05:13–00:05:16.

gerafft und nimmt nur wenige Sekunden ein. Mit dem Ende des Lockdowns[49] verändert sich das Pacing. Immer noch gerafft, werden nacheinander Szenen gezeigt, die für sich genommen fast zeitdeckend erzählen, also Momentaufnahmen wiedergegeben und über ihre Montage die Erzählzeit verlangsamen. Zeit wird damit zum subjektiven und relativen Erlebnis, wie Iris Schäfer ausführt.[50] Die Wahrnehmung der Zeit steht somit im Verhältnis zum Erinnern: Auf das, was erinnerungswürdig ist, wird mehr Zeit verwendet – oder wie der Neurowissenschaftler David Eagleman betont: „Das Gehirn registriert die Zeit nicht passiv, sondern konstruiert sie aktiv – je nach Besonderheit der Umstände."[51]

Diese visuelle Taktung des Vlogs steht durchaus im Widerspruch zum Voiceover, das vom Zeitverschwenden spricht.[52] Diese innermedialen Widersprüche lassen sich einerseits als Inszenierung der fehlenden Klarheit über die Dinge[53], auf die die Erzählstimme weist, lesen, andererseits stellen sie die Fragilität und Unsicherheit subjektiver Erinnerung aus. Selbst zunächst auf Papier und anschließend auf Film gebannt, entzieht sich diese der Kontrolle, ebenso wie der Wunsch nach einem ‚perfekten' Ende[54], kann dieses doch im beständigen Erinnerungsprozess noch nicht gegeben sein. Darüber hinaus lässt sich durchaus auch ein, so es das gibt, soziales Verständnis von Zeit und Zeitwahrnehmung andeuten: Weniger ein ‚Time flies when you're having fun', sondern erneut ein ‚erlebte Zeit als wahrnehmbare Zeit'.[55]

Das Spiel mit Zeit findet sich zudem auf bildlicher Ebene, und zwar über die Verbindung der zeitlichen und räumlichen Ebene: über die Darstellung von Zeit als Bewegung im Raum. Dies unterstreicht zunächst das im Vlog markierte Ende der Quarantäne, das Bewegen im Raum wieder ermöglicht, zudem inszenieren die zahlreichen Aufnahmen aus fahrenden Autos und Zügen heraus die zeitliche Prozessualität des Erinnerns, über das erzählt wird. Auffällig ist in diesem Zusammenhang zudem eine Sequenz, die mit Match-Cuts arbeitet und die Füße der Hauptfigur in wechselnden Schuhen und auf wechselnden Untergründen zeigt.[56]

49 Ebd., 00:01:40–00:01:43.

50 Iris Schäfer, 2019, Kranke Zeiten – Zur relativen Zeitwahrnehmung im Kontext von jugendliterarischen Krankheitserzählungen, in: Time Warp und Taschenuhr. Zeit in Kinder- und Jugendliteratur. Fernkurs Kinder- und Jugendliteratur, hrsg. von Heidi Lexe und Kathrin Wexberg, Wien: STUBE, S. 33–49, hier: S. 32.

51 Eagleman in: Schäfer, Kranke Zeiten [Anm. 50], S. 33.

52 Vgl. bestdressed, how 2020 has me feeling [Anm. 1], 00:01:08–00:01:10.

53 Ebd., 00:06:08–00:06:10.

54 Vgl. bestdressed, how 2020 has me feeling [Anm. 1], 00:04:40–00:04:41.

55 Dieser Fokus auf Zeitdarstellung für die Inszenierung einer globalen Pandemie und vor allen Dingen einer zeitgenössischen globalen und auch als solcher in Echtzeit wahrnehmbaren Pandemie, lässt sich – so soll hier ausblicksartig angedeutet werden – womöglich als narratoästhetische Inszenierungsstrategie für das Erzählen über die Pandemie ausweisen.

56 Vgl. bestdressed, how 2020 has me feeling [Anm. 1], 00:01:11–01:01:16.

Gerahmt wird diese Szene durch die Erzählstimme, die von ihrer Angst spricht, zu wenig zu tun: „Each year, each month, each day, each fucking hour."[57] Erneut ist Zeit eine emotional konnotierte Erfahrung und das Vergehen von Zeit wird über Zusammenspiel von Einstellung, Schnitt und Ton in Szene gesetzt.

Das Spiel mit Erinnerung und Vergangenheit findet sich jedoch nicht nur in diesen narratoästhetischen Strategien, vielmehr werden diese auch in der selbstreflexiven Inszenierung des Mediums als dritte Strategie des Vlogs als „faktualer Metaautobiografie"[58] aufgegriffen.

4. Der Fokus auf das Medium

Zu diesen Strategien gehört die Ausstellung des Speichermediums – einerseits bereits in den paratextuellen Informationen: sprich, der Videobeschreibung. Hier wird konkret auf die eingesetzte Kamera verwiesen.[59] Andererseits bekommen die Zuschauer:innen diese Kamera auch präsentiert: über eine Aufnahme in der Aufnahme, ein Spiegeln vom betrachtenden Kameraauge im selbigen. Diese Aufnahmen erfolgen kurz nach und vor dem Ab- bzw. Aufblenden von zwei Titelkarten, die Anfang und Ende markieren.[60] Die Narration wird somit durch das In-Szene-Setzen des an ihm beteiligten Mediums gerahmt und das Vlog als produziertes Erzähltes inszeniert. Ausgestellt wird damit seine mediale Verfasstheit. Zu diesem selbstreflexiven Element kommen im Rahmen des Vlogs weitere audiovisuelle, auditive und visuelle Inszenierungsmechanismen. Dazu gehört zunächst das Spiel mit analogen Filmstreifen und deren Wiedergabe. Wie auch die im Vlog gezeigte Kamera andeutet, arbeitet *bestdressed* mit einer analogen Filmkamera. Dies wird auch über den eingesetzten Filter ausgedeutet, dessen Rand eine Filmspule sichtbar werden lässt. Zudem wird zu Beginn und Ende des Vlogs das Ablaufen eines Filmprojektors hörbar und somit nicht nur das analoge Medium Film im Digitalfilm vorgeführt, sondern einmal mehr auch das Medium selbst. Dies geschieht an dieser Stelle nicht nur über die Ausstellung der medialen und materiellen Dimension des Films – die als ‚Schreibspuren' über Einsprengsel und damit fingierte Fehler auf der Filmspur zu bestimmen sind –, sondern auch über das Ausstellen des Prozesses des Vorführens und Schauens. Diesen rufen die fingierten Projektorgeräusche auf, ebenso jedoch die zahlreichen Blicke aus und auf Fenster, die das Vlog kennzeichnen. Das Fenster und der Fensterrahmen symbolisieren, so soll hier argumentiert werden, die Leinwand, den Bildschirm

57 Ebd.

58 Mueller-Greene, DAS IM FIKTIONALEN GESTRÜPP VERSCHWINDENDE ICH [Anm. 19], S. 131.

59 Vgl. bestdressed, how 2020 has me feeling [Anm. 1].

60 Ebd., 00:00:22 und 00:06:19.

und spiegeln damit den Rezeptionsprozess. Diese Lesart bietet sich aufgrund der auffälligen Fülle an Blicken aus und auf Fenster(n) an, auch wenn diese durch die Erzählstimme mitunter narrativ motiviert werden – die Suche nach einer neuen Wohnung, die Fahrt nach Hause oder durch die Stadt –, lässt sich doch ihre schiere Quantität im Sinne einer selbstreflexiven Erzählstrategie qualitativ auszeichnen. Von metafiktionaler Qualität sind diese, indem sie als Rahmen sichtbar werden und zeigen, dass etwas jenseits des Bildschirmrahmens existiert. Lew Manovich stellt eben dieses Phänomen aus und betont:

> Although the screen in reality is only a window of limited dimensions positioned inside the physical space of the viewer, the viewer is expected to concentrate completely on what she sees in this window, focusing her attention on the representation and disregarding the physical space outside. [...] This is why we are so annoyed in a movie theater when the projected image does not precisely coincide with the screen's boundaries: It disrupts the illusion, making us conscious of what exists outside the representation.[61]

Die zahlreichen Fensterrahmen, der Rahmen, den die Filterfilmrolle bildet, aber auch das Spiel mit unterschiedlichen Einstellungsgrößen beim Zeigen eines Browser*fensters* – selbst wenn es sich an dieser Stelle um eine konventionalisierte Metapher handelt, lässt sich das Spiel mit den unterschiedlichen Bildschirmausschnitten eben doch in die Inszenierung von Fenstern und Rahmen einordnen – rufen hervor, dass das Gezeigte eben nicht auf den Bildschirm passt. Es kommt nicht zur angestrebten Deckungsgleichheit und damit lenkt das Vlog die Aufmerksamkeit auf das ihm zugrundeliegende Medium.

Ebenso funktionieren die Szenen, in denen Aufnahmen innerhalb der Aufnahmen zu sehen sind – im Sinne einer Mise en Scène. Narrativ werden diese zudem über ein erneutes Betonen der Produziertheit des angesehenen Vlogs gerahmt. Die Erzählstimme spricht davon: „I do my job“[62], während die Zuschauer:innen sie im doppelten Sinne dabei beobachten: Die Figur steht in diesen Szenen nicht nur vor der eigenen Kamera, die hinter dem Film in der Regel verschwindet, – analog zu dem, was Aleida Assmann über die Materialität sprachlicher Zeichen sagt[63] –, sondern vor einer weiteren.[64] Erneut ruft sich damit das filmische Medium ins Bewusstsein und verschwindet eben nicht im Prozess des Selbsterzeugens. Ergänzt

61 Lev Manovich, 2001, The Language of New Media, Cambridge/London: MIT Press, S. 96.

62 bestdressed, how 2020 has me feeling [Anm. 1], 00:05:31–00:05:33.

63 Aleida Assmann, 1995, Die Sprache der Dinge. Der lange Blick und die wilde Semiose, in: Materialität der Kommunikation, hrsg. von Hans Ulrich Gumbrecht und K. Ludwig Pfeiffer, Frankfurt a. M.: Suhrkamp, S. 237–251, hier: S. 238.

64 bestdressed, how 2020 has me feeling [Anm. 1], 00:05:30–00:05:39.

und vielleicht auch konterkariert werden diese Strategien der selbstbezüglichen Inszenierung des Mediums durch Authentizitäts- und Intimitätsstrategien.

5. Intimitätsstrategien

Zu den Intimitätsstrategien bzw. den narratoästhetischen Strategien, die Intimität vortäuschen und fingieren, gehört zunächst die apostrophische Hinwendung an die Zuschauenden zu Beginn und Anfang des Vlogs:[65] „Hey, how are you. [...]. Oh me? What I have been up to? Oh, I don't wanna talk your ear off. But ... ok, if you insist.[66] Impliziert und fingiert wird durch die Form der Gestaltung – als Spiel mit Antworten auf scheinbar gestellte Fragen und Satzbrüchen – ein Dialog zwischen dem Publikum und der Erzählstimme. Die Zuschauer:innen werden somit als scheinbar aktive Partizipierende in das Zu-Sehende involviert. Eine ähnliche Strategie kommt am Ende des Vlogs zum Tragen, indem erneut eine direkte Kommunikation zwischen Erzählerin und Publikum imaginiert wird und zudem ebenfalls das Vorhandensein einer (parasozialen) Beziehung – „as always"[67] impliziert wird. Intimität wird ebenfalls über die gezeigten Bilder und die sie begleitenden Erzählungen fingiert. Die Erzählstimme berichtet nicht ‚einfach' nur, was 2020 passiert ist, sondern vor allen Dingen, wie der Titel des Vlogs deutlich macht, welche emotionale Wirkung eben diese Geschehnisse auf sie hatten und haben. Das Vlog wird somit nicht nur zum reinen Selbstzeugnis, sondern zur *„Herzensschrift"*.[68]

Die Erzählerin bekennt sich im und über das Erzählen, wie Schneider für diaristisches und autobiografisches Schreiben ausstellt.[69] Sie erzählt – verbal explizit – von den widersprüchlichen Gefühlen für ihren besten Freund: „We used to hate each other in high school, and now, we still hate each other, but we're fucking."[70] Sie berichtet von den Erfahrungen, die sie in Quarantäne und Pandemie gemacht, aber auch nicht gemacht hat, aber vor allen Dingen berichtet sie immer und immer wieder von ihren Emotionen und lädt die Zuschauer:innen ein, diesen Emotionen beizuwohnen. Dieser Prozess des Beiwohnens und die damit verbundene Intimität werden explizit ausgestellt. Die Erzählerin fährt in ihre Heimatstadt und rahmt die begleitenden Szenen folgendermaßen: „I honestly had

---

65 Vgl. David C. Giles, 2018, Twenty-First Century Celebrity: Fame in Digital Culture, Bingley: Emerald Publishing, S. 131.

66 bestdressed, how 2020 has me feeling [Anm. 1], 00:00:00–00:00:08.

67 Ebd., 00:06:26.

68 Schneider, Die erkaltete Herzensschrift [Anm. 5], S. 9.

69 Vgl. ebd.

70 bestdressed, how 2020 has me feeling [Anm. 1], 00:00:58–00:01:03.

a lot of trouble writing this part, because I know my friends might be listening to it and I'm always afraid I creep people out with how much they matter to me […].“[71]

Über diese Rahmung werden die folgenden Bilder, die die Figur und ihre Freundinnen und Freunde in einem privaten Garten und anderen Orten zeigen, als emotionales Bekenntnis[72] zu eben diesen Freunden und Freundinnen gelesen.

Als eben dieses Hineingelassenwerden in intime Momente lassen sich zudem viele weitere Szenen und Bilder des Vlogs lesen, wobei auch Kameraführung und -einstellung jeweils eine Rolle spielen. Die Kamera zeigt nicht nur private Momente, Momente, die „feel like home“[73], sondern vor allen Dingen zeigen sie die Akteurin vor der Kamera in Krise – verbal durch ein antithetisches Polysyndeton eingeführt: „The truth of it has been messy, and confusing, and lovely, and depressing all at once.“[74] Sie berichtet davon, dass sie in „survival mode“[75] gewesen sei und lädt die Zuschauer:innen schließlich in ihr Schlafzimmer ein, in dem sie auf dem Bett zusammengerollt ist. Die Kameraeinstellung rahmt diese Einladung durch den Türrahmen und markiert somit eine Schwelle, die in der folgenden Einstellung überschritten wird. Mit dieser Überschreitung geht eine weitere einher, die ebenfalls als intimitätsfingierend bestimmt werden kann. Während die Figur beim Blick durch den Türrahmen dem Publikum noch den Rücken zuwendet, zeigt die folgende Einstellung sie aus der Vogelperspektive auf dem Bett liegend – aus dem sie, so das Voiceover, oft nicht aufstehen mag.[76] Sie zieht sich folgend das Kissen vor das Gesicht, baut so eine Barriere auf, die jedoch einmal mehr die Intimität der Situation betont. Die Betrachter:innen werden Zeug:innen von etwas, was privat ist, was nicht zu teilen ist, aber dennoch bewusst geteilt wird.

71 Ebd., 00:03:40–00:03:48. Der Gebrauch des Wortes „honestly“ an dieser Stelle markiert das Gesagte dabei auch als authentisches Bekenntnis, mehr zu den Authenzitätsstrategien jedoch noch folgend.

72 Dies entspricht David Giles Ausführungen zur Entwicklung parasozialer Beziehungen: „The parasocial relationship between YouTubers and fans is reinforced further by moments of vulnerability on the part of the celebrity, particularly in the form of confession“ (Giles, Twenty-First Century Celebrity [Anm. 65], S. 135).

73 bestdressed, how 2020 has me feeling [Anm. 1], 00:04:30.

74 Ebd., 00:04:40–00:04:43.

75 Ebd., 00:04:52–00:04:53.

76 bestdressed, how 2020 has me feeling [Anm. 1], 00:05:05.

6. Authentizitätsstrategien

Verbunden werden diese Strategien der Intimität mit Strategien der Authentizitätsfiktion, deren Relevanz für die Popularität von YouTubern und YouTuberinnen Giles explizit markiert.[77]

Deutlich wird diese Verflochtenheit bereits am Beispiel der gezeigten Party-Szene. Die Erzählstimme überlagert diese verbal: „You know how with nearly everyone, your parents, your boss, a first date, you have to edit [!, S. J.] yourself into whatever version, they're most comfortable with. With them, I don't have to think about it."[78] Es ist demnach ihr authentisches Selbst, dass die Zuschauerinnen und Zuschauer zu sehen bekommen.

Auffällig ist, dass die eingesetzten Strategien zahlreiche der Probleme adressieren, die Maria Nikolajeva für Tagebuchromane benennt: „Much too often diary form is used without motivation, more like a tribute to a popular tradition. If the purpose of the device is to create authenticity, it feels superfluous in a novel concentrated on external events."[79]

Auch wenn sich das Vlog mit den Erlebnissen der Erzählerin während des ersten halben Jahres der Corona-Pandemie beschäftigt, macht bereits der Titel auf paratextueller Ebene deutlich, dass nicht „external events"[80] im Fokus stehen, sondern welche Gefühle und Gedanken diese ‚events' in der Erzählerin auslösen. Damit – und über die bereits ausgestellte Selbstreflexivität des Vlogs – fällt das Vlog nicht in die von Nikolajeva ausgemachte tagebuchliterarische Falle:

> A private fictive dairy is supposed to represent the innermost thoughts and feelings; it should therefore be sufficiently self-reflective to justify the form. At the same time, unlike an authentic diary, a fictive diary must have a plot, albeit hidden behind the depiction of seemingly external events.[81]

Authentizität wird im Vlog zudem über die Darstellung der Arbeit am Selbst – als krisenhaftes Selbst – ausgestellt. Damit ist das Vlog als Selbst- und Zeitdokument ein Beispiel für die Wirkmächtigkeit des Erzählens, die Hans Blumenberg markiert: „Geschichten werden erzählt, um etwas zu vertreiben. Im harmlosesten, aber nicht unwichtigsten Fall: die Zeit. Sonst und schwerer wiegend: die Furcht."[82]

---

77 Vgl. Giles, Twenty-First Century Celebrity [Anm. 65], S. 131.

78 bestdressed, how 2020 has me feeling [Anm. 1], 00:04:00–00:04:11. Dass sie an dieser Stelle von „Editing" spricht, mag metaphorisch durchaus nochmal auf das Medium verweisen.

79 Maria Nikolajeva, 2010, Power, Voice and Subjectivity in Literature for Young Readers, New York: Routledge, S. 125.

80 Ebd., S. 125.

81 Ebd., S. 126.

82 Hans Blumenberg, 1990, Arbeit am Mythos, Frankfurt a. M.: Suhrkamp, S. 10.

Das Verhältnis des Vlogs zur Zeit wurde bereits angedeutet, offenbart sich an dieser Stelle nicht nur als Reflexion der Form, sondern auch der Umstände: als Teil der Wahrnehmung einer (globalen) Krankheit. An dieser Stelle und im Kontext der Ausstellung potenzieller authentizitätssteigernder – und auch intimitätsaufbauender – Strategien wird jedoch eben nicht nur von der Krankheit der Welt erzählt, sondern auch der eigenen psychischen Krankheit oder zumindest Krise.

Die Relevanz des Erzählens von Krankheit verhandelt beispielsweise Nina Schmidt und betont:

> Across the disciplines, ill persons thus fundamentally unsettled – thrown back on their messy, mortal bodies, coming up against the limits of their agency that tend to go unrecognized on times of relative health – have been found to evince a storytelling impulse in reaction.[83]

Diese Grenzen der eigenen Agency sind ein zentrales Thema des Vlogs: Es wird – auditiv und visuell – von der Unfähigkeit des aus dem Bett Aufstehens erzählt[84], vom Gefühl von der Klippe gefallen zu sein[85], und nicht immer okay zu sein.[86]

Verbinden lässt sich mit dem audiovisuellen Erzählen eine durchaustherapeutische Wirkung, aber nicht ausschließlich, wie Schmidt weiterhin ausführt:

> None of this is to deny that narrating illness can be therapeutic (for the author) or confessional (in appearance) in part, but, as published life writing texts, we must consider illness narratives, like any other literature, as multidimensional and complexly motivated. Illness narratives must be expected to be both inward and outward looking.[87]

Das Spiel mit der Nabelschau und dem Schauen über den eigenen Nabel hinaus ist erneut eine Strategie, die auch das Vlog im Kontext des Erzählens der Krise einsetzt. Als authentische Erzählung wird diese beispielsweise über den nahezu exzessiven Einsatz von Schimpfwörtern bestimmt, die das Erzählen von der eigenen Krise markieren:

83 Nina Schmidt, 2018, The Wounded Self. Writing Illness in Twenty-First-Century German Literature, Rochester/New York: Camden House, S. 10.

84 Vgl. bestdressed, how 2020 has me feeling [Anm. 1], 00:05:05.

85 Ebd., 00:06:13–00:06:15.

86 Ebd., 00:05:32.

87 Schmidt, The Wounded Self. Writing Illness in Twenty-First-Century German Literature [Anm. 83], S. 12.

> But sometimes I want to scream: What the fuck is going on? Why is everything so different now? Why is everyone acting so fucking normal? [...] If I hear ‚these unprecedented times' one fucking more time, I swear to god, I will go outside and get a stranger to cough on me.[88]

Hervorzuheben ist an dieser Stelle neben dem Einsatz der Expletive zudem die stimmliche Gestaltung, welche die Passage als emotional markiert, die bereits benannte Steigerung der musikalischen Untermalung sowie das durchaus drastische Bild, mit dem sie endet. Der fingierte Blick nach innen,[89] erschafft somit Authentizität, eben diese wird jedoch im Anschluss genutzt, um den Blick nach außen zu richten, wodurch Authentizität gleichermaßen unterwandert wird. Die Erzählerin führt aus: „Sometimes I feel I have to pretend to know the answers, to be a good example or at least have it more figured out than everyone else."[90] Auch wenn abschließend die eigene Fehlbarkeit eingeräumt wird,[91] bleibt bestehen, dass der Blick nach außen im Schreibprozess mitbedacht wurde. Dies ist ebenfalls dem Status als Social Media-Influencerin geschuldet, inkludiert der Begriff das Außen doch bereits.

Gleichsam ist der somit oft benannte Blick nach außen im Vlog einmal mehr gegeben, da es sich, wie eingangs bereits benannt, um ein Medium handelt, dessen Rezeption nahezu zeitgleich stattfindet und über Kommentare ebenso schnell an Figur und Erzählerin zurückgespielt wird. Der Begriff der „Unmittelbarkeitsfiktion"[92], den Benner für Genres wie dem Tagebuch- oder Briefroman anführt[93], bekommt für das Vlog eine höhere Potenz, da es nicht nur ‚Unmittelbarkeit' fingiert, sondern sich diese auch zurückspielen lässt bzw. für die Seite der Rezipient:innen ausweisen lässt.

7. Kritik – „She gets hate for being HERSELF"[94]

Die bereits zitierten Kommentare und auch der folgende zeigen explizit, dass sich die Kritik an der Freimütigkeit, mit der die Erzählerin über ihre Erlebnisse während der Pandemie schreibt, entzünden und dabei vor allen Dingen auch die Grenzziehung zwischen ‚privat' und ‚öffentlich', ‚angemessen' vs.

88 bestdressed, how 2020 has me feeling [Anm. 1], 00:06:00–00:06:07.
89 Schmidt, The Wounded Self. Writing Illness in Twenty-First-Century German Literature [Anm. 83], S. 12.
90 bestdressed, how 2020 has me feeling [Anm. 1], 00:06:08–00:06:13.
91 Ebd., 00:06:18–00:06:20.
92 Benner, „This book contains private information" [Anm. 25], S. 29.
93 Vgl. Ebd., S. 29.
94 hana dul in: bestdressed, how 2020 has me feeling [Anm. 1].

'nicht-angemessen' sowie 'fiktional' und 'faktual' adressieren: „I just feel like she should get some people to talk to or a therapist, and not share it with all of her subscribers. It's a more personal subject and this video was so depressing and so unrealistic at the same time."[95]

Gleichsam geht damit auch die Frage einher, inwiefern Emotionen sowie ihre Störung ein Thema sind, dass öffentlich diskutiert werden kann und sollte. Dies ist ein Themenfeld, das sich dezidiert als gegendertes ausweisen lässt, wie Susan Civale für das 18. Jahrhundert diskutiert:

> As Felicity Nussbaum reminds us, 'Women's real lives are made or irremediably ruined because of their public construction ... A complex relationship develops between a woman's entry into the public sphere, through publication, publicity, and sexual representation'. Women also had to negotiate the long-standing association, solidified by the scandalous memoirs of the eighteenth century, between fame and shame.[96]

Auch wenn der Bezug auf 'Life writing' von weiblichen Schreibenden aus dem 18. Jahrhundert für ein Pandemie-Vlog aus dem 21. Jahrhundert womöglich auf den ersten Blick nicht zu offensichtlich erscheint, lässt sich das Begriffspaar „fame and shame"[97] auch für den Kanal *bestdressed* postulieren – angepasst für das digitale Zeitalter. Auf der 'Fame'-Seite lassen sich die zahlreichen Follower, Kommentarschreiber:innen verbuchen, die viele der Videos, aber auch ihre Instagram-Posts kennzeichnen. Auf der 'Shame'-Seite nicht allein die kritischen Kommentare, der benannte „hate"[98], sondern ebenfalls der Umstand, dass *bestdressed* seit dem hier untersuchten Vlog nur vier weitere veröffentlicht hat, das letzte davon im Dezember 2020. Seitdem ruht ihr Kanal, sie postet zwar weiterhin auf Instagram oder TikTok, aber ihr YouTube-Hiatus wird trotz zahlreicher Nachfragen und Beiträge auch in anderen sozialen Netzwerken (bspw. Reddit) nicht thematisiert. Immer wieder wird nach den Gründen geforscht – „the negative comments and drama".[99] Zu zitiertem Drama gehören jedoch nicht allein die kritischen Videos, die über sie gemacht wurden und ihre „Skandale" adressieren, sondern auch der Umstand, dass es einem Stalker möglich war, aufgrund der Informationen, die er über ihre Wohnungen aus ihren Vlogs sammeln konnte, ihre Adresse zu ermitteln. Die Intimität und Authentizität, die sie über Vlogs

95 corxpse_ in: bestdressed, how 2020 has me feeling [Anm. 1].

96 Susan Civale, 2019, Romantic women's life writing. Reputation and afterlife, Manchester: Manchester University Press, S. 6.

97 Ebd., S. 6.

98 hana dul in: bestdressed, how 2020 has me feeling [Anm. 1].

99 www.reddit.com/r/BestDressed_/comments/or53rd/i_wish_we_had_at_least_some_form_of_communication/ (01.03.2023).

kreiert hat, ihre Selbstzeugnisse, sind somit Möglichkeiten, ihrem (audiovisuell erzeugten) Selbst tatsächlich zu nahe zu kommen oder zu nahe zu treten.

Deutlich wird an den kritischen Stimmen und Entwicklungen, dass das Spiel mit Grenzen eines ist, was das Vlogging kennzeichnet: Wo sind die Grenzen, des sich erzeugenden und erschreibenden Selbst und lassen sich diese zwischen Fiktionalität und Faktualität, zwischen Selbst und Außen, zwischen Selbstzeugnis und Selbsterzeugnis ziehen?

8. Abschließendes

Gezeigt hat die Beschäftigung mit dem Vlog als exemplarisches, aber auch individuelles Beispiel, wie sich dieses im Spannungsfeld aus Tagebuch und Autofiktion und Metaautobiografie verorten lässt und welche Strategien eingesetzt werden, um das Verhältnis von Fiktionalität und Faktualität zu unterwandern und auszustellen. Auffällig ist jedoch nicht nur das Spiel mit konzeptionellen und terminologischen Grenzen, sondern auch, wie diese Grenzen wiederholt überschritten und medienspezifisch ausgestellt werden. Im Falle von *bestdressed* sind es nicht nur die Grenzen zwischen fiktionalen oder faktualen Selbstzeugnis, sondern auch dem fiktionalen oder faktualen Selbsterzeugnis, also zwischen dem Selbst vor und hinter der Kamera, das mitunter, wenn auch nicht deckungsgleich, überlappt.

Listen und Erzählen in der Kinder- und Jugendliteratur

Zählen bitte[1]

Susan Kreller

Das Wörtchen „Zählen", es residiert so sichtbar im Erzählen, dass dies eigentlich gar keiner Erwähnung mehr bedürfte. Noch im Mittelhochdeutschen hatte das Verb „erzeln" neben der sprachlich-mitteilenden Bedeutung auch die des Aufzählens und In-Zahl-Bringens.[2] Erzählen ist in der Tat nichts anderes als das Ordnen und Zählen von Dingen – Dingen, die geschehen sind, Dingen, die auf ihr Geschehen bislang verzichtet haben. Hier unterscheidet sich die mündliche Alltagserzählung keineswegs von der narrativen Literatur, überall wird gezählt und geordnet, aufgelistet und abgewogen. Im Erzählen kommt allerdings noch ein viel konkreteres, weitaus handelsüblicheres Zählen zum Einsatz: jenes mit Zahlen nämlich. Zahlen, schreibt der Kommunikationswissenschaftler Thomas A. Bauer, „sind allgemein kundlich, sie qualifizieren Erzählungen als Kunde, als Kunde, als referenzfähige Verdichtung [...]".[3]Auch in der erzählenden Literatur spielt numerisch Benanntes, Gezähltes und Aufgezähltes eine bedeutende Rolle. Nehmen wir nur die Märchen der Gebrüder Grimm. Die Fliegen, die das tapfere Schneiderlein erschlägt, sterben ordnungsgemäß nummeriert, das Blut von Schneewittchens Mutter fließt in penibel abgezählten Tropfen, und nie, wirklich niemals würde es die 13. Fee wagen, ungezählt ins Dornröschenschloss zu kommen. Überhaupt definieren sich viele literarische Figuren und Objekte über ihre Gezähltheit, Flann O'Briens „Dritter Polizist" ebenso wie „Das siebte Kreuz" von Anna Seghers, Håkan Nessers „Viertes Opfer" nicht weniger als Doris Lessings „Fünftes Kind". Und natürlich auch Ernst Jandls Kranke im Wartezimmer: „Tür auf / einer raus / einer rein / nächster sein!"[4]

PROSA IST EIN WUNDERBARER ALLESFRESSER. Nun gibt eine ganze Reihe überaus erwähnenswerter Formen künstlerischen Zählens und Aufzählens, darunter bizarr lange Kapitelüberschriften à la E.T.A. Hoffmann. Eine entsprechend lange Aufzählung solcher literarischer Mittel läge schon wegen der Huldigung des hier bearbeiteten Themas nahe. Und doch soll sich im Folgenden

---

1 Bei diesem Aufsatz handelt es sich um einen Wiederabdruck aus der Zeitschrift 1001 Buch 4|08, S. 8–11. Er berücksichtigt daher die bis 2008 erschienenen Jugendromane. Wir danken Frau Dr. Susan Kreller und dem Chefredakteur Herrn Franz Lettner sehr herzlich für die freundliche Genehmigung zum erneuten Abdruck.

2 Vgl. Mathias Lexer, 1992, Mittelhochdeutsches Taschenwörterbuch, Stuttgart: S. Hirzel.

3 Thomas A. Bauer, 2006, Zählen und Erzählen, S. 1, www.thomasbauer.de (nicht mehr abrufbar).

4 Ernst Jandl, 1998, Fünfter sein, Weinheim: Beltz & Gelberg.

auf eine faszinierende und gerade in jugendliterarischer Hinsicht sehr aktuelle Zählform beschränkt werden: die Liste. Seit die Moderne den Roman großzügig mit neuen literarischen Mitteln wie der Collagetechnik beschenkt hat, tummeln sich immer mehr dieser nicht-fiktionalen Texte in der epischen Literatur: Einkaufs- und Erledigungslisten, Hitparaden, Freundschaftsbucheinträge oder aufgezählte Zeitungsüberschriften, ganz egal, alles ist erlaubt. In Samuel Becketts Roman *Murphy* zum Beispiel wird die Heldin auszugsweise wie folgt beschrieben:

Kopf	Klein und rund
Augen	Grün
Teint	Weiß
Haare	Gelbblond
Gesichtszüge	Lebhaft[5]

David Lodge (Schriftsteller, Literaturwissenschaftler, Brite) schreibt vom enormen „Ausdruckspotential der Auflistung im fiktionalen Text. Auf den ersten Blick hat es eigentlich den Anschein, dass ein bloßer Katalog einzelner Artikel in einer auf Figur und Handlung ausgerichteten Geschichte fehl am Platz ist. Aber fiktionale Prosa ist ein wunderbarer Allesfresser und vermag alle Arten von nichtfiktionalem Diskurs […] zu assimilieren und den eigenen Zwecken anzupassen".[6] Was genau sind aber diese eigenen Zwecke? Welche sind die literarischen Gründe für die Integration der Textsorte Liste in die erzählende Literatur? Um dieser Frage nachzugehen, lohnt ein Blick auf die gegenwärtige internationale Jugendliteratur, in der künstlerisch aufbereitete Listen ganz besonders häufig zu finden sind.

NAME, ADRESSE, LIEBLINGSSÄNGER. Das Buch *Schotts Sammelsurium*, eine Sammlung kurioser Aufzählungen des Briten Ben Schott, hat sich weltweit über zwei Millionen Mal verkauft. Dies ist erstaunlich, bedenkt man, dass Schott verschiedene Blutgruppenkompatibilitäten oder merkwürdige Tode einiger burmesischer Könige auflistet. Es zeigt aber auch, was Listen eigentlich vermögen: Sie charakterisieren, repräsentieren, notfalls sogar – wie bei Schott – eine ganze Welt. Auch in einigen Jugendbüchern haben die eingesetzten Listen diese kennzeichnende, illustrierende, zuweilen vorwegnehmende Funktion, beispielsweise in Tamara Bachs Debütroman *Marsmädchen*[7]. Der beginnt sogar gleich mit einer Liste, genauer: mit einer vertikalen Aufzählung menschlicher Merkmale, wie man sie aus Freundschaftsbüchern kennt: Name, Adresse, Geburtstag. Lieblingssänger. Das mag ich. Und so weiter. Nach dieser Liste, und hier setzt erst der fließende Text ein, werden die Fragen beantwortet. Zack – die Protagonistin Miriam ist

5 Samuel Beckett, 1976, Murphy, Reinbek bei Hamburg: Rowohlt, S. 13.
6 David Lodge, 1993, Die Kunst des Erzählens, Zürich: Haffmanns, S. 83.
7 Tamara Bach, 2003, Marsmädchen, Hamburg: Oetinger.

vorgestellt. Doch nicht nur sie, auch ihr schulischer Freundschaftsbücher-Alltag wird sichtbar, ein Alltag, in dem sie später so viel Tiefe erleben soll.

Auf ganz andere Weise charakterisierend sind die Listen in Mark Haddons Roman *Supergute Tage oder die sonderbare Welt des Christopher Boone.*[8] Hauptfigur und Ich-Erzähler des Buches ist ein 15-jähriger autistischer Junge, der den Mörder des Nachbarshundes sucht und im Zuge seiner Ermittlungen Erschütterndes über sein eigenes Leben herausfindet. Er liebt Listen, und die Kapitel (die alle Primzahlen tragen!) sind voll davon. Was da alles aufgelistet wird – nun ja, genau: es ist „alles“: Wortbedeutungen, Gründe, einen Hund umzubringen, Zitate von Wissenschaftlern oder gelbe Dinge. Mark Haddon, der sich der Herausforderung einer autistischen Erzählhaltung gestellt hat, setzt die Listen hier ein, weil sich seine Hauptfigur, vor allem aber deren spezifische Krankheit in ihnen besonders gut zu erkennen geben.

MAN WÄCHST MIT SEINEN LISTEN. Listen charakterisieren und repräsentieren nicht nur, sie können auch zeigen, dass sich eine Figur im Verlauf der Romanhandlung weiterentwickelt. Virginia, die Protagonistin in Carolyn Macklers Buch *Die Erde, mein Hintern und andere dicke runde Sachen*[9] hat Gewichtsprobleme und leidet unter diesem in ihren Augen großen Makel. So findet sich gleich auf einer der ersten Seiten ein „Verhaltenskodex für dicke Mädchen“, eine Liste selbstauferlegter, fast masochistischer Verhaltensregeln. Viele Seiten und Einsichten später taucht abermals eine Liste auf, in der die nun selbstbewusste Virginia in sieben Punkten die enormen Vorteile dicker, runder Sachen aufzählt. Der Tenor dieses Kataloges ist jenem der ersten Aufzählung praktisch diametral entgegengesetzt.

Sarah Weeks’ Jugendbuch *So B. It*[10] lässt die Textsorte Liste auf ganz andere Weise zeigen, dass die Hauptfigur wächst. Die 13-jährige Heidi verlässt ihre geistig behinderte Mutter, um an deren Kindheitsstätte herauszufinden, wer sie eigentlich ist. Die Mutter. Sie selbst. Heidi weiß zunächst nur eines über ihre Mutter: dass sie sich So B. It nennt. Dieser Name ist der einzige Punkt auf ihrer Liste „Was ich über Mama weiß“, und auch wenn im Laufe der Geschichte immer wieder kleine Listen auftauchen und auch die kurze Mutterliste geringfügig erweitert wird, steht der Ausgangsliste doch eine bestimmte Aufzählung gegenüber, die auf der letzten Romanseite platziert ist: eine Zusammenstellung aller 23 Wörter, die die Mutter zu sprechen imstande ist. Heidi hat ihre Mutter verstanden, kann sie sehen, ganz.

---

8 Mark Haddon, 2003, Supergute Tage oder die sonderbare Welt des Christopher Boone, München: Blessing.

9 Carolyn Mackler, 2005, Die Erde, mein Hintern und andere dicke runde Sachen, Hamburg: Carlsen.

10 Sarah Weeks, 2005, So B. It: Heidis Geschichte, München: Hanser.

PORTIONIERTE SEHNSUCHT. In Isabel Coixets Film *Mein Leben ohne mich* stellt die todkranke Hauptfigur eine Liste aller Dinge auf, die sie noch tun möchte. Dieses Prinzip der portionierten Sehnsucht vor dem Hintergrund der Endlichkeit des Lebens ist in der gegenwärtigen Jugendliteratur erstaunlich häufig zu finden, man denke nur an Bjørn Sortlands Geschichte *Zwölf Dinge, die ich noch erledigen muss, bevor die Welt untergeht*[11], Sally Nicholls' Buch *Wie man unsterblich wird*[12] oder Jenny Downhams Roman *Bevor ich sterbe.*[13] Die integrierten Listen geben einerseits den Protagonisten die Möglichkeit, die bei aller Begrenztheit doch unendliche verbleibende Zeit zu fassen. Andererseits kann Konkretheit in bestimmten Kontexten Komik evozieren. Und genau das tun solche 12-Dinge-Listen: sie geben den schweren, düsteren Sujets eine zarte humoristische Glasur und bewahren das Erzählte so vor zu großem Pathos. Jenny Downham setzt die Textsorte der Erledigungsliste in ihrem Roman ganz besonders gekonnt ein. So ist die Liste, auf der u. a. „Drogen nehmen, stehlen und berühmt sein" steht, über viele Seiten struktur- und handlungsgebend, wird am Ende aber so rasant und maßlos erweitert, dass klar wird: Sehnsucht und Leben lassen sich nicht katalogisieren, am Ende sind beide nur noch groß, gewaltig, nicht mehr zerlegbar.

LISTENREICH, TEMPOREICH. In allen genannten Büchern sind die eingesetzten Listen strukturgebend, die Handlung bewegt sich in einem ziemlich festen Rahmen. Wie Per Nilssons Liebesgeschichte *So lonely*[14] zeigt, können Listen aber auch das Erzähltempo merklich ändern, immer und immer wieder. Nilsson zählt in seinem Buch alles nur Denkbare auf: Besonderheiten der Grammatik, Tagesabläufe, liebkoste Körperteile oder Arten der Selbsttötung. Der Text wird dadurch immer wieder gebremst, neu rhythmisiert und angeschoben; er entbehrt jeglicher Monotonie und ist vom schwülstigen Liebesroman weit entfernt.

Der Einsatz von Listen in literarischen Texten ist eine herrliche Dreistigkeit, für die man der Moderne dankbar sein muss. Den hier aufgeführten Romanen haben die eingeflochtenen Aufzählungen außerordentlich gutgetan; frisch und unkonventionell sind sie erzählt, launisch ist ihr Puls. Es gibt allerdings einen Wermutstropfen, und der betrifft einen weiteren, eigentlich nur halben Grund, Listen in Jugendbüchern unterzubringen. Der halbe Grund lautet: Listen sind in. Total populär. Der inflationäre Gebrauch der konkreten Aufzählung in

---

11 Bjørn Sortland, 2003, 12 Dinge, die ich noch erledigen muss, bevor die Welt untergeht, Hamburg: Oetinger.

12 Sally Nicholls, 2008, Wie man unsterblich wird, München: Hanser.

13 Jenny Downham, 2008, Bevor ich sterbe, München: Bertelsmann 2008.

14 Per Nilsson, 1996, So lonely, Hamburg: Oetinger.

fiktionalen Texten für junge LeserInnen ist gegenwärtig so evident, dass man vielleicht ein fünfjähriges Listenverbot verhängen sollte. Das großartige und effiziente literarische Mittel könnte sich auf diese Weise erholen und wieder das werden, was es einmal war: besonders. Nur – wie viele Möglichkeiten gibt es heutzutage eigentlich noch, ein Jugendbuch ohne eine Liste zu schreiben?

„Die kleinen Dosen Alltagsglück"

Multiple Selbstpositionierung im Miteinander von Text und Bild in Elisabeth Steinkellners und Anna Gusellas Tagebuchroman *Papierklavier* aus einer intersektionalen Perspektive

Susanne Schul

ENTWEDER du hoffst
auf das ganz große Glück,
das PLÖTZLICH und schwallartig
in Badewannenmengen auf dich herabfällt
(ohne zu wissen, ob es jemals kommt),
oder du sammelst tagtäglich
die kleinen Dosen ALLTAGSGLÜCK,
die oft nicht mehr als einen Fingerhut füllen, aber alle
zusammen mit der Zeit zu einem kleinen See anwachsen,
in den du kopfüber springen kannst.[1]

Wie kann ich Glück „tagtäglich" in „kleinen Dosen" erlangen und wie kann ich meine widersprüchlichen Gefühle in Worte und Bilder fassen? – diesen Fragen geht die 16-jährige Maia nach, die ihre Erfahrungen in knappen Texten und vielförmigen Zeichnungen in ihrem Tage- und Skizzenbuch festhält. In *Papierklavier* verleihen die österreichische Autorin Elisabeth Steinkellner und die deutsche Illustratorin Anna Gusella der jungen Ich-Erzählerin eine diversitätsbewusste Ausdrucksfähigkeit, die die Leserinnen und Leser dazu animiert, die mehrdeutigen Sinnstrukturen intensiv, überdenkend und prüfend zu erschließen.[2]

1 Elisabeth Steinkellner, 2020, Papierklavier. Illustriert von Anna Gusella, Weinheim/Basel: Beltz & Gelberg (ohne Paginierung, die eigene Seitenzählung beginnt mit der Titelei, S. 83). Der illustrierte Tagebuchroman wurde u. a. mit dem „Österreichischen Kinder- und Jugendbuchpreis 2021" ausgezeichnet, war für den „Deutschen Jugendliteraturpreis 2021" nominiert und hat das „KIMI-Siegel für Vielfalt in der Kinder- und Jugendliteratur 2020" erhalten. Vgl. zu weiteren Einblicken in das Text-Bild-Gefüge des Tagebuchromans bspw. zu dem hier gewählten Eingangszitat die Leseprobe auf der Verlagsseite: www.beltz.de/kinder_jugendbuch/produkte/details/44019-papierklavier.html und die Seitenvorschau auf der Illustratorinnen-Homepage: annagusella.de/PAPIER-KLAVIER (01.03.2023).

2 Vgl. zu narrativen Darstellungstechniken im Tagebuch(roman) u. a. Peter Boerner, 1969, Tagebuch, Stuttgart: Metzler, S. 25–20, 65; Arno Dusini, 2005, Tagebuch. Möglichkeiten

Denn Maia erlaubt Einblicke in einen herausfordernden Lebensabschnitt: Sie lebt mit ihrer alleinerziehenden Mutter und zwei jüngeren Schwestern in einer sehr kleinen Wohnung, das Geld ist immer knapp und die Mutter oft von der Arbeit überlastet. Jede Tochter hat einen anderen Vater, doch keiner unterstützt den Vier-Frauen-Haushalt, stattdessen übernimmt die 16-Jährige viel Verantwortung. Sie jobbt nach der Schule und kümmert sich um ihre Schwestern, die zehnjährige Ruth und die siebenjährige Heidi. Gleichzeitig schlägt sich Maia aber auch noch mit den Herausforderungen auf dem Weg zum Erwachsenwerden herum, besonders mit ihrer Selbstfindung und Emanzipation. Dabei richtet sie den Blick auf das, was aus den sozial akzeptierten Rastern herausfällt. Gemeinsam mit ihren beiden Freund:innen stellt Maia eingefahrene Bewertungsmuster infrage und setzt sich kritisch mit ‚gängigen' Familienbildern, Schönheitsvorstellungen oder Geschlechterrollen auseinander.

Steinkellner und Gusella entwerfen eine mehrdeutige Erzählperspektive, die sich durch variantenreiche Text-Bild-Relationen auszeichnet, bei denen die einzelnen Elemente aufeinander Bezug nehmen, sich gegenseitig ergänzen und erweitern können. Der illustrierte Tagebuchroman fordert im intermedialen Lektüreprozess somit zur aktiven Konstruktion sinngebender Beziehungen auf.[3] Um zu untersuchen, wie diese multiple Selbstpositionierung gestaltet wird und an welcher Stelle des Erzählens welche Differenzerfahrung eine Rolle spielt, bietet sich eine intersektionale Analyse geradezu an. Denn diese berücksichtigt individuelle Schnittpunkte sozialer Ungleichheitslagen – von Benachteiligung ebenso wie von Privilegierung – und lässt sich niemals auf nur eine Kategorie oder eine Ebene reduzieren, sondern verfolgt eine Überwindung eindimensionaler Blickwinkel.[4] Zuerst stelle ich im Folgenden Intersektionalität als ein *Sensitizing*

---

einer Gattung, München: Wilhelm Fink, S. 1–42, 145–167; Ansgar Nünning, 2013, Meta-Autobiographien. Gattungstypologische, narratologische und funktionsgeschichtliche Überlegungen zur Poetik und zum Wissen innovativer Autobiographien, in: Autobiographie. Eine interdisziplinäre Gattung zwischen klassischer Tradition und (post-)moderner Variation, hrsg. von Uwe Baumann und Karl August Neuhausen, Bonn: V & R unipress, S. 27–82; Christian Klein und Matías Martínez, 2022, ‚Discours': Das ‚Wie' der Erzählung – Darstellungsfragen, in: Handbuch Biographie. Methoden, Traditionen, Theorien, hrsg. von Christian Klein, Stuttgart, Weimar: J. B. Metzler, S. 213–219.

3 Vgl. u. a. Irina O. Rajewsky, 2002, Intermedialität. Tübingen: A. Franke, S. 12–17, 157; Caitríona Ní Dhúill, 2011, Intermediale Biographik (Bild und Biographie), in: Handbuch Biographie [Anm. 2], S. 190–193; Marie Schröer, 2016, Graphic Memoirs – autobiographische Comics, in: Comics und Graphic Novels. Eine Einführung, hrsg. von Julia Abel und Christian Klein, Stuttgart: J. B. Metzler, S. 263–275; Werner Wolf, 2019, Das Feld der Intermedialität im Überblick, in: Intermedialität: Formen – Diskurse – Didaktik, hrsg. von Klaus Maiwald, Baltmannsweiler: Schneider, S. 23–47.

4 Vgl. zur intersektionalen Biographieforschung u. a. Anne Phoenix, 2010, Psychosoziale Interaktionen. Zur Kontextualisierung von Lebenserzählungen Erwachsener aus ethnisch sichtbar differenten Haushalten, in: Fokus Intersektionalität. Bewegungen und Verortungen

Concept vor und erläutere die möglichen Potenziale für einen diversitätssensiblen Literaturunterricht. Daran anschließend möchte ich die Anwendbarkeit dieses theoretischen Zugangs anhand von ausgewählten selbstreflexiven Erzählweisen im illustrierten Tagebuchroman zeigen.

1. Multiple Selbstpositionierung: Intersektionalität als *Sensitizing Concept* im Literaturunterricht

Als besonders geeignet, um ein derartiges Ineinandergreifen unterschiedlicher Erzählebenen und Differenzkategorien von multiplen Positionierungen zu untersuchen, erweist sich für mich der Ansatz der Intersektionalität. Als *traveling theory* ist die Forschungsrichtung, deren Genealogien vor allem im amerikanischen *Black Feminism* und in der *Critical Race Theory* der frühen 1980er Jahren liegen, inzwischen auch zum festen Bestandteil der Geschlechterforschung in Europa geworden. Intersektionale Analyseansätze gehen davon aus, dass gesellschaftliche Strukturen ebenso wie Identitätszuschreibungen grundsätzlich von mehreren Dimensionen sozialer Differenz geprägt sind.[5] Auf diese Weise sollen multiple Formen von Exklusions- und Inklusionsmechanismen in den Blick genommen werden. Diese können, so die zentrale Prämisse, als soziale Konstruktionen aber nicht isoliert voneinander betrachtet werden, sondern es gilt sie in ihren Überschneidungen und in ihren Wechselverhältnissen zu reflektieren. Den Begriff *intersection* hat die U.S.-amerikanische Rechtswissenschaftlerin Kimberlé Crenshaw durch das Bild der Straßenkreuzung in die Debatte eingebracht. Auf dieser Kreuzung können verschiedene Ungleichheitslagen aus jeder Richtung verursacht werden, manchmal sogar aus allen Richtungen gleichzeitig.[6] Was das räumliche Modell einzufangen versucht, ist also eine mehrdimensionale Erfahrung von Differenz, die jedoch nicht als Addition einzelner Unterdrückungsformen verstanden werden soll, sondern in ihrer jeweiligen Besonderheit am Kreuzungspunkt untersucht wird. Damit geht ein grundlegend relationales Denken einher, und es gilt für jeden Fall zu untersuchen, inwieweit identitätsprägende Kategorien in sich

eines vielschichtigen Konzepts, hrsg. von Helma Lutz, Maria Teresa Herrera Vivar und Linda Supik, Wiesbaden: VS Verlag, S. 181–200, hier: S. 182–185; Helma Lutz, 2018, Intersektionale Biographieforschung, in: Handbuch Biographieforschung, hrsg. von dies., Martina Schiebel und Elisabeth Tuider, 2. Aufl., Wiesbaden: Springer, S. 139–150, hier: S. 143–146.

5 Vgl. Gabriele Winker und Nina Degele, 2009, Intersektionalität. Zur Analyse sozialer Ungleichheiten, Bielefeld: transcript, S. 18–62.

6 Vgl. Kimberlé W. Crenshaw, 2010, Die Intersektion von „Rasse“ und Geschlecht demarginalisieren. Eine Schwarze feministische Kritik am Antidiskriminierungsrecht, der feministischen Theorie und der antirassistischen Politik, in: Fokus Intersektionalität [Anm. 4], S. 33–54, hier: S. 38 f.

bereits heterogen angelegt sind und sich wechselseitig verstärken, abschwächen, relativieren oder auch verändern können.[7]

Im Folgenden möchte ich die Anschlussfähigkeit dieses reflexiven Zugangs für den Literaturunterricht erproben und verwende Intersektionalität im Sinne eines *Sensitizing Concepts*, das auf drei Ebenen bezogen werden kann, um die Verbindung individueller und sozialer Prozesse zu beleuchten.[8] Zuerst schärft der Zugang für mich als Forscherin und Dozentin das kritische Bewusstsein zur Selbstreflexion, denn er verlangt von mir nach einer Standpunktbestimmung und lässt mich das eigene jeweilige Involviertsein hinterfragen. Und dies ist die Voraussetzung für einen diversitätssensiblen Blick darauf, welche Inhalte und narrative Muster ich in welcher Form rezipiere, auswähle sowie analysiere und auf welche Weise ich sie dann in (universitären oder schulischen) Lehrkontexten thematisiere. Zweitens gilt es, diesen reflexiven Blick auch für das heterogene Lehr- und Lern-Setting zu schärfen, in dem ich agiere, denn es gilt als Lehrperson darauf achtzugeben, verschiedenartige Positionierungen der Lernenden zu bedenken, um ein kritisches Bewusstsein für die mögliche Nivellierung von Ungleichheitslagen oder (De-)Thematisierung von Heterogenität zu erlangen.[9] Wenn ich auf diesen ersten beiden Ebenen selbst eine Sensibilisierung für Funktionsmechanismen von Differenzierung entwickelt habe, dann kann ich in einem nächsten Schritt beginnen, mit den Lernenden analytische Mittel und Fähigkeiten zur Sichtbarmachung, Kontextualisierung und Dekonstruktion von

---

7 Vgl. Katharina Walgenbach, 2012, Intersektionalität – eine Einführung, http://portal-intersektionalitaet.de/theoriebildung/ueberblickstexte/walgenbach-einfuehrung/, S. 1–38 (01.03.2023); Leslie McCall: The Complexity of Intersectionality, in: Signs 30/3 (2005), S. 1771–1800, hier: S. 1774; Mechthild Bereswill, 2015, Komplexität steigern. Intersektionalität im Kontext von Geschlechterforschung, in: Intersektionalität und Forschungspraxis – wechselseitige Herausforderungen, hrsg. von dies., Folkert Degenring und Sabine Stange, Münster: Westfälisches Dampfboot, S. 201–250, hier: S. 214–217.

8 Vgl. Gudrun-Axeli Knapp, 2013, Über Kreuzungen. Zu Produktivität und Grenzen von „Intersektionalität" als „Sensitizing Concept", in: Geschlecht (re)konstruieren. Zur methodologischen und methodischen Produktivität der Frauen- und Geschlechterforschung, hrsg. von Mechthild Bereswill und Katharina Liebsch, Münster: Westfälisches Dampfboot, S. 242–262.

9 Vgl. zu Intersektionalität in heterogenen Lehr-Lern-Settings u. a. Rudolf Leiprecht und Helma Lutz, 2005, Intersektionalität im Klassenzimmer. Ethnizität, Klasse, Geschlecht, in: Schule in der Einwanderungsgesellschaft, hrsg. von dies. und Anne Kerber, Schwalbach/Ts.: Wochenschau (Politik und Bildung 38), S. 218–234, hier: S. 221–224; Katharina Walgenbach, 2017, Doing Difference, Zur Herstellung sozialer Differenzen in Lehrer-Schüler-Interaktionen, in: Lehrer-Schüler-Interaktion. Inhaltsfelder, Forschungsperspektiven und methodische Zugänge, hrsg. von Martin K. W. Schweer, 3., überarb. und akt. Aufl., Wiesbaden: Springer (Schule und Gesellschaft 24), S. 587–605, hier: S. 590–593.

Differenzlinien in literarischen Texten zu erarbeiten.[10] Allerdings verschieben sich bei dieser literaturwissenschaftlichen Relektüre des theoretischen Ansatzes auch die analytischen Koordinaten: nämlich hin zu fiktional und medial vermittelten Konstellationen der Differenzzuschreibung. Im konkreten Beispiel, bei dem es die multiple Selbstpositionierung der Ich-Erzählerin im illustrierten Tagebuchroman zu rekonstruieren gilt, richte ich den Fokus auf das gleichzeitige Zusammenwirken von sozialen Kategorien und Machtverhältnissen im Erzählen aus. Es stellt sich also die Frage, wie im schreibenden und zeichnenden Aushandeln ambivalente Deutungsmuster evident werden, in denen sich Ungleichartigkeit und Ungleichwertigkeit des Wahrnehmens, Erkennens und Beurteilens spiegeln.[11] Dem *Doing Difference*-Ansatz von Candace West und Sarah Fenstermaker folgend gehe ich davon aus, dass diese Markierungen von Fremdem oder Vertrautem, von Nähe und Distanz erst durch die sozialen Praktiken der jeweiligen Akteure entsteht – also in diesem Fall der Erzählinstanz und der durch sie gestalteten Interaktionsgefüge mit anderen Figuren – und dass diese wiederum von deren sozialen Ungleichheitslagen abhängig sind.[12] Dabei eröffnet das fiktionale Erzählen ein Experimentierfeld, um Zuschreibungsprozesse offenzulegen, die die Fremd- und Selbstwahrnehmung der literarischen Akteure prägen und die Reproduktion typisierter Rollenmuster lancieren können. Inwieweit sich also identitätsprägende Kategorien wie Geschlecht, Sexualität, Alter, Attraktivität, Klasse, Haushaltstypus, Erziehung, Bildung und Befähigung im Erzählen kreuzen und welche Rolle sozialen Dimensionen wie Körper-, Emotions- und Raumwahrnehmung dabei zukommt, soll im Folgenden in Maias mehrdeutiger Darstellung des Selbsterlebten, Selbstgedachten und Selbstempfunden untersucht werden.

10 Vgl. zu Intersektionalität im Literaturunterricht u. a. Julia Benner, 2016, Intersektionalität und Kinder- und Jugendliteraturforschung, in: kjl&m 16.extra, S. 29–39; Heidi Rösch, 2017, Deutschunterricht in der Migrationsgesellschaft. Eine Einführung, Stuttgart: J. B. Metzler, S. 54–57 und S. 103–110; Wiebke Dannecker, 2020, Inklusiver Literaturunterricht jenseits von Disparitäten – empirische Erkenntnisse und didaktische Schlussfolgerungen für das filmästhetische Lernen in heterogenen Lerngruppen, Baltmannsweiler: wbv, S. 23–27.

11 Vgl. zur kulturhistorischen Bedingtheit intersektionaler Kategorien u. a. Susanne Schul, 2015, Abseits bekannter Pfade. Mittelalterliche Reisenarrative als intersektionale Erzählungen, in: Intersektionalität und Forschungspraxis [Anm. 7], S. 96–114, hier: S. 98–100; Susanne Schul und Mareike Böth, 2017, Abenteuerliche ‚Überkreuzungen‘. Vormoderne intersektional, in: Abenteuerliche Überkreuzungen. Vormoderne intersektional, hrsg. von dies. und Michael Mecklenburg, Göttingen: V & R Unipress, S. 9–39, hier: S. 11–15.

12 Vgl. Candace West und Sarah Fenstermaker, 2002, Doing Difference, in: Doing Gender, Doing Difference. Inequality, Power, and Institutional Change, hrsg. von dies., New York: Routledge, S. 55–80.

2. „Warum sollte ich dieses Buch überhaupt persönlich ansprechen?“ Schreib- und Malimpulse mehrdeutig erzählen

In *Papierklavier* wird auf 140 Seiten eine Coming of Age-Geschichte erzählt, die die alltäglichen Erfahrungen der 16-jährigen Erzählerin mit sozialer Ungleichheit im Modus des Fragmentarischen thematisiert.[13] Die Überlegungen und Beurteilungen erfolgen aus dem Horizont der Gegenwart, sodass die Zeitdifferenz zwischen Erleben und Erzählen häufig in der momentanen Befindlichkeit des Ichs aufgehoben wird. Dabei tritt die Eigenständigkeit des Augenblicks aber auch in Wechselbezug zur variierenden Wiederholung prägender Grundkonflikte bzw. Grundstimmungen, die von der Auflehnung gegen Armutsfolgen oder Mobbing bis zur Meinungsbildung über Geschlechterrollen und Body Positivity reichen. Der Tagebuchroman verwebt hierbei die Erzählanlage, Paratexte und visuelle Darstellung zu einer gebündelten Authentizitätsstrategie aus Gesagtem und Gezeigtem. So ragt schon auf dem Coverbild eine gezeichnete Selbstdarstellung der Ich-Erzählerin im halbnahnahen Ausschnitt aus den mintgrün-schwarzen Klaviertasten hervor. Den Kopf gedankenversunken auf die eine Hand gestützt und in der anderen den Zeichenstift bereithaltend schaut Maia die Leser und Leserinnen direkt an (vgl. Abb. 1). Der darüber gesetzte Titel nimmt das Schwarzweiß-Muster des Instruments auf und weckt die Neugier darauf zu erfahren, was es mit dessen papiernen Materialität auf sich haben wird. Während das Erzählen im Vor- und Nachsatz durch verflochtene Skizzen und Leitgedanken gerahmt wird, nähert sich die Titelei mit der tastenbestückten Zebra-Zeichnung proleptisch dem Erzählanlass an.[14]

---

13 Vgl. Boerner, Tagebuch [Anm. 2], S. 65 f.; Ní Dhúill, Intermediale Biographik [Anm. 3], S. 192.

14 Vgl. Steinkellner, Papierklavier [Anm. 1], S. 2.

Abb. 1: Die Ich-Erzählerin mit Zeichenstift inmitten der Klaviertasten in Szene gesetzt. Coverbild aus: Elisabeth Steinkellner, 2020, Papierklavier. Illustriert von Anna Gusella © Beltz & Gelberg in der Verlagsgruppe Beltz Weinheim/Basel

Bildliche und schriftliche Paratextelemente führen damit Schritt für Schritt in den Haupttext hinein und steuern die Wahrnehmung der selbstbezogenen Erzählweisen mit. Die Leerseite setzt die Ich-Erzählerin dann in einer Halb-Totalen direkt im Gestaltungsprozess am Schreibtisch sitzend in Szene, was sich aber als ein Wunschtraum offenbaren wird, da die beengten Lebensverhältnisse der Zweiraumwohnung für Maia gerade keinen ruhigen und kreativitätsfördernden Rückzugsplatz bereithalten.[15] Der gegenüberliegende Textanfang verhandelt dann die heikle Frage, wie man das Tagebuchschreiben beginnt und wen man dabei eigentlich adressiert:

> Liebes Tagebuch
> Liebes Skizzenbuch
> (NEIN, zu unpersönlich; vielleicht ein Katzenname?)
> Liebe Mautzi
> (oder ganz royal:)
> Liebe Lady Di (für Diary)

15 Vgl. ebd., S. 3 u. 53.

Okay, lassen wir das einfach.
Warum sollte ich dieses Buch überhaupt
persönlich ansprechen? Es sagt ja auch nicht
„Hallo, Maia" zu mir, wenn ich es aufschlage.
Das muss ich schon selber machen. Also:

Hallo, Maia!
MAIA
Wie die Göttin des Blühens und Wachsens,
die Göttin der Fruchtbarkeit.
Blühen und Wachsen, schön und gut –
bald kommt ja der Frühling und den mag ich!
Aber Fruchtbarkeit?
Öhm, das lassen wir besser auch.
Also einfach:
MAIA
Wie die Göttin. Mit a-i.
(Solltest du das hier gerade lesen, Ruth, leg es SOFORT wieder weg oder du kannst dir sicher sein, dass etwas **FÜRCHTERLICHES** passieren wird – capice?)[16]

Nach Maias verspieltem Ausprobieren der für sie geeigneten Ansprache, bei der sie bereits zweimal auf ein „wir" als externe Bewertungsinstanz rekurriert, richtet die Erzählerin den Fokus auf ihre eigene, charakterisierende Benennung aus, um mit sich selbst ins Gespräch zu kommen, und zwar als eine Art Hilfe zur Selbsthilfe. Jede weitere Lektüre, besonders die der kleinen Schwester, wird untersagt.[17] Die wie in Handschrift mit unterschiedlichen Schriftgrößen, Schrifttypen und Hervorhebungen gesetzten Worte kommen auf den variabel gestalteten Seiten ganz ohne Seitenzahlen aus. Im Moment des Aufzeichnens und der Beschreibungen ganz alltäglicher Szenen fließen somit in der graphischen Gestaltung bereits Elemente der Deutung mit ein. Der hybride Erzählmodus erhält in seiner Kürze außerdem etwas Rhythmisches, sodass eine Nähe zwischen epischen und lyrischen Darstellungsmustern entsteht. Den konkreten Schreib- und Malimpuls löst allerdings eine Verlusterfahrung aus. Der plötzliche Tod von Oma Sieglinde wird zum Erzählanlass gemacht, sodass die dem Zeitpunkt der Verschriftlichung vorgängige Beziehungskonstellation nachgetragen wird:

16 Ebd., S. 4.
17 Vgl. Boerner, Tagebuch [Anm. 2], S. 62 f.; Dusini, Tagebuch [Anm. 2], S. 156 f.

> Vor nicht mal zwei Wochen habe ich dieses
> Buch von Oma Sieglinde geschenkt bekommen.
> Und jetzt ist Oma Sieglinde tot.
> Gestorben. Gestern.
> Einfach so, ohne Vorwarnung.[18]

Die freundliche Nachbarin war zwar nicht die ‚richtige‘ Oma, aber sie stand der Familie immer mit Rat und Tat zur Seite. Sie lebte eine Etage höher in einer „viel größer[en]“ Wohnung und unterstützte die drei Schwestern mal mit Essen, mal mit Geld, aber meistens mit Zeit, Zuwendung und ihrem Klavier, auf dem sie der siebenjährigen Heidi Unterricht gab und mit dem sie den Mädchen ihre Lebensgeschichten erzählte:

> Das Zebra ist Oma Sieglindes Klavier. Ein alter Flügel. Er steht in ihrem Wohnzimmer (das übrigens viel größer ist als unsere gesamte Wohnung) und ist der Speicher für Oma Sieglindes ganzes Leben. Sie spielt dir ein Stück vor und erzählt dir eine Anekdote aus vergangenen Zeiten. Jede Taste ist mit einer anderen Erinnerung belegt. Wenn Oma Sieglinde spielt, ist sie nicht länger alt und faltig, sondern ganz plötzlich wunderschön und *geheimnisvoll*, war, meine ich natürlich.[19]

Dieses „Zebra“ wird im Erzählen nun zu einem mehrfachen Bedeutungsträger erklärt, der sich leitmotivisch durch die textliche und graphische Gestaltung zieht.[20] Denn das Klavier steht sowohl für die Beziehungsqualität zur geliebten Ersatzoma also auch für die prekäre Lage, in der sich der Vier-Frauen-Haushalt befindet.[21] Für ein eigenes Klavier reicht nämlich weder der Platz noch haben sie das nötige Geld für den Unterricht. Stattdessen hat sich Heidi nun, „für die es natürlich am schlimmsten“[22] ist, aus schwarz-weiß bemalten Papierstreifen ein Papierklavier gebastelt, das dem Tagebuchroman seinen Titel gibt. Die Finger über die Tasten bewegend summt die kleine Schwester, wie Maia resigniert beobachtet, den „Zebrawalzer“[23], das Lied, das sie mit Oma Sieglinde gemeinsam komponiert

18 Steinkellner, Papierklavier [Anm. 1], S. 8.
19 Ebd., S. 9.
20 Vgl. Ní Dhúill, Intermediale Biographik [Anm. 3], S. 191 f.; Schröer, Graphic Memoirs [Anm. 3], S. 267 f.
21 Vgl. zum leitmotivisch thematisierten Klavier(spiel) ebd., S. 11, 13 f., 19 f., 34, 41 f., 57 f., 79 f., 97 f., 99 f., 111 f., 121 f., 135.
22 Ebd., S. 8.
23 Ebd., S. 41.

hat, „so langsam und leise [...] klingt es beinahe wie ein Trauermarsch".[24] Die Jugendliche ist fest entschlossen, der Schwester in ihrem Kummer beizustehen und ihr das Klavierspielen wieder zu ermöglichen, doch wie sie das fertigbringen soll, das bleibt eine schwierige Frage.

Damit macht die Ich-Erzählerin auch das narrative Format des Tagebuchs selbst zum Gegenstand ihrer Reflexion, wenn sie sich mit ihrem selbstbezogenen Schaffensprozess auseinandersetzt und dem Vorbild des retrospektiven Klavierspiels der Ersatzoma nachfolgend auch ihr Erinnern in ganz kleinen, ausgewählten Ausschnitten preisgibt.[25] Maia versucht ihre Verlusterfahrung somit schreibend und zeichnend zu bewältigen, dies erweist sich für sie aber als herausfordernd:

> Ich versuche immer wieder und wieder,
> Oma Sieglinde zu zeichnen,
> aber es will mir nicht gelingen,
> sie auf dem Papier wieder lebendig werden zu lassen.[26]

Maia lässt ihrem Gedankenfluss freien Lauf, sucht sich emphatisch in die Gefühle ihrer Schwestern hineinzuversetzen und vertraut auf ihre psychologische Intuition, wenn sie die heikle Lage ihrer alleinerziehenden Mutter widerspiegelt. Den eigenen Wünschen begegnet die Jugendliche zum Anfang aber eher reserviert, doch nach kurzer Zeit findet sie sich in die selbstbezogene Erzählweise ein und erprobt verschiedene Modi der Selbstfindung, ähnlich wie in den Gesprächen mit ihren beiden besten Freund:innen. Zu ihrer feministisch engagierten Mitschülerin Alex und der etwas älteren Carla, die „in der Arbeit und auf der Uni [...] meistens Engelbert"[27] ist, hat sie eine starke Verbindung, beide stützen sie und auch Maia vermag ihnen Halt zu geben. Doch ihrem Tagebuch kann sie alles anvertrauen und sie nutzt es als einen Ort der Selbstprüfung im positiven Sinn. Indem Maia versucht, sich selbst näher zu kommen und den eigenen Gefühlen gegenüber ehrlich zu sein, lernt sie mit Kritik oder schweren Ereignissen des Alltags besser umzugehen und kann das Positive in Kleinigkeiten entdecken, wenn sie ihre Glücksmomente sammelt.[28]

---

24 Ebd.

25 Der Prozess des Zeichnens und Schreibens wird mehrfach als ein reflexiver Aushandlungsprozess in Szene gesetzt ebd., vgl. S. 11 f., 36 f., 53 f., 59 f., 73 f., 87 f., 109 f., 125 f.; vgl. Boerner, Tagebuch, [Anm. 2], S. 16 f.; Nünning, Meta-Autobiographien [Anm. 2], S. 29.

26 Steinkellner, Papierklavier [Anm. 1], S. 11.

27 Ebd., S. 70.

28 Vgl. zum #Glück ebd., S. 83 f., 89 f., 114, 137 und 139 f.

Die Autorin und die Illustratorin setzen in *Papierklavier* auf eine vielgestaltige Kombination von narrativen und graphischen Elementen: So spiegeln sowohl Gedankenrede, Perspektivübernahme als auch Leitsprüche mehrere Ansichten. Ebenso helfen Gesprächs- oder Gedankenblasen, Listen, Mindmaps, Hervorhebung in Schriftformat oder Linienführung dabei, multiperspektivisch denken zu lernen.[29] Außerdem eröffnet die intermediale Varianz symmetrische, komplementäre, erweiternde oder auch kontrapunktische Bezüge zwischen Text und Bild. Mal tritt das Bild zurück und liefert eher einen Rahmen für die Texte, die der monologischen Reflexion der Ich-Erzählerin dienen. Dann treten Einzelbilder oder Bildfolgen in den Vordergrund, die von kurzen Leitsprüchen begleitet werden, sodass die Innenperspektive oder Stimmung über visuelle Erzählmittel zum Ausdruck kommt. Eine Reduzierung der Farbwelt auf Schwarz, Weiß, Grauabstufung und Mintgrün bezieht sich auf alle Bild-Elemente, erzeugt eine Form der Abstraktion und spricht für eine individuelle zeichnerische Handschrift, die zu einer gewissen Kohärenz der vielgestaltigen Impulse auf den unterschiedlichen Erzählebenen beiträgt.[30]

3. „In dieser Familie ist alles zu knapp“: Armutserfahrungen mehrdeutig erzählen

Die Armutserfahrungen der Ich-Erzählerin gehören zu den Kernthemen der selbstbezogenen Erzählweisen. Maias alleinerziehende Mutter tut zwar alles, um sich und die Töchter gut zu versorgen, trotzdem müssen die Mädchen auf vieles verzichten, was für andere Gleichaltrige selbstverständlich ist. Dabei wird deutlich gemacht, dass für die Armutskonstellation immer das Zusammenwirken mehrerer Ungleichheitskategorien zu berücksichtigen ist, hier sind das vor allem Geschlecht, Alter, Klasse und Haushaltstypus.[31] Je nach Kombination dieser sozialen Merkmale entwickelt Maia wie in einem Zerrspiegel ein vergrößertes oder verkleinertes Bild von sich selbst. Das Beschreiben ihrer Ungleichheitslage erweist sich für die Erzählerin damit als Ausgangspunkt und als Folge des auf der Basis des eigenen Bildes entwickelten Verhaltens, der Denk- und Handlungsstrukturen. Maia erstellt eine Liste, die diese Multidimensionalität ihrer Armutskonstellation augenfällig macht.

29 Vgl. Klein und Martínez, ‚Discours‘ [Anm. 2], S. 215.

30 Vgl. Schröer, Graphic Memoirs [Anm. 3], S. 270; Wolf, Das Feld der Intermedialität [Anm. 3], S. 26f.

31 Vgl. Winker und Degele, Intersektionalität [Anm. 5], S. 10; Walgenbach, Intersektionalität [Anm. 7], S. 18.

Abb. 2: Vervielfachte Armutserfahrungen zwischen Text und Bild. Aus: Elisabeth Steinkellner, 2020, Papierklavier. Illustriert von Anna Gusella © Beltz & Gelberg in der Verlagsgruppe, Beltz Weinheim/Basel (S. 15 f.)

Text und Bild teilen sich eine Doppelseite, wobei die Aufzählung links zwar hinter der polymorphen Bildgestaltung rechts zurückzutreten scheint, aber erst beide Darstellungsebenen gemeinsam verdeutlichen, welche Herausforderung die mehrfache ‚Knappheit' als ständiger Begleiter in Maias Alltag darstellt. Die 16-Jährige versucht das geringe Familienbudget zusammenzuhalten, muss den chronisch leeren Kühlschrank füllen, hadert mit der Beengtheit der Wohnsituation, übernimmt Erziehungsaufgaben der Schwestern, bangt um die überarbeitete Mutter und arrangiert sich mit dem ständigen Zeit- und Zuwendungsmangel. Dabei rückt die generationelle Differenz im Selbstkonzept in den Vordergrund und gerät zu vergeschlechtlichten und klassifizierten Praktiken in Spannung.[32] Denn Maia erlebt den eigenen Elternteil als hilfsbedürftig und tritt deshalb aus ihrer kindlichen Rolle heraus und in eine doppelte Fürsorgerolle hinein. Maias Übernahme dieser Verantwortung, die von der Mutter teilweise unbemerkt bleibt, lässt die Ich-Erzählerin zwischen einem Gefühl von Wirksamkeit und

32 Vgl. Knapp, Über Kreuzungen [Anm. 8], S. 244 f.; Bereswill, Komplexität steigern [Anm. 7], S. 218 f.

Versagensängsten changieren.[33] Gleichzeitig drängt sie das, was ihr als Jugendlicher sonst wichtig wäre – nämlich das Zeichnen, Freund:innen treffen, die erste Liebe ergründen, Partys feiern und einfach unbesorgt sein – immer wieder in den Hintergrund. So sehnt Maia anstatt für sich, vielmehr eine Arbeitsentlastung für die Mutter herbei, damit diese wieder die Rolle der Sichkümmernden wahrnehmen kann: „Wenn ich mir etwas wünschen könnte, dann nicht, das ICH weniger arbeiten müsste, sondern Mama. Dass sie da ist, wenn wir um fünf von der Schule nach Hause kommen, und im besten Fall sogar gut gelaunt.“[34] Dafür lohnt sich sogar, wie Maia spöttisch betont, eine Extraschicht in dem „blöden Saftladen“[35], in dem sie notgedrungen zweimal die Woche nach der Schule jobbt, um das Familieneinkommen aufzubessern. Insgeheim träumt sie aber davon, dort zu kündigen, um „stattdessen mit [ihren] Zeichnungen Geld zu verdienen“.[36] Für dieses künstlerische Erprobungsfeld lässt die prekäre Lage der Familie aber keinen Platz. In Maias Selbstbild tritt zwar die individuelle Befähigung als Kategorie hervor, sie muss aber hinten anstehen, sodass sie die Armutserfahrung nicht nur gegenwärtig belastet, sondern auch zukünftige Lebensziele eingrenzt, da sie mit verringerten Teilhabe- und Ausbildungschancen konfrontiert wird.[37]

Diese Multiplikation der Ungleichheitslagen korrespondiert mit der vervielfachten und fragmentierten Verkörperung der Ich-Erzählerin im Bild (vgl. Abb. 2). Im impulsiv, spontan und skizzenhaft anmutenden Zeichnen werden sowohl die graphischen Leitmotive des Mangels – hier durch Münzen und Uhren markiert – als auch die graphische Inszenierung des inneren Dialogs zusammengeführt. Die Darstellung wechselt zwischen verschiedenen Facetten von Mimik und Gestik, sodass physische ebenso wie psychische Konstitutionen ineinander übergehen. Der Spiegel symbolisiert die Konfrontation mit den selbstbezogenen Projektionen. Es geht Steinkellner und Gusella demnach um die Wechselbezüge zwischen der Innenwelt der Erzählinstanz und einer von ihr erlebten engeren oder weiteren Außenwelt.

Den Blick einer intersektionalen Analyse dabei sowohl auf dominant thematisierte als auch auf unthematisierte Differenzlinien auszurichten, ermöglicht es herauszuarbeiten, wann und wie eine bestimmte Position im Erzählen evoziert wird, während eine andere, die vielleicht aus der Außenperspektive nähergelegen hätte, dagegen ausbleibt. Die Selbstpositionierung wird damit in soziale Interaktionen sowie in den jeweils relevanten Handlungskontext eingebettet, die das

33 Vgl. zur späteren Anerkennung durch die Mutter Steinkellner, Papierklavier [Anm. 1], S. 70 und 125 f.

34 Ebd., S. 110.

35 Ebd., S. 82.

36 Ebd., S. 113.

37 Vgl. ebd., S. 75 f.

selbsterzeugte Zerrspiegelbild somit auch beständig aktualisieren.[38] Ein solcher reflexiver Zugang kann im Literaturunterricht ein Bewusstsein dafür schaffen, dass sich die Bedingungen, Chancen und Risiken von Bearbeitungsstrategien der Armutslagen auch danach ausrichten, welche Ungleichheitsachsen das Erleben und die Bewältigung jeweils strukturieren. Armut offenbart sich damit als ein multidimensionales Konzept, das bei näherer Betrachtung – von innen und von außen – ein ‚Mehr' an Komplexität erhält.

Einen solchen Blick von außen reflektiert Maia, wenn sie den Haushaltstypus der Alleinerziehenden, die heterogene Familienstruktur und die Abwesenheit der Väter gegeneinander abwägt. Auf einer Doppelseite sichert sich eine Frauenfigur in Rückenansicht mit einem Schirm in der Hand gegen diejenigen Vorurteile ab, die aus acht Gesprächs- bzw. Gewitterwolken auf sie herabregnen:

> Wenn die Leute herausfinden, dass Mama drei Töchter von drei verschiedenen Männern hat, hat Mama schon VERLOREN.
> - Leute (insgeheim): Schon mal was von VERHÜTUNG gehört?
> - oder: Schlampe. Wechselt die MÄNNER wie die Unterwäsche, lässt sich von jedem ein Kind machen und nimmt alle aus wie die Weihnachtsgänse.
> - (und laut, mit schiefem Blick): AAAA – HA.
> - (oder laut, mit spöttischem Blick): FLEISSIG.
> - (oder besonders laut, damit es auch alle Umhersteheden hören können): Drei Kinder von drei verschiedenen Vätern, hab ich das RICHTIG verstanden?
>
> Mama (früher manchmal lautstark, jetzt meist nur noch kleinlaut): Der erste ist abgehauen, der zweite wollte mich zur Abtreibung zwingen und der dritte hatte schon eine Frau und drei Kinder in Spanien, wie sich leider viel zu spät herausgestellt hat. Von keinem hab ich je Geld gesehen.
> - Leute (insgeheim): Wer's glaubt, wird selig. [...]
> - Oder: was sucht sie sich auch immer SOLCHE Typen aus. Selber schuld.
>
> Egal, mit wem sie spricht, alle haben sofort eine Meinung von Mama, die perfekt in ihr jeweiliges Weltbild passt. Und was macht Mama? Sie pfeift drauf. Auf einer gigantischen Trillerpfeife. Und schon tanzt die ganze Welt danach.[39]

Maia verkettet kontrastiv mehrere Versionen von Voreingenommenheit miteinander, die der alleinerziehenden Mutter offen oder verdeckt entgegenschlagen. Sie zeichnet aber auch diejenigen Konsequenzen nach, die die Angesprochene für sich daraus zieht. Denn die Mutter nimmt diese klischeehafte Meinungsbildung nicht einfach hin, sondern wehrt sie – früher lauter, heute leiser – für sich ab. Zumindest ‚malt' sich ihre Tochter diese Abwehrstrategie aus, wenn sie

38 Vgl. Phoenix, Psychosoziale Interaktionen [Anm. 4], S. 190 f.; Lutz, Intersektionelle Biographieforschung [Anm. 4], S. 145 f.

39 Steinkellner, Papierklavier [Anm. 1], S. 17 f.

der Mutter den Schutzschirm und die Trillerpfeile als Handlungsoptionen ihrer Widerständigkeit zuweist. Diese Text-Bild-Kombination verbindet verschiedene Handlungsstränge der Familiengeschichte miteinander und liefert Begründungen für spätere Entscheidungen durch Ereignisse in der Vergangenheit. Dabei bieten die Gewitterwolken eine konzentrierte Zugangsmöglichkeit, die zeigt, dass sich sowohl Artikulation als auch Diskartikulation als überaus wirkmächtige Bewertungsmuster erweisen, sodass Erlebtes und Gefühltes, sei es als verletzend oder als widerständig markiert, offengelegt wird.

Einen Blick von innen erlaubt sich Maia dann durch eine Art Zettelkasten, mit dem sie das Gefühl des Verlassenwerdens in seine Einzelaspekte aufgliedert:

- Und mein Vater? Als ich fünf war, ist er eines Tages einfach nicht von der Arbeit nach Hause gekommen. Erst Monate später erzählte Mama mir, dass er jetzt anderswo eine neue Frau hat. Natürlich dachte ich, er würde mich nicht mehr lieben, was hätte ich auch sonst denken sollen?!
- Ich meine, Hallo? Ich war fünf Jahre alt, nicht fünf Wochen! Kein kackendes, schreiendes, rülpsendes Bündel aus Windeln, zu dem man vielleicht noch gar keine richtige Bindung aufgebaut hat.
- Mein Vater war mir fünf Jahre lang ein echter Vater gewesen [...].
- Und dann vergaß er offenbar von einem Tag auf den anderen, dass er eine Tochter hatte [...].
- Einmal im Jahr, an meinem Geburtstag, kommt ein Umschlag mit einem Geldschein und einer Glückwunschkarte. Das ist ein einziges Klischee, und wäre es nicht so traurig, ich müsste glatt darüber lachen.[40]

Maia erinnert sich an ihr Kindsein und spürt den emotionalen Eindrücken nach, die der willentlich abwesende Vater bei ihr ausgelöst hat und weiterhin auslöst. Denn diese Vaterentbehrung, bildlich durch eine schemenhaft-dunkle Figur repräsentiert, die in der oberen rechten Ecke entschwindet, hinterlässt in Maias Biografie tiefe Spuren.[41] In ihrer narrativen Aktualisierung spiegelt sie das Gefühl der Unzulänglichkeit, sie fühlt sich unerwünscht, wertlos, dem Vater nicht wichtig genug. Dies beeinträchtigt das Selbstbild erheblich, sodass sich die Ich-Erzählerin mehrmalig durch Fragewendungen und Ausrufe ihrer begründeten Enttäuschung selbst rückversichern muss. Das visuelle Verweissystem der Einzelzettel separiert zwar die emotionale Wahrnehmung und die Kommunikation über die familiärstrukturellen Folgen, entscheidend für das Verständnis der Selbstpositionierung ist aber auch hier das intra- und interkategoriale Zusammenwirken.[42] Auf diese

40 Ebd., S. 43 f.

41 Ebd., S. 44.

42 Vgl. McCall, The Complexity of Intersectionality [Anm. 7], S. 1774; Winker und Degele, Intersektionalität [Anm. 5], S. 89–92.

Weise kann im Literaturunterricht sowohl die reflexive Erzählperspektive als auch die Haltung der Ich-Erzählerin erkannt und situativ gedeutet werden: Wann und wie thematisiert Maia ihre Gefühlslagen, drückt sie in Wort und Bild aus oder wann bleibt sie ironisch distanziert? Und wann überschaut sie, scheinbar allwissend, das äußere und innere Geschehen, setzt zum Beispiel Armutslage und Familienkonstellation zueinander ins Verhältnis? Diese komplexen Dynamiken lassen sich zuerst im sprachlichen Bild der Potenzierung sich kreuzender Kategorien bündeln, die visuellen Formate der Gewitterwolken oder des Zettelkastens können in der Analyse aber auch verdeutlichen, wie die verschiedenen Ungleichheitslagen im Erzählen aufgegliedert und damit gewichtet werden, wie eine Kategorie beispielsweise in einer spezifischen Konstellation an Gewicht gewinnt, während andere zurücktreten oder gar relativiert werden.

4. „Manche denken nur in zwei Kategorien“: Ausgrenzungserfahrungen mehrdeutig erzählen

Der Austausch zwischen der Ich-Erzählerin und ihren beiden besten Freund:innen Alex und Carla, „die sich nicht nur alles erzählen können, sondern auch Sachen machen, die sonst nur alte Ehepaare tun“[43], erfolgt im dramatischen Modus, der durch Kommentare, Rückblicke oder Vorausdeutungen flankiert wird. Steinkellner und Gusella kombinieren unmittelbare mit vermittelnden Erzähltechniken, sodass der Eindruck der Authentizität des Dargestellten erhöht wird. Die Ich-Erzählerin tritt dabei unterschiedlich stark in den Vordergrund: Zum einen paraphrasiert Maia Äußerungen und tritt dann auch als wertende Instanz in Erscheinung, während sie an anderer Stelle die direkte Rede wiedergibt, sodass eine Dialogizität entstehen kann, durch die die Leser:innenan den verschiedenen Erfahrungen der Freund:innen, besonders an ihren Erfahrungen mit Ausgrenzungen, Anteil haben können.[44] Für Maia steht immer wieder die Auseinandersetzung mit dem eigenen Körperempfinden in Zentrum: Konkret, wie und wann sie ihren Körper, der nicht dem üblichen weiblichen Schönheitsideal entspricht, wird akzeptieren können. Sie trägt Kleidergröße 42, was sie mit einem trotzigen „Und?“ kommentiert und dann ihr eigenes Körperbild mit einer großen Lupe in der Hand genauer in den Blick nimmt: „Soll ich mich jetzt schlecht fühlen? Hey, ich muss nicht schlank sein. Es gibt so viel zu tun auf dieser Welt, um die Aufrechterhaltung des Schlankheitswahns kümmern sich schon genügend andere.“[45] Den Äußerlichkeiten, dies wird zum Maias Grundsatz, will sie von nun an weniger Bedeutung beimessen. Diese Orientierung an Body

43 Steinkellner, Papierklavier [Anm. 1], S. 26.
44 Vgl. Klein und Martínez, ‚Discours‘ [Anm. 2], S. 215.
45 Steinkellner, Papierklavier [Anm. 1], S. 39.

Positivity, mit der die Ich-Erzählerin einen wertschätzenden Umgang mit sich und anderen zu finden sucht, wird dann aber durch Außenperspektiven immer wieder in perfider Weise unterlaufen, sodass sich in der Visualisierung ein Geflecht aus normativen Vorannahmen zusammenzieht, wenn Maia betont[46]: „Die beschissenste Gleichung der Welt schlank = schön = wertvoll.“[47] Den Druck zur Selbstoptimierung empfindet die Ich-Erzählerin enorm, denn für sie wird ein weiblich markiertes Körperbild sowohl in der Schule als auch an der Arbeit nicht nur akribisch taxiert, sondern auch kommentiert und beurteilt, sodass sich Maia im Zeichnen Schutz suchend in die Pfoten eines enormen Tigers flüchtet, der sie vor den einseitigen Zuschreibungen abschirmt[48]: „Gibt es eigentlich IRGENDWO auf dieser Welt einen Versandhandel für dicke Felle in ÜBERGRÖSSE?“[49] Der Tiger wird zu Maias Schutzpanzer-Symbol gemacht, das sie im Tagebuchroman begleitet. Mit diesem Panzer leben zu müssen, erweist sich aber als keine leichte Aufgabe, denn darunter bleibt die Angst, verletzt zu werden. Ihre Gefühle zu unterdrücken, ist Maia leid, deshalb vertraut sie sich ihren beiden Freund:innen an. Mit großer Sensibilität wird auf diese Freundschaftsbeziehung geschaut, sodass die Unsicherheiten und Verletzlichkeiten, die hinter jeder einzelnen Figur stecken, in den Blick geraten. In loser Verknüpfung kommen dabei drei verschiedene Selbstkonzepte zusammen, die eine Sehnsucht nach Zugehörigkeit und die Lust auf Veränderung ebenso verbindet, wie die Erkundung von geschlechtlichen und sexuellen Identitäten. Während Alex für das unantastbare Recht auf sexuelle Selbstbestimmung einsteht, wird Carlas Selbstfindungsprozess über eine Spielkarte visualisiert, die Herzkönig und Herzdame gemeinsam ins Bild setzt.[50] Die Ich-Erzählerin kommentiert:

> „Die Wahrheit ist:
> Carla hat einen Penis und in einer Schublade eine
> Geburtsurkunde, auf der Engelbert Krahvogel steht.
> Das ist natürlich ein hartes Los.
> Also nicht das mit dem Penis,
> sondern das mit dem Namen“.[51]

Im textlichen und bildlichen Erzählgefüge werden Prozesse der Entwicklung, Aushandlung und Gestaltung alternativer geschlechtlicher Möglichkeiten

46 Vgl. Walgenbach, Doing Difference [Anm. 9], S. 591 f.
47 Steinkellner, Papierklavier [Anm. 1], S. 40.
48 Vgl. zur Verkörperung als einen komplexen Vermittlungsmodus verschiedener Differenzkonstruktionen Schul, Abseits bekannter Pfade [Anm. 11], S. 105 f.
49 Steinkellner, Papierklavier [Anm. 1], S. 23 f.
50 Ebd., S. 28.
51 Ebd., S. 27.

prägnant vor Augen geführt, die sich im Gespräch zwischen den Freund:innen immer wieder als dynamisch und unabgeschlossen offenbaren. Dabei wird das individuelle Handeln der Freund:innen in Bezug zu denjenigen Geschlechter-Normen gesetzt, an denen sie sich implizit orientieren, an denen sie sich explizit messen lassen müssen oder von denen sie sich abzusetzen suchen, wie Carla auf Maias Nachfrage hin herausstellt[52]:

> „Ich bin ja nicht einmal der und einmal die, sondern immer ich", war die Antwort, als ich mal fragte, ob es nicht anstrengend sei, immer wieder die Identität zu wechseln. „Aber für die Leute ist es halt einfacher, wenn sie dich in eine Kategorie stecken können. Solange die nicht wissen, ob du Mann oder Frau bist, können die nicht einmal normal mit dir reden. Erst wenn sie dich in einem Label lesen können, sind sie zufrieden."[53]

Der Tagebuchroman transportiert auf diese Weise die innere und äußere Bedrängnis junger Menschen auf der Suche nach ihren Identitäten. Und er tut das auf eine Weise, die nicht belehrt, nicht bevormundet, nicht alles zu wissen meint, sondern aus der Figuren- bzw. Erzählerinnen-Perspektive den Blick für die verschiedenen Facetten öffnet. Die Carla-Figur ermöglicht den Zugang zur Verhandlung von Antagonisten beim ‚Doing Difference', denn sie kombiniert bipolare Zuschreibungsmuster, die zuerst komplementär scheinen, aber hierarchisch funktionieren, und verdeutlicht, dass diese in ein Geflecht aus Macht- und Wertungsgefügen eingewoben sind. Die eigene Positionierung im „Dazwischen" stellt sich für Carla also als Herausforderung und als Chance dar:

> Manche denken nur in zwei Kategorien: Daumen rauf oder Daumen runter, hot or not, Mann oder Frau, richtig oder falsch, schwarz oder weiß. Ich aber mag die Dazwischens, die vielen Nuancen, *Details* und Widersprüchlichkeiten, die dem Leben erst seine Würze verleihen (O-Ton Carla).[54]

Diese Erzählfäden einer erwünschten „Widersprüchlichkeit" werden locker und episodisch ausgelegt und treten in Kontrast zu den erlebten Ausgrenzungserfahrungen, sodass kontrastive Versionen dessen, was die Freund:innen erleben bzw. welche Konsequenzen damit für sie verbunden sind, Berücksichtigung finden können. Als Carla aber zum Opfer einer transfeindlichen Gewaltattacke wird und ein blaues Auge, eine dicke Lippe und eine Platzwunde am Hinterkopf davonträgt, scheint diese kommunikative Einbindung zu versagen. Das zu beschreibende Leid lässt sich kaum in Worte fassen, erlebte psychische und physische Attacken nur

52 Vgl. Fenstermaker und West, Doing Difference [Anm. 12], S. 63 f.
53 Steinkellner, Papierklavier [Anm. 1], S. 71.
54 Ebd., S. 88.

schwer vergleichen, fast treten sie in Rivalität zueinander, sodass die Ich-Erzählerin befürchtet: „Kämpfen wir jetzt plötzlich gegeneinander?“[55] Die Bildebene trägt dieser Pluralität der Ausgrenzungs- und Gewalterfahrungen Rechnung (vgl. Abb. 3). Die Verkörperungen werden vervielfacht, sodass sich eine junge Frau am oberen Bildrand kopfüber wie im freien Fall befindet, während eine andere in einer Abwehrpose von einem gesichtslosen Gegner gepackt am unteren Bildrand kauert, ein maskenhaftes Gesicht blickt den Leser:innen gleichzeitig apathisch entgegen, dagegen evoziert der verdrehte, zähnefletschende Tiger eine kämpferische Gegenwehr.[56]

Abb. 3: Pluralität der Ausgrenzungs- und Gewalterfahrung. Aus: Elisabeth Steinkellner, 2020, Papierklavier. Illustriert von Anna Gusella © Beltz & Gelberg in der Verlagsgruppe Beltz, Weinheim/Basel, S. 94.

Auf der Textebene erfolgt zuerst eine individuelle Strategie zur Abfederung bzw. Absorbierung von Verletzlichkeit, an die sich dann eine kollektive Ressourcenaktivierung anschließt, in der sich ein „Wir“ gegen die gewaltfähigen „ANDEREN“

55 Ebd., S. 93.
56 Vgl. zum reaktivierenden Zusammenhalt auch die reine Bilddoppelseite ebd., S. 95f.

formiert.[57] Die Freund:innen rücken wieder zusammen, erkennen die Sprachlosigkeit an und halten einander fest, um sich gemeinsam gegen alle Versuche der Marginalisierung in einer Opferrolle zur Wehr zu setzten. Trotz der internen Fokalisierung auf Maia und trotz der Disartikulation setzt das Miteinander von Text und Bild sowohl ein Zeichen für geteiltes Leid als auch für geteilte Widerständigkeit. Die intersektionale Analyse multipler Konstellationen von Machtverhältnissen – von Machtverlust ebenso wie von Machtgewinn – erweist sich damit als eine zentrale Dimension der Analyse selbstbezogener Erzählweisen.

5. „Irgendwo muss ja mal irgendwer damit anfangen": Tagebuchroman und intersektionale Perspektiven – Ein Fazit

Indem Maia in ihrem Tagebuch über ihre Erfahrungen schreibt, ihre Gedanken zu Papier bringt und ihren Empfindungen mit dem Zeichenstift Ausdruck verleiht, erlangt sie eine gewisse reflexive Distanz und kann ihre multiple Selbstpositionierung – auch jenseits der Norm – erkunden. Dabei geht es aber nicht um ein Wegschreiben von Gefühlen, sondern im zeichnenden Gestalten und mehrmaligen Anordnen findet die Ich-Erzählerin vielmehr einen anderen Zugang zu sich selbst. Besonders im Austausch mit den beiden Freund:innen entdeckt sie neuartige Wege, um sich mit ihren Armuts- und Ausgrenzungserfahrungen auseinanderzusetzen, sodass sie sich im Aus- und Verhandeln der eigenen Geschichte mit ihren Sorgen und Verletzungen konfrontiert und ihre Selbstzweifel abzulegen sucht, um sich ihrer Zukunft stellen zu können. So richtet Maia schließlich einen Appell der Wertschätzung an sich selbst – ebenso wie an die Leserinnen und Leser:[58] „Irgendwo muss ja mal irgendwer damit anfangen, sich wohlzufühlen in der eigenen Haut, im eigenen Leben, auch, wenn es nicht der Norm entspricht. Wo, wenn nicht hier. Wer, wenn nicht wir."[59]

Elisabeth Steinkellner und Anna Gusella bedienen sich in *Papierklavier* aus einem breiten inhaltlichen und formalen Repertoire von selbstbezogenen Erzählweisen. Dabei werden mehrdeutige Erzählstrategien entworfen, um auf eine Diversifikation von Perspektiven ebenso aufmerksam zu machen, wie auf die Berücksichtigung nicht-hegemonialer Lebens- und Liebensweisen sowie auf eine Dekonstruktion von Zweigeschlechtlichkeit. Für eine literaturdidaktische Herangehensweise, die diese verschiedenen Differenzlinien miteinander zu verbinden sucht, bietet sich ein intersektionale Analysezugang an, da dieser die Möglichkeit bietet, die Mechanismen der Generierung und Zuschreibung von

57 Ebd., S. 94.
58 Vgl. auch ebd., S. 105 f.
59 Ebd., S. 133 f.

Differenz im Tagebuchroman zu rekonstruieren. Dabei gilt es, die komplexe Vermittlung zwischen den extraliterarischen gesellschaftlichen Phänomenen und den narrativen Strukturen des fiktionalen Textes bewusst zu machen. Denn im Erzählen werden die sozialen Kategorien wie Geschlecht, Sexualität, Alter, Klasse, Erziehung und Ausbildung von verschiedenen Seiten funktionalisiert, um Ungleichheitsordnungen zu begründen oder zu hinterfragen. Es entsteht ein Wechselspiel von Komplexitätssteigerung, beispielsweise wenn im Erzählen Verknüpfungen von Ungleichheitsrelationen verhandelt oder sogar explizit kritische Haltungen gegenüber den Kategorien eingenommen werden, und von Komplexitätsreduzierung, beispielsweise wenn die Ich-Erzählerin aufgrund von einseitigen Werturteilen ausgeschlossen wird und diese Ausgrenzung erdulden muss. Die intersektionale Analyse kann demnach zeigen, dass solche Auf- oder Abwertungen sowie Unter- oder Überbelichtungen von sozialen Ungleichheiten mit den unterschiedlichen Positionen der Sprecherin oder des Sprechers bzw. den vermittelnden Erzählinstanzen korrespondieren.

Im Tagebuchformat werden diese Verflechtungsdynamiken sowohl rekonstruiert als auch dekonstruiert, sodass die selbstbezogenen Erzählweisen im Literaturunterricht dazu anregen können, Subtexte oder ‚Risse‘ in vermeintlich eindeutigen Verhältnissen aufzudecken und deren allgemeinen Gültigkeitsanspruch zu hinterfragen. Im Spannungsverhältnis von Reduktion und Zuspitzung sowie von Wiederholung und Transformation lässt sich dabei eine doppelt reflexive Perspektive einnehmen: Zum einen kann danach gefragt werden, wie die Differenzkategorien im Bild-Text-Gefüge konstituiert und (re-)produziert werden, zum anderen aber auch danach, wie die auf die Erzählerinnen-Identität bezogenen Ausschließungen, Machtstrukturen sowie normativen Ansprüche auf die Medialität des Tagebuchs einwirken. Durch die literaturwissenschaftliche Erweiterung intersektionaler Perspektiven kann somit das Zusammenspiel derjenigen Ebenen präzisiert werden, die für literarische Texte konstitutiv sind: nämlich erstens die Interaktionsebene der Figurenhandlung, zweitens die Narrationsebene der Vermittlungs- und Textstruktur und drittens die Kontextebene der kulturellen und sozialen Bedingtheit.[60] Derartige reflexive Analysezugänge sind im Literaturunterricht notwendig, denn sie stoßen Lernprozesse an, an deren Ende neuartige, möglicherweise auch selbstreflexive Entdeckungen stehen. Sie machen Lehrende und Lernende gleichermaßen darauf aufmerksam, dass die Welt um uns herum komplizierter und widersprüchlicher ist, als wir oft annehmen, und sie animieren uns dazu, sich mit dieser Komplexität kritisch, produktiv und kreativ auseinanderzusetzen.

60 Vgl. Schul, Abseits bekannter Pfade [Anm. 11], S. 100 f.

Listen, Illustrationen und Papierwelten als Formen des Selbstausdrucks weiblicher Protagonistinnen in jugendliterarischen Texten

Henriette Hoppe

1. Einleitung

Nicht nur ein Chaos im unaufgeräumten Jugendzimmer – Unordnung, Umbrüche und notwendige Neuorientierungen zeichnen auch die Innenwelt von Jugendlichen aus; gerade bei Heranwachsenden gibt es immer wieder neue Konstellationen und außergewöhnliche Situationen, die als latente anthropologische Unordnung beschrieben werden können. Umso mehr gilt dies in einer Welt, die durch die zunehmende Pluralisierung und die Auflösung von Werten und Traditionen wenig Orientierung bietet. In den Jugendbüchern *Wie der Wahnsinn mir die Welt erklärte*[1] und *Papierklavier*[2] liegen konkrete Auslöser für ein akutes Durcheinander des Alltags vor. Beide Protagonistinnen sehen sich durch Veränderungen in ihrer Umwelt mit einer akuten Unordnung in ihrem Leben konfrontiert, die verarbeitet werden muss. Unter anderem durch die Verwendung von Listen als Ordnung stiftende Kategorie gelingt es den Jugendlichen, ihre Umwelt zu „sortieren“ und zumindest temporär einen akzeptierbaren Platz darin zu finden.

Durch den Einsatz von Listen wird eine Gestaltungsform gewählt, der auf der Ebene der *histoire* eine bestimmte Funktion zugewiesen werden kann.[3] Bezeichnend für Jugendromane nach 2000, die in Form von Selbstzeugnissen einen persönlichen Einblick in einen Lebensabschnitt der Protagonistinnen bieten, ist nach Wallraff aber auch eine Aufnahme illustrativer Elemente in die jugendliterarischen Texte, die solche Ausmaße hat, dass man von einer Hybridisierung

1 Dita Zipfel, 2019, Wie der Wahnsinn mir die Welt erklärte. Mit Illustrationen von Rán Flygenring, München: Hanser. Im Folgenden im Fließtext mit der Sigle WA wiedergegeben.

2 Elisabeth Steinkellner, 2020, Papierklavier. Mit Illustrationen von Anna Gusella, Weinheim/Basel: Beltz. Im Folgenden im Fließtext mit der Sigle PK wiedergegeben.

3 Eco zeigt in seinem Buch *Die unendliche Liste*, dass es sowohl in der Malerei wie auch in der Literatur eine große Funktionsvielfalt von Listen gibt. Einige der Beispiele werden in der Analyse erörtert. Vgl. Umberto Eco, 2011, Die unendliche Liste, München: dtv.

des Genres hin zu stärker durch die visuelle Ebene bestimmte Genres, wie Comics oder Grafic Novels, sprechen kann, bei denen die „Illustrationen mit dem Erzähltext verwoben sind".[4]

Stemmann stellt fest, dass „sich graphisches Erzählen für die Darstellung von Entgrenzungen während der Adoleszenz [...] sowie der Spannungen der beginnenden Pubertät und des damit verbundenen Übergangs besonders anbietet".[5] Ausprägungen graphischen Erzählens mit besonderen Funktionen, so wird im Folgenden gezeigt, beziehen sich auch auf eine bewusste Gestaltung der Typographie[6], die nach Kurwinkel als „Schriftbildlichkeit"[7] bezeichnet werden kann. In beiden untersuchten Werken korrelieren die Nutzung von Listen als Formen der Straffung der *histoire* mit der Darstellung des Suchprozesses nach adäquaten Möglichkeiten des Selbstausdrucks.[8] Inwiefern bei den im Beitrag besprochenen Texten eine Funktionsverschiebung hin zur Nutzung von Listen als differenziertem Instrument zur Konkretisierung von Facetten des Selbstausdrucks von Protagonist:innen vorliegt, wird im Folgenden näher betrachtet.[9] Zentral ist das

---

4 Anna Stemmann, 2020, Jugendroman, in: Handbuch Kinder- und Jugendliteratur, hrsg. von Tobias Kurwinkel und Philipp Schmerheim, Stuttgart: Metzler, S. 166–176, hier: S. 172. Insbesondere die Gattung des Tagebuchromans für Kinder entwickelt mit *Gregs Tagebuch* und mit *Lotta-Leben*-Büchern eine bestimmte, durch Illustrationen geprägte Untergattung, die wiederum hybride Formen von Verfilmungen nach sich gezogen hat.

5 Stemmann, Jugendroman [Anm. 4], S. 172.

6 Damit wird auch der zeitgenössische Trend des „Handletterings" aufgegriffen. Der Markt wird überschwemmt mit Angeboten (Anleitungen, Vorlagen, Stiften) zur ästhetischen Gestaltung von Notizen, Sprüchen und Listen.

7 Tobias Kurwinkel, 2020, Bilderbuchanalyse. Narrativik – Ästhetik – Didaktik, 2. Aufl., Tübingen: Narr, S. 170.

8 Der Begriff „Selbstausdruck" wird im Folgenden zur Kennzeichnung des kreativen Charakters und ästhetischen Anspruchs dieser Selbstzeugnisse gewählt.

9 Die Nutzung von Listen in der Jugendliteratur ist in unterschiedlichen Dimensionen etabliert und gehört bei der zeitgenössischen KJL zum gängigen Repertoire des Ausdrucks der Protagonist:innen. Prominente Titel handeln v. a. von männlichen Protagonisten. So zum Beispiel funktioniert die Titel gebende Liste in James Proimos *12 things to do before you crach and burn* als Aufzählung von Vorhaben, die dem Protagonisten Hercules vorgegeben werden und die er abarbeiten muss. In dem Roman *Dass ich ich bin, ist genauso verrückt wie die Tatsache, dass du du bist: Ein Roman in Listen* von Todd Hasak-Lowy wird die Liste zum Darstellungsprinzip erhoben. Der Protagonist und seine Umwelt werden durch Listen beschrieben, immer wieder werden auch Wörterlisten eingefügt, die Situationen und Figuren charakterisieren. Da in den Listen auch Optionen aufgeführt werden, kann man mit Eco von „poetischen Listen" sprechen, die etwas darstellen, was unsere Fähigkeit zur Vorstellung übersteigt; die Darstellungen lassen viele Deutungsmöglichkeiten im Hinblick auf den Protagonisten offen. Sam, der autodiegetische Erzähler in John Boyne's *Mein Bruder heißt Jessica*, der sich vertieft mit seiner Rolle als Bruder auseinandersetzt, verwendet Listen, um sich damit selbst zu charakterisieren. Dies geschieht aber vornehmlich indirekt: diese Listen greifen Alltagsthemen auf, die von außen an den Protagonisten herangetragen werden und ihm damit vornehmlich dazu helfen, sich in der Außenwelt zu positionieren.

Zusammenspiel von Listen und Illustrationen, welches Aufschluss über die Innenwelten der Protagonistinnen und deren Suchprozesse gibt.

2. Dita Zipfel: *Wie der Wahnsinn mir die Welt erklärte*

Der knapp 200-seitige Text ist in 47 Abschnitte unterteilt, die jeweils wenige Seiten oder auch nur einzelne Abschnitte umfassen. Fast der gesamte Text ist im Präsens geschrieben, wobei sich Passagen des Erlebens mit denen des Reflektierens überschneiden. Die spannend erzählten berichtenden Teile treiben das Geschehen voran, durch die eingeschobenen Illustrationen und handgeschriebenen Passagen wird ein Innehalten ermöglicht; Lucie gibt sich dadurch selbst die Gelegenheit zur Reflexion und liefert Selbstzeugnisse, die außerhalb der erzählten Zeit angesiedelt sind.

2.1 Desorganisation

2.1.1 Chaos der autodiegetischen Lucie

Protagonistin und Ich-Erzählerin des Jugendromans ist die fast dreizehnjährige Lucie, die zu Beginn der Handlung von ihrer Lebenssituation genervt ist: Lucie lebt mit ihrer Mutter und ihrem Bruder Jannis zusammen und seit Bernie, die Freundin der Mutter, diese verlassen hat, muss sich Lucie mit Michi, dem neuen Freund der Mutter, auseinandersetzen. Nicht nur, dass Michi in seinem schlabbrigen Wollpullover die Wohnung hochheizt und Lucie, Jannis und ihrer Mutter jeden Tag einen Zettel mit einem „wahnsinnig persönlichen tausendmal aus dem Internet kopierten, echt richtig tiefgründigen Spruch, der total zum Nachdenken anregt" (WA, S. 29) hinlegt; er „überzieht alles mit einer Schicht ‚Liebe' und denkt, er macht die Welt damit zu einem besseren Ort" (WA, S. 30). Lucie empfindet das zur Schau stellen von Liebe als unangenehm und kommt zu dem Schluss, dass Michi „die Liebe zerstört" (WA, S. 31) hat. Seit Michi endgültig in die Wohnung eingezogen ist und Lucie sich mit ihrem Bruder Jannis ein Zimmer teilen muss, plant Lucie den Absprung von ihrer Familie, sie möchte ausreißen. Auch ihre Mutter kann ihr nicht mehr als Orientierung dienen („... ich muss was tun, damit ich nicht so werde wie sie" (WA, S. 42). Als Ausweg aus diesem Chaos fasst Lucie den Plan, zu Bernie nach Berlin zu reisen, denn Bernie „kann das – gut leben" (WA, S. 41); für dieses Vorhaben muss Lucie nun Geld verdienen.

Der Aushang für ein Angebot zum Gassi-Gehen gegen Bezahlung kommt ihr daher gerade recht. Allerdings stellt sich bei dem ersten Besuch bei Herrn Klinge, dem angeblichen Hundebesitzer, heraus, dass sein Hund tot ist. Lucie überzeugt den skurrilen Herrn Klinge davon, dass sie auch andere Aufgaben übernehmen kann und schreibt schließlich die Rezepte für ein geheimes Kochbuch auf, die Klinge ihr diktiert.

2.1.2 „Wahnsinn" als Chaos des Dementen

Lucie trifft mit Herrn Klinge einen dementen Herrn, der in seiner eigenen Welt zu leben scheint; der titelgebende „Wahnsinn" kennzeichnet somit den Bruch mit der bislang vertrauten Weltordnung: Aus Lucies Sicht ist Klinge „nicht normal" (WA, S. 16): In seiner Wohnung „gibt es nichts, was normalerweise in jeder Wohnung steht. Kein Sofa, Tisch, Stuhl, Bücherregal, Kleiderschrank. Komisch, wie gleich es in den allermeisten Wohnungen aussieht und wie verdächtig, wenn es dann mal anders ist" (WA, S. 16 f.). Klinge macht komische Gesten, riecht nach Stein, sieht Lucie mit flatternden Augen an und hält sich selbst für einen Helden außerhalb der Zeitrechnung, der verfolgt wird. Seine Wohnung gleicht mit Töpfen, Gläsern und Pfannen einem geheimnisvollen Laboratorium. In den Gläsern mit eingelegtem Gemüse meint Lucie, Körperteile zu erkennen; wobei es weitere sogar verschlossene Zimmer in der Wohnung gibt. Klinges Welt beinhaltet mit der Thematisierung von Drachen und der Thematik des Auserwähltseins zusätzlich phantastische Elemente[10], von denen Lucie auch ein bisschen fasziniert ist.

10 Mit dem Wandern zwischen unterschiedlichen Welten, dem Motiv des Auges, auch durch das Spiel mit dem Klang von Sprache und der Namensgebung werden vielfältige Bezüge zur literarischen Epoche der Romantik hergestellt.

2.2 Listen als Ordnungsstiftung

2.2.1 Ordnung des rational nicht Fassbaren

Ergänzend zu ihrem Erzählerbericht fertigt Lucie handschriftlich Listen an, um Dinge festzuhalten, die sie sortieren möchte, wie zum Beispiel die Aufzählung, wie viel Geld sie hat, wie viel Geld sie ausgeben kann und wie viel sie noch benötigt. (WA, S. 9) Diese Art von Unterbrechungen des Fließtextes haben analytischen Charakter und stellen eine andere Seite Lucies vor, die auch zum Tragen kommt, indem Lucie ihre Zukunftsvisionen vorstellt: „Wahrscheinlich werde ich eine Mischung aus Biologin und Anthropologin." (WA, S. 11) Angeregt durch die Begegnung mit dem schrägen Besitzer des Hundes beginnt Lucie, ihre Welt, ihren Alltag und ihre Umgebung neu wahrzunehmen und fragt sich, ob sie oder der alte Mann in der richtigen Welt leben. Orientierung bieten ihr dafür verschiedene innerhalb des Textes abgedruckte handgeschriebene Skizzen.

In Bezug auf skizzenhafte Niederschriften betonen Abraham und Sowa die Bedeutung des Anfangs, der „Konkretisierung"[11], die auf die Vorstellung zurückwirkt, sodass sich aus dem Kern schließlich etwas entwickeln kann. Sie betonen, dass ein Gedanke im Wort oder im Bild skizziert sei und sich die Bedeutung im Verstehen konkretisiere. Die Autoren wollen „die Beziehung zwischen Wort- und die Bildzeichen und ihrem ‚Sinn' nicht als starr […] verstehen, sondern als dynamisch. Bilder und Worte wären dann Skizzen von Gedanken – keine fertigen und abgeschlossenen Feststellungen. Das würde heißen, dass das Verstehen dieser Zeichen ein prinzipiell unabschließbarer Vorgang des konkretisierenden ‚Bestimmens' von Bedeutung ist …"[12] Ebendiese Funktion haben Lucies Skizzen ihrer Forschungsobjekte:

Nachdem Klinge Lucie die Tür vor der Nase zugeschlagen hat, wird er von Lucie neben ihrer Mutter, Jannis und Michi zum Forschungsobjekt deklariert, dem Lucie die „Unvollständigkeit der Latten im Zaun" attestiert (WA, S. 14). Damit findet eine Parallelisierung von Lucies vertrauter Umgebung mit der geheimnisvollen Klingewelt statt.

---

11 Ulf Abraham und Hubert Sowa, 2016, Bild und Text im Unterricht. Grundlage, Lernszenarien, Praxisbeispiele, Seelze: Klett, S. 48.

12 Ebd., S. 48.

Abb. 1: Klinges Welt (WA, S. 67)

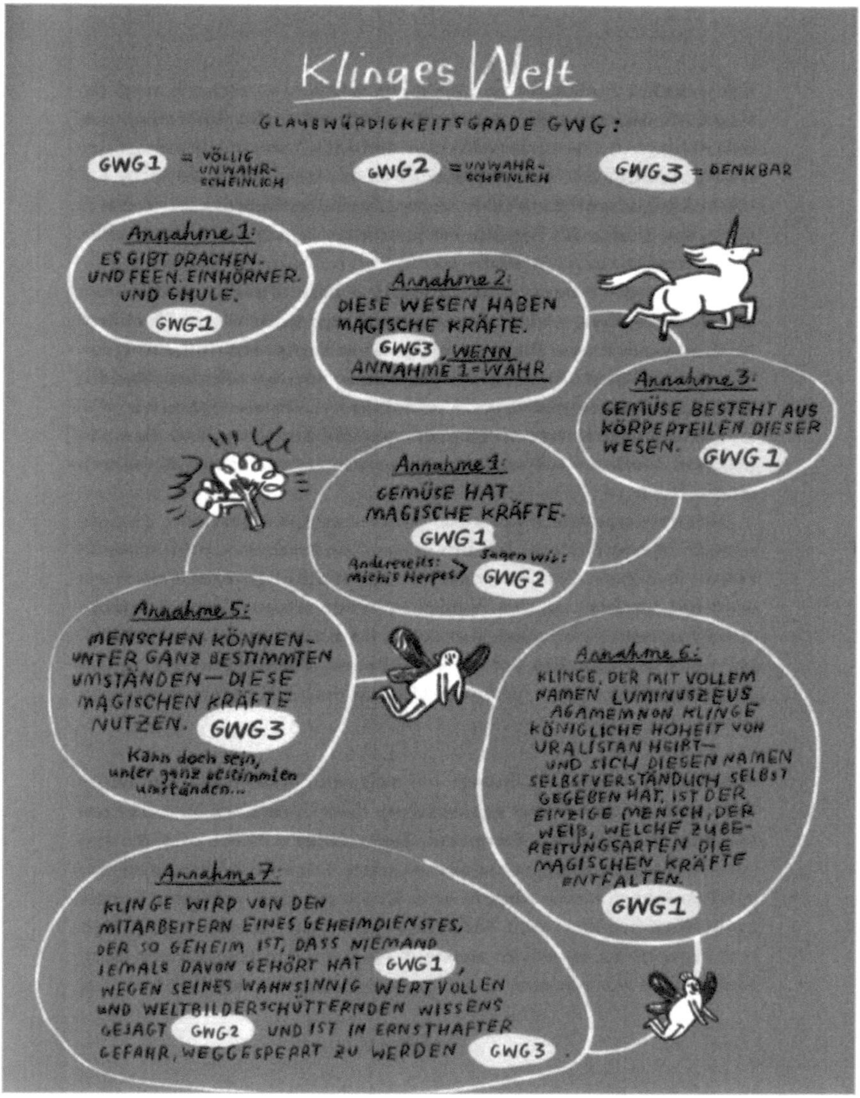

Durch die logische Annäherung an Klinges Welt auf einer ganzen Buchseite gelingt es Lucie mit dem Setzen von Prämissen und den deduktiven Ableitungen zumindest vordergründig, eine Ordnung herauszustellen und die fremde Welt einschätzbarer zu machen. Mit dem Sammeln von Fakten und den Erklärungsversuchen, die Lucie selbst mit „GWGs“, mit unterschiedlichen Glaubwürdigkeitsgraden versieht, demonstriert sie ihre analytische Herangehensweise, mit der sie ihre Umwelt zu erklären versucht (vgl. Abb. 1). Als Fazit notiert Lucie schließlich handschriftlich: „Klingelogik # Logik“ (WA, S. 111). Dieses Beispiel und andere Listen zur Charakterisierung von Klinge können nach Ecos Systematisierung als „praktische Liste“[13] eingestuft werden, die sich erst erklärt, wenn sie an den Kontext rückgebunden wird.

Auch außerhalb von Klinges Welt spielen die Listen eine wichtige Rolle für Lucies Gedankenwelt: Bevor Lucie ihren Schwarm Marvin im Schwimmbad treffen will, macht sie sich Gedanken in Form einer Liste mit der Überschrift „Was ich über ihn weiß … Was ich nicht weiß“ (WA, S. 84) und versucht auch hier mit einer rationalen Herangehensweise, sich über ihre eigenen Gefühle klarzuwerden. Nachdem sie Marvin ihre Pommes mit dem Liebestrank gegeben hat, versucht sie sich ebenso in Form einer Liste der Frage anzunähern, was sie nun eigentlich getan hat (vgl. WA, S. 100). Diese Versuche zeigen schließlich, dass Lucie auch in ihrem Selbstverstehen stark verunsichert ist und ihre analytische Herangehensweise sich in diesen Bereichen als unangemessen erweist.

2.2.2 Polyperspektivierung – oder: Wer setzt die Norm in der Welt des Wahnsinns?

In der wissenschaftlichen Auseinandersetzung mit Bild-Schrifttext-Kombinationen werden die unterschiedlichen Zeichensysteme ausgehend von der Unterscheidung zwischen *histoire* und *discours* systematisiert, wobei gerade dem Zusammenspiel der Bild-Textebene besonderes Deutungspotenzial zugeschrieben wird.[14] Wichtige Aspekte sind in diesem Zusammenhang die Gestaltung von Zeit und Raum mithilfe der unterschiedlichen Zeichensysteme[15]: Nach Staiger vermittelt in Bild-Schrifttext-Kombinationen in der Regel der Schrifttext Informationen zur zeitlichen Dimension.[16] Bei der Bildebene, die die räumliche Dimension bedient, muss besonderes Augenmerk auf die Raumgestaltung sowie auf das Seitenlayout und die Typografie gelegt werden.[17]

13 Eco, Die unendliche Liste [Anm. 3], S. 113.

14 Vgl. Michael Staiger, 2014, Erzählen mit Bild-Schrifttext-Kombinationen. Ein fünfdimensionales Modell der Bilderbuchanalyse, in: BilderBücher Theorie, Bd. 1, hrsg. von Julia Knopf und Ulf Abraham, Baltmannsweiler: Schneider, S. 12–23 und Kurwinkel, Bilderbuchanalyse [Anm. 8].

15 Vgl. dazu Eva Dichtl und Henriette Hoppe, 2021, Ein Tag ist ein Jahr ist ein Leben. Die Darstellung und Thematisierung von Zeit in Bild und Text in der Graphic Novel, in: Zeitnutzung in der aktuellen Kinder- und Jugendliteratur, hrsg. von Sebastian Bernhardt und Johanna Tönsing, Berlin: Frank & Timme, S. 91–116.

16 Vgl. Staiger, Erzählen mit Bild-Schrifttext-Kombinationen [Anm. 15], S. 17.

17 Ebd., S. 18.

Durch das Wechselspiel zwischen Erzählerbericht und davon typographisch abgesetzten Passagen und Listen sowie ganzseitigen Bildern werden auf der Ebene des *discours* unterschiedliche Bewusstseinsebenen von Lucie abgebildet, die das Konzept von Polyperspektivität abbilden. Zur Abgrenzung der Ebenen Erzählerbericht und Reflexion werden fiktionsinterne Ordnungsmuster genutzt. So zum Beispiel finden sich Passagen in Schreibschrift, die den Fließtext unterbrechen und die Illustrationen kommentieren. Listen, Skizzen und Kommentare in eigener Typographie stellen somit eine Schriftbildlichkeit mit räumlichem Fokus dar.

Erweitert wird Lucies so gestaltete Weltsicht durch interpiktorale Verweise[18]: In knalligem Orange gestaltet liegt ein eigenes Netz von Bedeutungen vor, das mit dem Fließtext nur zum Teil verbunden ist. So zum Beispiel wird Klinge ganz am Anfang neben seinem Steckbrief porträtiert und hat dabei einen orangefarbenen Apfel im Gesicht. Der Apfel taucht einige Seiten später als ganzseitige Illustration mit der Bildunterschrift „Dies ist kein Apfel" (WA, S. 57) auf und bildet damit den interpiktoralen Verweis auf Magrittes Bild „La trahison des Images", auf dem eine Pfeife abgebildet und mit der Unterschrift „Dies ist keine Pfeife" versehen ist. Damit wird auf die Möglichkeit unterschiedlicher Wahrnehmungen von Wirklichkeit hingewiesen; zugleich werden für den erwachsenen Leser und die erwachsene Leserin der Verweis auf Magritte und die Surrealisten und damit Überlegungen zum Verhältnis von Bild und Sprache sowie Zweifel an der Abbildbarkeit der Realität[19] eingeflochten. In theoretischen Schriften vermittelt Magritte ein „Streben nach Gleichwertigkeit zwischen Bild und Wort als Ausdrucksmittel des Geistes"[20], sodass indirekt eine Aufwertung der Illustrationen als Bestandteile der Erzählung vorgenommen wird.

Diese Spur wird auch in der Fokussierung des Augenmotivs und der Thematisierung von Sichtbarkeit nachgegangen: Lucie soll die Rezepte, die Klinge ihr diktiert, aufschreiben, womit die Texte sichtbar und archiviert werden. Sie stellt dabei fest, dass Klinge wirklich „besondere Augen" (WA, S. 62) hat, bei denen der Kranz der Iris „in einem knalligen Orange" (WA, S. 62) flattert (vgl. Abb. 2). Das Flattern der Lider stuft Lucie als Anfall ein; alle weiteren Auffälligkeiten, wie zum Beispiel die Tatsache, dass Klinge Erbsen als „Ghulaugen" begreift, ergeben für Lucie eine besondere Logik: die „Klingelogik" (WA, S. 63). Immer wieder stellt sie allerdings fest, dass Klinge besondere Fähigkeiten („Er kann zeichnen wie ein Gott" (WA, S. 105)) hat und fragt sich zwischendurch, ob sie nicht Symptome von Verrücktheit hat (vgl. WA, S. 105).

---

18 Mit der Benennung einer Kartoffel als Phönix aus der Asche liegen auch intertextuelle Verweise vor, auf die hier nicht näher eingegangen werden kann.

19 Vgl. aos-magazine.com/2017/04/06/magritte-der-magier-der-verraetselten-bilder/ (01.03.2023).

20 Vgl. ebd. (01.03.2023).

Abb. 2: Augen (WA, S. 159)

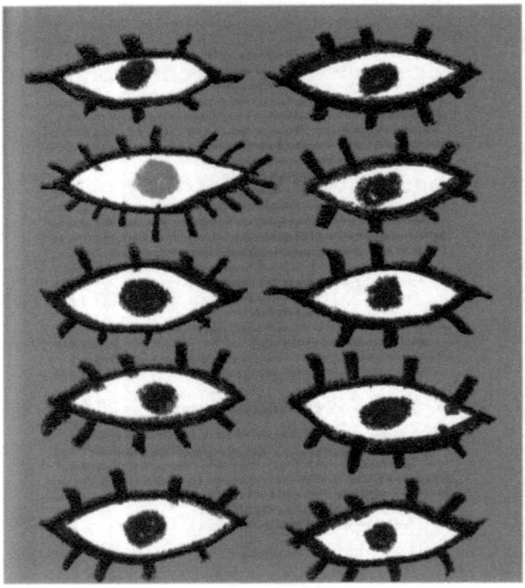

Aus der Beobachtung von Klinges Auge führt eine Spur zu der Farbe Orange der Illustrationen, die im Buch dominiert. Aber das Motiv des Auges hat noch einen weiteren Anknüpfungspunkt in Lucies Leben, nämlich zu ihrem Freund Leo und seiner Familie. Leos Eltern arbeiten in einer Einrichtung für psychisch kranke Menschen, mit denen Leo schon sein ganzes Leben in Berührung gekommen ist; er vergibt Nummern auf einer Skala von 1 bis 10 für den Grad der Verrücktheit der Bewohner der Einrichtung und setzt ebenso wie Lucie damit eine Art von Liste als Ordnungsmuster ein. Als er Lucie ein Regal mit alten Ordnern auf dem Dachboden zeigt, zieht Lucie zufällig einen Ordner von einer Frau heraus, die laut Leo „jeden Tag ihr linkes Auge fotografiert hat" (WA, S. 158). Lucie nimmt wahr: „Aus dem Ordner starrt mich ein Auge an. Ein schönes. Es läuft zu beiden Seiten sehr spitz zu, innen viel Grau und wenig Weiß, lange blonde Wimpern, und mir ist, als könnte man auf jedem Foto eine andere Stimmung erkennen. Es kommt mir wie eine gute Idee vor, jeden Tag ein Foto von seinem linken Auge zu machen." (WA, S. 158) Die Illustration, welche auf der ganzen rechten Seite neben diesem Erzählabschnitt platziert ist, stellt den Sachverhalt als zehn auf kindliche Art gezeichnete Augen, die in zwei Reihen untereinander platziert sind, dar. Bis auf eine orangefarbene Iris sind alle Augen in Schwarzweiß vor einem knalligen orangefarbigen Hintergrund abgebildet. Einige Seiten später, nachdem Leo Lucie über sein schwieriges Verhältnis zu Marvin aufgeklärt hat, wird mit dem erneuten Abdruck des Auges, welches die orangefarbene Iris enthält, zu Klinge übergeleitet, der Leos aus Kindertagen herrührendes Problem mit Marvin lösen soll.

2.3 Sortieren als „Krückstock“

Das plötzliche Verschwinden von Herrn Klinge kann von Lucie nicht mehr aufgeklärt werden, aber Lucie ist schließlich diejenige, die wichtige Seiten des Kochbuchs, die sie selbst für Herrn Klinge geschrieben hat, als eigentliche Adressatin in den Händen hält; sie ist damit eine besondere Heldin, „die Hüterin des Schatzes, die Eingeweihte“ (WA, S. 56). Wie der Titel des Buches andeutet, schafft es Lucie, den „Wahnsinn“, Teile eines Puzzles aus Herrn Klinges Welt, und Teile eines Puzzles aus ihrem eigenen Umfeld, in einen Kontext zu setzen und es gelingt ihr auf diese Weise, Ordnung in ihr eigenes Leben zu bringen. Lucie ist am Ende mit einem von Klinge bezahlten Ticket nach Berlin unterwegs, aber viele Dinge, die sich in den letzten Tagen ereignet haben, kann sie nicht erklären.

Ein weiterer Spannungsbogen wird über die Thematisierung von Lucies Namen eröffnet. Als Lucie sich bei Herrn Klinge vorstellt, weigert sich dieser, sie mit ihrem Namen anzureden; er ist der Meinung:

> Ein Name ist eine Kette, die dir nach der Geburt angelegt wird, damit du dich nur und ausschließlich in dem Radius bewegen kannst, den diese Kette zulässt, Mädchen! Minimal länger als die Nabelschnur, an der du gerade noch hingst. Das bist nicht du. Spreng die Kette! Finde deinen eigenen Namen! Wenn du das nicht verstehst, kann ich dir auch nicht helfen. (WA, S. 34)

Lucie erklärt sich diese Ablehnung später so, dass Klinge ihr Name nicht passte. Sie selbst nimmt den Abschied von ihrer Mutter am Bahnhof zum Anlass, ihre Mutter nach dem Grund für ihren Namen zu fragen und thematisiert damit erneut das Thema der Willkürlichkeit von Bezeichnungen, der bereits bei Klinges Gemüsebezeichnungen virulent war. Lucies Mutter nennt den Sonnenaufgang als Zeitpunkt der Geburt und erklärt: „Lucie kommt von Lux, dem lateinischen Wort für Licht. Das fand ich schön. Und passend.“ Sie lächelt. „Du hast auch ein bisschen geleuchtet, weiß du? Tust du noch immer.“ (WA, S. 188)

Schließlich resümiert Lucie im Zug die Quintessenz der Nomenklatur:

> Ich überlege jedenfalls, ob die Grenze zwischen verrückt und normal genauso erfunden ist wie die Zeiteinheiten, Gesetze und Ländergrenzen. Vielleicht mussten die Menschen, um klarzukommen, nicht nur den Tag in Minuten und Stunden einteilen, vielleicht mussten sie auch ihre eigenen Gedanken und die aller anderen in normal und unnormal einteilen. In erlaubt und nicht erlaubt. Vielleicht ist Sortieren überhaupt so eine Art Krückstock, den die Menschen brauchen, um mit der Steinigkeit des Lebens klarzukommen. Die meisten Menschen jedenfalls. (WA, S. 191)

Damit beschreibt Lucie in Kurzform die Funktion von Listen und Nomenklaturen und entwickelt den Gedanken, dass die so gesetzten Grenzen überwunden werden müssten.

2.4 Didaktische Perspektiven für den Einsatz im Unterricht der Sekundarstufe 1

Im Kontext der Heterogenitätsdebatte lässt sich *Wie der Wahnsinn mir die Welt erklärte* als Titel einsetzen, der die Themen „Normalität“ und „Anderssein“ gerade nicht als problemorientiertes Jugendbuch verarbeitet. Spannend und witzig erzählt beschäftigt sich der Text mit der Lebenswelt der Jugendlichen und kann durch die Verfremdung in der besonders ausgestalteten Fiktion eine gewisse Neugier wecken, da hier unkonventionelle und literarisch besonders gestaltete Sichtweisen auf die Wirklichkeit präsentiert werden. Mit dem Fokus auf eine identitätsorientierte Literaturdidaktik kann der Text die Fähigkeit fördern, „Pluralität und Verschiedenartigkeit zu akzeptieren und Wege zu einem toleranten, vorurteilsfreien Umgang mit Fremdem zu finden“.[21]

Im Hinblick auf das literarische Lernen hat das Werk Potenzial für die bewusste Auseinandersetzung mit Fiktion und Wirklichkeit[22], da Lucie sich mit unterschiedlichen Weltmodellen auseinandersetzt und diese auf ihre Wahrscheinlichkeit hin untersucht. Bezogen aufs Krahs Ansatz zum Umgang mit Weltmodellen könnte konkret Niveaustufe 2 avisiert werden, nämlich „Semantische Ordnungen bewusst als textuelles Weltmodell erkennen und diese Semantiken rekonstruieren können“.[23] In diesem Kontext ist es auch relevant, dass Authentizitätssignale als solche erkannt werden.[24]

Das Nachvollziehen der Perspektive von Lucie ist im Text eng an die besondere sprachliche Gestaltung[25] gebunden, nämlich durch den Versuch, durch Skizzen und Listen Ordnung zu stiften. Dass bei der Ausprägung auch auf unterschiedliche Typographien zurückgegriffen wird, ermöglicht eine Reflexion über Bild-Text-Kombinationen und kann Impulse für die eigene Gestaltung von Texten

---

21 Volker Frederking, 2001, Peter Härtlings „Ben liebt Anna“. Identitätsorientierter Umgang mit einem Klassiker der Kinder- und Jugendliteratur im Zeichen von Individualisierung, Pluralisierung und Medialisierung, in: „Entfaltung innerer Kräfte“. Blickpunkte der Deutschdidaktik, hrsg. von Christine Köppert und Klaus Metzger, Seelze: Friedrich, S. 92–109, hier: S. 96.

22 Kaspar Spinner, 2006, Elf Aspekte literarischen Lernens, in: Praxis Deutsch 200, S. 6–16.

23 Hans Krah, 2020, Mit fiktionalen Weltmodellen bewusst umgehen, in: Auf dem Weg zur literarischen Kompetenz, hrsg. von Anita Schilcher und Markus Pissarek, 4., ergänzte Aufl., Baltmannsweiler: Schneider Verlag Hohengehren, S. 261–288, hier: S. 279.

24 Ebd., S. 283.

25 Spinner, 11 Aspekte literarischen Lernens [Anm. 22], S. 9.

liefern. Konkret wird damit auch die Vermittlungsebene des Textes angesprochen; Schüler:innen können an diesem Beispiel verstehen, dass die Sichtweise der homodiegetischen Erzählerin „die Vermittlung der dargestellten Welt prägt und sich […] von dieser Sichtweise distanzieren“.[26]

3. Steinkellner: *Papierklavier*[27]

In der Coming-of-Age-Geschichte *Papierklavier* thematisiert die in einfachen Verhältnissen lebende Protagonistin Maia die Suche nach Glück, sie kämpft für ihr Glück und beschreibt immer wieder auch Momente des Glücks. Maia lebt mit ihrer Mutter und ihren beiden Schwestern in einer kleinen Wohnung, trägt zum Lebensunterhalt bei und übernimmt zum Teil die Mutterrolle für ihre jüngeren Schwestern. Anlass für den schriftlich geführten Dialog Maias mit ihrem Tagebuch ist der Tod von „Oma Sieglinde“, die in demselben Haus lebte und für die Familie eine wichtige Bezugsperson darstellte. Oma Sieglinde hat mit Maias jüngerer Schwester Heidi zusammen Klavier gespielt und hat Maia das Tagebuch geschenkt. Die autodiegetische Erzählerin beschreibt darin in kurzen Texten und Illustrationen Szenen ihres Alltags. Sie thematisiert dabei ihre Arbeit, ihr Familienleben, ihre Mutter, ihre Freunde und Freundinnen und das Leben. Auch schwierige Themen wie Armut, Tod und Transsexualität werden dabei aufgegriffen, ohne dass diese Thematiken dominieren.

3.1 „Erzählanlass“ Tage- und Skizzenbuch

Maias Darstellung beginnt mit der Anrede „Liebes Tagebuch / Liebes Skizzenbuch“ (PK, S. 2)[28] und zeichnet sich bereits durch die hier gewählten Anreden als besondere Form eines Selbstzeugnisses aus, welches zunächst dialogisch gestaltet ist. Von Beginn an gelingt Maia ein vielschichtiger Blick auf ihre Umgebung: Sachverhalte werden oft in unterschiedlichen Perspektiven dargestellt und Entscheidungen als Optionen antizipiert. Ein Beispiel ist die Suche nach dem Namen für das Tagebuch auf der ersten Textseite. „Liebes Tagebuch Liebes Skizzenbuch […] Liebe Mautzi / Liebe Lady Di (für Diary).“ (PK, S. 2) Einzelne Ideen werden sofort von der autodiegetischen Erzählerin kommentiert und dann verworfen

26 Susanne Dürr, 2020, Die Vermittlungsebene von Texten analysieren, in: Auf dem Weg zur literarischen Kompetenz [Anm. 24], S. 229–260, hier: S. 245.

27 *Papierklavier* wurde 2021 für den Deutschen Jugendliteraturpreis in der Sparte Jugendbuch nominiert.

28 Zitate folgen einer selbst vorgenommenen Paginierung, die mit der ersten Bildseite beginnt, und werden mit dem Kürzel PK versehen.

bzw. die Suche wird durch einen Kommentar abgeschlossen: „Okay, lassen wir das einfach. Warum sollte ich dieses Buch überhaupt persönlich ansprechen? […] Das muss ich schon selber machen. Also: / Hallo Maia!“ (PK, S. 2)

Dieser Auftakt schließt mit einer Erläuterung zu dem Namen Maia, der schließlich in großen Buchstaben mit geschwungenen Übergängen gezeichnet wird. Damit ist gesetzt, dass Maia mit ihrem Tage- und Skizzenbuch eine Selbstbespiegelung vornimmt. Der an die Mündlichkeit angelehnte Schreibstil vermittelt die Lust am Darstellen von Befindlichkeiten, wodurch Gedankengänge zum Teil nachvollziehbar werden. Die Möglichkeit des Reflektierens im Dialog wird dabei mehr und mehr zugunsten der visuellen Ebene ausgespart: Als Typographie des gesamten Textes wird eine an Schreibschrift angelehnte Druckschrift gewählt. Teilweise sind die Zeilen nicht in geraden Linien untereinander angeordnet. Zusätzlich gibt es immer wieder Wörter, die aus dem Text hervorstechen, da sie in einer anderen (Hand-)Schrift oder in anderer Größe bzw. als Schreibschrift gestaltet sind. Das Tage- bzw. Skizzenbuch ist in den meisten Fällen als Doppelseite im Stil von Skizzen in Schwarz oder in einem hellen Grünton auf weißem Grund gestaltet. *Papierklavier* enthält auf fast jeder Seite Illustrationen, die in enger Beziehung zum Text zu deuten sind, sie führen den Text weiter oder vermitteln eigene Inhalte. Texte und Bilder fließen ineinander, wobei es auch Seiten gibt, bei denen Text und Bild streng nebeneinander angeordnet sind.

Die Beziehungen zwischen Text und Bild sind vielschichtig, wie oben angedeutet laden die Bild-Text-Kombinationen zur Suche nach dem Konkretisieren von Bedeutung ein. Der so sprachlich und visuell gestaltete Erzählraum lässt zeitliche Strukturen in den Hintergrund treten. Aus den Äußerungen auf verbaler Ebene kann geschlossen werden, dass die erzählte Zeit wenige Wochen umfasst, nämlich vom Tod Oma Sieglindes bis zu der Klärung ihres Nachlasses.

Die Erzählung vom Tod Oma Sieglindes am Anfang des Textes nimmt eine Schlüsselstelle ein: Maia hat das Tagebuch „vor nicht mal zwei Wochen“ von Oma Sieglinde geschenkt bekommen. „Und jetzt ist Oma Sieglinde tot. Gestorben. Gestern. Einfach so, ohne Vorwarnung.“ (PK, S. 6) Erzählte Momente, Schnipsel des Erlebens und Fühlens und Vorstellens lassen die zeitliche Gestaltung in den Hintergrund treten: Der Text ist fast durchgehend im Präsens geschrieben, im Zusammenhang mit den Skizzen wirkt er unmittelbar und authentisch und bleibt dabei erstaunlich zeitlos. Der Verzicht auf das Erzählen von Handlungsschritten in linearer Abfolge wird auch dadurch unterstrichen, dass im gesamten Buch keine Seitenzahlen vorliegen.

Die von Maia zeichnerisch gestalteten Räume tragen zur Charakterisierung der Protagonistin bei.[29] Maia beschreibt, dass sie auch im Alltag gern zeichnet und gestaltet. So berichtet sie von der Teilnahme an einem Kunstwettbewerb und sie

29 Kurwinkel, Bilderbuchanalyse [Anm. 8], S. 111.

erwähnt, dass sie gern die Tafeln der Smoothie-Bar, in der sie arbeitet, beschriftet. Das Skizzen-Tagebuch bildet diese Vorliebe direkt ab. Die Tatsache, dass ihre Zeichnungen einen Versuch darstellen, einen Inhalt zu fassen, wird von der autodiegetischen Erzählerin explizit thematisiert: „Ich versuche wieder und wieder, Oma Sieglinde zu zeichnen, aber es will mir nicht gelingen, sie auf dem Papier wieder lebendig werden zu lassen." (PK, S. 10) Neben dieser Feststellung werden Dinge und Aspekte thematisiert, die Oma Sieglinde charakterisieren, sodass in Bezug auf das Zusammenspiel zwischen Text und Bild auf dieser Doppelseite eine kontrapunktische Darstellung[30] vorliegt. Bilder, so zeigt Maia, können auch die Funktion haben, den Text „für das Verstehen zu öffnen, dem Verstehen nahezubringen und den bildhaften ‚Sinn' des Textes anschaulich zu machen"[31]; Maia gelingt mit dieser Grenzüberschreitung zwischen Text- und Bildebene tatsächlich die Verlebendigung der kürzlich verstorbenen Oma Sieglinde.

Welche fundamentale Rolle das Zeichnen für Maia spielt, wird auch an ihrem Traum deutlich:

> Seit Monaten habe ich einen immer wiederkehrenden Traum. [...] Es ist ein Papiertraum. Ich gehe an einem unglaublich langen Schreibtisch entlang, auf dem ein Blatt Papier neben dem anderen liegt. [...] Am Ende des langen Tisches befindet sich ein großes Fenster, das offensteht. Die Luft riecht nach frischer Farbe und ich steige aufs Fensterbrett, stoße mich mit aller Kraft ab – und fliege. An dieser Stelle wache ich jedes Mal auf. Und wünsche mir einen eigenen Schreibtisch samt unterschiedlichster Papiersorten. Und, dass ich fliegen kann. (PK, S. 51)

Durch diesen Traum wird ein Wunsch Maias abgebildet, den sie zum Teil bereits verwirklicht hat. Ein weiteres Mal nutzt Maia damit eine Illustration, um eine Grenzüberschreitung darzustellen: durch die Skizze erhält der Traum reale Züge.

3.2 Aufzeigen von Perspektiven in multipluralen Darstellungen

Wesentlicher Bestandteil der Darstellung ihrer Welt ist die Dimension der Perspektive. Diese wird zum Beispiel mithilfe einer ganzseitigen Illustration vermittelt. Vor schwarzem Hintergrund wird eine Vielzahl an weißen Augen mit einer grünen Iris, unsortiert und in verschiedenen Größen, dargestellt: Damit beschreibt Maia ihre eigene Situation bei der Beerdigung von Oma Sieglinde, als sie sich fragt, ob die anderen Anwesenden sie und ihre Familie mustern und in ihnen die „bemitleidenswerte Familie, der man ein bisschen unter die Arme greifen muss, Oma Sieglindes Sozialprojekt" (PK, S. 28) erkennen. Nach dieser

30 Staiger, Erzählen mit Bild-Schrifttext-Kombinationen [Anm. 15], S. 17.
31 Abraham und Sowa, Bild und Text im Unterricht [Anm. 12], S. 49.

Einschätzung kommt Maia zu dem Schluss, dass Oma Sieglinde vermutlich nicht so über sie gesprochen hat und sie distanziert sich sogleich von dieser Aussage, indem sie sich nun nicht mehr so sicher ist, dass sie und ihre Familie Oma Sieglinde „wirklich kannten". Aus dem Gefühl des Beobachtetseins ergibt sich eine Unsicherheit über die Einschätzung der Gefühle der geliebten Person ihr gegenüber und daraus die Frage, ob die Einschätzung der Person denn richtig gewesen sei. Andererseits kann die Darstellung dieses Gefühls zur Klarheit und zur Ordnung beitragen. Am Ende des Skizzenbuchs kann Maia feststellen, dass sie „mehr als ihr [Oma Sieglindes, Anm. H. H.] Sozialprojekt" (PK, S. 131) waren.

Die Auseinandersetzung mit Perspektiven der Wahrnehmung wird auf der nächsten Seite fortgesetzt: Als *Positive-Negative-Space* werden zwei Sichtweisen auf Großeltern dargestellt, indem sich Maia mit ihrer Freundin Alex darüber austauscht, wie die beiden Großeltern sehen. Der Dialog ist dabei mit Anführungszeichen als solcher gekennzeichnet, eingebettet ist er in die Umrisse eines Oma-Porträts, dass auf der einen Seite aus der Sicht von Maia die positiven, auf der rechten Hälfte der Doppelseite aus der Sicht von Alex die negativen Seiten darstellt. Durch die Illustration ist das Objekt, auf das sich die unterschiedlichen Sichtweisen beziehen, gekennzeichnet. Verstärkt wird die Gegensätzlichkeit der Ansichten durch den *Positive-Negative-Raum*.

Die oben beschriebene Erzählweise in Form von Listen und Illustrationen nimmt in Teilen des Buches auch eine andere Gestalt an, wenn zum Beispiel die mündliche Redeweise einbezogen wird. Auf einer Doppelseite fasst Maia, bildlich dargestellt durch Gedankenblasen oder Sprechblasen, das zusammen, was die Leute reden, wenn sie erfahren, dass die drei Geschwister unterschiedliche Väter haben. Hinführend heißt es: „Wenn die Leute herausfinden, dass Mama drei Töchter von drei verschiedenen Männern hat, hat Mama schon verloren: Leute (insgeheim): Schon mal was von Verhütung gehört? Oder: Schlampe. Wechselt die Männer wie die Unterwäsche, lässt sich von jedem ein Kind machen und nimmt dann alle aus wie die Weihnachtsgänse [...]." (PK, S. 15) Die Aussagen der Leute werden angeführt und zum Teil mit einem kurzen Kommentar versehen. Abschließend folgt wieder die Einstufung durch Maia, die erklärt, wie ihre Mutter begründen kann und wie sie reagiert; schließlich die Feststellung, dass Mama „auf einer gigantischen Trillerpfeife" (PK, S. 16) drauf pfeift, dass alle sofort eine Meinung über sie haben.

3.3 Listen: Ordnung schaffen in kleinen Bestandsaufnahmen

Vor dem Hintergrund, dass eine Orientierung in Maias Darstellung von Welt weder durch das Datum oder eine Seitennummerierung noch durch klare Zeitangaben geliefert wird, spielen die Listen u.a. die Rolle dieser Orientierung.

Dabei kommen die Listen im Text in vielfältigen Formen vor, nämlich sowohl als Beschreibungen im Fließtext als auch in der bildlichen Darstellung.

In Bezug auf die Integration der Listen in den Text ist in vielen Fällen eine enge Verschränkung zwischen der Text- und der Bildebene zu beobachten. In *Papierklavier* ist die erste Doppelseite nach der Klärung der Schreibsituation in zwei einzelne Seiten unterteilt, die durch die Illustration verbunden werden (vgl. Abb. 3).

Abb. 3: Sturm (PK, S. 3f.)

Auf der rechten Doppelseite liegt eine Liste vor: Maia malt sich aus bzw. träumt davon, was sie sich von drei Euro Taschengeld alles kaufen könnte.

Durch diese Überlegungen charakterisiert sich die Protagonistin selbst – sie formuliert einfache Wünsche wie Cappuccino oder Joghurt oder Kaugummi und malt sich dann das Unwahrscheinliche aus, mit dem ihre finanziellen Probleme gelöst sein würden, nämlich ein Rubbellos. Es geht um das Formulieren von Möglichkeiten. Nach einem größeren Absatz wird die Liste fortgesetzt mit „Mit drei Euro Essensgeld in der Tasche kaufe ich schließlich: Eine Packung Nudeln, eine Dose passierte Tomaten und einen Sack Äpfel für uns alle" (PK, S. 4).

Die zunächst angeführten Wünsche werden als Möglichkeiten aufgeführt, schließlich wird eine pragmatische Entscheidung getroffen – Maia kauft etwas zum Essen für ihre Geschwister und für sich ein. Die Wertung dieser Entscheidung wird durch die linke Seite der Doppelseite geliefert, auf der eine Kurznachricht aus dem Radio kommentiert wird: Die Nachricht besagt, dass es „bei weiblich benannten Hurricanes mehr Todesopfer [gibt] als bei männlich benannten“ (PK, S. 3).

Die Schlussfolgerung, die Maia aus den Erklärungen für dieses Phänomen zieht: „Was soll man dazu sagen? Unterschätze nie die Kraft einer FRAU.“ (PK, S. 3) Oben auf der Seite wird skizzenhaft ein Hurricane angedeutet, der bis zu der Mädchenfigur Maia unten auf der rechten Seite reicht bzw. sein Ursprung in der Mädchenfigur wird angedeutet. Von der Assoziation über Namensgebung von Hurricanes, der Aussage, dass Frauen oft unterschätzt werden, aber eigentlich stark sind, kann geschlossen werden, dass Maia – eben weil sie eine starke Frau ist – die Möglichkeiten des Geldausgebens, die sie auf ihrer Liste formuliert hatte, nicht verwirklicht, sondern stark ist und die drei Euro für das Essen der Familie ausgibt. Damit wird auch wieder zurückverwiesen auf den Eigennamen Maia, der auf der ersten Doppelseite mit der Göttin des Blühens und Wachsens attribuiert wurde. Weitere Beispiele zeigen, dass die Zeichnungen dem Text nicht immer eindeutig zuzuordnen sind, sodass man in Bezug auf die intermodale Dimension auch von Anreicherungen oder sogar von Kontrapunktionen[32] sprechen kann.

Ein weiteres Beispiel für eine Liste, die typographisch als solche erscheint, ist die Liste, die die Situation in Maias Familie beschreibt:

In dieser Familie ist alles zu knapp:
Das Geld
Die Vorräte in unserem Kühlschrank
Der Platz in unserer engen Zweizimmerwohnung
Ruths Hotpants [...].

Die Zeitspanne zwischen dem Moment, wenn Mama von der Arbeit heimkommt, und dem, wenn sie erschöpft auf der Couch einschläft – wie soll sie es da schaffen, Essen zu machen, aufzuräumen, Hausaufgaben zu kontrollieren und ihre Kinder zu fragen: Wie war euer Tag?“ (PK, S. 13)

Dabei werden materielle und immaterielle Dinge wie die Zeit, die die Mutter nicht hat, genannt und auf der rechten Seite der Doppelseite werden entsprechend Körperteile, Uhren, Geldmünzen gezeichnet und wie in einer Collage zusammengefügt, ohne dass dadurch eine Einheit entstünde. Mit Eco kann hier von einer disjunktiven Liste gesprochen werden, bei der der Autor oder die Autorin gerade die Disparatheit der Dinge in den Vordergrund stellt.

32 Staiger, Erzählen in Bild-Text-Kombinationen [Anm. 15], S. 20.

Ebenfalls aufgelistet werden die Säfte, die Maia bei ihrem Job in einem Saftladen verkauft. Sie führt elf unterschiedliche Fruchtsäfte auf und ergänzt diese Liste auf der rechten Hälfte der Doppelseite mit einer Auflistung derjenigen Kunden, die in ihren Saft auch noch einen Schuss Körpersaft, also Spucke, dazubekommen: diejenigen, die sie um Geld betrügen wollen, diejenigen, die sich über ihre Figur lustig machen.

Ansätze einer Liste werden auch verwendet, um das zu beschreiben, was Oma Sieglinde für die Familie getan hat. Diese hat für alle vier Familienmitglieder etwas Besonderes getan: Zusammenfassend beschreibt Maia nach der Aufzählung: „Oma Sieglinde hatte für uns alle ein offenes Ohr. Und eine offene Tür, ein Stockwerk höher. Und nicht zuletzt hatte sie auch immer wieder mal eine offene Brieftasche für uns, aus der sie Geld für Eis, Kinokarten oder sogar die Reparatur unserer Waschmaschine zauberte." (PK, S. 7) Die Etablierung der Liste funktioniert hier also über die Phraseologismen des Wortes „offen", sodass mit Eco von einer poetischen Liste[33] zu sprechen ist.

Noch weiter weg von der eigentlichen Formulierung einer Liste ist die Arbeit mit der Symbolik des Klaviers: Als eine Auflistung von Tasten – noch dazu schwarzen und weißen Tasten – stellt das Klavier eine Liste dar, die auch durch die Bezeichnung „Zebra" eine besondere Einheit bildet: „Das Zebra ist Oma Sieglindes Klavier. Ein alter Flügel. Er steht in ihrem Wohnzimmer (das übrigens viel größer ist als unsere gesamte Wohnung) und ist der Speicher für Oma Sieglindes ganzes Leben. Sie spielt dir ein Stück vor und erzählt dir eine Anekdote aus vergangenen Zeiten. Jede Taste ist mit einer anderen Erinnerung belegt." (PK, S. 7) Die bildliche Aneinanderreihung von Tasten wird hier mit Leben gefüllt, da hinter jeder Taste eine Erinnerung steht. Das titelgebende Papierklavier könnte damit als Allegorie für das Leben bezeichnet werden. Es verbindet eine Generation mit der nächsten, es stellt auf bildlicher Ebene eine Liste dar, deren einzelne Bestandteile jeweils Tasten der Erinnerung darstellen. Es greift damit das Kompositionsprinzip des Skizzenbuchs auf.

33 Eco, Die unendliche Liste [Anm. 3], S. 116f.

Abb. 4: Papierklavier und Ballerinaposen (PK, S. 107).

Die Idee des Papierklaviers wird schließlich auf der bildlichen Dimension weiterverarbeitet: So zum Beispiel als Heidi auf ihrem Papierklavier spielt und Maia sich in unterschiedlichen Ballerinaposen selbst darstellt (vgl. PK, S. 107). Gewissermaßen kann die bildliche Dimension als Kontrapunkt zu der Erzählweise mit Listen verstanden werden, denn die bildliche Dimension wird dazu genutzt, Zusammenhänge darzustellen und Listen zu einer Einheit werden zu lassen. Durch plurale Darstellungen wie zum Beispiel bei den Ballerinaposen wird auch ein zeitlicher Ablauf angedeutet und damit die Text- und Bildebene verbunden (vgl. Abb. 4).

3.4 Die Augmentation der Liste

Auf einer übergeordneten Ebene ist der Text im letzten Drittel wie durch eine zeitlich und räumlich ausgedehnte Liste strukturiert: Nachdem Maia festgestellt hat, dass man entweder auf das große Glück hoffen oder aber das kleine Glück sammeln könne („… die kleinen Dosen Alltagsglück, die oft nicht mehr als einen Fingerhut füllen, aber alle zusammen mit der Zeit zu einem kleinen See anwachsen, in den du kopfüber springen kannst" [PK, S. 81]), fängt sie genau damit an: Mit den Hashtags Nummer 1, 2, 3 und 4 beschreibt Maia auf den folgenden Doppelseiten, die in unregelmäßigen Abständen aufeinander folgen, ihre Momente des Alltagsglücks. Das ist zum Beispiel ein Tag im Pyjama mit dem Lieblingslied im Radio, der Frühlingsduft, eine Freundin, die positiv denkt, oder die Gegenwart ihrer Schwestern. Damit wird die Funktion der Liste in der zeitlichen Dimension erweitert: Während die Geschichte von Maia kaum Zeitangaben in Bezug auf die erzählte Zeit enthält, scheint die Erzählzeit durch die mit Hashtags ausgewiesenen Listen strukturiert und rhythmisiert: Maia zieht am Schluss der Auseinandersetzung mit sich selber das Fazit, dass sie schon so viele Glücksmomente gesammelt hat, dass sie darin abtauchen kann. „Es ist alles andere als perfekt hier. Aber eindeutig ziemlich schön." (PK, S. 135)

Der Text dieser Seite befindet sich inmitten eines mit vielen Wellen dargestellten Bildes von Maia, in dem ihr Kopf und eine Hand klar erkennbar sind, während die Haare und die weiteren Umrisse in Wellen übergehen, sodass auch dieses Bild wieder voller Bewegung ist. Der Text ist dort platziert, wo die Körpermitte von Maia zu vermuten ist. Somit hat sich nicht nur Maias Beziehung zur Umwelt positiv entwickelt, wie auf der verbalen Ebene ausgedrückt wird, sondern auch die Art der Darstellung ihres Körpers auf der bildlichen Dimension hat sich gewandelt: Während Maia zu Beginn des Skizzenbuchs eine distanziertere Darstellung für ihre Person gewählt hat (Maia sitzt am Schreibtisch, ihr Körper ist durch eine Skizze angedeutet, das Gesicht ist nicht zu erkennen), kommt die Protagonistin sich und ihrem Körper durch die zeichnerische Auseinandersetzung immer näher. Zu Beginn der Aufzeichnungen gibt es auf der verbalen Ebene immer wieder Hinweise, dass Maia sich zu dick fühlt, es gelingt ihr aber im Laufe der Auseinandersetzung auch mithilfe ihrer Freundin, sich und ihren Körper anzunehmen. Als wichtige Erkenntnis formuliert Maia später, dass alle Menschen doch zusammengehören, „weil wir so unterschiedlich ja gar nicht sind" (PK, S. 101 f.). Auf der bildlichen Dimension werden dazu viele unterschiedliche, nackte Körper in Strichzeichnungen verfremdet und ungeschönt dargestellt. Einige Seiten später gelingt es Maia, sich selbst als Porträt nackt darzustellen, wobei nur ein Teil des Körpers zu sehen ist, das Gesicht fehlt. Maia sieht sich hier aus der Distanz und formuliert: „Irgendwo muss ja mal irgendwer damit anfangen, sich wohlzufühlen, in der eigenen Haut, im eigenen Leben, auch, wenn es nicht der Norm entspricht. Wo, wenn nicht hier. Wer, wenn nicht wir." (PK, S. 130)

Maia zeichnet in ihrem Skizzenbuch den Prozess ihrer Wahrnehmung auf: Das Erkennen, Benennen und Darstellen von Unterschieden in Skizzen und Listen verhilft ihr dazu, sich in ihrer Situation und in ihrem Körper wohlzufühlen und Momente des Glücks zu formulieren, welche zeitlich ausgedehnt werden. Ausgehend von der bildlichen Darstellung gelingt ihr schließlich eine weitere Grenzüberschreitung (vgl. Abb. 5).

Abb. 5: Schattenbilder (PK, S. 131)

Maia zeichnet sich und ihre beiden Schwestern als groß angelegte Schatten in Schwarz, die auf Oma Sieglinde (grüner Umriss) treffen und ihr die Hand reichen. Ein weiteres Mal wird die verstorbene Oma Sieglinde somit lebendig; auf der bildlichen Ebene ist damit „real“, was auf der verbalen Ebene stark relativiert wird: „Wir waren ein bisschen wie richtige Enkelkinder für sie.“ (PK, S. 131)

3.5 Didaktische Perspektiven

Steinkellners *Papierklavier* spricht umfänglich Themen aus der Lebenswelt der Schüler:innen an und schafft Angebote für eine Auseinandersetzung und Verarbeitung. Die geringe Textmenge und die Darstellungsweise in Form von Skizzen ermöglicht einen leichten Zugang für schwache Leser:innen sowie gleichzeitig *andere* Zugangsmöglichkeiten und Herausforderungen als im Deutschunterricht in der Regel eingesetzte Ganzschriften. Neben Aspekten literarischen Lernens bietet es sich an, einen Fokus auf die Text-Bild-Kombinationen zu legen. Dies kann sowohl rezeptions- als auch produktionsorientiert fruchtbar sein: Einerseits ist es lohnend, mündliche Kompetenzen in Bezug auf das Beschreiben von Illustrationen zu fördern und dabei das Zusammenspiel von Bild und Text zu betrachten; andererseits können Schüler:innen zur Anfertigung eigener Skizzen,

Listen und Illustrationen motiviert werden. Nicht zuletzt kann in der Lerngruppe ein fruchtbarer Austausch über individuelle Arten der Rezeption – die Skizzen werden unterschiedlich intensiv „gelesen" – initiiert werden.

In dem dreiphasigen Modell eines identitätsorientierten Deutschunterrichts nach Frederking[34] könnte in der Phase der subjektiven Annäherung die Beschäftigung mit dem individuellen Verständnis von Glück vorgenommen werden. Schüler:innen können sich auf medial unterschiedliche Weise ihren subjektiven Zugang zu diesem Thema bewusst machen. In der analytischen Phase wird der Text in seiner Breite zu sichten sein und mit Methoden des handlungs- und produktionsorientieren Literaturunterrichts vertiefend erschlossen. In dieser Phase kann von der großen Offenheit des Textes profitiert werden, worin zugleich die größte Herausforderung besteht. Die Bildebene bietet dabei ein großes Potenzial, da Skizzen beschrieben, gedeutet und in Bezug zur verbalen Ebene gebracht werden können. Es kann danach gefragt werden, welche Elemente von Wirklichkeit in Illustrationen ausgedrückt werden, welche eher sprachlich formuliert werden und inwiefern Übereinstimmungen vorliegen, wobei die Reflexion der Art und Weise der Vermittlung auch zu einer distanzierenden Haltung führen kann.[35] Ein Blick auf den Stellenwert des Themas Glück in der Gesamtanlage des Textes ist aufschlussreich und kann in der personalen Applikation mit dem Vorverständnis der Schüler:innen in Verbindung gebracht werden.

4. Fazit und Kontextuierung

Auf der Diskursebene weisen beide Texte erstaunliche Parallelen auf: Es handelt sich um jugendliche Protagonistinnen, die ein besonderes Ereignis ihres Lebens zum Anlass nehmen, ihre Person und ihre Gedanken vorzustellen. Dabei werden unterschiedliche Themen abgehandelt – in beiden Texten geht es um einfache Verhältnisse, die Auseinandersetzung mit Freunden, Geschwistern und Eltern, um Heterogenität, um die Fähigkeit, andere Perspektiven einzunehmen, die Thematisierung des weiblichen Körpers, die Rolle von Notizen und um die Suche nach Identität, die mit dem eigenen Namen verbunden ist. In den Selbstzeugnissen fallen die verbalsprachliche und die bildliche Erzählinstanz zusammen und elaborieren somit eine besondere Qualität der Selbstvergewisserung.[36]

34 Frederking, Peter Härtlings „Ben liebt Anna" [Anm. 22], S. 98.

35 Renate Dürr, 2020, Die Vermittlungsebene von Texten analysieren, in: Auf dem Weg zur literarischen Kompetenz [Anm. 24], S. 229–260, hier: S. 245.

36 Vgl. Staiger, Erzählen mit Bild-Schrifttext-Kombinationen [Anm. 6], S. 17.

In beiden Werken liegen allerdings autodiegetische Erzählerinnen vor, die sich die Illustrationen in unterschiedlicher Weise zu Nutze machen: Während bei *Wie der Wahnsinn mir die Welt erklärte* das erzählende Ich vorwiegend im Fließtext berichtet und die Erlebnisse und Reflexion parallel dazu in zusammenhängenden Skizzen und Illustrationen verarbeitet[37], wird in *Papierklavier* mit dem Tage- und Skizzenbuch ein Medium gewählt, in dem ein Erzähl- und Erlebnisraum gleichzeitig durchschritten wird. Auf den Doppelseiten des Buches werden Einzelheiten des Erlebens und Fühlens verbal als kleine „Ausdrucksmomente" dargestellt, die parallel in Skizzen räumlich vorgestellt und weitergeführt werden. Damit wird über die unterbrochene Liste der Effekt einer zeitlichen Ausdehnung vermittelt, die gleichzeitig Einheit stiftet.

Als Medien der Gegenwartsliteratur weisen beide Texte Figuren auf, die sich auf der Suche nach ihrer Identität befinden und damit die Möglichkeit zur Auseinandersetzung mit Problemen der Gegenwart sowie zur Identitätsarbeit bieten.[38] Der Einsatz beider Bücher kann zum einen aufgrund des Nachdenkens über Abweichung von Normen, Grenzziehungen und Anderssein legitimiert werden. Am Beispiel von Lucie kann thematisiert werden, wie fremde Elemente in die eigene Wahrnehmung integriert werden und dadurch auch Spaß am Umgang mit der Wahrnehmung und internen Logik von unbekannten Welten entwickelt werden kann.

Das Werk von Steinkellner zeichnet sich durch große Offenheit aus. Eine Schwierigkeit besteht darin, beim Textverstehen Kohärenz herzustellen. Ein Potenzial stellt andererseits die Offenheit des Textes und dadurch die Möglichkeit, mit einzelnen Passagen oder mit den Bildern zu arbeiten, dar. Die Leerstellen, die sich durch die Bilder ergeben und die zwischen den Doppelseiten vorliegen, bieten Möglichkeiten für Schreibaufgaben und können sogar einen Schlüssel zum autobiographischen Schreiben bilden.

Im Hinblick auf die Eignung der Texte für einen gendersensiblen Literaturunterricht sollte ein schlüssiges Gesamtkonzept entwickelt werden. Diesbezüglich wäre zu überlegen, ob zumindest *Papierklavier* nicht als Klassenlektüre gelesen wird, sondern nur Auszüge daraus thematisiert werden. Insbesondere für weibliche Jugendliche bieten die Protagonistinnen beider vorgestellten Jugendromane gleichwohl ein großes Identifikationspotenzial.

---

37 Vgl. Matías Martínez und Michael Scheffel, 2019, Einführung in die Erzähltheorie, 11., überarb. u. akt. Aufl., München: Beck, S. 84.

38 Vgl. Jan Standke und Sebastian Bernhardt, 2019, Gegenwartsliteratur, in: Grundthemen der Literaturwissenschaft: Literaturdidaktik, hrsg. Christiane Lütge, Berlin: De Gruyter, S. 319–337, S. 333.

Beide Texte bieten ferner durch die Artikulation von Listen vielfältige Schreibanlässe. Es ist gezeigt worden, welche unterschiedlichen Funktionen Listen in beiden Texten einnehmen: Von der Sortierung von Gedanken bis hin zum Finden einer Position, dem Aufzeigen von Handlungsmöglichkeiten oder einer indirekten Charakterisierung – das Schreiben von Listen bietet eine einfache Vorgabe, die in mehrfacher Hinsicht differenziert werden und Kreativität auslösen kann. Das Schreiben von Listen kann in einer Schreibwerkstatt ein möglicher Zugang zum freien Schreiben bedeuten, da „Teilnehmer mit keiner oder wenig Schreiberfahrung lernen, eine erste Ordnung in ihre Gedanken zu bringen und zudem, dass eine intelligente Auswahl notwendig ist, um sich in dieser Form mitzuteilen, dass es sich hierbei um eine Auswahl aus vielen Möglichkeiten handelt“.[39] Gewinnbringend kann es als im Unterricht sein, von den besprochenen Texten für das Schreiben eigener Listen auszugehen, da diese stark ausdifferenzierte Möglichkeiten – auch der Verbindung von verbaler und bildlicher Gestaltung – aufzeigen.

39 Ulrike Wörner, Tilman Rau und Yves Noir, 2012, Erzählendes Schreiben im Unterricht. Werkstätten für Skizzen, Prosatexte, Fotografie, Seelze: Kallmeyer, S. 43.

Brief(-Romane) als Selbstzeugnisse

Herzliche Grüße aus dem real existierenden Sozialismus!

Der Balanceakt zwischen Künstlichkeit und Authentizität: Erinnerung an die DDR in Briefromanen und Tagebuchfiktionen für Jugendliche. Eine Bestandsaufnahme

Kirsten Kumschlies

1. Einleitung

Trotz anhaltender Coronakrise, Klimawandel und der im September durchgeführten Bundestagswahl war auch der Tag der Deutschen Einheit im Jahr 2021 ein mediales Großereignis der öffentlichkeitswirksamen deutschen Erinnerungskultur. Allein der Blick in die Mediatheken von ARD und ZDF offeriert eine Fülle von Dokumentationen und Spielfilmen über die Deutsche Einheit und Ostdeutschland in historischer und bestandsaufnehmender Perspektive. Und mit der Ausstrahlung des Kinderfilms *Fritzi – Eine Wendewundergeschichte*[1] ist die DDR-Erinnerung auch im kinderkulturellen Sektor präsent. Die „beispiellose Erinnerungskonjunktur"[2] bzw. der *memory boom* scheint ungebrochen. Nicht zuletzt aufgrund des divergierenden Wahlverhaltens in Ost und West, das sich exemplarisch an dem starken Wahlergebnis der AfD in Sachsen spiegelt, ist das Thema deutsche Teilung, Mauerfall und Wende immer noch virulent – seit Ausbruch des Ukraine-Kriegs einmal mehr. Im Fokus stehen dabei vielfach der biographische Bruch, der sich aus der Wiedervereinigung (bzw. der „Übernahme"[3] der DDR von der BRD) für die Menschen im Osten ergab und der Mangel an Anerkennung der Lebensleistung, womit vielfach die hohen Zustimmungswerte für die AfD im Osten erklärt werden.

1 Matias Bruns und Ralf Kukula (Regie), 2019, Fritzi. Eine Wendewundergeschichte, D, B, LUX, CZE, Balance Film und Lutterbeck, basierend auf dem Kinderbuch von Hanna Schott.

2 Astrid Erll, 2017, Kollektives Gedächtnis und Erinnerungskulturen. Eine Einführung, 3. Aufl., Stuttgart: Metzler, S. 2.

3 Ilko-Sascha Kowalczuk, 2019, Die Übernahme. Wie Ostdeutschland Teil der Bundesrepublik wurde, München: Beck.

Seit 1990 beteiligt sich die deutsche Kinder- und Jugendliteratur in erkennbaren Wellen an der Erinnerungskultur zur DDR.[4] Seitdem erscheinen mehr und mehr Titel, deren Intention es ist, Kindern und Jugendlichen vom Alltag in der DDR und von den Umbrüchen und der friedlichen Revolution im Jahr 1989 zu erzählen. Darunter sind auch einige Texte, die als Darstellungsmodus den Briefwechsel oder die Tagebuchform wählen. Ebendiese fiktionalen Selbstzeugnisse stehen im Zentrum des Beitrags.

Leitende These ist, dass die Tagebuch- und Briefromane in spezifischer Weise Strategien der Authentizitätserzeugung nutzen und versuchen durch die Anlage einen Zeitzeugen-Charakter zu evozieren. Doch: Wie gelingt dieses Anliegen den Texten? Da sich die Beurteilung des authentischen Charakters eines Werks unmittelbar an den Umgang mit dem historischen Wirklichkeitsmaterial bzw. der historischen Faktizität bindet, geht es bei der Analyse der jugendliterarischen Texte auch um die Fragen zum Verhältnis von Faktizität und Fiktionalisierung in zeithistorischen Umbruchserzählungen zu Mauerfall und ‚Wende'.

Der Analyse vorgeschaltet sind grundlegende Überlegungen zum Begriff der literarischen Authentizität. Der Beitrag mündet in ein Resümee mit einem kurzen didaktisch-methodischen Ausblick.

2. Zum Begriff der literarischen Authentizität

Geschichtserzählende und zeitgeschichtliche Romane zeichnen Bilder historischer Ereignisse, vergegenwärtigen Vergangenheit und beteiligen sich durch ihre entsprechenden historischen Konstruktionen und Figurationen an der literarischen Erinnerungskultur. Dabei spielt die Frage der Authentizität der Darstellung stets eine tragende Rolle, die sich auf die Darstellungsmodi der Texte bezieht, also darauf, wie diese mit dem historischen Wirklichkeitsmaterial umgehen. Vereinfacht gesprochen: Erscheint das Erzählte glaubwürdig oder wirkt es konstruiert? Authentizität avanciert somit zu einem zentralen Kriterium literarästhetischer Qualität: So sieht etwa Christian Bittner Authentizität und Zeitdiagnostik als „entscheidende Kriterien avancierter, anspruchsvoller Jugendliteratur".[5]

Doch: Was ist überhaupt literarische Authentizität? War Authentizität für Adorno noch ein „Wort aus der Fremde", avanciert der Terminus aktuell zu einem

4 Vgl. Ute Dettmar, 2016, Kindsein – Erinnern – Erzählen. (Selbst-)Beschreibungen von Kindheiten in ‚Wendezeiten' in erinnerungskultureller und generationeller Perspektive, in: Die andere deutsche Erinnerung. Tendenzen literarischen und kulturellen Lernens, hrsg. von Carolin Führer, Göttingen: V & R Unipress, S. 39–58, hier: S. 51.

5 Christian Bittner, 2012, Literarizität und Komplexität der Jugendliteratur zur Jahrtausendwende, Frankfurt a. M.: Peter Lang, S. 97.

„Hochwertwort der Gegenwart."[6] Als ein zentrales Merkmal von Authentizität gilt, „dass die Wahrheit des Dargestellten durch die Wahrhaftigkeit der Darstellung ersetzt wird: Nicht der Inhalt garantiert eine empirische, ontologische, ästhetische oder moralische Qualität, vielmehr muss durch eine kontextuelle Konstruktion oder eine Zuschreibung des Merkmals ‚authentisch' angeregt werden", so der Klappentext des Sammelbandes *Authentisches Erzählen*, den Antonius Weixler herausgegeben hat.[7] Authentizität ist somit „nicht nur ein Aspekt der Ästhetik, sondern hat erzählerische Dimensionen" (ebd.) und ist damit ein Zuschreibungsphänomen.[8]

Zentral sind in der Forschung zur Authentizität die Arbeiten von Susanne Knaller. Sie unterscheidet auf einer ersten Analyseebene zwischen Subjekt- und Objektauthentizität und fasst den Authentizitätsbegriff als „konstituierendes Merkmal moderner und zeitgenössischer Kunst und Literatur"[9] „für das die Synonyme Unverfälschtheit, Unmittelbarkeit, Unverstelltheit und Wahrhaftigkeit gelten".[10]

Matías Martínez analysiert indes die Verwendungsweisen von Authentizität und formuliert vier Bedeutungsaspekte: Autor, Referenz, Gestaltung und Funktion.[11] Authentisierungsstrategien fiktionaler Texte erklärt Martínez mit dem dritten Aspekt, der Gestaltung, als „Effekt bestimmter Formen von Künstlichkeit".[12] Verfahren der Gestaltung können demnach authentisierend wirken, wenn in der Darstellung Mittel verwendet werden, die einen „Wirklichkeitseffekt" erzeugen", so fasst es Weixler[13] zusammen. Hier lehnt sich die These des Beitrags an, der

---

6 Pierre Schwidlinski, 2020, Erlebte Authentizität. Diskursive Herstellung von Authentizität zwischen Performanz und Zuschreibung, Berlin: De Gruyter, S. 1.

7 Antonius Weixler (Hg.), 2012, Authentisches Erzählen. Produktion, Narration, Rezeption, Berlin: De Gruyter.

8 Nadine J. Schmidt verweist in ihrer Dissertation zur Konstruktion von Authentizität in Autobiographien darauf hin, dass „nicht nur dem Wirklichkeitsnahen ein Authentizitätsanspruch" zugeschrieben werden könne, „sondern ebenso dem literarisch Konstruierten" (Nadine Jessica Schmidt, 2014, Konstruktionen literarischer Authentizität in autobiographischen Erzähltexten, Göttingen: V & R unipress, S. 24). Sie sieht in der literarischen Authentizität einen „Plastikbegriff" (ebd., S. 45), „der lediglich als heuristisches Begriffsinstrument fungiert" (ebd.).

9 Susanne Knaller, 2017, Ein Wort aus der Fremde. Geschichte und Theorie des Begriffs Authentizität, Heidelberg: Winter, S. 28.

10 Ebd.

11 Matías Martínez, 2004, Zur Einführung. Authentizität und Medialität in künstlerischen Darstellungen des Holocaust, in: Der Holocaust und die Künste. Medialität und Authentizität von Holocaust-Darstellungen in Literatur, Film, Video, Malerei, Denkmälern, Comic und Musik, hrsg. von Matías Martínez, Bielefeld: Aisthesis und vgl. Antonius Weixler, 2012, Authentisches erzählen – authentisches Erzählen. Über Authentizität als Zuschreibungsphänomen und Pakt, in: Authentisches Erzählen [Anm. 7], S. 1–32, hier: S. 11.

12 Weixler, Authentisches erzählen [Anm. 11], S. 12.

13 Ebd.

annimmt, dass die Konstruktion von Texten über Mauerfall und DDR als Brief- und/oder Tagebuchroman als ein Mittel zu verstehen ist, das gewählt wird, um ebendiesen Wirklichkeitseffekt zu erzeugen. Dem liegt die Prämisse zugrunde, dass „ein Text, ein Kunstwerk nicht authentisch *per se* sein“[14] kann, „eine derartige ontologische Qualität ist in medialen Kommunikationen nicht erreichbar“.[15] Weiter heißt es bei Weixler: „Man kann einem Text lediglich *zuschreiben*, dass er authentisch in Relation auf einen Autor bzw. Urheber oder dass er authentisch durch die Referenz auf das Dargestellte ist.“[16] Und: „Im relationalen Authentizitätsbegriff der Zuschreibung steckt die Einsicht, dass Authentizität nicht zuweis- oder erschreibbar ist, sondern lediglich durch bestimmte narrative Verfahren die Bereitschaft des Rezipienten angeregt werden kann, einem medialen Produkt das Prädikat ‚authentisch‘ zu verleihen.“[17]

3. Authentizität in Tagebuch- und Briefromanen für Kinder und Jugendliche

Ebendiese Zuschreibung korrespondiert, wie ich im Folgenden anhand der Analyse ausgewählter Jugendromane zu zeigen versuche, eng mit der Motivgestaltung und mit der Anlage als Brief- bzw. Tagebuchromane.

In den 1970er Jahren, parallel zum Paradigmenwechsel in der westdeutschen Kinder- und Jugendliteratur, avancierte Authentizität zu einem „Schlüsselbegriff“, wie Susanne Knaller hervorhebt, in Form einer „Innerlichkeitsliteratur“, die mit dem Schlagwort „Neue Subjektivität“ versehen wird.[18] Eine solche Innerlichkeit dominiert seither auch vielfach in aktuellen Texten für junge Leserinnen und Leser. Mit Gansel sind Brief- und Tagebuchromane als „Sonderformen des psychologischen Kinderromans“[19] einzuordnen. Durch diese sei ein „Zuwachs an Modernität“[20] zu verzeichnen und durch den Blick ins Innere könne „ein Höchstmaß an Authentizität“[21] erzeugt werden.

Zum Tagebuchroman für Kinder und Jugendliche im digitalen Zeitalter merkt Christina Ulm kritisch an: „Dass Privates öffentlich gemacht wird, ist so spektakulär ja nicht in Zeiten des Internets.“[22] Dennoch sieht auch sie im

14 Ebd.
15 Ebd.
16 Ebd.
17 Ebd.
18 Vgl. Knaller, Ein Wort [Anm. 9], S. 15.
19 Carsten Gansel, 2010, Moderne Kinder- und Jugendliteratur. Vorschläge für einen kompetenzorientierten Unterricht, Berlin: Cornelsen, S. 125.
20 Ebd.
21 Ebd.
22 Christina Ulm, 2016, Liebes Tagebuch …, in: 1000 und 1 Buch, S. 11–14, hier: S. 11.

Tagebuchroman für jugendliche Leser*innen „eine relevante Textform“[23], die ihre ganz eigene Narration hat, indem sich eine fiktive Erzählinstanz in den Vordergrund schiebt, die eigentlich Privates öffentlich macht und damit, so Ulm, „an sich verlogen“[24] ist. So binden sich gerade im Tagebuchroman für Jugendliche Strategien der Fiktionalisierung an Bemühungen, die Erzählinstanz mit einer „Aura der Authentizität“[25] auszustatten. Wie sie das im Kontext der Aufgabe, jungen Leser*innen historisches Wissen über DDR, Mauerfall und ‚Wende‘, tun, ist Thema dieses Beitrags.

Dabei ist zu bedenken, an welche Erinnerungs- und Gedächtniskultur sich das jeweilige Authentizitäts-Konzept bindet. Für die Erinnerung an die DDR unterscheidet der Historiker Martin Sabrow drei zentrale kollektive Gedächtnisformen: das Diktaturgedächtnis, das Arrangementgedächtnis und das Fortschrittsgedächtnis: „Das Diktaturgedächtnis ist normativ und teleologisch strukturiert; es zeichnet die DDR als negatives Kontrastbild vor der Folie rechtsstaatlicher Normen und Freiheitstraditionen, denen der Kommunismus an der Macht buchstäblich von seiner ersten bis zur letzten Stunde Hohn sprach.“[26] Dagegen steht das Arrangementgedächtnis, welches Machtsphäre und Lebenswelt miteinander zu verknüpfen sucht[27], während das Fortschrittsgedächtnis die DDR vor allem von ihrem Anfang her denkt.[28]

4. Eingrenzung des Gegenstands: Kinder- und Jugendliteratur zu Mauerfall, Wende und DDR

Als Kinder- und Jugendliteratur zu Mauerfall und ‚Wende‘ werden im kinderliteraturwissenschaftlichen und literaturdidaktischen Diskurs meist jene Texte deklariert, die sich auf die Ereignisse ab September 1989, also die Zeit der Montagsdemonstrationen, bis zur offiziellen Auflösung der DDR am 3.10.1990 beziehen. Impliziert sind zudem jene Texte, die, folgt man der Definition Petra Jostings, „auf die unmittelbare Wende Bezug nehmen und sich mit Fragen der Fremdheit und Annäherung zwischen Ost und West, Entfremdungserfahrungen unter den ehemaligen DDR-Bürgern, Wertewandel etc. beschäftigen“.[29] Dabei kommen folgende typische Motivkonstellationen zum Einsatz: lokale Motive wie

23 Ebd., S. 14.

24 Ebd., S. 11.

25 Erll, Kollektives Gedächtnis [Anm. 2], S. 161.

26 Martin Sabrow, 2009, Die DDR erinnern, in: Erinnerungsorte der DDR, hrsg. von Martin Sabrow, München: Beck, S. 11–27, hier: S. 18.

27 Ebd., S. 19.

28 Ebd.

29 Petra Josting, 2008, *Wendeliteratur* für Kinder und Jugendliche, in: Literatur zur *Wende*. Grundlagen und Unterrichtsmodelle für den Deutschunterricht der Sekundarstufen I und

die Großstädte Berlin als geteilte Stadt und Leipzig als Schauplätze des Umbruchs, typische Erinnerungsorte (z. B. Nikolaikirche, Grenzübergang Bernauer Straße, Pergamonmuseum) und Grenzen, situationale Motive wie Freundschaft, (durch die Mauer) verhinderte Liebesbeziehung (Romeo-und-Julia-Motiv), Verfall und Aufbruch, Rechtsradikalismus und Gewalt in der Nachwendezeit, objektionale Motive wie Bananen, Kerzen, Sektflaschen und Trabant, figurale Motive wie widerständige Kinder und Jugendliche, getrennte Geschwister, mutige Mütter und Parteitreue Väter, temporale Motive wie Flucht, Grenzüberschreitungen und Zeitreisen sowie jene, die sich auf zentrale historische Ereignisse beziehen (Montagsdemonstrationen, Tag der Republik, Mauerfall am 9. November 1989).[30]

Viele der genannten Motive finden sich in den jugendliterarischen Brief- und Tagebuchromanen, die im Folgenden in den Blick genommen werden: *Köln, Leipzig und zurück* von Nina Rauprich (2000)[31], *Zwischen uns die Mauer* (2006)[32] von Katja Hildebrand und *Mauerpost* von Maike Dugaro und Anne-Ev Ustorf (2019)[33] als Briefromane und *Der Klassenfeind und ich* (2007) von Barbara Bollwahn[34] und *In einem Land vor meiner Zeit* (2012)[35], 2021 neu aufgelegt unter dem Titel *Wir sehen uns im gestern* von Ina Raki[36] als Tagebuchromane.

5. Analysen

5.1 Briefromane

Mit dem Briefroman *Köln – Leipzig und zurück* (2000) legt die westdeutsche Autorin Nina Rauprich eine Freundschaftsgeschichte vor, deren Handlung nach der ‚Wende' angesiedelt ist und den Mauerfall nicht unmittelbar ins Zentrum der Darstellung rückt. Die Protagonistinnen heißen beide Katharina, sind 13 Jahre alt und lernen sich im Sommerurlaub auf einem Campingplatz an der Müritz kennen. Ihre Geschichten entfalten sich in Briefen, in denen deutlich wird, dass sie trotz der unterschiedlichen Sozialisation in Ost und West sehr viel verbindet. Die Darstellung ist starken Klischees eines ‚Ossi-Wessi-Denkens' verhaftet, in

II, hrsg. von Petra Josting, Clemens Kammler und Barbara Schubert-Felmy, Baltmannsweiler: Schneider, S. 39–54, hier: S. 39.

30 Vgl. als Basis hierzu das Motivanalysemodell von Kurwinkel und Jakobi: Tobias Kurwinkel und Stefanie Jakobi, 2019, Das Modell der transmedialen Motivanalyse am Beispiel der Animationsfilme *Spirited Away* und *Beauty and the Beast*, in: kjl&m 19.3, S. 41–49.

31 Nina Rauprich, 2000, Köln – Leipzig und zurück, Hamburg: Ellermann.

32 Katja Hildebrand, 2006, Zwischen uns die Mauer, Stuttgart: Klett.

33 Maike Dugaro und Anne-Ev Ustorf, 2019, Mauerpost, München: cbj, S. 43.

34 Barbara Bollwahn, 2007, Der Klassenfeind und ich, Stuttgart/Wien: Thienemann.

35 Ina Raki, 2012, In einem Land vor meiner Zeit, Berlin: Aufbau.

36 Ina Raki, 2021, Wir sehen uns im gestern, Hamburg: tredition.

dem Ostdeutschland als ein Gebiet voller Arbeitsloser, „Wendeverlierer" und Rechtsradikaler erscheint[37], und dies, obwohl es sich bei den Protagonistinnen um Nachwende-Kinder handelt, die in der gegenseitigen Begegnung und Brieffreundschaft auf die „Ähnlichkeitserwartung"[38] setzen, die sich schon zentral in der Namensgleichheit der Protagonistinnen spiegelt. So sinniert Katharina (genannt Kai) aus Leipzig im Brief:

> Manchmal denke ich, in Westdeutschland ist alles anders, weil es da nie eine DDR gab und das, worüber hier die Leute reden. Aber dann sage ich mir, das ist doch nur was für die Geschichtsbücher. Ich kenne Tina aus Köln. Die ist so wie ich. Was soll denn bei ihr anders sein?[39]

Später schreibt Kai: „Der Kommunismus konnte nicht alle Menschen gleichmachen und die Wende hat das auch nicht geschafft. Aber Katharina aus Leipzig und Katharina aus Köln lassen sich nicht auseinanderbringen. Wir haben mehr Gemeinsamkeiten als nur unsere Vornamen."[40]

Diese (pädagogisch motivierte) Betonung der Ähnlichkeitserwartung wird von einer intermedialen Verweisstruktur getragen, die im Text deutliche Archivierungsfunktion einnimmt, wenn die Mädchen ihre Gemeinsamkeiten an die Begeisterung für Popstars und zeitaktuelle Popmusik binden. Gleich im ersten Brief heißt es:

> Meistens bin ich schon früh in meinen Schlafsack gekrochen und habe mir die Kassette von den *Backstreet Boys* angehört, die du mir geschenkt hast. Weißt du noch, wie wir zusammen in eurem Wohnmobil gehockt haben, du einen Stöpsel im Ohr, ich einen? Und dann haben wir uns die *Spice Girls* angehört, *Sasha*, die Gruppe *Echt* und *Blümchen*. Das war super![41]

So ist die Mädchen-Brieffreundschaft eine intermedial inspirierte kinderliterarische Anti-Inszenierung gegen Ost-West-Differenzen, die aber vom Text trotzdem bedient werden, eben, weil er sie konstant aufruft und sich das Umfeld der beiden Katharinas sowohl im Westen als auch im Osten ausschließlich mit den Folgen des innerdeutschen Umbruchs zu beschäftigen scheint und dies auch das dominierende Thema in den Briefen der Mädchen ist.

---

37 Josting, Wendeliteratur [Anm. 28], S. 51.

38 Arne Born, 2019, Literaturgeschichte der deutschen Einheit 1989–2000. Fremdheit zwischen Ost und West, Hannover: Werhahn, S. 70. Born macht hier als Ursache der Fremdheit zwischen Ost und West „die Enttäuschung der Ähnlichkeitserwartung" (ebd.) aus.

39 Rauprich, Köln-Leipzig [Anm. 31], S. 15.

40 Ebd., S. 93.

41 Ebd., S. 7.

Die Darstellung des Ostens rekurriert auf Motive des doppelten Verfalls: der Verfall der DDR und der Zerfall der Familie. Das Plattenbau-Schulgebäude in Leipzig soll abgerissen werden, ebenso das alte Kombinat. Dieser äußere Verfall bildet die Kulisse für den Zerfall der Familie, den die Tochter explizit als solchen benennt: „Durch unsere Familie geht ein Riss. Mitten durch.“[42] Dieser Riss resultiert aus der Arbeitslosigkeit des Vaters, die im Text unmittelbar mit der Ausbreitung des Rechtsradikalismus im Osten verbunden wird. Sowohl Katharinas Vater als auch ihr Bruder sind als typische ‚Wendeverlierer‘ gekennzeichnet, die Zuflucht in rechts gerichteten Bewegungen suchen.

West-Kati bezeichnet den Arbeitslosen als „Abfallprodukt der Gesellschaft“[43], der dann in der rechtsgerichteten Kameradschaft eine neue Orientierung findet. Kais Mutter dagegen hat vor der ‚Wende‘ bei den Buntgarnwerken gut verdient. Das war eine Textilfabrik, die viele Waren in den Westen verkauft hat. Trotzdem wurde der Betrieb stillgelegt.[44] Die Protagonistin Kai aus Leipzig und ihr Bruder erscheinen im Text als Teil der desorientierten Jugend bzw. Mitglied der „Generation der Unberatenen“[45], wenn das Mädchen brieflich ausführt:

> Ich mache mir ständig Gedanken über Arbeitslosigkeit, Umweltzerstörung und Gewalt auf den Straßen. Es ist schrecklich, dass viele junge Menschen Angst vor der Zukunft haben. Meine Mutter meint, das sei eine von den ‚Wendekrankheiten‘. Jedenfalls bei uns. Zu DDR-Zeiten litt die Jugend unter Freiheitsmangel, jetzt unter Selbstfindungszwang.[46]

Der Rechtsradikalismus wird allein aus der DDR-Vergangenheit heraus erklärt: „Es gab nur eine Partei damals, die sorgte dafür, dass keiner aus der Reihe tanzte“[47], so konstatiert der Vater.[48]

---

42 Ebd., S. 90.

43 Ebd., S. 18.

44 Vgl. ebd., S. 46.

45 Bernd Lindner, 2006, Die Generation der Unberatenen. Zur Generationenfolge in der DDR und ihren strukturellen Konsequenzen für die Nachwendezeit, in: Die DDR aus generationengeschichtlicher Perspektive, hrsg. von Annegret Schüle, Thomas Ahbe und Rainer Gries, Leipzig: Univerlag, S. 93–112.

46 Rauprich, Köln-Leipzig [Anm. 31], S. 130.

47 Ebd., S. 31.

48 Wegen dieser eindimensionalen Gestaltung ist der Roman stark kritisiert worden. Für Josting handelt es sich um „ein typisches Mädchenbuch“ (Josting, Wendeliteratur [Anm. 29], S. 51), das sie aus didaktisch- unterrichtspraktischer Perspektive mit folgendem Negativurteil belegt: „Abgesehen davon, dass dieses Mädchenbuch bei Jungen auf Desinteresse stoßen wird, eignet es sich auch deshalb nicht für den Unterricht, weil es vor allem zu sehr mit dem Klischee arbeitet, die zweifellos im Osten stark verbreitete Arbeitslosigkeit führe insbesondere bei Jugendlichen mehr oder weniger zwangsläufig in den Rechtsradikalismus, denn nicht nur Katharinas arbeitsloser Vater aus Leipzig schließt sich einer

Die eindimensionale Darstellung, die klischeehaftem Denken Vorschub leistet, korrespondiert sicher auch mit der wenig gelungenen Gestaltung als Briefroman, denn es wirkt unglaubwürdig und konstruiert, wenn die Figuren in ihren Briefen über lange Passagen zusammenfassen, was sie gemeinsam erlebt oder am Telefon besprochen haben:

> Erinnerst du dich? Ganz leise haben wir uns gegenseitig erzählt, wie wir uns einen Freund wünschen und wie das mit der Liebe wohl sein könnte. Wir haben uns ausgemalt, wie es sich anfühlt, wenn *Nick Carter* uns küsst und hätten dabei vor Sehnsucht ohnmächtig werden können.[49]

Damit ist die Zuschreibung von Authentizität im Sinne von Wahrhaftigkeit der Darstellung verfehlt, was vor allem mit der sprachlichen Gestaltung der Briefe korrespondiert, die sich in historisch aufklärender Absicht an die empirischen Leser:innen richten, aber innerfiktional ihre Stimmigkeit und sich somit dem Postulat ‚authentisch' widersetzen.

5.1.1 *Katja Hildebrand: Zwischen uns die Mauer (2006)*

Katja Hildebrand hat mit *Zwischen uns die Mauer* einen autobiographiebasierten Jugendroman[50] verfasst, in dem sie ihre Erinnerungen an ihre Jugendliebe Markus darlegt, die in den 1980er Jahren zunächst an der Trennung durch die Mauer scheiterte.[51] Die Narration setzt somit auf das klassische Romeo-und-Julia-Motiv, insofern, als das Erleben der westdeutschen Protagonistin auf die Liebesbeziehung fokussiert ist, die wegen der Teilung Deutschlands keine Perspektive hat. Katja lebt in einer nicht näher situierten westdeutschen Kleinstadt und lernt Markus, den Sohn eines Pfarrers, bei einer ost-westdeutschen Jugendbegegnung in Ostberlin kennen. Es handelt sich um Liebe auf den ersten Blick, die auch sofort auf Gegenseitigkeit beruht.

Der Roman beginnt mit einer invocatio, in welcher die Protagonistin und Ich-Erzählerin Katja auf der Ebene der Erzählgegenwart im Jahr 2006 in die

---

Kameradschaftsbewegung an, sondern auch einer ihrer Brüder bekennt sich offen zur Neonaziszene und in den Jugendclubs laufen immer mehr Glatzen herum" (ebd., S. 51).

49 Rauprich, Köln-Leipzig [Anm. 31], S. 89.

50 Vgl. zum Begriff Hans-Heino Ewers, 2005, Zwischen geschichtlicher Belehrung und autobiographiebasierter Erinnerungsarbeit. Zeitgeschichtliche Kinder- und Jugendliteratur von Autorinnen und Autoren der Generation der Kriegs- und Nachkriegskinder, in: Geschichte und Geschichten, hrsg. von Gabriele von Glasenapp und Gisela Wilkending, Frankfurt a. M.: Lang, S. 97–128.

51 Das Buch wurde im Jahr 2019 unter der Regie von Norbert Lechner filmisch mit dem gleichen Titel adaptiert.

sogenannten „Regenbogenbriefe“[52] schaut, die sie sich in den Jahren 1984–1986 mit Markus aus Ostberlin geschrieben hat und liefert einen klassischen erzählerischen Rahmen:

> Heute werde ich die Regenbogenbriefe aus den Tiefen des Schranks befreien. Mich lesend in die Vergangenheit stürzen, in der sie entstanden, um wieder zu fühlen, wie das damals war, um dann endlich diese ganze Geschichte von damals aufzuschreiben, so wie wir sie erlebten. Diese Geschichte, die im Herbst 1984 im Mauerland Deutschland für uns begann, fünf Jahre vor dem Fall der Mauer, von dem wir niemals, niemals gedacht hätten, dass er je kommen würde.[53]

Sie kennzeichnet den Text als autobiographischen Roman und erzeugt somit von der ersten Seite an „Subjektauthentizität“[54], indem sie sich als Stimme des kommunikativen Gedächtnisses konzeptualisiert. Diese verstärkt sich dadurch, dass der Roman passagenweise als Briefroman angelegt ist. Dominant ist die interne Fokalisierung auf die Perspektive Katjas, aber durch die (typographisch durch Kursivdruck abgehobenen) Brief-Elemente erhält Markus situativ eine eigene Erzählstimme.

In den Liebesbriefen steht das Motiv der verhinderten Liebe, das an den Romeo-und-Julia-Stoff angelehnt ist und für die hier die Mauer verantwortlich gemacht wird[55], von Beginn an im Zentrum. Markus erster Brief beginnt mit den Worten: „Liebe Katja, du bist weg und ich sitze hier und ärgere mich über die Mauer und mich. Mir ist jetzt danach wutheulend diesen Betonbau einzureißen …“[56]

Der Briefwechsel der liebenden Jugendlichen nimmt Fahrt auf nach dem zweiten Besuch Katjas in Ostberlin, den sie gegen den Willen ihrer Eltern heimlich im November 1984 unternimmt. In den nachfolgenden Briefen erklären Katja und Markus einander die Liebe und das gegenseitige Vermissen, sie tauschen philosophische Gedanken aus und positionieren sich als friedensbewegte Jugendliche, zum Beispiel wenn Katja schreibt: „Bloß nie wieder Krieg. Also: weiterhin Regenbogenträume. Ich liebe dich. Scheiß Mauer.“[57] Sowohl das Motiv

52 Hildebrand, Mauer [Anm. 32], S. 5.

53 Ebd., S. 5.

54 Knaller, Ein Wort [Anm. 9], S. 22.

55 Es liegen zahlreiche Liebesgeschichten vor, die im Kontext der Themen Mauerfall und Wende angesiedelt sind, z. B. Barbara Bollwahns Tagebuchroman *Der Klassenfeind und ich* (2007), Katja Hildebrands autobiographischer Roman *Zwischen uns die Mauer* (2007), *Mauerblümchen* von Holly- Jane Rahlens (2009) oder *Tine Eisenbeisser* von Ira Wedel (2009), *Und morgen am Meer* von Corinna Bormann (2013), *Und zwischen uns eine Mauer* (2021) von Suza Kolb.

56 Hildebrand, Mauer [Anm. 32], S. 54.

57 Ebd., S. 95.

des Regenbogens als auch das des Seiltänzers auf dem Drahtseil fungieren als Symbole für die Perspektivlosigkeit, die ihre Beziehung kennzeichnet. Sie stehen im Kontrast zu den Briefen, dem Ausdrucksmittel, in denen ihre Gefühle und Gedanken manifest werden. Explizit reflektiert Katja über das Briefeschreiben:

> Was ich aufs Papier bringe, sind eher Gedankenfetzen, was mir gerade einfällt, nichts von dauernder Gültigkeit. Wenn es dann geschrieben steht und es ein anderer liest, gewinnt es sehr an Bedeutung.[58]

Und Katja berichtet:

> Markus und ich nahmen uns weiterhin fast täglich Zeit, unsere Gedanken aufs Papier zu bringen. Die Briefe, unsere einzige Verbindung zueinander (denn das Telefonieren gelang so gut wie nie), waren zum festen Bestandteil unseres Lebens geworden und sollten es monatelang bleiben. In ihnen erzählten wir uns von unserem Alltag, von Ereignissen, die ihn durchbrachen (Konzerte, Theateraufführungen, Partys), von unseren Träumen, Problemen, Hoffnungen, Ängsten, Wünschen. Wir wetterten über die Ungerechtigkeiten in der Welt und diskutierten Bücher, die wir lasen. Menschen, über die wir schrieben, spukten als gesichtslose Namen durch die Vorstellung des anderen.[59]

So klammern sich die beiden aller Hindernisse zum Trotz an ihre Liebe, machen (wie zuvor die Katharinas in *Köln – Leipzig – und zurück*) die „Ähnlichkeitserwartung"[60] im deutsch-deutschen Kontakt stark, hangeln sich von Ferien zu Ferien, wenn Katja Markus gegen den Widerstand ihrer Eltern in Ostberlin besucht. Doch die Distanz nagt an ihnen, die Beziehung wird fortlaufend und schleichend brüchiger und gerät an ihre Grenze, als sich beide fast zeitgleich sexuell mit anderen Partnern und Partnerinnen einlassen, wenngleich sie diesen auch nicht ansatzweise so starke Liebesgefühle entgegenbringen wie sich gegenseitig. Die einsetzende Distanzierung koppelt sich mit dem Motiv des Verfalls, das hier – wie in vielen anderen kinder- und jugendliterarischen Texten zum Mauerfall – für die Beschreibung der DDR aus westdeutscher Perspektive angewandt wird. Bei einem ihrer letzten Besuche in Ostberlin, zeigt Markus Katja die Hackeschen Höfe. Aus ihrer Sicht „vergammelt alles"[61] in der DDR: Die Häuser verrotten, darüber rege sich auch ihre Oma immer auf, so erzählt sie dem Freund. Markus erwidert gleichmütig, er kenne es ja nicht anders, und die meisten Leute würden eben lieber in Plattenbauten als in Altbauhäusern wohnen.

58 Ebd., S. 96.
59 Ebd., S. 152.
60 Born, Literaturgeschichte der Einheit [Anm. 38], S. 70.
61 Hildebrand, Mauer [Anm. 32], S. 169.

Markus' neutrale Position diesbezüglich kann Katja nicht verstehen: „Nie würde ich mich an die düsteren Straßenzüge mit den kaputten Fassaden gewöhnen oder an den beißenden Geruch der Ofenheizungen, die einem im Winter in die Nase stach"[62], meint sie. So verkoppelt sich in der Narration das Motiv des Verfalls in der DDR mit dem Fremdheitsdiskurs bzw. der zunehmenden Entfremdung der liebenden Protagonist*innen.

Der Roman entwirft ein Berlin-Bild, das insbesondere den Ostteil anhand typischer touristischer Wahrzeichen kartiert: „die Museumsinsel, den Fernsehturm, den Alexanderplatz. Hinter dem touristischen Stadtzentrum erstreckten sich weitere Viertel, graubraune Altbauten wurden von eintönigen Plattenbausiedlungen abgelöst, dann kamen endlich Felder und Wälder"[63] – so schildert Katja ihre ersten Eindrücke vom Osten, während Westberlin sich als Abenteuerort präsentiert, der als Synonym für Weltoffenheit steht: „Berlin! Geheimnisvolle Großstadt, Stadt zweier Länder, untermauerte Insel der Hausbesetzer und bunten Hunde, ein schillernder Ort in unbekannter Ferne! Die große, weite Welt rief!"[64]

Durch den Aufruf dieser im kollektiven Gedächtnis fest verankerten (klischeehaften) Bilder des geteilten Berlins, versucht der Roman, Authentizität zu erzeugen, reduziert sich dabei auf typische Erinnerungsorte, etwa indem der Trabi als erstes Symbol für die DDR fungiert[65], die den westdeutschen Jugendlichen „trist und armselig"[66] erscheint. Der Besuch Westberlins konstituiert sich dagegen zentral in einem Konsumrausch im KaDeWe. Während das historische Hintergrundwissen zum Anfang der Erzählung in Musterdialoge verfrachtet ist, indem Katjas Klassenkamerad Felix in die Rolle des Reiseführers schlüpft und seine Freund*innen über die Historie Berlins informiert, gelangen durch die Brief-Passagen an späterer Stelle zunehmend dokumentarische Züge in den Text, die ihm zeithistorischen Zeugnis-Charakter einschreiben. Leider lässt die Autorin Katja Hildebrand offen, ob es sich um fiktive oder tatsächlich so aufbewahrte Briefe handelt. Festzuhalten bleibt, dass die Briefe in sprachlicher Hinsicht die vielen jugendsprachlichen Formulierungen aufgreifen, die dem Ton der 1980er

---

62 Ebd., S. 169.

63 Ebd., S. 76.

64 Ebd., S. 8.

65 Laut Ina Merkel ist der Trabi als Erinnerungsort „mit höchst widersprüchlichen Bedeutungen aufgeladen: Er fungiert als Repräsentant des politischen Systems, seiner Planwirtschaft, wie als materieller Zeuge eines unpolitischen Alltagslebens; er steht für die Moderne wie für ihr Gegenteil, er löst Gefühle von Sehnsucht aus, aber auch Abneigung oder Verachtung" (Ina Merkel, 2009, Der Trabant, in: Sabrow, Erinnerungsorte, [Anm. 25], S. 363–373, hier: S. 363). Arne Born stellt in seiner „Literaturgeschichte der deutschen Einheit" fest, dass der Trabant neben der Sektflasche das „im kollektiven TV-Gedächtnis untrennbar mit der Grenzöffnung verbundene Stereotyp" (Born, Literaturgeschichte Einheit, [Anm. 38], S. 384) darstelle.

66 Hildebrand, Mauer [Anm. 32], S. 11.

entsprechen und eine Vielzahl an Anglizismen aufweisen: „Ich mach jetzt dauernd Action, flipp mit netten Leuten in der Gegend rum, tu, was mir gerade einfällt“[67] heißt es bei Katja und Markus findet die Ermahnung seiner Mutter, fleißiger zu lernen „very astonished!“[68]

Im Jahr 1986 trennen sich Katja und Markus, denn „die Liebe zwischen Markus und mir schien sinnloser denn je“[69], und somit kommt auch die Erzählung an ihr Ende. Der Umbruch im Jahr 1989 ist elliptisch und stark zeitraffend auf den letzten Seiten zusammengefasst. Doch durch die Rückkehr auf die Ebene der Erzählgegenwart wissen die Leser*innen, dass Katja und Markus nach dem Mauerfall wieder zueinander gefunden und eine gemeinsame Tochter bekommen haben.

5.1.2 Maike Dugaro/Ev Ustorf: Mauerpost (2019)

Der zeitgeschichtliche Jugendroman *Mauerpost* von Maike Durago und Anne-Ev Ustorf ist im Gegensatz zu Hildebrands *Zwischen uns die Mauer* durchgehend als Briefroman angelegt. Er bildet den Briefaustausch zwischen den Mädchen Ines und Julia ab, die in West- und Ostberlin leben und sich dank ihrer Nachbarin „Oma Ursel“, die sich später als wahre Großmutter enttarnt, Briefe schreiben können. Beide schildern in diesen Briefen ihr Leben in der getrennten Stadt im Jahr 1988, wobei sie langsam einem fatalen Familiengeheimnis auf die Spur kommen: Die Mädchen entpuppen sich als Schwestern, die in der frühen Kindheit getrennt wurden, neben der durch die Mauer verhinderten Liebe ein beliebtes Motiv der Mauerfall-KJL, das sich zum Beispiel auch in *Zweimal Marie* von Nina Petrick[70] oder in *Todesstreifen* von Helen Endemann[71] findet. So wird – ähnlich wie in *Zwischen uns die Mauer* – die durch die Grenze evozierte Spaltung auf individuelle Schicksale der Buchfiguren übertragen, hier auf die durch die deutsch-deutsche Teilung getrennten Schwestern, wodurch die Zuschreibung von Authentizität mehr verstellt als begünstigt wird. So mutet es fragwürdig an, dass Oma Ursel ihre wahre Identität über Jahre vor der Enkelin verbirgt, dann aber den Briefwechsel mit der realen Schwester im Westen initiiert und sie auf eine Spur setzt, die sie zu ihrem biologischen Vater führt und ihr eröffnet, dass sie ein Adoptivkind ist. Diese Anlage ist der Spannungsstruktur der Handlung verpflichtet, verfehlt damit jedoch gleichsam Effekte von Authentizität, die durch die Darstellung realistisch anmutender Familienkonstellationen hätten erzielt werden können.

---

67 Ebd., S. 90.
68 Ebd., S. 149.
69 Ebd., S. 155.
70 Nina Petrick, 2009, Zweimal Marie, Berlin: Tulipan.
71 Helen Endemann, 2019, Todesstreifen, Reinbek bei Hamburg: Rowohlt.

In dem Roman werden weitere tradierte Themen und Motive aufgenommen, wie der strenge Vater, der treu zu seiner Partei steht und der Ausreiseantrag der besten Freundin, in dessen Folge die Stasi versucht, Julia als Spitzel anzuwerben. Der Konstruktcharakter der Briefe ist dabei stets offenbar, da die Figurenreden (ausführlich) wörtlich zitiert werden und sich Selbstbeschreibungen finden, die sich mehr an die intendierten empirischen Leser*innen richten als an die Buchfiguren. Zudem sind Erklärungen implizit, die den empirischen Leser*innen DDR-Geschichte in didaktischer Absicht vermitteln wollen, die sich aber kaum in realen Briefen junger Mädchen finden würden:

> Ach so, weißt du eigentlich, was das ist, ein Fahnenappell? Also, nach den Sommerferien (und auch zu anderen Gelegenheiten) marschiert die ganze Schule auf dem Schulhof auf. Jede Klasse hat einen Wimpel, eine Fahne halt. Und dann begrüßen wir das neue Schuljahr, Es werden so lange Lieder gesungen und Gedichte vorgetragen, bis einem die Beine vom vielen Stehen wehtun. Und zum Schluss brüllt der Direktor das obligatorische ‚Für Frieden und Sozialismus, Seid bereit'. Und dann rufen die Jungpioniere: „Immer bereit",[72]

so lesen wir beispielsweise in einem der Briefe von Ines an Julia, ebenso einen langen Bericht über das Procedere des Freikaufens von DDR-Bürgerinnen und Bürger durch die BRD oder die Haftbedingungen im Frauengefängnis Hoheneck in Briefen von Julia an Ines. Bevor Julia am Romanende in der Nacht des 9. Novembers 1989 an die Berliner Mauer eilt, schreibt sie noch schnell ins PS:

> Grade wollte ich den Brief ins Versteck bringen, da kam im Radio, dass die Grenzen offen sind. Jetzt! Sofort! Schabowski hat's gesagt, grade eben! Ich kann's nicht glauben. Ich lauf jetzt los, Ines! Ich bring Dir den Brief selbst![73]

Durch diesen Darstellungsmodus verfehlt der Roman in derselben Weise wie Rauprichs *Köln, Leipzig und zurück* die Zuschreibung von Authentizität auf sprachlich-gestalterischer Ebene und versucht dafür ebenso durch intermediale Referenzen und (vermeintlich) jugendsprachlichen Erzählton historische Authentizität zu erzeugen.

So freut sich Julia in Ostberlin gleich zu Beginn des Briefromans, als Ines aus dem Westen ihr eine Kassette mit Liedern von Michael Jackson schickt. Die Briefe von Ines aus Westberlin bemühen sich, ein zeithistorisches Bild der 1980er Jahre im Westen zu zeichnen, indem politische Diskurse um Waldsterben, Anti-AKW-Bewegung in der Folge von Tschernobyl und auch der Verweis auf Fernsehserien

72 Dugaro und Ustorf, Mauerpost [Anm. 33], S. 43.
73 Ebd., S. 289.

wie *Ein Colt für alle Fälle*[74] in den Text einfließen. So freundet sich Ines mit Merle an, die sie zunächst als „grimmigen Öko mit Atomkraft-Nein-Danke-Stickern und fleckiger Ledertasche und Jutebeuteln für ihr Pausenbrot“[75] beschreibt. Mit ihr hört sie Bob Dylan und diskutiert über das Waldsterben. Mit Sabine, der Partnerin ihres Vaters, geht sie zum Tennisturnier German Open und sieht Steffi Graf spielen. Dagegen geht Julia im Osten zu einem Konzert der offenbar fiktiven Punkband „Blaue Scherben“[76], wodurch eine Pseudo-Intermedialität entsteht, durch die sich kein zeithistorisches Bild von der DDR-Popkultur entfalten kann. Rekurse auf typische DDR-Erinnerungsorte wie die Aktuelle Kamera, Glasnost und Perestroika, Montagsdemonstrationen oder die Haftbedingungen im Frauengefängnis Hoheneck fügen sich dagegen wie historische Schnipsel in den Text ein. Sie sind durch Fettdruck hervorgehoben, werden von den fiktiven Briefeschreibern und Briefeschreiberinnen und darüber hinaus in einem Glossar erklärt, womit der Roman sehr eindeutig die Funktion der didaktisch motivierten Vermittlung von historischem Wissen einnimmt, das auf Schlagworte reduziert ist.

5.2 Tagebuchromane

5.2.1 Barbara Bollwahn: Der Klassenfeind und ich (2007)

Wie Hildebrand in *Zwischen uns die Mauer* nimmt auch die ostdeutsche Autorin Barbara Bollwahn in *Der Klassenfeind und ich* (2007) das Motiv der verhinderten Liebe auf, um vom Leben im geteilten Deutschland zu erzählen. Das Buch ist als Tagebuchroman gestaltet, die Handlung erstreckt sich vom Frühjahr 1984 bis zum Frühjahr 1990, nimmt also sowohl Vorwende- als auch Wendezeit in den Blick.[77] Ich-Erzählerin und Protagonistin ist Ramona, die sich im Ungarn-Urlaub in Jürgen aus der BRD verliebt.[78] Erst durch diese Liebesbeziehung beginnt sie unter der Mauer zu leiden, und sie notiert in ihrem Tagebuch: „Vorher war mir die Mauer

---

74 Ebd., S. 30.

75 Ebd., S. 48.

76 Ebd., S. 69.

77 Kerstin E. Reimann unterteilt in ihrer Dissertation den Zeitraum der ‚Wende‘ in drei Phasen: „Die erste Phase umfasst den Beginn der Massenflucht im August 1989 bis zum Mauerfall am 9. November 1989; die zweite reicht vom 10. November 1989 bis zur ersten und letzten Volkskammerwahl der DDR am 18. März 1990; die dritte umspannt die Zeit vom 19. März bis zum Tag der Deutschen Einheit am 3. Oktober 1990“ (Kerstin E. Reimann, 2008, Schreiben nach der Wende – Wende im Schreiben?, Würzburg: Könighausen & Neumann, S. 29).

78 Liebesbeziehungen zwischen Ost und West, die sich im Sommer am Balaton anbahnen, sind ein populäres Thema narrativer Medien, vgl. die ZDF-Serie *Honigfrauen* (Ben Verbong 2016).

ziemlich egal, dieser antifaschistische Schutzwall. Aber jetzt steht die Mauer als unüberwindbares Hindernis zwischen uns und ich weiß nicht, was ich machen soll."[79] Die Beziehung zu Jürgen ist die Initialzündung für die Konflikte mit dem Vater. Die Familie ist – genau wie die von Julia in *Mauerpost* – in zwei Parteien aufgeteilt, die stereotyp die unterschiedlichen politischen Lager vertreten: Auf der einen Seite stehen Ramona und die Mutter, die offen für die Umbrüche im Land sind, auf der anderen Seite der Vater und der kleine Bruder Ralf.

Die Beziehung zwischen Ramona und Jürgen zerbricht an der Mauer, vor allem aber daran, dass Ramona stärker ist als Jürgen. Die einzige Chance, eine Ausreisegenehmigung zu bekommen, scheint für sie eine Heirat zu sein. Doch Jürgen bekommt Angst und lehnt ihren Heiratsantrag ab. In seinem (vorerst) letzten Brief schreibt er: „Die Mauer ist stärker als ich. Du anscheinend auch. Es tut mir leid!"[80]

Ramona geht zum Studium nach Leipzig und tritt in einen Ablösungs- und Identitätsfindungsprozess ein, der es ihr erlaubt, manchmal auch versöhnlich auf den Vater zu blicken. So geht es hier vorrangig um den emanzipatorischen Prozess, der in den fiktiven Tagebucheinträgen seinen Niederschlag findet. Ramona spricht ihr Tagebuch direkt an und akzentuiert damit seinen Charakter als intimer Vertrauter.

So schiebt sich durch die Tagebuch-Struktur die Auseinandersetzung mit der eigenen Identitätsfindung in den Vordergrund und der Text umgeht es auf diese Weise, seine Leser und Leserinnen mit historischem Hintergrundwissen zu belehren, sondern setzt gerade durch diese Anlage auf vermeintliche Nähe zur historischen Realität. So sieht auch Ute Dettmar in der Tagebuchfiktion die „Authentisierungsstrategie des Romans, die das Dargestellte, insbesondere das Aufwachsen in der DDR und die historischen Umbrüche um 1989 mit dem Anschein historischer Faktizität ausstattet".[81] Das Tagebuch suggeriere, so Dettmar weiter, einen „relativ unverstellten Einblick in die Gedanken- und Lebenswelt einer Jugendlichen"[82], wobei sie den Text in die Nähe von „Serien frecher Mädchen"[83] rückt. Sie sieht hier den Aufruf „verbreiteter (Darstellungs-) Stereotypen"[84] zur DDR.

79 Bollwahn, Klassenfeind und ich [Anm. 34], S. 68.

80 Hildebrand, Mauer [Anm. 32], S. 137.

81 Ute Dettmar, 2010, Geteiltes Leid, vereintes Glück? Geschichte(n) von Wende und Wiedervereinigung in der Kinder- und Jugendliteratur in erinnerungskultureller Perspektive, in: Grenzenlos. Mauerfall und Wende in (Kinder- und Jugend-)Literatur und Medien, hrsg. von Ute Dettmar und Mareile Oetken, Universitätsverlag Winter: Heidelberg, S. 51–75, hier: S. 64.

82 Ebd., S. 66.

83 Ebd., S. 66 f.

84 Ebd., S. 65.

Aus Erinnerungssplittern würden bei Bollwahn

> exotische Requisiten, die den merkwürdigen Alltag im real existierenden Sozialismus illustrieren. Auch die politischen Umbrüche um und nach 1989, die Friedliche Revolution, die Demonstrationen und die Grenzöffnung werden in kurzen Sequenzen im Schnelldurchlauf abgehandelt. Auch hier stellt sich der Eindruck von Realitätsbezug insbesondere deswegen ein, weil die Szenen Medienbilder, die mit Wende und Mauerfall verbunden werden, erinnern.[85]

Dettmar vermisst im Tagebuchroman die Einschaltung einer erzählenden Ich-Instanz, „um aus der reflektierenden Distanz Vergangenheit und (Erzähl-)Gegenwart zu kontrastieren, auch um Fragen des Brüchigwerdens von Erinnern, der Überlagerung von Erinnerungen zu thematisieren“[86], womit sie ihm die authentische Wirkung abspricht.

5.2.2 *Ina Raki: In einem Land vor meiner Zeit (2012)*

In ihrem als „doppeltes Tagebuch“ angelegten Roman *In einem Land vor meiner Zeit* lässt die Autorin Ina Raki ihre 14-jährige Protagonistin Alina durch das Tagebuch ihrer Mutter eine Zeitreise in die DDR im Frühjahr 1984 unternehmen. Das Buch erschien erstmalig im Jahr 2012 im Aufbauverlag und wurde in veränderter Auflage unter dem Titel *Wir sehen uns im gestern* 2021 bei cbj neu verlegt. Sowohl typographische Gestaltung als auch Cover und Titel wurden geändert, zudem sind zahlreiche intermediale und intertextuelle Referenzen getilgt, was dem neu aufgelegten Text ein großes Stück literarästhetischer Qualität nimmt.[87] Die Handlung aber bleibt identisch: Am Abend ihres 14. Geburtstages liest Alina in den Tagebüchern ihrer Mutter. Die stellt sich nicht (wie in vielen anderen Zeitreise-Romanen) als primär physische Erfahrung dar. Vielmehr geschieht diese im Schlaf, eine Inszenierung des Zeitreise-Motivs, wie es laut Planka immer wieder genutzt wird: Der Protagonist überbrückt „schlafend eine Zeitspanne“[88] Die sei zurückzuführen auf „das Motiv des langen Schlafs, dessen märchenhafte Variante wiederum in *Dornröschen* repräsentiert wird.“[89] Durch das Tagebuch

---

85 Ebd., S. 65.

86 Ebd., S. 65 f.

87 Aus diesem Grund wird hier mit der Erstauflage gearbeitet, auf die Veränderungen, die mit der Neuauflage unter dem Titel *Wir sehen uns im gestern* einhergehen, gehe ich unten, v. a. in Anmerkung 123, ein.

88 Sabine Planka, 2014, Einleitung, in: Die Zeitreise. Ein Motiv in Literatur und Film für Kinder und Jugendliche, hrsg. von Sabine Planka, Würzburg: Könighausen & Neumann, S. 12.

89 Ebd., S. 13. Die Zeitreise als Motiv nutzt auch Franziska Gehm, um von der DDR zu erzählen in ihren Kinderromanen *Pullerpause im Tal der Ahnungslosen* (2016) und *Pullerpause in der Zukunft* (2019). Das Motiv des Verschlafens des Mauerfalls bemüht z. B. Holly-Jane

ihrer Mutter gelangt Alina in die DDR im Jahr 1984, in den fiktiven Ort Wöbern. Zeitlich ist die Handlung genau bestimmt: Sie setzt am 19. März 1984 ein, dem 14. Geburtstag der Mutter und endet am 28. Mai desselben Jahres, kurz nachdem die Schwester des Vaters (bzw. Großvaters aus der Perspektive der ersten Zeitebene betrachtet) tragisch bei einem Unfall ums Leben gekommen ist. Die Tante war Künstlerin und wurde politisch unter Druck gesetzt. Der Gedanke, dass es Selbstmord war, legt der Text nahe, aber es bleibt offen, auch auf der Ebene der Erzählgegenwart: Stasi-Akten konnten keine Auskunft geben.

In der Rolle ihrer Mutter, die Alina in der Erstauflage „Mum" nennt (in der Neufassung nennt sie ihre Mutter Mama), erlebt sie nun deren Alltag in der DDR, besucht die 8. Klasse der POS Hohnberg, besucht mit ihrer Tante Yvi, die jetzt die Rolle der großen Schwester einnimmt, heimlich Treffen der Jungen Gemeinde.

Die DDR-Darstellung ist zunächst einmal sehr an den schulischen Alltag gebunden. Alina kommentiert ihre Wahrnehmung der Dinge. Sie tritt als Tagebuchschreiberin auf, die Einträge der Mutter erscheinen nur sukzessive und wie von Geisterhand vor Alinas Augen, „so als hätte Mum jetzt eben was zum heutigen Tag in ihr Tagebuch geschrieben".[90] Dabei richtet sich Alinas Blick zunächst auf einfache Alltagsmomente, er weitet sich erst nach und nach, indem die Zeitreise (auch) zu einer Individuationserfahrung wird, die der Protagonistin zur inneren Reifung und Entwicklung verhilft.[91] Der Tagebuchroman konzentriert sich also auf einen fragmentarischen Ausschnitt, auf Identitätsfindung und ist auf Alltagssituationen und Erlebnisse in der Familie und der Schule bezogen, womit er die typischen Parameter des Tagebuchromans für junge Leser*innen aufweist.

„Die haben hier wirklich, wirklich samstags Schule! Unglaublich – und unglaublich grausam!"[92], stellt Alina zum Beispiel auf den ersten Seiten fest. Sie berichtet vom Vater, der „Ärger mit dem Parteitypen in seinem Betrieb"[93] hat und vom Pioniernachmittag in der Patenklasse.[94] Erste Reflexionen über das Leben in der DDR, das sie zunächst abwertend mit Termini wie „verdammte Steinzeit"[95] belegt, die eine tiefere Ebene erreichen, da sie das Für und Wider

---

Rahlens in *Mauerblümchen* (Holly-Jane Rahlens, 2009, Mauerblümchen, Reinbek bei Hamburg: Rowohlt) oder die Kurzgeschichte *Würmchen* im Erzählband *Wahnsinn* (Peter Abraham und Margareta Gorschenek, 1990, *Wahnsinn! Geschichten vom Umbruch in der DDR*, Ravensburg: Ravensburger.

90 Raki, Land vor Zeit [Anm. 35], S. 25.

91 Tanja Lindauer weist darauf hin, „dass die Zeitreise die Protagonisten oftmals während ihrer Pubertät trifft" (Tanja Lindauer, 2014, Von Zeitmaschinen, Zeitumkehren und Chronografen: technische, magische und technisch-magische Zeitreisen, in: Planka, Zeitreise [Anm. 88], S. 85–104, hier: S. 103) .

92 Raki, Land vor Zeit [Anm. 35], S. 56.

93 Ebd., S. 64.

94 Ebd., S. 77.

95 Ebd., S. 103.

abwägen, beziehen sich auf die Rolle der Frau in der DDR. So berichtet Alina vom Haushaltstag der Mutter und reflektiert damit einen typischen Erinnerungsort der DDR-Erinnerungskultur bzw. des kollektiven Gedächtnisses:

> Mir ist absolut unklar, wie man es als Frau schaffen kann, Vollzeit arbeiten zu gehen und ‚nebenbei' acht (!) Kinder großzuziehen. Das scheint hier aber eher die Norm zu sein. Natürlich nicht unbedingt mit acht Kindern und nicht zwingend alleinerziehend. Aber mir fällt eben auf, dass ich in Mums gesamten Freundeskreis von 1984 bisher keine einzige Mutter wahrgenommen habe, die *nicht* arbeitet.[96]

Auf diese Weise entgeht die Darstellung der Gefahr, die Erinnerung der DDR nur an das Diktaturgedächtnis im Sinne Sabrows[97] zu binden bzw. einem einseitigen Täter-Opfer oder Widerstandstopos Vorschub zu leisten, wie es viele andere Texte tun.

Alina sieht gerade zum Schluss des Romans und damit dem Ende der Zeitreise auch die positiven Seiten des DDR-Lebens und erlebt dort in der Disco einen der besten Abende ihres Lebens. Anfangs fokussiert sie sich auf die Mangelwirtschaft und betont die Abwesenheit von Konsumgütern, die sie vermisst. Als sie das erste Mal einen DDR-Supermarkt „Konsum" betritt, ist sie entsetzt. Zumindest entdeckt sie dann zu ihrer Erleichterung Cola und Limonade. Doch ihre Wahrnehmung des DDR-Alltags stellt sich im Laufe der Zeit zunehmend differenzierter dar:

> Ja, es gibt einiges hier, was gut ist. Die Leute fressen sich zum Beispiel nicht gegenseitig die wenige gute Schokolade weg. Und es gibt auch keinen Markenstress. Egal, welche No-Name- oder Billig-Klamotten du in der Schule trägst, es wird nie Probleme geben. Zumindest solange dein Outfit nicht signalisiert, dass du vorhast, gegen eine Mauer zu laufen oder über eine Grenze zu springen. Und solange du nicht offensichtlich anders sein willst als der Rest der Leute.[98]

Und: „Selbstverständlich spüre auch ich, dass die Leute irgendwie enger beieinander sind, als ich das in meinem richtigen Leben kenne."[99]

Dabei spielt die Einschränkung der Freiheit für die jugendliche Tagebuchschreiberin eine wachsend zentrale Rolle. Wie belastend diese für Jugendliche in der DDR war, wird Alina vor allem bewusst, als ein Mitschüler mit drastischen Strafmaßnahmen konfrontiert ist, nachdem er in der Schule Flugblätter mit dem Slogan „Die Mauer muss weg!" verteilt hat. Schreibend konstatiert sie: „Wir sind

96 Ebd., S. 122.
97 Vgl. Sabrow, DDR erinnern [Anm. 26].
98 Raki, Land vor Zeit [Anm. 35], S. 237.
99 Ebd., S. 237.

einfach nur eingesperrt. Wirklich. Das war's schon. Eingesperrt in einem Land. Eingesperrt in einem Denken, das vorgeschrieben ist."[100]

So entsteht insgesamt eine differenzierte DDR-Darstellung, die positive Elemente des persönlichen Alltagserlebens mit der Kritik an der Freiheitseinschränkung verzahnt.

Diese wachsende Differenziertheit in der DDR-Darstellung korrespondiert mit der Struktur des Romans als doppeltes Tagebuch. Während Alina das Erlebte einordnet und reflektiert und ihre Gefühle ausformuliert, erscheinen die Einträge der Mutter Antje seltsam banal und nur auf einzelne Erlebnisse bezogen, weshalb Alina diese als „Schrott"[101] bezeichnet. Für Susanne Drogi handelt es sich bei diesem „reduzierten Schreiben"[102] um eine Art „Selbstzensur"[103], die sie im Kontext der umstrittenen Diagnose des Psychiaters und ehemaligen DDR-Bürgers Maaz mit dem von ihm geprägten Terminus „Gefühlsstau" deutet.[104] Die Aufzeichnungen der Mutter liest sie als „eine Art Geheimsprache"[105], „verweisen sie doch in ihrer Existenz auf alles das, was nicht geschrieben ist; verweisen sie in ihrem Wesen als Speicher auf alles das, was nicht erinnert werden soll bzw. darf".[106]

Dabei spielt das Schreiben als Motiv eine elementare Rolle. So ist die Materialität des Tagebuchs auf der Darstellungsebene permanent betont: Auffällig ist hier die typographische Inszenierung des Romans als Tagebuch durch entsprechende Optik: Verschiedenen Schrifttypen, die Handschriften imitieren, konstituieren das Druckbild. Hinzu kommt die Verwendung zahlreicher Emoticons und Smileys, welche die jeweiligen Einträge zieren, sowie der Online-Kommunikation entlehnte Abkürzungen wie OMG und LOL. Einzelne Wörter oder Wortgruppen sind durch Großdruck typographisch hervorgehoben, ebenso die Überschriften der einzelnen Tagebuch-Kapitel. Weiterhin finden sich scheinbar von Hand gezeichnete Illustrationen, die zum Beispiel Alinas bzw. Antjes Stundenplan oder die in der Schule angefertigte Wandzeitung abbilden. Diese typographische Inszenierung geht einher mit dem jugendsprachlichen Erzählton des Textes. Susanne Drogi sieht gerade in dieser Aufmachung ein Kennzeichen für die „Authentizität der Narration"[107]: Das Sprechen der Erzählerin sei „authentisch für

100 Ebd., S. 198.

101 Ebd., S. 178.

102 Susanne Drogi, 2019, Vom Suchen und Finden des Glücks diesseits und jenseits der Mauer. Formen und Funktionen von Komik in der Kinder- und Jugendliteratur zur DDR und ‚Wende', Baden-Baden: Tectum, S. 205.

103 Ebd., S. 205 f.

104 Vgl. Hans-Joachim Maaz, 2019, Der Gefühlsstau. Psychogramm einer Gesellschaft, 4. Aufl., Nördlingen: Beck.

105 Drogi, Vom Suchen und Finden [Anm. 102], S. 206.

106 Ebd., S. 206.

107 Ebd., S. 193.

eine Jugendliche der zweiten Dekade des 21. Jahrhunderts".[108] Der Roman biete „mithilfe einer Figur mit einem starken Identifikationsangebot für jugendliche Leser*innen einen Weg an, der sie ebenfalls von ihrem begrenzten Wissenstand abholt und authentische Erfahrungen miterleben lässt"[109], so Drogis abschließendes Urteil.

Diese hier konstatierte Authentizität wird über die typographische Inszenierung hinaus unterstützt durch eine realistisch anmutende historische Kontextualisierung, die ihren Glaubwürdigkeitsgrad vor allem durch die Perspektivierung der Erzählung auf die moderne Alina und somit dem Zeitreise-Motiv erzielt, sowie durch eine den Text konstituierende intermediale und intertextuelle Verweisstruktur. So erzählt Alina von der sogenannten Aktion Ochsenkopf, bei der Jugendliche die Antennen auf den Dächern abknicken sollten, um den Empfang des Westfernsehens der Haushalte zu verhindern, gegen die der Großvater bzw. Vater als junger Mann offen protestierte. Daraufhin wurde er von der FDJ ausgeschlossen und konnte nicht studieren. Er bezeichnet sich selbst als Don Quichotte, der den Kampf gegen die politischen Windmühlen vergeblich kämpft, was bei ihm zu einer Dauerfrustration führt, die Susanne Drogi in ihrer Lesart in den Kontext des Gefühlsstaus der DDR-Bürger*innen stellt. Daraus erwächst eine Analogie zu Erich Honeckers Erklärungen, „jeder Versuch des Imperialismus, jetzt oder in Zukunft den Aufbau des Sozialismus zu sabotieren oder dessen Leistungen herabzusetzen, gleiche den vergeblichen Anrennen Don Quixotes gegen die sich drehenden Flügel einer Windmühle".[110]

Nicht zufällig heißt der Familienhund Sancho, womit der Reigen an intertextuellen Bezügen und Verweisen eröffnet ist, die den Text strukturieren. In Yvis Bücherregal erhofft sich Alina die Rückfahrkarte in die eigene Zeit. Dort findet sie:

> *Kleines politisches Wörterbuch*, Wolfgang Borcherts *Die Hundeblume*, mehrere Bücher von einem Tschingis Aitmatow und zu meiner großen Überraschung einige Wälzer von Marx und Lenin – dabei hatte ich angenommen, diese Typen findet Yvi total schlimm![111]

Zitate von Marx, Lenin und Borchert werden in der Folge in Form eines Handschriften-Imitats typographisch hervorgehoben und betonen so explizit den Freiheitsgedanken, der Alina auf ihrer Zeitreise bewegt und die sie in einer Wandzeitung öffentlich macht, was ihr später zum Verhängnis wird. Daran bindet sich

---

108 Ebd., S. 193.

109 Ebd., S. 193.

110 Kristina Spohr, 2019, Wendezeit. Die Neuordnung der Welt nach 1989, München: Deutsche Verlags-Anstalt, S. 186.

111 Raki, Land vor Zeit [Anm. 35], S. 80.

schlussendlich ein Plädoyer für die Freiheit der Kunst: „Denn das ist für einen Künstler schlimmer als der eigentliche Tod: Wenn er seine Kunst überhaupt nicht mehr leben, seine Gedanken nicht ausdrücken darf"[112], welches der Kunstlehrer formuliert.

So gelingt dem Text ein subjektiver Einblick in die DDR-Zeit, der doch den Blick für das große Ganze öffnet. Dasselbe lässt sich für Alinas Berichte von der Jugendweihe konstatieren. „Infolge ihrer sozialen Aneignung bildet die Jugendweihe einen Gedächtnisort, der es erlaubt, zwischen positiven und negativen Erinnerungen an die DDR, zwischen den ideologischen und den familiär-biographischen Aspekten der Feier zu trennen und damit eine biographisch gewünschte Auswahl aus der Vergangenheit vor 1989 vorzunehmen"[113], definiert Chauliac in Sabrows Sammelband zu den Erinnerungsorten der DDR. Ähnlich wie die durch die Schrifttypen und den Großdruck hervorgehobenen intertextuellen Bezüge auf Marx und Borchert ist auch das gesprochene Gelöbnis zur Jugendweihe abgedruckt und liefert so einen archivierten Einblick in DDR-Ritual und den Erinnerungsort Jugendweihe[114], wodurch der Eindruck von Authentizität entsteht, da der Text auf diese Weise suggeriert, historisches Material ungefiltert und unmittelbar wiederzugeben.

Vergleichbare Funktionen der Authentizitäts-Erzeugung haben die intermedialen Verweise, zum Beispiel wenn Alina im Kino den Film *Die Olsenbande fliegt über alle Berge* schaut, den sie als „Seniorenfilm"[115] bezeichnet. Alina fasst die Negativbeurteilung des Films zusammen und schafft damit einen intermedialen Rahmen, um ein „authentisches" DDR-Bild zu erzeugen: „*Die Olsenbande fliegt über alle Berge* ist ein Film aus Dänemark, der 1984 im DDR-Kino zu sehen war …"[116] Ähnlich, wie es Moritz Baßler für die Popliteratur[117] herausgestellt hat, eröffnen sich hier die „Archive des Sozialismus"[118], so nennt Alina selbst die DDR-Jugendzeitschrift „neue leben" (kurz: nl), in ihrer Terminologie eine „Bravo der sozialistischen Steinzeit"[119]. Darüber, dass Jugend in der DDR in elementarer Weise an die westliche Popkultur gebunden und als Lebensgefühl auf diese bezogen war, legen zahlreiche Romane und Autobiographien Zeugnis ab (z. B. *1988 – Wilde Jugend* von Nadja Klier[120], *Tonspur* von Olaf Hintze und Susanne

112 Ebd., S. 144.

113 Marina Chauliac, 2009, Die Jugendweihe, in: Sabrow, Erinnerungsorte [Anm. 25], S. 161–168, hier: S. 64.

114 Ähnlich verfährt der Text mit den Darstellungen der Feierlichkeiten zum 1. Mai, den der Sammelband Sabrows ebenfalls als zentralen Erinnerungsort ausweist.

115 Raki, Land vor Zeit [Anm. 35], S. 55.

116 Ebd., S. 58.

117 Moritz Baßler, 2002, Der deutsche Pop-Roman. Die neuen Archivisten, München: Beck.

118 Raki, Land vor Zeit [Anm. 35], S. 63.

119 Ebd.

120 Nadja Klier, 2019, 1988 – Wilde Jugend, Rostock: Okapi.

Krones[121], *DJ Westradio* von Sascha Lange[122]). Auch Alina als Antje und ihre Schwester Yvi tanzen zu den Klängen von Depeche Mode, Duran, Madonna und Michael Jackson und finden so ein entlastendes Befreiungsgefühl nach der Beerdigung Beates, über deren Todesursachen in der Enge der DDR nicht gesprochen werden darf. Die Darstellung hebt damit ab auf eine Medienkultur, die gerade in der Generation der Wendekinder eine entscheidende Rolle spielte[123] und evoziert den Eindruck von realistischer, literarischer Wirklichkeitserkundung, welche gleichsam mit dem Begriff „Authentizität" belegt werden kann.

6. Fazit und didaktischer Ausblick

Die Bilanz fällt ernüchternd aus: Sieht man in der Authentizität die „Wahrhaftigkeit des Dargestellten", wie eingangs gesetzt, schneiden insbesondere die analysierten Briefromane schwach ab. Sowohl fiktive Briefe als auch fiktive Tagebuch-Notizen verfolgen die primäre Funktion, den Figuren eine eigene Stimme zu verleihen. Sie initiieren einen Fokalisierungswechsel, der einen unmittelbaren Blick ins Innere der Figuren ermöglicht. Als Ich-Erzählungen sind sie ein „typischer Ausdruck eines kommunikativen Gedächtnisses"[124] und rücken den Ich-Erzähler in besonderer Weise ins Zentrum. Doch den analysierten Romanen gelingt es kaum, die Künstlichkeit bzw. den Konstruktcharakter zu tilgen, weil

121 Olaf Hintze und Susanne Krones, 2014, Tonspur. Wie ich die Welt von gestern verließ, München: dtv.

122 Sascha Lange, 2007, DJ Westradio. Meine glückliche DDR-Jugend, Berlin: Aufbau.

123 Frappierend ist, dass gerade diese intertextuellen und intermedialen Referenzen in der Neuauflage nahezu vollständig getilgt sind. Zitate werden hier nicht mehr eingebracht oder höchstens in stark verkürzter Form. Während Alina den Film in der ersten Fassung historisch kontextualisiert, weist sie dies in der Neuauflage explizit zurück mit den Worten: „Zum Film will ich nichts schreiben" (S. 50). Borchert taucht nicht auf und wird in der Wandzeitung durch Goethe ersetzt. Ebenso verzichtet die Neuauflage auf die popkulturellen Referenzen und setzt so auf (vermeintlich) leichtere Lesbarkeit und rückt den Text, auch durch die Covergestaltung, die keine fotographischen Archivbilder mit typischen Produkten der DDR-Erinnerungskultur mehr zeigt, sondern zwei gezeichnete Mädchen, die sich Zettel zuwerfen, mehr in Richtung Kinderliteratur. Damit büßt sie aber den Charakter des authentischen Erinnerns ein. Auch die Art der Anpassung an die sich weiter entwickelnde Digitalisierung verwundert: Alina speichert Fotos noch immer auf dem Rechner ab, von Facebook ist keine Rede mehr, dafür allgemeiner vom Messenger, Youtube wird (wie noch in der Erstauflage) nicht mehr erwähnt. Dafür lebt Alinas Vater nun in Portugal und hat dort eine neue Familie, womit der Text den veränderten Familienstrukturen der Gegenwart Rechnung trägt.

124 Carsten Gansel, 2009, Rhetorik der Erinnerung – Zur narrativen Inszenierung von Erinnerungen in der Kinder- und Jugendliteratur und der Allgemeinliteratur, in: www.carsten-gansel.de/wp-content/uploads/2019/09/Rhetorik_der_Erinnerung_Druckfassung-v.23.01.09-Erinnerungen_2009-23-03_imp.pdf (01.03.2023), S. 21.

sich die plakative Vermittlung von historischer Faktizität in den Vordergrund schiebt, die sich nicht einpasst in den Erzählduktus jugendlicher Schreiber*innen.

Eine Ausnahme unter den Briefromanen stellt Hildebrands *Zwischen uns die Mauer* dar, was dem Umstand geschuldet ist, dass sie auf faktuales und autobiographisches Erinnerungsmaterial zurückgreift, womit sie dem Text eine Subjektauthentizität einschreibt, auf welche die rein fiktionalen Narrationen nicht zurückgreifen (können). Die fiktiven Briefromane haben diese Möglichkeit nicht und verleihen ihren Briefen durch die Integration musterhafter Dialoge, denen die Intention, den jugendlichen Leserinnen und Lesern historisches Hintergrundwissen über die DDR zu vermitteln, allzu deutlich eingeschrieben ist, einen Konstruktcharakter, der sich der Zuschreibung einer authentischen Lesart nahezu diametral entgegenstellt.

Die Tagebuch-Struktur funktioniert in den analysierten Texten mehrheitlich besser als die der Briefromane, weil sich das historische Setting ohne (belehrende) Brüche in die Ästhetik der Fiktion einfügt. So lässt sich den Tagebuchromanen *Der Klassenfeind und ich* und *In einem Land vor meiner Zeit* eine deutlich höhere ästhetische Qualität zusprechen als den Briefromanen *Köln, Leipzig und zurück* und *Mauerpost.*

Allen Texten jedoch ist gemein, dass sie versuchen, „eine Aura der Authentizität"[125] über intermediale Bezüge und durch popmusikalische Referenzen zu erzeugen, die als „Gegenwartskulturschnipsel"[126] ein historisches Zeitbild der 1980er Jahre entwerfen, in denen die Tendenz zur Archivierung der Alltagskultur im Sinne Moritz Baßlers ablesbar ist. Dieselbe Funktion nehmen die von den Texten genutzten lokalen Motive und Erinnerungsräume ein.

Dabei haften die Texte alle dem „Diktaturgedächtnis" und dem häufig damit verbundenen Täter-Opfer-Topos an und stellen die DDR vor allem als Unrechtsstaat dar. In Grundzügen zeigt sich aber in den hier analysierten Tagebuchromanen doch eine Integration des Arrangementgedächtnisses, das sich aus dem Fokus der Ich-Erzählerinnen auf das Alltagsleben in der DDR ergibt, welches der Tagebuch-Struktur inhärent ist. Eben dadurch begründet sich der Eindruck der Überlegenheit der Tagebuchfiktionen gegenüber den Briefromanen in Bezug auf deren authentischen Charakter: Zwar haftet ihnen im digitalen Zeitalter ein antiquierter Zug an, aber ebendieser passt einmal mehr in einen Text, der vorgibt, historische Wirklichkeitserkundung zu betreiben. So gelingt es den fiktiven Tagebuchschreiberinnen, Einblick in subjektives, gelebtes Leben in der DDR zu eröffnen, das durch typographische Elemente unterstrichen wird, wenn sich die Gestaltung durch Drucktypen und eingebundene Illustrationen in ihrer Erscheinungsform nicht-fiktiven Tagebüchern annähert. Durch die Gestaltung spezifischer lokaler Motive, die mit typischen Erinnerungsorten der

125 Erll, Kollektives Gedächtnis [Anm. 2], S. 161.

126 Baßler, Poproman [Anm. 117], S. 88.

DDR-Erinnerungskultur verkoppelt werden, eröffnen sich auf Seiten der Rezipienten und Rezipientinnen Zuschreibungsmuster des Authentischen, deren Reflexion in einem Literaturunterricht, der literarisches und historisches Lernen miteinander verbindet, ihren Platz finden kann. Insbesondere in der Erkundung der intermedialen Verweisstrukturen der Romane eröffnen sich Potenziale für einen intermedial und historisch orientierten Literaturunterricht in der Sekundarstufe I. Die Jugendromane lassen sich arbeitsteilig in Gruppen lesen und in digitalen Padlets, die sich strukturell an der analogen Textlandkarte orientieren, darstellen. Padlets ermöglichen das kollaborative Arbeiten an einer digitalen Pinnwand und sind daher auch geeignete Instrumente im digitalen Deutschunterricht.[127] Die Schüler*innen sind aufgefordert, die intermedialen Bezüge zunächst im Text zu unterstreichen, die Hintergründe zu recherchieren und nachfolgend im Padlet graphisch in Form einer Concept-Map abzubilden. In einer Arbeitsphase im Plenum stellen sich die Schülerinnen und Schüler ihre virtuellen Textlandkarten gegenseitig vor und überlegen gemeinsam, inwiefern die intermedialen Verweise den Texten Authentizität verleihen. Ein solches Arrangement ist den Prämissen eines intermedialen Literaturunterrichts verpflichtet, der die Reflexion von Intermedialiät und Intertextualität als ästhetische Phänomene anzielt und damit literarisches und historisches Lernen verbindet.

127 Vgl. dazu Philipp Wampfler, 2017, Digitaler Deutschunterricht. Neue Medien produktiv einsetzen, Göttingen: Vandenhoek & Ruprecht.

Der Brief als materielles Objekt aus fachwissenschaftlicher und didaktischer Perspektive

Andrea Hübener

1. Einleitung

„Sobald Briefe Texte sind, sind Briefe keine Briefe mehr"[1], erklären pointiert Anne Bohnenkamp und Waltraud Wiethölter, die Herausgeberinnen des Katalogs *Der Brief – Ereignis & Objekt* von 2008, in dem diese Behauptung anhand vielfältiger Abbildungen realer Briefe eindrucksvoll belegt und dabei zugleich der Weg von ihrer Entstehung bis zu ihrer Archivierung abgebildet wird. Mit Briefen sind hier Autographen und materielle Briefobjekte gemeint – nicht jene in Buchform überlieferten und um Korrekturen und Fehler bereinigten Textblöcke, die allein die schriftsprachlichen Zeichen im Innern eines Briefumschlags wiedergeben und alle übrigen materiellen Eigenschaften aussparen, die zur Botschaft eines realen Briefes gehören.

Diese Art der Textwiedergabe dürfte mitverantwortlich sein für eine lange auch in den Wissenschaften vorherrschende Perspektivverengung auf den Brief. Denn die damit privilegierte Schrift lässt seine Informationsfunktion in den Vordergrund treten – unabhängig von weiteren Funktionen, die ein realer Brief erfüllt.[2] Da Streichungen oder Fehler in einem Brief für den Druck normalerweise eliminiert werden, entsteht der irrige Eindruck, sie seien entweder immer ins Reine geschrieben worden (was im Rahmen von Privatkorrespondenzen eher die Ausnahme darstellt) oder aber vor ihrer Niederschrift in Gedanken bereits

1 Anne Bohnenkamp und Waltraud Wiethölter (Hg.), 2008, Der Brief – Ereignis & Objekt. Katalog der Ausstellung im Freien Deutschen Hochstift, Frankfurt a. M./Basel: Stroemfeld, S. IX.

2 Die Aufgaben des Briefs werden durch die drei „Grundfunktionen der Informationsübermittlung, des Appellierens und der Selbst-Äußerung", die Reinhard Nickisch dem Brief zuerkennt, zwar erweitert, dennoch sind die dem Brief als materiellem Objekt zur Verfügung stehenden Mittel damit immer noch unzureichend benannt, Reinhard M. G. Nickisch, 1991, Brief, Stuttgart: Metzler, S. 13; vgl. auch Elke-Maria Claus, 2007, Art. Brief, in: Metzler Lexikon Literatur, hrsg. von Dieter Burdorf u. a., Stuttgart/Weimar: Metzler, S. 98f., die an dieser Bestimmung festhält, anstelle der „Selbst-Äußerung" aber von „Selbstmanifestation (Selbstbekundung, Selbstbetrachtung, Selbstdeutung)" spricht (ebd., S. 98).

vollständig und perfekt abgeschlossen gewesen. Tatsächlich werden Briefe meist erst im Schreiben entwickelt und weisen daher korrigierte oder unkorrigierte Verschreiber und Fehler auf, die in Hinblick auf den Nachvollzug des Geschriebenen auf Seiten der Empfängerinnen und Leser wichtig werden können.

In ihrem gewöhnlichen Druckbild sind reale Briefe jedenfalls nicht von fiktionalen Briefen zu unterscheiden. Dieser Umstand verleitet zusätzlich dazu, die grundlegenden Unterschiede zwischen beiden zu übersehen, reale Privatbriefe womöglich am Maßstab fiktiver Briefe zu messen und sie vorrangig als mehr oder weniger gelungene ästhetische Texte zu lesen. Anders als diese zielen reale Briefe aber nicht unbedingt auf Abgeschlossenheit und selten genug auf Perfektion, noch beschränken sie sich auf Schrift als Ausdrucksmittel. Briefe sind als materielle Objekte und Medien in pragmatische wie ästhetische Kontexte und deren Gestaltung eingebunden und erfüllen daher sehr verschiedene Funktionen. Ein Brief in gedruckter und genormter Form gibt diese Funktionen nur noch in dem Maße zu erkennen, wie sie direkt oder indirekt zum Thema der schriftlichen Botschaft gemacht werden oder aus Kontextbriefen zu erschließen sind. Die genannte Perspektivverengung auf den Brief gilt in ähnlicher Weise für die literaturdidaktische Theorie und Praxis bzw. die diese Praxis mitbestimmenden curricularen Vorgaben der Bildungsstandards – zumindest was die explizite Erwähnung des Briefes betrifft.[3]

Ein in den vergangenen Jahrzehnten stetig gewachsenes Forschungsinteresse an Fragen von Materialität und Medialität von und in Literatur und anderen Künsten[4] eröffnet auch der Literatur- und Medienwissenschaft wie -didaktik

3 Zum Brief als didaktischer Textart unter dem Aspekt der für ihn geltenden Grenzstellung zwischen öffentlich/privat, pragmatisch/ästhetisch, faktual/fiktiv, Inhalt/Funktion aus didaktischer Perspektive vgl. Doris Marquardt, 2004, Brief, in: Textarten – didaktisch, hrsg. von Günter Lange u. a., 4., unveränd. Aufl., Baltmannsweiler: Schneider, S. 8–12. Die Grenzstellung des Briefes, dessen Zuordnung „Probleme“ (ebd., S. 8) bereiten kann, mag – außer der Einschätzung, dass er als privates Kommunikationsmedium weitgehend veraltet sei – die Zurückhaltung der Deutschdidaktik erklären, sich mit ihm in systematischer Weise auseinanderzusetzen: Denn unter den bekannteren deutschdidaktischen Zeitschriften (Deutschunterricht, Der Deutschunterricht, Praxis Deutsch) gibt es – abgesehen von einer überschaubaren Reihe an Einzelbeiträgen zu realen und fiktionalen Briefen – nur ein einziges Heft zum Thema „Briefe“, Praxis Deutsch 117 (1993), hrsg. von Bettina Hurrelmann und Isa Schikorsky. Zu vielfältigen Möglichkeiten, im Rahmen der bestehenden curricularen Vorgaben Briefe als materielle Objekte und Dinge im Deutschunterricht zu behandeln und dabei theoretische mit praktischen Kompetenzen zu verknüpfen, s. unten.

4 Stellvertretend für eine sowohl fachspezifisch wie -übergreifend in zunehmendem Maße diskutierte Frage von Materialität und Medialität, daran geknüpfte Praktiken und epistemologische Fragen vgl. Hans Ulrich Gumbrecht und K. Ludwig Pfeiffer (Hg.), 1988, Materialität der Kommunikation, Frankfurt a. M.: Suhrkamp; Sigrid G. Köhler, Christian Metzler u. a. (Hg.), 2004, Prima Materia. Beiträge zur transdisziplinären Materialitätsdebatte, Königstein/Ts.: Helmer; Martin Schubert (Hg.), 2010, Materialität in der Editionswissenschaft,

neue Perspektiven auf Briefe[5] und deren eng mit der Post verbundene Geschichte[6], die wiederum als eine Geschichte der Literatur begriffen werden kann.[7] Auch die Schreib- und Schreibprozessforschung, die Schreiben als Kulturtechnik, körperliche Geste und Prozess vor allem im Zusammenhang von sogenannten Schreibszenen in Literatur und Briefen und eine dabei zur Sprache kommende Widerständigkeit des Materials untersucht, eröffnet hier vielfältige Einblicke und Forschungsperspektiven.[8]

Berlin, New York: De Gruyter; Natalie Binczek, Till Dembeck und Jörgen Schäfer (Hg.), 2013, Handbuch Medien der Literatur, Berlin/Boston: De Gruyter; Cornelia Ortlieb, 2013, Materialität, in: Literatur und Wissen. Ein interdisziplinäres Handbuch, hrsg. von Roland Borgards, Harald Neumeyer, Nicolas Pethes und Yvonne Wübben, Darmstadt: WBG, S. 41–45; Susanne Witzgall und Kerstin Stakemeier (Hg.), 2014, Macht des Materials. Politik der Materialität, Zürich, Berlin: Diaphanes; Stefanie Samida und Manfred K. H. Eggert, 2014, Handbuch Materielle Kultur. Bedeutungen, Konzepte, Disziplinen, Stuttgart: Metzler; Christian Benne, 2015, Die Erfindung des Manuskripts. Zur Theorie und Geschichte literarischer Gegenständlichkeit, Berlin: Suhrkamp; Thomas Maier, Michael R. Ott und Rebecca Sauer (Hg.), 2015, Materiale Textkulturen. Konzepte – Materialien – Praktiken, Berlin/München u. a.: De Gruyter; Carlos Spoerhase, 2018, Das Format der Literatur. Praktiken materieller Textualität zwischen 1740 und 1830, Göttingen: Wallstein; Susanne Scholz und Ulrike Vedder, 2018, Handbuch Literatur & materielle Kultur, Berlin/Boston: De Gruyter; Christian Benne und Carlos Spoerhase (Hg.), 2019, Materialität: Von Blättern und Seiten, Wiesbaden: Harrassowitz.

5 Für einen Überblick über die neuere Brief-Forschung samt exemplarischen Kapiteln zu konkreten Briefen/Briefnetzwerken literarischer Epochen seit der Frühen Neuzeit vgl. Marie Isabel Matthews-Schlinzig, Jörg Schuster, Gesa Steinbrink und Jochen Strobel (Hg.), 2020, Handbuch Brief. Von der Frühen Neuzeit bis zur Gegenwart, 2 Bde., Berlin/Boston: De Gruyter (im Folgenden: HB Brief); darin auch Jörg Schuster, [Brief als Forschungsfeld der] Literaturwissenschaft, Bd. 1, S. 5–18, und Katrin Henzel, Materialität des Briefs, ebd., S. 222–231.

6 Zu Brief und Postverkehr vgl. Martin Fontius, 1988, Post und Brief, in: Gumbrecht, Pfeiffer, Materialität der Kommunikation [Anm. 4], S. 267–279; Klaus Beyrer und Hans-Christian Täubrich (Hg.), 1996, Der Brief. Eine Kulturgeschichte der schriftlichen Kommunikation, Heidelberg: Edition Braus, darin u. a. Klaus Beyrer, Der alte Weg eines Briefes. Von der Botenpost zum Postboten, S. 11–25; Werner Faulstich, 2002, Der Privatbrief im „Jahrhundert des Briefs", in: ders., Die bürgerliche Mediengesellschaft (1700–1830), v. a. S. 83–102; Klaus Beyrer, 2005, Art. Kommunikationstechnik und Briefbeförderung, in: Enzyklopädie der Neuzeit, hrsg. von Friedrich Jäger, Bd. 2, Darmstadt: WBG, Sp. 414–417; Veit Diczuneit, 2020, Postgeschichte, in: HB Brief [Anm. 5], S. 163–186.

7 Bernhard Siegert, 1993, Relais. Geschicke der Literatur als Epoche der Post, Berlin: Brinkmann & Bose.

8 Zur Schreibprozessforschung in der Nachfolge von Friedrich A. Kittler, auf den der Begriff der „Schreibszene" zurückgeht (ders., 2003 [1985], Aufschreibesysteme. 1800 · 1900, 4. vollst. überarb. Aufl., München: Fink, S. 25), vgl. Rüdiger Campe, 1991, Die Schreibszene, in: Paradoxien, Dissonanzen, Zusammenbrüche. Situationen offener Epistemologie, hrsg. von Hans Ulrich Gumbrecht und K. Ludwig Pfeiffer, S. 759–772, und die u. a. von Martin Stingelin herausgegebene „Schriftenreihe Zur Genealogie des Schreibens", 2004 ff.,

Die Thematisierung von Materialität und materiellen Objekten (in der Literatur) ist jedoch nicht als „Hinwendung zum vermeintlich Konkreten“ angesichts einer „epistemologischen Verunsicherung“ durch schnell wechselnde Leitkonzepte in jeweils ausgerufenen neuen ‚turns‘ misszuverstehen.[9] Denn es geht dabei gerade um die theoretische Reflexion der mit der Materialität von Literatur verbundenen neuen Perspektiven und nicht um eine theorieferne Rückkehr zum Gegenständlichen und vermeintlich Unmittelbaren. Eine solche Theorieferne dürfte mit dem Hinweis auf den bloßen „Materialfetischismus“ gemeint sein, von dem sich etwa Christian Benne in seiner grundlegenden Studie zur „Erfindung des Manuskripts“[10] abgrenzt, und der von Heike Gfrereis als hypothetischer Einwand in Bezug auf Versuche, Literatur auszustellen, aufgerufen wird.[11] Derartige Abgrenzungen verdeutlichen, dass es bei der Auseinandersetzung mit materiellen Objekten nicht um die bloße Präsentation von Einzelbefunden gehen kann, sondern um zu formulierende theoretische Fragen an diese Objekte und begrifflich-konzeptuelle Anknüpfungen an geeignete aktuelle Forschungsmodelle.

Auch angesichts der unbestreitbaren Vorzüge einer von den Wissenschaften geleisteten Übersetzung „dreidimensionaler Objekte“ in zweidimensionale Visualisierungen und Dokumente, „die *weniger verwirrend gemacht worden sind*“, wie Bruno Latour hervorhebt[12], ist die dezidierte Hinwendung zur Dreidimensionalität von Brief-objekten in wissenschaftlicher Hinsicht begründungsbedürftig und sollte deutlich machen, was mit ihr an aktualisierten Einsichten oder Fragestellungen zu gewinnen ist. Das wären beispielsweise Zusammenhänge von „Materialität“ bzw. „Immaterialität“ von Literatur in Hinblick auf ihre Ausstellbarkeit, wie sie Gfrereis diskutiert. In Bezug auf gedruckte Literatur wie Briefautographen könnte das eine noch zu entwickelnde und auszudifferenzierende

---

München: Fink, darunter ders. (Hg.), 2004, „Mir ekelt vor diesem tintenklecksenden Säkulum“. Schreibszenen im Zeitalter der Manuskripte; Davide Giuriato, Martin Stingelin und Sandro Zanetti (Hg.), 2005, „SCHREIBKUGEL IST EIN DING GLEICH MIR: VON EISEN“. Schreibszenen im Zeitalter der Typoskripte, München: Fink.

9 Susanne Scholz und Ulrike Vedder, 2018, Einleitung, in: dies., Handbuch materielle Kultur [Anm. 4], S. 1–17, hier S. 1, im Rückgriff auf Bill Brown, 2001, Thing Theory, in: Critical Inquiry 28, S. 1–22.

10 Benne, Erfindung des Manuskripts [Anm. 4], S. 39. Bei Heike Gfrereis wird er bereits als möglicher Einwand potentieller Museumskuratoren oder -besucher in Hinblick auf auszustellende Literatur aufgerufen.

11 Heike Gfrereis, 2017, Immaterialität/Materialität. Über ein Gegensatzpaar, bei dem im Fall der Literaturausstellung die Lage klar scheint, in: Das Immaterielle ausstellen. Zur Musealisierung von Literatur und performativer Kunst, hrsg. von Lis Hansen, Janneke Schoene und Levke Teßmann, Bielefeld: transcript, S. 35–65, hier: S. 42.

12 Hervorhbg. im Original, Bruno Latour, 2006, Drawing Things Together: Die Macht der unveränderlich mobilen Elemente [1986/1990], in: ANThology. Ein einführendes Handbuch zur Akteur-Netzwerk-Theorie, hrsg. von Andéa Belliger und David J. Krieger, Bielefeld: transcript, S. 259–307, hier: S. 280.

wissenschaftliche „Sprache für materialsemantische Effekte“[13] sein, die fachspezifischen Erfordernissen genügt und zugleich eine fachübergreifende Verständigung erlaubt, wie dies im Katalog zum Brief als *Ereignis & Objekt* bereits auf exemplarische Weise vorgeführt wird. Im Bereich edierter Briefe beträfe das beispielweise Formen der Druckwiedergabe, die sich an der Topologie der originalen Seiten orientieren, alle Zeichen und Schreibungen möglichst positionsgetreu, mit Korrekturen und Fehlern wiedergeben, sodass ein Simultaneindruck entsteht[14], der demjenigen der originalen Briefseiten sehr nahekommt, die Bearbeitungsreihenfolge nachvollziehbar und Ambiguitäten sichtbar macht, die andernfalls in den kritischen Apparat verschoben und damit der Anschauung entzogen sind.

Die folgende Untersuchung konzentriert sich vor diesem Forschungshintergrund und in Hinblick auf den Deutschunterricht auf Briefe als *materielle Objekte*, *Artefakte* und als *Dinge in Texten*.[15] Allen drei Perspektiven, die dabei unterschiedliche Schwerpunkte setzen, ist der Aspekt der Materialität gemeinsam, wenngleich es sich im Falle von Dingen in Texten um eine vorrangig mittels Sprache und Lettern[16] evozierte Materialität handelt. Diese Einschränkung gilt

---

13 Sebastian Böhmer, 2015, Was bedeutet die Materialität der Literatur für die Literatur(-Ausstellung)? Ein Versuch, in: Zwischen Materialität und Ereignis. Literaturvermittlung in Ausstellungen, Museen und Archiven, hrsg. von Britta Hochkirchen und Elke Kollar, Bielefeld: transcript, S. 87–102; zu einer in diesem Zusammenhang zu überdenkenden „Überblendung buchstäblicher und metaphorischer Rede“ siehe auch Ortlieb, Materialität [Anm. 4], S. 44.

14 Zum Vorteil, der Simultaneität der visuellen Präsentation unterschiedlicher Fakten und Elemente im (natur-)wissenschaftlichen Kontext vgl. Latour, Drawing Things Together [Anm. 12]. Zu editorischen Fragen hinsichtlich einer im Druck abzubildenden Materialität von Briefen vgl. auch Andrea Hübener, 2015, „Mondschein“ – „Himmel“ – „Ende“. Briefereignisse und ihre Materialisierung in der Korrespondenz von Lucie und Hermann von Pückler-Muskau, in: Briefnetzwerke um Hermann von Pückler-Muskau, hrsg. von Jana Kittelmann, Dresden: Thelem Universitätsverlag, S. 61–80, hier: u. a. S. 63 f.

15 Dorothee Kimmich, 2018, Dinge in Texten, in: Scholz, Vedder, Handbuch Literatur & materielle Kultur [Anm. 4], S. 21–28, hier: S. 21; vgl. auch Ulrike Vedder, Sprache der Dinge, in: ebd., S. 29–37.

16 Hierbei ist vorrangig an Textblöcke auf Buchseiten mit festem Satzspiegel gedacht. Es lassen sich jedoch gerade in der jüngeren Kinder- und Jugendliteratur Versuche beobachten, Materialeigenschaften von Briefen oder handschriftlichen Notizen im Buch nachzuahmen. Das ist keinesfalls neu in der Geschichte des Buchdrucks, der schon an seinem Beginn „für ein halbes Jahrhundert parallel“ zur etablierten Handschriftenkultur existiert und die visuelle Gestaltung von Manuskripten zunächst in Schrifttypen, Abkürzungen und sogar Nachschriften (Kolophonen) nachahmt. Dabei werden außerdem „Initialen, Bilder und andere Schmuckelemente […] in dafür ausgesparte Freiräume von Hand“ nachgezeichnet – „ein Verfahren, das man seit Jahrhunderten von den arbeitsteilig hergestellten Handschriften kannte“. Jürgen Wolf, 2013, Handschriften im Zeitalter des Buchdrucks, in: Binczek, Dembeck, Schäfer, Handbuch Medien der Literatur [Anm. 4], S. 193–199, hier: S. 193 f. Als einen sehr weitgehenden Versuch, in einem Buch die Materialität eingelegter Briefe, Postkarten oder sonstiger handschriftlicher Botschaften zu simulieren, deren Schriftträger

selbst noch für Dramentexte, sofern sie nur gelesen werden; die Aufführung eines Dramas kann den Brief dagegen auch als handlungsrelevantes Ding szenisch sichtbar machen.[17] Die genannte Auswahl der Betrachtungsperspektiven auf Briefe im schulischen Kontext setzt bei einem inzwischen auch in der Literaturwissenschaft angekommenen Interesse an kulturellen Gegenständen, Techniken und Praktiken und dem Zusammenhang von „Literatur und Wissen" an.[18] Alle Aspekte zusammen kommen der in den Bildungsstandards geforderten Kompetenzorientierung und einer durch sie angestrebten Verknüpfung von Theorie und Praxis entgegen.

Was heißt es nun aber, den Brief als materielles *Objekt*, *Artefakt* und als *Ding in Texten* zu betrachten? Und welche praktischen wie theoretischen Chancen und Herausforderungen ergeben sich aus dieser Perspektiverweiterung für eine Literatur- bzw. Mediendidaktik und den Deutschunterricht?

Der vorliegende Beitrag widmet sich diesen Fragen in drei Abschnitten: Der erste erläutert die vorgeschlagenen drei Perspektiven auf den Brief, grenzt sie voneinander ab und greift einige der in diesem Zusammenhang relevanten Aspekte heraus. Der zweite Abschnitt betrachtet drei Briefbeispiele vom ersten Drittel des 19. Jahrhunderts, die das Zusammenspiel einiger zuvor genannter Einzelaspekte illustrieren und dabei auch die Darstellungsmittel des Briefs reflektieren. Dabei werden zugleich Funktionen von Briefen sichtbar, die über die von Nickisch genannten drei (Information, Appell, Selbst-Äußerung) hinausgehen, sie infrage stellen oder ausdifferenzieren.[19] Der dritte Abschnitt schließlich thematisiert das didaktische Potenzial dieses Themas für einen handlungs- und produktionsorientierten Deutschunterricht, in dem Schülerinnen Briefe als materielle Objekte und Artefakte erkunden, dazugehörige konkrete Praktiken kennenlernen und erproben. Die Erfahrungen mit materiellen Briefobjekten sind dabei als Voraussetzung und Anregung für eine Auseinandersetzung mit Problem- und Fragestellungen gedacht, die die Briefe selbst durch ihre Gestalt aufwerfen und die sich auf ähnliche oder auch ganz andere Weise angesichts heutiger Formen vorrangig digitaler Kommunikation stellen. Teil der Vorschläge ist eine für historische Briefobjekte und Medien zu empfehlende Einbindung außerschulischer Lernorte wie Museen,

---

vorgeben, sie seien zu anderen Zwecken hergestellt und z. T. auch bereits benutzt worden, vgl. Dough Dorst und J. J. Abrams, 2013, S., Edinburgh: Canongate books (dt. 2015, S. – Das Schiff des Theseus, Köln: Kiepenheuer & Witsch).

17 Siehe hierzu Irene Rupp, 2016, Der Brief im deutschen Drama des 18. und 19. Jahrhunderts, Frankfurt a. M.: Peter Lang; Volker Klotz, 1972, Bühnen-Brief: Kritiken und Essays zum Theater. Davor eine Abhandlung über Briefszenen in Schauspiel und Oper, Frankfurt a. M.: Athenäum.

18 Vgl. etwa Margarethe Vöhringer, 2013, Praktiken, in: Borgards u. a., Literatur und Wissen [Anm. 4], S. 45–50; Stephan Kammer, 2013, Schreiben, in: ebd., S. 50–54.

19 Siehe oben, Nickisch, Der Brief [Anm. 2].

Archive und Schülerlabors[20], die die Reihe der im Deutschunterricht zu berücksichtigenden Gegenstände und Medien zu erweitern und außerhalb der Schule auch auf andere Weise kennenzulernen und zu untersuchen erlauben.

2. Begriffserklärung

Briefe als *materielle Objekte* entfalten durch die Wahl von Schriftträger und Schreibgerät, Farben von Papier, Tinte und Siegel, Papierformat und -faltung, die Art der Seitengestaltung (Topologie) und nicht zuletzt ihre Beigaben eine komplexe Semantik.[21] Mit Brief ist im Folgenden vorrangig der Privatbrief gemeint, der sich erst parallel zu den Möglichkeiten seiner Beförderung herausbildet, wenn das zunächst für absolutistische Herrscher reservierte Postprivileg wachsende Konkurrenz durch Botenkurse von Klöstern, Universitäten, Märkten und Städten erhält, über die zunehmend auch private Botschaften befördert werden.[22]

Die Form privater Briefe ist lange Zeit durch Vorgaben geregelt, die bis zum Ende des 19. Jahrhunderts in sogenannten Briefstellern niedergelegt sind.[23] Diese Briefsteller bilden den historischen Wandel der Briefetikette ab und bestimmen ihn zugleich mit. Während Briefe am Beginn des 17. Jahrhunderts noch vom steifen Kanzlei-Stil offizieller Korrespondenzen geprägt sind, zu der auch eine kalligraphisch normierte Kanzleischrift gehört, und sie am Ende desselben Jahrhunderts den galanten Stil nach französisch-höfischem Vorbild nachahmen, setzt sich ab Mitte des 18. Jahrhunderts mit einer namentlich von Christian Fürchtegott

---

20 Zur Relevanz außerschulischer Lernorte im Rahmen von Deutschunterricht und für eine vielfältige Auswahl, die ausdrücklich auch unkonventionelle, niedrigschwellige Lernorte einbezieht (zu denen die hier genannten nicht zählen), sie überzeugend begründet und mit konkreten Unterrichtsvorschlägen versieht, vgl. den sehr praxisorientierten und anregenden Band von Dieter Wrobel und Christine Ott (Hg.), 2019, Außerschulische Lernorte für den Deutschunterricht. Anschlüsse – Zugänge – Kompetenzerwerb, Seelze: Kallmeyer. Der Eintrag „Archiv" findet sich, etwas versteckt, unter dem Titel des „Deutschen Literaturarchivs Marbach": Sandra Potsch und Verena Staack, 2019, Literaturmuseum des Deutschen Literaturarchivs Marbach, in: ebd., S. 104–106.

21 Zu diesbezüglichen thematischen Kapiteln samt vielfältigen Bildbeispielen bis in die jüngere Gegenwart und dazugehörigen sehr aufschlussreichen Miszellen vgl. Bohnenkamp, Wiethölter, Der Brief – Ereignis & Objekt [Anm. 1], darunter v. a. Davide Giuriato, Briefpapier, S. 1–18; Anne Bohnenkamp, Schreibgeräte, S. 19–72; Heinz Drügh, Topologie, S. 99–116; Renate Moering, Briefbeigaben, S. 191–214.

22 Zur Geschichte von Brief und Post vgl. Beyrer, Der alte Weg eines Briefes [Anm. 6].

23 „Briefsteller" bezeichnet ursprünglich „einen (professionellen) Schreiber, einen ‚auctor epistolae', […] der im Auftrag seiner Klientel Briefe und andere Schriftstücke verfasste", und entwickelt sich „seit dem Ende des 17. Jahrhunderts zu einem eigentlichen Genrebegriff", Carmen Furger, 2010, Briefsteller. Das Medium „Brief" im 17. und frühen 18. Jahrhundert, Köln u. a.: Böhlau, S. 11.

Gellert[24] vorangetriebenen Briefreform allmählich ein natürlicher, lebendiger und individueller Briefstil durch. Gellert propagiert die Befreiung des Briefs aus seiner Zweckbindung und thematisiert rhetorisch-stilistische Mittel, wie der Brief am besten „die Stelle eines Gesprächs"[25] vertreten könne. Die von Gellert beförderte Reform macht den Brief „literaturfähig"[26]. Als „Tor, durch das die Schrift im 18. Jahrhundert in den Alltag findet", wird er zum Medium einer allgemeinen Literalisierung.[27] Schreiber privater Briefe können seither relativ frei entscheiden, welche Form nach Adressat, Art der Korrespondenz und Schreibanlass ihnen als die jeweils angemessene erscheint. Vertrautheit und hohe Brieffrequenz geht oft einher mit dem Verzicht auf formale Korrektheit, während sie im Falle persönlicher Distanz zwischen den Korrespondenten oder zu besonderen Schreibanlässen nach wie vor geboten ist.

Ein mit der Materialität eines realen Briefobjekts zusammenhängender besonderer Vorteil liegt in der Wahrnehmung der Ikonizität seiner Einzelseiten – im Unterschied zu den Textblöcken gedruckter Briefe, in denen Seitenwechsel zudem selten genug vermerkt sind. Briefseiten lassen sich damit auch als Bilder betrachten, die eine spezifische Dramaturgie des Zeigens und Sagens erkennen lassen.[28] Dieses Zeigen und Sagen der Briefseiten gilt ebenso für die Schriftzeichen in ihrem phonographischen wie ikonischen Doppelcharakter.[29] Gedruckte Schrift wird meist allein in ihrer Verweisfunktion wahrgenommen und erweist

---

24 Vgl. hierzu v. a. C. F. Gellert, 1751, Briefe, nebst einer praktischen Abhandlung von dem guten Geschmacke in Briefen, Leipzig: Johann Wendler. www.digitale-sammlungen.de/de/view/bsb10402875?page=2,3 (01.03.2023); zur Brieftheorie bei Gellert und Moritz vgl. Sibylle Schönborn, Gellert, Moritz und die Popularisierung der Brieftheorie, in HB Brief [Anm. 5], S. 893–904.

25 Gellert, Briefe [Anm. 24], S. 2. Vgl. auch Robert Vellusig, 2000, Schriftliche Gespräche. Briefkultur im 18. Jahrhundert, Wien: Böhlau.

26 Schönborn, Gellert, Moritz [Anm. 24], S. 893.

27 Robert Vellusig, 2006, Gellert, der Husar, ein Brief und seine Geschichte. Briefkultur und Autorschaft im 18. Jahrhundert, in: Vom Verkehr mit Dichtern und Gespenstern. Figuren der Autorschaft in der Briefkultur, hrsg. von Jochen Strobel, Heidelberg: Winter, S. 33–59, hier: S. 57; vgl. auch Robert Vellusig, Art. Brief, in: Enzyklopädie der Neuzeit, Bd. 2 [Anm. 6], Sp. 406–413, hier: v. a. Sp. 410–412.

28 Zum Zeigen und Sagen von Briefseiten vgl. Andrea Hübener, 2018, Epistolar-Dramaturgien. Zeigen und Sagen im Brief als Bild, in: Schreibprozesse im Zwischenraum. Zur Ästhetik von Textbewegungen, hrsg. von Jennifer Clare u. a., Heidelberg: Winter, S. 129–153; zur Frage der Deixis von Bildern (die auch für Bilder von Briefseiten gilt), vgl. Steffen Siegel, 2007, Die Kunst der Ostentatio. Zur frühneuzeitlichen Bildgeschichte des Selbstverweises, in: Deixis. Vom Denken mit dem Zeigefinger, hrsg. von Heike Gfrereis und Marcel Lepper, Göttingen: Wallstein, S. 38–61.

29 Vgl. Sybille Krämer, 2003, ‚Schriftbildlichkeit' oder: Über eine (fast) vergessene Dimension der Schrift, in: Bild, Schrift, Zahl, hrsg. von ders. und Horst Bredekamp, München: Fink, S. 157–176, hier: S. 159.

sich damit als ‚transparent' in Hinblick auf das von ihr Bezeichnete.[30] Dagegen lassen aufwändig verzierte Buchstaben wie die Versalien in mittelalterlichen Handschriften den Bildcharakter von Schrift ins Bewusstsein treten. Im Brief verwendete Schreibschriften erschweren häufig aufgrund ihrer mehr oder weniger ausgeprägten Abweichung von der normierten Buchstabenform ihre Identifikation und lenken so gleichfalls die Aufmerksamkeit auf ihre bildliche Qualität.

Briefseiten enthalten außer picturalen und skripturalen Zeichen auch sogenannte „Graphismen", die wie etwa Kritzeleien weder „auf Schrift, Bild, Zeichnung oder Linie" festzulegen sind.[31] Zugleich sind Buchstabenschrift und Zeichnung nicht immer einfach voneinander zu unterscheiden, oder können bewusst in spielerischer Weise einander ergänzen oder überlagern.[32] Briefbeigaben wie eingeklebte oder eingelegte Blumen, Zeichnungen oder andere Objekte schließlich tragen nicht allein zur Wahrnehmung der Briefseiten als Bilder bei, sie betonen mit der eigenen Dreidimensionalität zugleich diejenige des Briefes als Objekt, der nicht auf die sich im zweidimensionalen Raum erstreckende Handschrift seiner Seiten zu reduzieren ist und in seiner gefalteten Form auch ein Außen und ein Innen besitzt.

„Materialität wird meist von mechanischen Erfahrungen her gedacht"[33] – und ein Ding als etwas, das in wandlungsloser Dauer verharrt oder sich allenfalls durch äußere Einwirkung verändert. Materielle Dinge und Stoffe sind jedoch nicht allein durch Menschen, Mäuse und Papierfischchen, durch Wasser oder Feuer von Vernichtung bedroht. In Bezug auf materielle Objekte sind insbesondere chemische Prozesse mitzuberücksichtigen. Briefe sind als materielle Dinge Alterungs- und Zersetzungsprozessen unterworfen: Papier verfärbt sich unter Lichteinfluss braun, wird brüchig, zerfällt; Farben von Tinten und anderen Dingen verblassen; Schreibflüssigkeiten wie die Eisengallustinte sorgen für Tintenfraß, der das Papier verfärbt und zerstört; Kleb- und Bindemittel bauen sich allmählich ab. Briefe haben wie alle anderen materiellen Dinge in ihrer stofflichen Gemischtheit die „Neigung", sich zu verwandeln, zu zerfallen und

---

30 Dies wird als ein Zugleich von „Abwesenheit und Anwesenheit" der Zeichen thematisiert von Aleida Assmann, 1988, Die Sprache der Dinge. Der lange Blick und die wilde Symbiose, in: Gumbrecht, Pfeiffer, Materialität der Kommunikation [Anm. 4], S. 237–251, hier: S. 238; vgl. auch dies., 2015, Lesen und Schauen, in: dies., Im Dickicht der Zeichen, Stuttgart: Surhkamp, S. 209–231.

31 Sabine Mainberger, 2017, Art. Graphismus/Graphismen, in: Bonner Enzyklopädie der Globalität, 2 Bde., hrsg. von Ludger Kühnhardt und Tilman Mayer, Wiesbaden: Springer, Bd. 1, S. 419–431, hier: S. 428.

32 Solche Überlagerungen von Bild und Schrift entwickeln sich, wie einige Beispiele andeuten, offenbar erst im Prozess des Schreibens und damit ungeplant; sie können Teile des Textes als eine Art Kalligramm erscheinen lassen.

33 Jens Soentgen, Materialität, in: Samida, Eggert, Handbuch Materielle Kultur [Anm. 4], S. 226–229, hier: S. 226.

sind „eingebunden in vielfältige Transformationen".[34] Die materiellen Dingen aufgrund ihrer Tendenz zur „Dissipation" zugeschriebene „Verwandlungslust und Wanderlust" macht sich der Mensch im Zusammenhang kontrollierter Prozesse von „Faulenlassen [...], Gären und Fermentieren"[35] zunutze. Letzteres gilt auch für die Herstellung von Papier, *der* neuzeitlichen Schriftgrundlage für Briefe, das in seiner Weiße und Reinheit nichts mehr von seiner Entstehungsgeschichte zu wissen scheint.[36] Als postalisches Medium verkörpert der Brief die erwähnte „Wanderlust" von Dingen in besonderer Weise: Er ist auf seinem Weg zum Adressaten verschiedenen Bearbeitungsprozessen unterworfen, wird mit der Post verschickt, geht durch eine Vielzahl befugter oder womöglich auch unbefugter Hände und kann selbst nach seinem Eintreffen noch weitergereicht oder als Briefbeilage -verschickt werden, um schließlich in privaten Aufbewahrungsorten oder öffentlichen Archiven zu enden, falls er nicht womöglich dem Papierkreislauf wieder zugeführt wird und damit die Chance auf eine Wiedergeburt in neuer Gestalt erhält.[37]

Die vorgeschlagene Betrachtung des Briefs als *Artefakt* konzentriert sich auf ihn als Produkt von Schreib-, Lese- und sonstigen Bearbeitungsprozessen, in die neben den Briefschreibern weitere Akteure wie die Post, Briefadressaten und -empfänger, Zensoren, Sammler und Archivare eingebunden sind. Der Brief lässt sich so auch als Schauplatz betrachten, auf dem kulturelle wie künstlerische Praktiken und Techniken sichtbar ineinandergreifen. Briefe sind damit nicht allein als schriftsprachliche Ego-Dokumente und materielle Dinge zu betrachten, sondern als Knotenpunkt unterschiedlicher Diskurse und Praktiken. Diese bilden im Brief jeweils andere Konstellationen, in denen sich das ästhetische Potenzial dieser Praktiken selbst reflektiert. Die Briefpraxis zeigt, dass Briefe zwar kommunikative Zwecke erfüllen, sich aber oft genug von den für sie vorgesehenen Funktionen lösen, sie neu erkunden und kreativ abwandeln. Das lohnt in Hinblick auf damit jeweils ermöglichte weitere Funktionen des Briefs eine nähere Betrachtung.

34 Ebd., S. 228.

35 Ebd.

36 Zur „Opposition von niederer Herkunft und hoher Berufung des Papiers" und Belegen dazu aus Dichtung und Literatur vgl. Lothar Müller, 2012, WEISSE MAGIE. Die Epoche des Papiers, München: Hanser, Kap. 2.5, Die Lumpensammler, die Schreiber und die Kanzel, S. 76–82, hier: S. 80.

37 Zu einer solchen Wiedergeburt im Rahmen einer fiktionalen Erzählung vgl. Helmina von Chézy, 2020, Jugendschicksale, Leben und Ansichten eines papiernen Kragens. Von ihm selbst erzählt [1829], in: Handarbeit, hrsg. von Christiane Holm, Berlin: Secession, S. 137–163.

Briefautographen, die oft nicht in einer einzigen Schreibszene beschriftet und bearbeitet worden sind, geben durch das Bild ihrer Seiten auch Aufschluss über die zeitliche Abfolge ihrer Bearbeitung. Diese Bearbeitungsstufen erlauben es, mit ihnen zusammenhängende Ereignisse und Akteure zu erschließen. Auf diese Weise wird die Geschichte eines Briefartefakts ganz oder in Teilen erkennbar.[38] Als Artefakte mit kommunikativer Funktion lassen sich Briefe auch als Akteure oder Aktanten[39] im Sinne Bruno Latours betrachten, die durch ihr Material, ihre Vorformatierung und besondere Bearbeitung ihre Rezeption, Weiterverwendung, -bearbeitung vorwegnehmen und soziale Prozesse in Gang setzen. Als „Quasi-Objekt" – ein Begriff, den Latour von Michel Serres übernimmt[40] – ist auch der Brief nicht mehr als ein dem handelnden Subjekt untergeordnetes, sondern ein ihm ebenbürtiges, zirkulierendes Etwas zu denken, das die Aktionen des Subjekts mitzubestimmen vermag. Die Grenze zwischen beiden erscheint durchlässig, wie auch der entsprechende Begriff des ‚Quasi-Subjekts' andeutet. Der Brief, der als postalisches, zirkulierendes Medium mittels Schrift und materieller Eigenschaften soziale Interaktion herstellt und am Laufen hält, macht, als Quasi-Objekt betrachtet, die erwähnte Grenzüberschreitung und Verknüpfung unterschiedlicher Funktionen besonders anschaulich.

Als *Dinge in Texten* entfalten Briefe unterschiedliche (Handlungs-)Macht. Diese Macht beruht u. a. auf den materialen Eigenschaften des Briefs, seinen medialen Funktionen und den in ihm verknüpften Schrift- und Bearbeitungsspuren mit Zeichencharakter – bzw. ihm als materiellem Ding, dem selbst Zeichencharakter zukommt. Im Rahmen von Literatur tritt der Brief unterschiedlich in Erscheinung: Er kann dort auf seine Mitteilungsfunktion via Schrift reduziert, oder in seiner Materialität – und dies durchaus widersprüchlich – in Szene gesetzt sein.[41]

---

38 Zur Geschichte von Objekten vgl. Nina Hennig, 2014, Objektbiographien, in: Samida, Eggert, Handbuch Materielle Kultur [Anm. 4], S. 234–237; zu Beispielen für „Objektbiographien" als „literarisches Genre" und damit verbundene erzählerische Möglichkeiten vgl. auch Ulrike Vedder, 2018, Sprache der Dinge, in: Scholz, Vedder, Handbuch materielle Kultur [Anm. 4], S. 29–46, hier: S. 34. Im Falle von Chézys ‚papiernem Kragen' haben wir es genau genommen mit der Autobiographie eines Dings zu tun, wie schon der Untertitel verrät, Chézy, Jugendschicksale, Leben und Ansichten eines papiernen Kragens [Anm. 37].

39 „Da ‚Akteur' im Englischen (wie auch im Deutschen) oft auf Menschen beschränkt ist, wird manchmal das aus der Semantik entlehnte Wort ‚Aktant' verwendet, um nicht-menschliche Wesen in die Definition mit einzubeziehen". Bruno Latour, 2002, Akteur, Aktant (acteur, actant), in: Die Hoffnung der Pandora, Frankfurt a. M.: Suhrkamp, Glossar, S. 372.

40 Bruno Latour, 2008 [frz. 1991], Wir sind nie modern gewesen. Versuch einer symmetrischen Anthropologie, übers. von Gustav Roßler, Frankfurt a. M.: Suhrkamp, hier: S. 70.

41 Vgl. hierzu Dorothee Kimmich, 2018, Dinge in Texten, in: Scholz, Vedder, Handbuch materielle Kultur [Anm. 4], S. 21–28.

Literatur stellt nicht allein Naturdinge (als „Dinge an sich“) und Artefakte (als „Dinge für uns“) nebeneinander und gegenüber.[42] Sie bringt auch die verfließenden Grenzen zwischen beiden zur Anschauung und thematisiert die infrage stehende Klassifizierung erzählter Dinge. Als „Dinge für sich“[43] verweigern sie sich – und dies in der Literatur der Klassischen Moderne in wachsendem Maße – womöglich gänzlich einer Zuordnung zu einem (einzigen) Zeichensystem und den vom Menschen für sie vorgesehenen Funktionen.[44]

Von diesen Widersprüchen scheinen Briefe zunächst ausgenommen zu sein: Als Artefakte sind sie „Dinge für uns“. Sie sind durch ihre Materialität, ihre stoffliche Mischung und die erkennbaren Bearbeitungsspuren in verschiedene Zeichensysteme eingebunden und lassen sich zugleich als ein von gattungstypischen wie postalischen Normen und Zwecken bestimmtes Zeichensystem eigener Art betrachten. Innerhalb eines literarischen Textes kann einem Brief aber auch – wie in Edgar Allan Poes Erzählung *Der entwendete Brief* (*The purloined letter*, 1844) – die Rolle eines Akteurs buchstäblich zugeschrieben werden: In veränderter Gestalt (gewendet, neu beschriftet und gesiegelt) und an einem allseits sichtbaren Ort platziert, veranlasst der Brief die Polizei zu ergebnislosen Suchaktionen. Als Artefakt und „Ding für uns“, avanciert er so zu einem ‚Ding für sich‘ und ‚Quasi-Subjekt‘, das die Personen jeweils neu zueinander in Beziehung setzt – je nachdem, ob sie den Brief besitzen, oder ihn erst in ihren Besitz bringen wollen. Ein solcher Blick auf Briefe als Dinge in Literatur, in der dieser Ding-Status erzählerisch, szenisch oder lyrisch entfaltet und die Passivität von Briefen infrage gestellt wird, lässt sich auch mit Gewinn zurück auf reale Briefe richten.

42 Ebd., S. 25.

43 Ebd., S. 26, mit Bezug auf Edgar Polgar, 1983, Die Dinge, in: Kleine Schriften, Bd. 2, hrsg. von Marcel Reich-Ranicki, Reinbek bei Hamburg: Rowohlt, S. 17–21, hier: S. 17 f.

44 Ein solch rätselhaftes Ding findet sich mit „Odradek“ in Franz Kafka, 2002, Die Sorge des Hausvaters [1920], in: Ein Landarzt, Frankfurt a. M.: Fischer, Drucke zu Lebzeiten, hrsg. von Hans-Gerd Koch, S. 282–284, hier: S. 282.

3. Briefbeispiele A-C

3.1 Beispiel A. Zeigen und Sagen – Der Effekt der leeren Seite

Abb. 1: Hermann von Pückler-Muskau an Bettine von Arnim, Frankfurt a. M., den 16. Juli 1834, Velinpapier, 24,4 x 18,1 cm, 1r (Briefseite), Freies Deutsches Hochstift, Goethe-Museum, Hs. 13379

Die Abbildung 1 zeigt ein Blatt aus hellem, relativ festem glatten Velinpapier ohne Wasserzeichen mit der Angabe von Ort und Datum „Frankfurt den 16t July | 1834" und der folgenden Anrede „Bettine!" auf seiner ersten Seite.[45] Das Blatt

45 Handschrift (Hs.) Freies Deutsches Hochstift, Nr. 13379: Hermann von Pückler-Muskau an Bettine von Arnim, Frankfurt a. M. den 16. Juli 1834, Einzelblatt, Velinpapier, beige, 22,4 x 18,1; je zwei mal hoch und quer zum Brief gefaltet, ohne Wz [vermutlich abgetrennt]; 2 S. beschr. (1rv), braune Tinte; 1v: rotes Siegel mit nicht klar erkennbarer Prägung; Ausgangspoststempel, schwarz: „Würzburg 17/7", Eingangspoststempel, schwarz: „21/7"; Wiedergabe v. lat. Kurrent durch serifenlose Lettern; für weitere, hier ausgesparte Details des autopsierten Briefes vgl. auch Drügh, Topologie [Anm. 21], S. 109, samt Kommentar: „Kürzer geht es kaum, auch kaum dramatischer", ebd., S. 110. Vgl. den gedruckten Brief in Enid Gajek und Bernhard Gajek (Hg.), 2001, Bettine von Arnim. Hermann von Pückler-Muskau. „Die Leidenschaft ist der Schlüssel zur Welt". Briefwechsel 1832–1844 (Bw Pückler/von Arnim), Stuttgart: Cotta, Br. 126, S. 343.

war ursprünglich zu einem Brief gefaltet. Es trägt auf seiner anderen Seite die von derselben Schreiberhand stammende Adressierung „Frau von Arnim | geb. Fräulein Brentano | frey | in Berlin" und zeigt die getrennten Hälften eines roten Siegels, das sich ehemals auf der Rückseite des gefalteten Briefs befand, neben einem handschriftlichem Postvermerk und einem von zwei Poststempeln, der die Ankunft des Briefs am 21.7. bezeugt. Der Brief stammt von Hermann von Pückler-Muskau, mit dem Bettine von Arnim seit Januar 1832 einen intensiven Briefwechsel führt – parallel zur Arbeit an ihrem ersten Briefbuch *Goethe's Briefwechsel mit einem Kinde*, das 1835 erscheint und Pückler gewidmet ist.[46]

Dieser Brief erzielt mit seiner Beschränkung auf die Anrede einen maximalen dramatischen Effekt. Nach dem Ausrufezeichen, das der Anrede eine gewisse Dringlichkeit verleiht, liest sich die darauffolgende Leere wie ein ins Bild der Briefseite übersetztes pointiertes Schweigen. Dieses Schweigen stellt die Empfängerin vor die Aufgabe, das Nicht-Gesagte zu erraten. In ihrem Antwortbrief vom 25. Juli erklärt sie, der „Ruf aus Franckfurt" habe ihr „viel Freude gemacht".[47] Sie weiß, oder behauptet zu wissen, was Pückler nicht auf das Blatt geschrieben hat. Und Editoren und Kommentatoren können nicht anders, als Vermutungen darüber anzustellen, auf was der Brief mit seinem Schweigen alles anspielen könnte.[48]

---

46 Zu von Arnims erstem Briefbuch mit detailliertem Forschungsüberblick vgl. Daniela Langer, 2008, „Die Antwort aber, die ich mir in Ihrem Namen gebe". Sich-Lesen und Sich-als-Gelesene-Schreiben in Bettine von Arnims „Goethe's Briefwechsel mit einem Kinde", in: „Schreiben heißt: sich selber lesen". Schreibszenen als Selbstlektüre, hrsg. von Davide Giuriato, Martin Stingelin und Sandro Zanetti, München: Fink, S. 133–159. Zum Briefwechsel Pückler/von Arnim vgl. auch Andrea Hübener, 2013, „Ich bin das Blatt auf das die Erinnerung alle Seeligkeit geäzt". Der Liebesbrief als pseudonymes Medium (Bettine von Arnim und Hermann von Pückler-Muskau), in: SchreibLust. Der Liebesbrief im 18. und 19. Jahrhundert, hrsg. von Renate Stauf und Jörg Paulus, Berlin/Boston: De Gruyter, S. 239–269.

47 Bettine von Arnim an Hermann von Pückler-Muskau, [Berlin], 25. Juli [1835], in: Bw Pückler/von Arnim [Anm. 45], Br. 127, S. 344.

48 Zum Briefkontext vgl. Gajek, Gajek, Kommentar, ebd., S. 513 f., oder Anne Bohnenkamp: Bettine! (Or a Letter Without Text), 2. April 2021, www.euromanticism.org/bettine-or-a-letter-without-text/ (01.03.2023). – Der Appellcharakter des Briefes mag jedoch v. a. mit der von Pückler wiederholt geäußerten Sorge zusammenhängen, er könne einige der an ihn gerichteten Briefe von Arnims, die er ihr für die Arbeit am Goethebuch leihweise überlassen hatte, nicht zurückerhalten – eine sich erfüllende Befürchtung. Vgl. auch den Hinweis darauf in von Arnims Brief an ihn [Ende Juli 1835], Bw Pückler/von Arnim [Anm. 45], Br. 128, S. 344 f.

Die durch Datierung, Anrede und Postierung eindeutig als Brief erkennbare Seite verdeutlicht, dass ein Brief als materielles Objekt nicht nur ohne Briefzeilen eine Botschaft übermitteln, sondern gerade durch das wirkungsvolle Ausstellen fehlender Schriftzeilen der Botschaft besonderes Gewicht verleihen kann. Mit der sprachlichen Ellipse, die im Leerraum visualisiert ist, wird zugleich das Maximum dessen angedeutet, was dieser wie jeder andere Brief jemals an Botschaften übermitteln könnte. Damit übersteigt der Brief seine an Zeit und Ort gebundene konkrete Kommunikationssituation und thematisiert zugleich die dem Medium Brief generell zur Verfügung stehenden Mittel des Zeigens und Sagens im – Nicht-Sagen.

Der Brief stellt Schrift als ausschließliches Mittel brieflicher Kommunikation und die dem Brief gewöhnlich zugeschriebenen Funktionen zur Disposition, die hier kaum ins Gewicht fallen: die Informationsfunktion beschränkt sich auf minimale Angaben zu Schreibort, -datum und Adressatin. Von einer expliziten Selbst-Äußerung kann nicht die Rede sein. Und der Appellcharakter wird zwar im Ausrufezeichen nach der Anrede angedeutet, in Hinblick auf sein Ziel aber nicht benannt. Der Brief stellt damit als materielles Objekt die ihm gerade jenseits der Schrift zur Verfügung stehenden Ausdrucksmittel in selbstreflexiver Weise aus – und gängige Vorstellungen über Briefe und ihre Funktionen spielerisch infrage.

3.2 Beispiel B. Comic strip avant la lettre für die prospektive „Bade-Zeitung“ – Schreiben und Zeichnen im Brief

Abb. 2: Hermann von Pückler-Muskau an Lucie von Pückler-Muskau, London, 7. Oktober 1827, S. 22v/1254, Papier, beige, 22,6 x 18,6 cm, Biblioteka Jagiellońska, Kraków, Sammlung Varnhagen Nr. 164

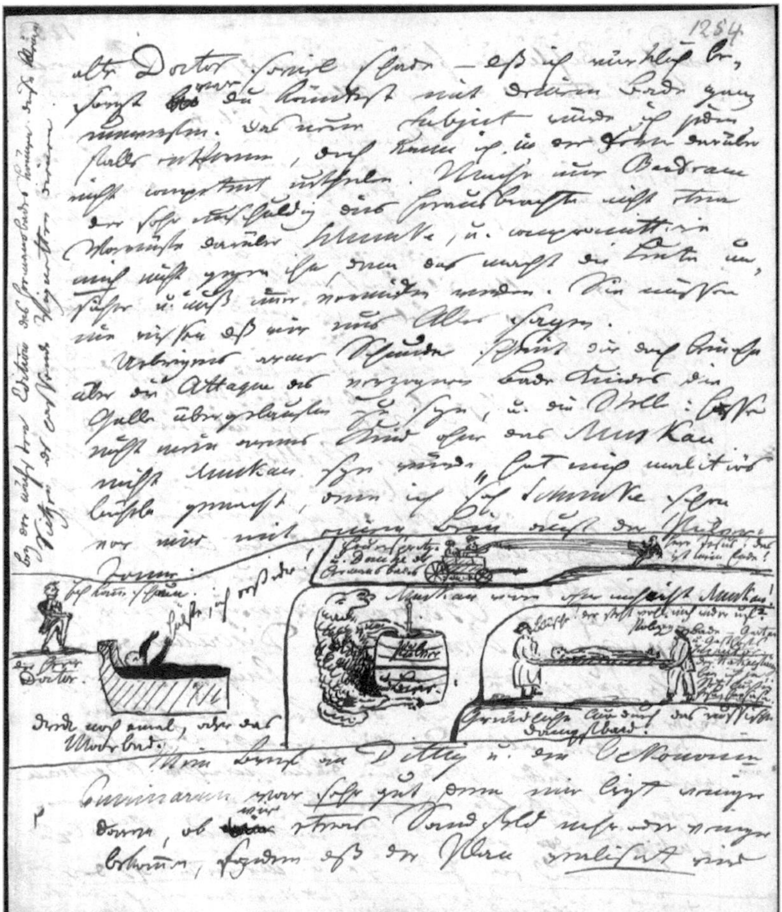

Die Abbildung 2 zeigt die am 7. Januar 1827 in London entstandene Seite eines umfangreichen Briefs von Pückler an Lucie von Pückler-Muskau, die hier unter ihrem Kosenamen „Schnucke“ angeredet ist.[49] Diese führt zu jener Zeit, während

49 Hs. Biblioteka Jagiellońska, Krakau (BJK), Varnhagen-Sammlung, Briefkonvolut Nr. 164 (V 164): Hermann von Pückler-Muskau an Lucie von Pückler-Muskau, London, 6.–7. [Oktober 1827], Doppelblatt 37,2/18,6 x 22,6 cm, S. 21r/1251–22v/1254, hier S. 22v/1254 mit

Pücklers mehrjähriger Reise durch Großbritannien, an seiner Stelle die Geschäfte in Muskau und verfolgt dabei im Rahmen eines dort entstehenden englischen Landschaftsgartens auch das eigene Projekt eines Kurbades, das der chronisch verschuldeten Standesherrschaft als Einnahmequelle dienen soll – bislang mit wenig Erfolg. Auf dieses Projekt bezieht sich auch die vorliegende Briefseite, die einen am selben Abend erhaltenen Brief der Adressatin beantwortet.

Die Seite fällt durch einen Bilderfries von derselben braunen Tinte wie die übrigen Schriftzeilen ins Auge. In ihm sind vier Szenen versammelt, die wie Panels in comic strips von Linien umgrenzt sind. Den gezeichneten Figuren ist wörtliche Rede zugeordnet, wenn auch noch nicht in Form von Sprechblasen gestaltet.

Schreiben und Zeichnen gehen bei der Beschriftung der Seite erkennbar auseinander hervor. Dies führt zu einer extremen Verdichtung der Zeichen innerhalb der Bildfolge. Der Schreiber fügt zunächst nur die Zeichnung der vor einer Tonne sitzende Heidschnucke unter die vorausgehende Schriftzeile ein und setzt darauf den Brief im Schriftmodus fort, bevor er die drei außen liegenden Szenen in den verbliebenen freien Platz neben der Schnucke hinzufügt. Diese Szenen gehen damit vom Schaf im Zentrum des Bilderfrieses aus, das die als „Schnucke" angeredete Adressatin „mit einem Bein auf der Pulvertonne" darstellen soll.

Die später entstandenen Szenen umfassen ein Panel links, das mit „Dreck noch emal, oder das | Moorbad" beschriftet ist und eine um Hilfe rufende Figur in einer Moorbadewanne zeigt, der eine mit „Der Herr | Doctor" beschriftete Figur links oben im Bild zu Hilfe eilt. Im Panel oben rechts ist ein mit „Feuerspritze | u. Droschke des | Hermansbades" beschrifteter vierrädriger Karren mit zwei Gestalten dargestellt, deren eine den Wasserstrahl auf eine dritte Figur rechts im Bild richtet, die von diesem Strahl umgerissen wird und ausruft: „Herr Jesus! Das | ist mein Ende!" Das vierte Panel, rechts darunter, zeigt zwei Träger einer Bahre mit darauf liegender Figur. Der linken, weiblichen Figur sind die Worte „Bläsche! Der steht wohl nich wider uf?" zugeordnet, der gegenüberstehenden die frei nach Papageno gereimten Verse „Der Ratzenfänge*r* | bin ich ja, | Stetz lustig | hesa, hopsasa" Die Unterschrift „Gründliche Cur durch das russische | Dampfbaad!" kann auf diese vierte Szene und alle vier zusammen bezogen werden. Die wörtliche Rede zeichnet sich durch konzeptionelle Mündlichkeit aus,

allen angeführten Zitaten. Wiedergabe v. lat. Kurrent durch serifenlose Lettern, zum leichteren Verständnis ergänzte Buchstaben kursiv. Die Erläuterungen zu diesem Brief greifen auf einen Tagungsvortrag von 2021 samt Veröffentlichung zurück, vgl. Andrea Hübener und Jörg Paulus, 2023, CC (Carbon Copy), BCC (Blind Carbon Copy) und DC (Data Compression). Vervielfältigen, Verbergen und Verdichten von Bild und Schrift in Briefwechseln des 18. und 19. Jahrhunderts, in: Soziales Medium Brief. Sharen, Liken, Retweeten im 18. und 19. Jahrhundert. Neue Perspektiven auf die Briefkultur. Für die Berlin-Brandenburgische Akademie der Wissenschaften hrsg. durch Markus Bernauer, Selma Jahnke, Frederike Neuber und Michael Rölcke, Darmstadt: wbg Academic, S. 269–292.

die – mit komischem Effekt – dialektale Sprechweisen integriert und lautgetreu wiederzugeben versucht.

Pücklers Bildfolge antwortet auf Lucies brieflichen Bericht vom Badeleben in Muskau und ihren (in den vorausgehenden Briefzeilen bereits zitierten) Satz: „lasse nicht mein armes Kind [=das Kurbad] ohne das Muskau nicht Muskau seyn würde.“[50] Dieses Zitat wird innerhalb der Zeichnung erneut der gezeichneten Haidschnucke als wörtliche Rede – nun in abgewandelter Ich-Form – in den Mund bzw. ins Maul gelegt.

Die zuvor vom Schreiber verwendete Metapher „Schnucke auf der Pulvertonne“ für Lucies sich explosiv entladenden Zorn wird im Bild wörtlich genommen und in seinen Konsequenzen für ihre Badegäste durchgespielt. Aus der allegorischen Darstellung einer zornigen Schnucke (der in barocker Manier die gezeichnete Pulver-Tonne als Attribut schneller Entflammbarkeit zur Seite steht) entwickelt sich eine ganze Katastrophen-Serie mit letalem Ausgang. Diese stellt Pückler nach Art eines Moritatensängers der Adressatin zu Belehrung und Vergnügen vor Augen. Sein abschließender Vorschlag, die „Scitzen“ als Vignetten in „der nächsten Edition des Hermansbades“ – einer Badezeitung – zu verwenden, benennt eine weitere mögliche Funktion der vorliegenden Briefseite, die ihren Werbezweck allerdings verfehlen dürfte.

Im Bilderfries der Seite liegt ein fiktionales heterodiegetisches Erzählen im dramatischen Modus vor, das sich von der Rede des homo-/autodiegetischen Brief-Ichs der übrigen Briefzeilen erkennbar absetzt. Diese Differenz wird schließlich auch visuell durch je eine oberhalb und unterhalb der Szenen verlaufende Begrenzungslinie markiert, die eine für die Lektüre wichtige Ordnungsfunktion übernimmt. Der Beschriftungsprozess mit der anschließenden Benennung der Szenenfolge gibt Funktionen des Briefblattes zu erkennen, die jene von Nickisch für den Brief benannten (Information, Selbst-Äußerung, Appell) in den Hintergrund drängen, wenn nicht sogar konterkarieren:

An die Stelle der Information tritt ein in den Zeichnungen präsentes fiktionales Erzählen, das zunächst allein dem Vergnügen des Schreibers dient, wie der Beschriftungsvorgang zeigt, bei dem immer neue zeichnerische und dialogische Einfälle in den noch leeren Raum eingefügt werden. Damit bereitet er zugleich der Adressatin Vergnügen und (ironische) Belehrung. Die Briefseite wandelt dabei insofern ihren gewöhnlichen Schrift-Charakter und ihre Funktion, als sie an dieser Stelle einem comic strip avant la lettre oder dem karikaturistischen Teil einer Badezeitung ähnelt, für die sie ironisch empfohlen wird. Die Selbst-Äußerung des Schreibers ist dagegen in den Zeichnungen durch die schrift-bildlich inszenierte

50 Das „lasse nicht“ ist hier als ein ‚lasse nicht […] im Stich‘ zu verstehen. Pückler hatte zuvor (wie im vorliegenden Brief) Zweifel an der Wirtschaftlichkeit des „verzognen Bade Kindes“ (ebd.) geäußert und damit Lucies Zorn erregt. Die Gegenbriefe Lucies an ihn bis 1833 sind, von wenigen Ausnahmen abgesehen, vernichtet worden.

Selbst-Äußerung des karikaturistischen Alter Ego der Adressatin ersetzt. Diese stellt als gezeichnete Heidschnucke Ursprung und Zentrum der katastrophischen Bildgeschichte dar. Die buchstäblich vor Augen geführten Gefahren, die dem Muskauer Badeleben von einer explodierenden Schnucke alias Lucie drohen, lassen in den heraufbeschworenen Bildern der Abschreckung zwar auch einen Appell, aber allenfalls einen ironisch-parodistisch gebrochenen erkennen.

3.3 Beispiel C. Der Brief als Pflanzenpresse und Herbarium – materielle Transformation, sprachliche Restitution und briefliche Präservation

Abb. 3: Hermann von Pückler-Muskau an Lucie von Pückler-Muskau, Caernaarvon, 17.–21. [Juli 1828], S. 7^{v}/1861–8^{r}/1862, Papier, beige, 40,2 x 25,2 cm, Biblioteka Jagiellońska, Kraków, Sammlung Varnhagen Nr. 164)

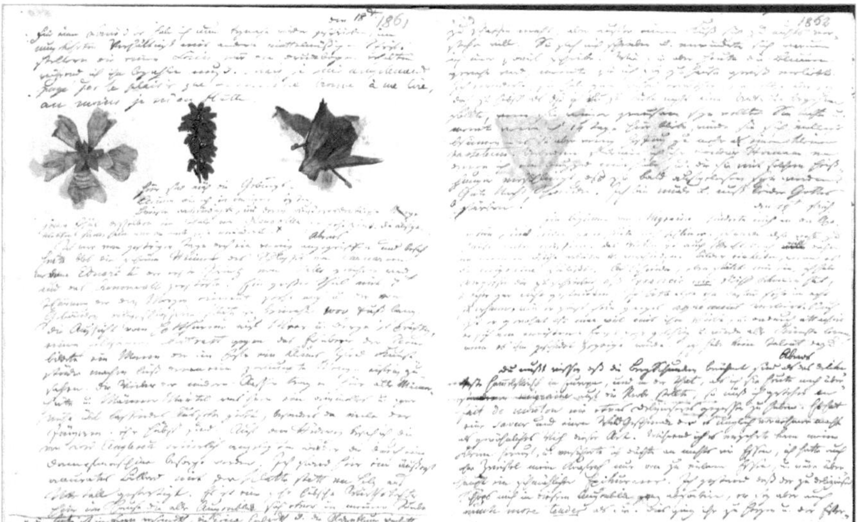

Die abgebildete Doppelseite stammt aus einem 20-seitigen Brief, den Pückler am 17.-21. Juli 1828, weiterhin auf Reisen durch Großbritannien, an Lucie von Pückler-Muskau richtet.[51] Die linke Seite des aufgeschlagenen vierten Doppelblattes,

51 Zur ausführlichen Diskussion dieses Briefs samt weiteren Beigaben vgl. Andrea Hübener, 2018, Herbarium und Schrein. Materialität und Medialität von Briefautographen und ihren Beigaben, in: Bestände der ehemaligen Preußischen Staatsbibliothek zu Berlin in der Jagiellonen-Bibliothek: Forschungsstand und -perspektiven, hrsg. von Monika Jaglarz und Katarzyna Jaśtal, Berlin: Peter Lang, S. 329–343.

um die es im Folgenden geht, entsteht in Caernarvon (heute: Caernarfon) in Wales am 18. Juli 1828. Das Doppelblatt zeigt links oben drei eingeklebte Blüten von brauner Farbe, die jeweils eine andere Tönung aufweisen. Die dritte Blüte ist nach rechts gekippt: Sie hat sich offenbar von der Unterlage zu lösen begonnen. In dem bräunlichen Abdruck auf dem Blatt darunter und daneben ist noch ihre ursprüngliche Position zu erkennen, wo sie Saft und Farbe an das Papier abgegeben hat – eine Position, die sie Dank konservatorischer Sicherung inzwischen wieder innehat. In der Mitte der Seite finden sich zwischen den Blüten kleinere und enger stehende Zeilen:

> Hier sind auch die Gebürgs-
> Blumen die ich in meinem lezten
> Briefe ankündigte, und deren außerordentliche Menge[52]
> jenen Theil desselben im Thale von Glangollen so sehr ziert. Die aufge-
> klebten Proben haben aber die Farbe sehr verändert.[x]

Die mit [x] angezeigte Fußnote füllt schließlich unter einem durchgezogenen Strich am unteren Rand den letzten leeren Raum der Seite aus. In ihr sind die zu den Blüten gehörigen Farben und die Namen der beiden letzten Blüten benannt: „x die Linke ist im Freyen rosenroth, die Erica hochroth u. die Glockenblume violett".[53]

Die erste Blüte ist in Aufsicht, die anderen sind in Seitenansicht gepresst worden. Ihre Nebeneinanderstellung erinnert an Abbildungen in Pflanzenbestimmungsbüchern. Im vorliegenden Brief an die liebevoll angeredete „Schnucke" dienen die Blüten wohl nicht vorrangig einem botanischen Interesse, sondern lösen, wie die Erklärung verdeutlicht, ein zuvor gegebenes Versprechen ein. Sie lassen sich so auch als ein via Brief überreichter metonymischer Blumenstrauß verstehen.[54]

Die genannten fünf Zeilen unter und zwischen den Blüten fügt der Schreiber erst ein, nachdem er diese in gepresster Form eingeklebt hat. Vor ihrem Einkleben hat er während des Tages zunächst die ersten fünfeinhalb Zeilen der Seite unter das Tagesdatum geschrieben, dann eine Lücke für die einzuklebenden Blüten gelassen und darauf die restliche Seite und das obere Drittel der folgenden (8^r/1862) beschriftet. Damit steht für den fünfzeiligen Kommentartext nur

---

52 Streichung ist vermutlich ein vom Schreiber nicht bemerkter Abdruck eines nachgezogenen Unterstrichs von „f" in „färben" von der gegenüberliegenden Seite (8r).

53 Hs. BJK, V 164 [Anm. 49]: Hermann von Pückler-Muskau an Lucie von Pückler-Muskau, Caernarvon, 17.–21. [Juli 1828], 5 Dbl. 40,2/20,1 x 25,2, S. 1r/1848-10v/1867, hier 18. [Juli 1828], S. 7v/1861; Wiedergabe v. lat. Kurrent durch serifenlose Lettern; weitere Details der autopsierten Briefseiten hier ausgespart.

54 Zu einer damit zum Ausdruck kommenden Gabenfunktion des Briefes vgl. auch Jochen Strobel, 2010, Zur Ökonomie des Briefs – und ihren materialen Spuren, in: Schubert, Materialität in der Editionswissenschaft [Anm. 4], S. 63–77.

noch ein beschränkter Raum zur Verfügung, was die klein und eng gesetzten Schriftzüge und die Fußnote erklärt. Die etwas dunklere Tinte der letzteren legt nahe, dass sie erst in einer späteren Korrekturszene[55] kurz vor dem vermutlichen Absenden des Briefs am 22. Juli 1828 hinzugefügt wurde.

Alle drei Blüten weisen heute nur noch unterschiedliche Nuancen eines Brauntons auf. Die ursprünglich mit Klebstoff auf der Seite fixierte rechte Blüte, die sich vom Papier zu lösen begonnen hat, illustriert eine grundsätzliche Gefahr im Zusammenhang von Briefbeigaben: ihren Verlust.[56] Das Ankleben der Blüten beugt dieser einen Gefahr vor. Den Verlust ihrer Farben kann der Schreiber aber nicht verhindern, zumal er es offenbar eilig hat, die Blüten, noch bevor sie richtig getrocknet sind, an die Adressatin zu schicken. Damit macht er den Brief unabsichtlich zu einer Pflanzenpresse, wie die Spuren der Blüten auf den benachbarten Briefblättern erkennen lassen. Die ersten Farbveränderungen, die der Schreiber an den Blüten bereits zum Zeitpunkt seines Kommentars bemerkt, führen dazu, dass er ihre ursprünglichen Farben später in der erwähnten Fußnote für die Adressatin festhält und so zumindest sprachlich restituiert.

Die Briefseite macht die Prozesse ihrer gestaffelten Beschriftung und Bearbeitung und dafür ebenfalls notwendige Handlungsabfolgen und Ereignisse (wie das Pressen der zuvor gepflückten Blüten) sichtbar. Sie veranschaulicht zugleich, dass Briefe als materielle Objekte auch ohne weitere Bearbeitung keinesfalls statisch in ihrem materiellen Zustand verharren, sondern aufgrund ihrer stofflichen Gemischtheit Veränderungen unterworfen sind.[57] Dies gilt für die eingeklebten Blüten und deren Farbenverlust, den schon der Schreiber bemerkt. Es betrifft auch die Briefblätter, die sich an den Stellen, wo sie den Saft der Blüten aufnehmen,

55 In diesem Zusammenhang dürfte auch die in Anm. 52 erwähnte weitere Korrektur auf S. 8r in ähnlicher Tinte entstanden sein, deren Abdruck auf 7v zu einer zufälligen Streichung des Wortes „Menge“ führt.

56 Zu Formen und Funktionen von Briefbeigaben und unterschiedlichen Gründen für ihr späteres Verschwinden vgl. Moering, Briefbeigaben [Anm. 21]; zur komplexen Semantik von Briefbeigaben vgl. Wolfgang Lukas, 2008, Die Briefbeigabe: Aspekte einer Pragmasemiotik des Briefes, in: Der Brief – Ereignis & Objekt. Frankfurter Tagung, hrsg. von Waltraud Wiethölter und Anne Bohnenkamp, Frankfurt a. M./Basel: Stroemfeld, S. 255–267, hier: v. a. S. 262–267; zu Überlieferung, Aufbewahrung und Ausstellung von Briefen und Beigaben und deren jeweiliger Rahmung vgl. Cornelia Ortlieb, 2017, Materialität und Paratext. Goethes ‚Backwerk aus Kasan‘ und seine Rahmungen, in: Rahmungen. Präsentationsformen und Kanoneffekte, hrsg. von Philip Ajouri, Ursula Kundert und Carsten Rohde, Berlin: Erich Schmidt, S. 37–56, sowie weitere Beiträge desselben Bandes. Zur grundsätzlichen „Nichtabbildbarkeit von Materialität“, die gerade auch mit Blick auf das vorliegende Briefautograph zu konstatieren ist, vgl. Marcel Finke und Mark A. Halawa (Hg.), 2012, Materialität und Bildlichkeit. Visuelle Artefakte zwischen Aisthesis und Semiosis, Berlin: Kadmos, S. 10.

57 Zu „Metamorphosen“ materielle[r] Gebilde aufgrund ihrer stofflichen „Mischung“ vgl. Soentgen, Materialität [Anm. 33], S. 228.

bräunlich verfärben und damit schließlich Selbstdrucke der Pflanzen zeigen, und die verschobene rechte Blüte, die die abnehmende Bindungskraft des Klebers anzeigt.

Die eingeklebten Blumen veranschaulichen damit gleich zwei Charakteristika brieflicher Kommunikation: ihre zeitliche Dehnung, die an der schwindenden Farbe der Blüten wie in einem umgekehrtem Lackmustest ablesbar wird, und den für Briefbeigaben typischen Verlust, der sich im Bild der verrutschten Blüte andeutet. Mit Blick auf weitgehend zweidimensional lesbare Briefseiten sind die Blüten auch deshalb von Interesse, weil das vorausgehende Pressen sie dieser Zweidimensionalität zwar annähert, ihnen aber weder ihre Dreidimensionalität nehmen kann noch alle ihrer ursprünglichen Objekteigenschaften.

Der Tintenabdruck einer Korrektur von S. 8^r/1862 auf S. 7^v/1861 schließlich führt, wie in Anm. 52 erläutert, zu einer vom Schreiber unbemerkten Streichung des Wortes „Menge". Der Brief erscheint dadurch plötzlich in der Rolle desjenigen, der ‚selbst' eine Streichung produziert und dadurch grammatische Verwirrung stiftet, da ein erkennbarer Ersatz für das gestrichene Worte fehlt. Erst ein Blick auf den Brief als materielles Objekt erlaubt, diese vermeintlich absichtliche Streichung als spiegelverkehrten Abdruck eines nachgezogenen ‚f' von der gegenüberliegenden Seite wiederzuerkennen, die erst beim Zusammenklappen des Doppelblattes entstanden sein dürfte.

4. Didaktische Potenziale

Den Brief als materielles Objekt, Artefakt und Quasi-Objekt und als Ding *in* Literatur zu betrachten, bedeutet eine Erweiterung seiner bisherigen Betrachtung im Deutschunterricht als Gebrauchsform, als biographischer, dichtungstheoretischer und fiktionaler Text. Als materielles Objekt kommt der Brief auch heute schon in Form der von den Schülerinnen zu schreibenden Briefe vor. An diese Praxis lässt sich anknüpfen. Neben den dabei bislang vorrangig verfolgten Zielen – a) dem Kennenlernen und der Einübung geltender Normen für eine erfolgreiche schriftliche Kommunikation, b) dem schriftlichen Selbstausdruck und c) der schriftsprachlichen Auseinandersetzung mit fiktiven Figuren – bietet er viele weitere Möglichkeiten. So ist er von den Schülerinnen als konkretes historisches Papierobjekt zu entdecken und zu verstehen, an dem sich historische und materiale Sachzusammenhänge und Themen entwickeln und sinnlich erfahrbar machen lassen. Dies kann in allen Schulstufen/-formen auf unterschiedlichen Ebenen geschehen – und ohne die ausschließliche Aufteilung in eine vorrangig spielerische Beschäftigung mit dem Brief in der Primarstufe auf der einen Seite und eine pragmatische, allein problem- und textorientierte in den Sekundarstufen auf der anderen.

Die Untersuchung historischer Briefobjekte ist im schulischen Kontext Beschränkungen unterworfen. Hier bieten sich für einen ersten Ein- und Überblick außerschulische Lernorte wie Museen, Archive oder Schülerlabors an.[58] Dort wird häufig didaktisch sehr gut aufbereitetes und bereits nach Primar- und Sekundarstufen differenzierendes Material bereitgestellt, das teilweise online zur Verfügung steht und damit auch außerhalb von Archivbesuchen Lehrkräften und Schülerinnen gebündelte Informationen für eine erste einführende oder auch vertiefende Beschäftigung mit Briefen als materiellen Objekten geben kann.[59] Gleichzeitig stellen Bibliotheken und Archive bereits eine Fülle digitaler Materialien auf entsprechenden Plattformen bereit, darunter Digitalisate alter Faksimiles von Dokumenten[60] und Briefobjekten, denen oft auch schon Transkriptionen beigegeben sind.[61]

Den Brief als *Ding in Literatur* zu betrachten hat im schulischen Kontext den Vorzug, dass damit Texte aller Gattungen und Genres zur Verfügung stehen, in denen Briefe als materielle Objekte thematisiert werden. Briefe in Texten können dabei in ihrem Doppelcharakter als imaginierte materielle und zugleich sprachlich generierte Dinge (neben anderen) untersucht werden. Dabei bietet sich auch die Möglichkeit, ein Genre näher kennenzulernen, das im englischsprachigen Raum als „it-narrative" oder „object narrative" in jüngerer Zeit verstärkt untersucht wird.[62]

---

58 Als ein Beispiel für die Grundschule vgl. Ines Bialas, Antje Geiger und Margot Schoch, 2020, Die Kunst des Briefschreibens – ein Workshop für Grundschulkinder, in: Archive in Sachsen-Anhalt, S. 82 f.; für das Landesarchiv Nordrhein-Westfalen vgl. die Angebote für Schulen, darunter „Forscherwerkstatt zu konkreten Unterrichtsthemen nach Absprache mit dem Fachlehrer und in Verbindung mit den curricularen Vorgaben", und „Lehrerfortbildungen zum Archiv als schulischer Lernort", www.archive.nrw.de/landesarchiv-nrw/geschichte-erfahren/schule/angebote-des-landesarchivs (01.03.2023). Siehe auch die vom Freien Deutschen Hochstift und dem Deutschen Romantik-Museum Frankfurt a. M. unter „Bildung & Vermittlung" eingestellten Angebote: freies-deutsches-hochstift. de/besuch/bildung/ (01.03.2023), oder das „Schülerlabor Geisteswissenschaften" für die Sekundarstufe II auf der Seite der Berlin-Brandenburgischen Akademie der Wissenschaften: aus.bbaw.de/schuelerlabor/angebote-fuer-lehrkraefte (01.03.2023).

59 Vgl. hierzu Landesarchiv Nordrhein-Westfalen (Hg.), 2015, Schüler forschen im Archiv. Ein archivpädagogischer Führer für Schülerinnen und Schüler durch das Landesarchiv Nordrhein-Westfalen, www.archive.nrw.de/sites/default/files/media/files/Schu__lerbroschu__re.pdf (23.03.2022); Landeskundliches Informationssystem Baden-Württemberg: www.leo-bw.de/themenmodul/sudwestdeutsche-archivalienkunde/archivaliengattungen/texte/briefe (01.03.2023).

60 Vgl. die Plattform der Staatsbibliothek zu Berlin, auf der digital.staatsbibliothek-berlin.de/werkansicht?PPN=PPN1672352711&PHYSID=PHYS_0043&DMDID=DMDLOG_0001 (01.03.2023).

61 Als ein Beispiel vgl. Goethes Biographica. Propyläen: goethe-biographica.de/ (01.03.2023).

62 Vgl. Mark Blackwell, 2007, The Secret Life of Things: Animals, Objects, and It-Narratives in Eighteenth-Century-England, Lewisburg, PA: Bucknell University Press.

Die drei vorgeschlagenen Betrachtungsperspektiven auf den Brief ermöglichen eine Verknüpfung von Theorie und Praxis in Bezug auf Brief- und Postverkehr.[63] Sie beschäftigen sich mit historischen und modernen Praktiken und Techniken im Zusammenhang postalischer Medien von Brief und Postkarte. Dabei können entsprechende rechtliche Vorgaben zum Post- und Briefgeheimnis, aber auch staatlich verübte Rechtsbrüche (Briefzensur, Schwarze Kabinette, Spionage) zur Sprache kommen und durch konkrete Briefbeispiele für staatliche Briefzensur[64] illustriert werden. Diesen Rechtsverletzungen stehen historische und moderne Praktiken gegenüber, die das heimliche Öffnen bzw. Lesen und Zensieren von Briefen zu verhindern, zu erschweren oder zu umgehen versuchen: Siegelung, Letterlocking[65], Versendung über persönliche Boten, besondere Schreibtechniken.[66]

Briefe, die die ihnen zur Verfügung stehenden Mittel selbst spielerisch erproben, bieten Schülern die Möglichkeit, eigene Überlegungen zu diesen Briefen auch hinsichtlich weiterer Bestandteile, die dabei eine Rolle spielen könnten, anzustellen.[67] Die von Briefen ausgestellte Reflexion der eigenen Darstellungsmittel dürfte für Schülerinnen und Schüler gerade dadurch besonders attraktiv sein, dass sie durch die Betrachtung der Seiten von ihnen selbst herauszufinden ist. Zu entdecken wäre dabei auch, dass – und wie – die spezifische Gestaltung von Briefseiten die Form der Lektüre und die sie begleitenden Handlungen beeinflusst. Diese Macht des Quasi-Subjekts Brief lässt sich gut an ungewöhnlichen Beispielen illustrieren (vgl. Brief II A).[68] Sie schärfen zugleich den Blick für Lektüre-‚Befehle', die sich auch in gewöhnlichen Briefen (durch die Ausrichtung der Schriftzeilen, Paginierung, Leerstellen etc.) finden. Mit der Aufmerksamkeit für die Mittel der Rezeptionslenkung durch Schrift und Seitengestaltung wird auch das Interesse

63 Vgl. hierzu die von der Deutschen Post mit der ‚Stiftung lesen' entwickelten Unterrichtsmaterialien zum Herunterladen für die Grundschule, Klasse 5–8, Klasse 9–10, Berufsschule und DaF: www.deutschepost.de/de/p/post-und-schule/unterrichtsmaterialien.html (01.03.2023); dort ebenfalls links zu altersspezifischen Filmen wie desjenigen für die Grundschule: Der Weg eines Briefes, www.youtube.com/watch?v=hLwdjeoFrR8&t=63s (01.03.2023).

64 Für ein Beispiel staatlicher Briefzensur im Jahr 1943 vgl. Bohnenkamp, Wiethölter, Der Brief – Ereignis & Objekt [Anm. 1], S. 226.

65 Vgl. die gefilmte Demonstration historischer Beispiele für Letterlocking/Briefsperren am Modell: www.youtube.com/watch?v=W9IQP93tzFU&list=RDCMUCNPZf_IWDLz2S1hO027hRQ&start_radio=1&rv=W9IQP93tzFU&t=52 (01.03.2023). Zum Letterlocking: www.deutsches-spionagemuseum.de/2022/03/03/geheimnisschutz-durch-letterlocking-wenn-der-briefumschlag-zum-sicherheitsschloss-wird (01.03.2023).

66 Zu den Schriftzeichen, die Johann Jacob Moser mit einer Lichtputzschere zwischen die Briefzeilen seiner Tochter eingegraben hat, vgl. Bohnenkamp, Wiethölter, Der Brief – Ereignis & Objekt [Anm. 1], S. 57.

67 Vgl. die in Abschnitt II diskutierten Beispiele.

68 Siehe auch die leicht zu erkennende Handlungsanweisung der besonderen Seitengestaltung des 2. Briefbeispiels in Hübener, Epistolar-Dramaturgien [Anm. 28], Abb. 2a-c, S. 146–150.

für vergleichbare Fragen geweckt, die sich über Briefe hinaus auf neuere Medien und deren Aufmerksamkeitssteuerung richten. Schüler können so, ausgehend von realen Briefen, mediale Vergleiche anstellen, Vorzüge und Nachteile eines Mediums benennen, und diachrone Kontinuitäten und Unterschiede in der medialen Kommunikation wahrnehmen.

Vor dem skizzierten Hintergrund werden im Folgenden noch einmal einige thematische Schwerpunkte und damit verbundene Lernziele zusammenfassend aufgeführt und abschließend jeweils einen bis zwei exemplarische Texte vorgeschlagen, die sich für eine Behandlung von Briefen in Texten als konkrete Unterrichtsgegenstände anbieten.

4.1 Thematische Schwerpunkte

4.1.1 Briefgestalt, Semantik und Funktion seiner Teile

Wahrnehmen und Kennenlernen materieller Bestandteile des Briefs: Schriftträger, Beschriftungsflüssigkeiten, -stoffe, Beigaben), deren Funktionen und Semantik (Seitengestaltung von Briefblatt und -umschlag, Farbwahl, Devotionalabstand, Anrede-/Grußformeln, Orts-/Zeitangabe, Beschriftungs-/Bearbeitungsreihenfolge, Art der Faltung, Umschlagformen, Verschluss/Siegel, postalische Spuren, Zensureingriffe, Archivierungsspuren).[69]

4.1.2 Briefpraktiken/-techniken und deren Funktion

Kennenlernen, Verstehen und Erproben von Briefpraktiken und Techniken und deren Relevanz für die Briefkommunikation (Schriftarten: Kanzleischrift, lat./dt. Kurrent, Sütterlin), Falten, Siegeln, Verschlusstechniken, Entsiegeln, Lesen, Vorlesen, Annotieren, Antworten, Teilen; Schreibgeräte, Kopierarten und -vorrichtungen, Entzifferung mithilfe transkribierter Passagen).

4.1.3 Geschichte des Briefs als Geschichte der Post und der Literatur

Einblick in den Zusammenhang von Brief- und Postgeschichte, von Briefen und Literatur; Reflexion über Gemeinsamkeiten und Unterschiede zwischen postalischer Briefkommunikation und heutigen, vorrangig digitalen Kommunikationsformen und deren technischen Voraussetzungen.

---

69 Für historische Beispiele bis in die Gegenwart vgl. Bohnenkamp, Wiethölter, Der Brief – Ereignis & Objekt [Anm. 1].

4.1.4 Brief-/Postgeheimnis, Briefzensur, Briefspionage, Schwarze Kabinette

Kennenlernen rechtlicher Rahmenbedingungen für den Postverkehr; zugleich: staatlich sanktionierte Rechtsbrüche durch Schwarze Kabinette und andere Formen obrigkeitlicher Zensur in Absolutismus und Diktatur; Zensureingriffe; Schutzmaßnahmen und Praktiken gegen unbemerktes Öffnen und Lesen von Briefen (Siegelung, Letterlocking[70], persönliche Boten, besondere Schreibtechniken).

4.1.5 Briefe in Literatur

Konzentration auf eine mittels Sprache suggerierte Materialität von Briefen oder sonstigen postalischen Medien, für die die unter I-IV aufgeführten Aspekte wichtig werden können, hier jedoch hinter die Frage zurücktreten, was die Funktion ihrer suggerierten Materialität im konkreten Zusammenhang des Textes sein könnte, welchen ästhetischen Zweck sie erfüllt oder welchen Effekt sie hat.

4.2 Konkrete Textvorschläge für die Behandlung von Briefen als Dingen in Texten

4.2.1 Primarstufe

Janosch 1992 [1980], *Post für den Tiger*[71]: Thematisiert den Brief als eines von mehreren Medien, die soziale und emotionale Funktionen erfüllen, Material benötigen und auf Beförderung angewiesen sind.

Iwasa, Mühle, 2017, *Viele Grüße, Deine Giraffe*[72]: Die materielle Gestalt ‚hand'-geschriebener Briefe und deren Besonderheiten am Beispiel eines Kinderbuchs werden genauer auf ihre visuelle Gestaltung, ihre Textgestalt und ihren Zusammenhang mit der Geschichte betrachtet.

---

70 Vgl. die gefilmte Demonstration historischer Beispiele für Letterlocking/Briefsperren am Modell: www.youtube.com/watch?v=W9IQP93tzFU&list=RDCMUCNPZ-f_IWDLz2S1hO027hRQ&start_radio=1&rv=W9IQP93tzFU&t=52 (01.03.2023). Zum Letterlocking: www.deutsches-spionagemuseum.de/2022/03/03/geheimnisschutz-durch-letterlocking-wenn-der-briefumschlag-zum-sicherheitsschloss-wird (01.03.2023).

71 Janosch, 1992 [1980], Post für den Tiger. Die Geschichte, wie der kleine Bär und der kleine Tiger die Briefpost, die Luftpost und das Telefon erfinden, Weinheim/Basel: Beltz.

72 Megumi Iwasa, Jörg Mühle, 2017, Viele Grüße, Deine Giraffe, übers. aus dem Japanischen von Ursula Gräfe, Frankfurt a. M.: Moritz, S. 42, 59, 64, 66 f., 70.

4.2.2 Sekundarstufe I (oder auch II)

Chézy, *Jugendschicksale, Leben und Ansichten eines papiernen Kragens*. Von ihm selbst erzählt[73]: Die fiktive Autobiographie des Kragens ist seine eigene Objekt-Geschichte, zu der auch die Phase als ungenutztes Briefpapier gehört, das recycelt wird. Die Schülerinnen lernen mit dem Text zugleich ein Beispiel für das erwähnte „it-/object narrative" kennen und verfolgen dabei – im fiktionalen Gewand – den ironisch gebrochenen Entstehungsvorgang von Papier nach. Dabei lernen sie weitere genretypische Merkmale kennen, zu denen u. a. der heimliche Blick auf die Gesellschaft gehört, die in ihrer relativen Vielfalt von dem Objekt mit komischer Wirkung aus der Froschperspektive geschildert wird.

4.2.3 Sekundarstufe II

Robert Seethaler, *Der Trafikant*[74]: Der Roman enthält eine Reihe von Briefen oder Postkarten, die als in den Roman eingelagerte Binnenmedien die Entwicklung des Helden nachvollziehbar machen und zugleich als „Medien der Selbst- und Fremdreflexion"[75] fungieren. Schüler können an ihnen untersuchen, wie die Textgestalt realer Briefe, Botschaften oder Postkarten im Roman von den fiktiven Briefen des Romans nachgebildet wird und inwiefern Gestalt, Form oder Materialität dieser Medien in irgendeiner Weise von ihnen selbst oder dem sie umrahmenden Text thematisiert wird. Dabei wäre ebenso zu fragen, ob sich die Thematisierung materieller Eigenschaften der Karten oder deren Aufbewahrung ggf. als eine Ergänzung oder Modifikation der expliziten oder impliziten postalischen Botschaften im Roman verstehen lässt. In ähnlicher Weise könnten die Anrede- und Grußformeln daraufhin untersucht werden, ob sie als randständige Textbestandteile womöglich auch eine besonders wichtige Funktion für die Selbstäußerung und Selbstreflexion der Schreiber haben.

---

73 Chézy, Jugendschicksale, Leben und Ansichten eines papiernen Kragens [Anm. 37].

74 Robert Seethaler, 2014, Der Trafikant, Zürich/Berlin: Kein & Aber.

75 Jan Standke, 2021, „Wenn Du möchtest, liebe Mama, sei stolz auf mich!" Adoleszenz und Brief in Robert Seethalers „Der Trafikant" (2012), in: BriefKunst. Der andere Blick auf Korrespondenzen. Gesammelte Essays für Renate Stauf, Heidelberg: Winter, S. 139–143, hier: S. 140.

Über die Autor:innen

PROF. BIRGIT DANKERT, Studium der Germanistik, Kunstgeschichte, Philosophie und Publizistik an den Universitäten Münster und Tübingen. Magister Artium 1969. Zweitstudium Bibliothekswissenschaft in Hamburg. Dipl.-Bibl. 1971. 1971–1981 Bibliothekarische Praxis Büchereizentrale Flensburg. 1981–2006 Prof. Hochschule für Angewandte Wissenschaften (HAW) Hamburg. Bibliotheks- und kulturpolitische Mandate, Ämter, Projekte. Internationale Fortbildungstätigkeit. Datenbanken (Citavi-ZOTERO) zu Michael Ende; Astrid Lindgren und Kirsten Boie. Datenbank „Sesam2005" zur deutschsprachigen Fachliteratur der Kinder- und Jugendliteratur.

FLORIAN DUDA ist wissenschaftlicher Mitarbeiter am Lehrstuhl für Didaktik der deutschen Sprache und Literatur an der LMU München and Mitglied des Forschungsprojektes Lernen mit digitalen Zeugnissen (LediZ). Zwischen 2011 und 2017 studierte er Germanistik und Philosophie an der Ruprecht-Karls-Universität Heidelberg. Seine Forschungsinteressen reichen von Sprachdidaktik über kognitive Linguistik, Textlinguistik, Multimodalitätsforschung bis hin zu Holocaust-Education und Holocaust-Studies. Im Projektverband LediZ untersucht Florian Duda schwerpunktmäßig die sprachliche Interaktion mit interaktiven digitalen Zeugnissen sowie Mechanismen einer algorithmengestützten Textverarbeitung.

DR. KATHRIN HEINTZ ist wissenschaftliche Mitarbeiterin am Institut für Germanistik im Bereich Literaturwissenschaft und -didaktik an der RPTU in Landau (ehemals Universität Koblenz-Landau am Campus Landau). Sie forscht vor allem zu Kinder- und Jugendliteratur mit einem besonderen Fokus auf dem Bilderbuch und anderen multimodalen Narrationen.

DR. HENRIETTE HOPPE ist nach einem Studium der Germanistik und Romanistik und der Tätigkeit im Schuldienst akademische Mitarbeiterin am Institut für Sprache und Literatur an der Pädagogischen Hochschule Schwäbisch Gmünd im Bereich Literaturwissenschaft und Literaturdidaktik. Ihre Forschungsschwerpunkte stellen die Theorie und Praxis der Kinder- und Jugendliteratur, Aufgabenformate im Deutschunterricht und die Digitalisierung dar.

Dr. Andrea Hübener studierte Germanistik und Anglistik an der Technischen Universität Berlin und der University of Wales, Cardiff. Sie wurde 2000 an der Technischen Universität Berlin promoviert. Seit 2001 ist sie wissenschaftliche Mitarbeiterin am Institut für Germanistik der TU Braunschweig. Ihre Forschungsschwerpunkte sind Materialität und Medialität von Briefen, Schrift/Text-Bild -Verhältnisse und Literarisches Lernen.

Dr. Larissa Carolin Jagdschian studierte an der Universität Bielefeld die Fächer Germanistik, das Unterrichtsfach Pädagogik und Bildungswissenschaften für das Lehramt für Gymnasien und Gesamtschulen. Seit 2019 ist sie als wissenschaftliche Mitarbeiterin an der Universität Bielefeld im Bereich Germanistik/Literaturdidaktik mit dem Schwerpunkt auf der Kinder- und Jugendliteraturforschung tätig. In ihrem Promotionsprojekt untersuchte sie die Darstellung der Flucht von 1933 bis 1945 und 1961 bis 1989 in topographischer und erinnerungskultureller Perspektive in der deutschsprachigen Kinder- und Jugendliteratur von 1933 bis 2015. Ihre Forschungsschwerpunkte sind die Darstellung der Flucht, die zeitgeschichtliche Kinder- und Jugendliteratur und Gedächtnistheorien.

Dr. Stefanie Jakobi ist Lektorin am Arbeitsbereich Kinder- und Jugendliteratur und -medien an der Universität Bremen. Promoviert wurde sie mit einer Arbeit zum analogen und digitalen Schreiben als Motiv in der Kinder- und Jugendliteratur.

Raila Karst studierte Grundschullehramt an den Universitäten Erfurt und Halle. Nach dem zweiten Staatsexamen unterrichtete sie mehrere Jahre an einer Grundschule. Aktuell lehrt und forscht als wissenschaftliche Mitarbeiterin am Institut für Schulpädagogik und Grundschuldidaktik der Martin-Luther-Universität Halle-Wittenberg. Ihre Dissertation wird betreut von Prof. Dr. Michael Ritter und beschäftigt sich mit der Entwicklung der Lyrikdidaktik in der Grundschule.

Akad. Rätin Dr. Kirsten Kumschlies wurde an der Universität Hamburg promoviert, absolvierte das Referendariat für die Sekundarstufe I und die Primarstufe in Bremen und war einige Jahre als Lehrerin tätig. Seit 2020 ist sie Akademische Rätin für Grundschuldidaktik Deutsch an der Universität Trier. Aktuelle Arbeitsschwerpunkte sind: Didaktik des Kinderromans, Mediendidaktik für die Grundschule, Zeitgeschichtliche Kinder- und Jugendliteratur zu Mauerfall und DDR-Geschichte und ihre Didaktik, Schriftspracherwerb und Büchereien als dritter Lernort.

Dr. Susan Kreller ist 1977 in Plauen geboren, studierte Germanistik und Anglistik in Leipzig und Dublin und promovierte über deutsche Übersetzungen englischsprachiger Kinderlyrik. Sie arbeitet als freie Autorin und schreibt Romane für Jugendliche und Erwachsene, darunter die Bücher *Elektrische Fische*, *Hannas Regen* sowie *Schneeriese*, für das sie 2015 mit dem Deutschen Jugendliteraturpreis ausgezeichnet wurde. Neben ihrer literarischen Arbeit schreibt Kreller journalistische Texte für Zeitungen und Zeitschriften. Sie lebt mit ihrer Familie in Berlin.

Dr. Inger Lison wurde an der Georg August Universität in Göttingen promoviert und lehrt am Institut für Germanistik der TU Braunschweig Literaturdidaktik sowie Kinder- und Jugendliteratur. In ihrem Habilitationsprojekt untersucht sie die artifizielle Darstellung von Adoleszenz und Autorschaft in Epitexten und ausgewählten Romanen von Tamara Bach und Susan Kreller. Ihre Forschungsschwerpunkte sind Kinder- und Jugendmedien, Gegenwartsliteratur, serielles Erzählen, Literatur- und Filmkritik sowie Autorschaftsinszenierung. Im November 2019 hat Lison die Verwaltung der Astrid Lindgren-Datenbank von Frau Professorin Birgit Dankert übernommen.

Prof. Dr. Nicole Masanek ist Professorin für Fachdidaktik Deutsch, Schwerpunkt Literaturdidaktik an der Universität Trier. Ihre Forschungsschwerpunkte liegen im Bereich der Professionalisierungsforschung, des diversitätsorientierten Deutschunterrichts sowie der Lesekompetenz-Entwicklung.

Dr. Jana Mikota ist Oberstudienrätin im Hochschuldienst an der Universität Siegen. Promotion zu Alice Rühle-Gerstel und der Kinder- und Jugendliteratur des Exils. Ihre aktuellen Schwerpunkte liegen in den Bereichen der historischen und zeitgenössischen Kinder- und Jugendliteratur, literarisches Lernen, Erstleseliteratur sowie Theorie und Geschichte des Kinderromans. Sie ist u. a. Herausgeberin der Siegener Werkstattgespräche mit Kinderbuchautorinnen und -autoren, zahlreiche Publikationen im Bereich der Kinder- und Jugendliteratur, Mitglied im erweiterten Präsidium der deutschen Akademie für Kinder- und Jugendliteratur und Mitinitiatorin des Siegener Literaturpreises für Erstleseliteratur der Universität Siegen (SPELL).

Dr. Alexandra Ritter ist wissenschaftliche Mitarbeiterin an der Martin-Luther-Universität Halle-Wittenberg. Ihre Arbeitsschwerpunkte stellen die Bilderbuchtheorie und -didaktik, aktuelle Kinder- und Jugendliteratur, Literaturdidaktik und Digitalisierung dar.

Dr. habil. Susanne Schul ist seit Oktober 2022 als Referentin für Angelegenheiten der Hochschulleitung an der Justus-Liebig-Universität Gießen tätig. Sie hat an der Universität Kassel im Fachgebiet der Germanistischen Mediävistik 2011 promoviert und 2021 habilitiert. An der Universität Kassel hatte sie von 2019 bis 2021 die Stelle einer Gastprofessorin inne. Im Rahmen ihrer Dissertation zu „Helden Geschlecht Narrationen" hat sie einen Ansatz entwickelt, Konzepte der genderorientierten Narratologie und der Intersektionalitätsforschung auf literaturwissenschaftliche Fragestellungen zu übertragen. Als Habilitandin forschte sie zum Thema „Humanimales Erzählen: Tier-Mensch-Relationalität aus kulturhistorischer Perspektive" u.a. im interdisziplinären LOEWE-Schwerpunkt „Tier – Mensch – Gesellschaft: Ansätze einer interdisziplinären Tierforschung". Derzeit untersucht sie Möglichkeiten der mediendidaktischen Kompetenzorientierung für reflexive Diversität, Intersektionalität und kulturhistorische Kompetenz in der literarischen Bildung.

Prof. Dr. Jan Standke wurde an der Universität Osnabrück promoviert und absolvierte das Referendariat für das Lehramt an Gymnasien. Seit 2017 ist er Inhaber des Lehrstuhls für Didaktik der deutschen Literatur am Institut für Germanistik der TU Braunschweig. Seit 2015 ist er Herausgeber der Zeitschrift *Literatur im Unterricht. Texte der Gegenwartsliteratur für die Schule*, seit 2023 zudem Mitherausgeber von *Der Deutschunterricht*. Seine Forschungsschwerpunkte sind Literatur- und Mediendidaktik, Kinder- und Jugendliteratur, Gegenwartsliteratur sowie Literarisches Lernen.

Dr. Michael Stierstorfer ist Studienrat im Kirchendienst, Fachleiter Deutsch, Kooperationspartner im Projekt „Past for the Present – Antike Mythologie und Historie in aktuellen Kinder- und Jugendmedien" (LMU München, Lehrstuhl für Didaktik der Alten Sprachen, Prof. Janka) und Mitglied der Kritikerjury des DJLP und der Jury „App" der Akademie für KJL.

Anna Zamolska ist diplomierte Literaturübersetzerin und Puppenspielerin am Düsseldorfer Marionetten-Theater sowie Redakteurin bei KinderundJugendmedien.de. Bei ihrer literaturwissenschaftlichen Arbeit liegt ihr Schwerpunkt auf den Klassikern der Kinder- und Jugendliteratur und ihrem historischen Kontext.

Stephan Dahmen | Zeynep Demir |
Baris Ertugul | Daniela Kloos |
Bettina Ritter (Hrsg.)
Politisierung von Jugend
2024, 268 Seiten, broschiert
ISBN: 978-3-7799-7170-2
Auch als E-BOOK erhältlich

Junge Menschen sind einerseits Objekt und Gegenstand von Politisierung, treten aber zugleich auch selbst auf vielfältige Weise als politische Akteur:innen auf. Der interdisziplinär ausgerichtete Band greift anhand empirischer und theoretischer Beiträge die Frage nach der Politisierung der Jugend auf. Er versammelt ausgewählte Beiträge, welche sowohl grundlagentheoretische Verhältnisbestimmungen zu Jugend, Politik und Politisierung vornehmen wie auch empirische Einblicke in verschiedene Politisierungserfahrungen und -kontexte geben. Der Band bündelt vielfältige thematische Zugänge, bildet unterschiedliche theoretische und methodische Perspektiven ab und zielt auf einen umfänglichen Beitrag zur wissenschaftlichen Auseinandersetzung mit dem Verhältnis von Politisierung und Jugend.